Buffett investment series

巴菲特投资系列

滚雪球

巴菲特投资传奇

严行方/著

南方出版社·海口

图书在版编目（CIP）数据

滚雪球 ：巴菲特投资传奇 / 严行方著. — 海口 ：南方出版社，2018.5 (2021.3重印)
(巴菲特投资系列)
ISBN 978-7-5501-3661-8

Ⅰ. ①滚… Ⅱ. ①严… Ⅲ. ①巴菲特 (Buffett, Warren 1930-) -投资-经验 Ⅳ. ①F837.124.8

中国版本图书馆CIP数据核字 (2017) 第107915号

滚雪球 ：巴菲特投资传奇

严行方 著

责任编辑： 代鹤明
出版发行： 南方出版社
地　　址： 海南省海口市和平大道70号
电　　话： (0898) 66160822
传　　真： (0898) 66160830
经　　销： 全国新华书店
印　　刷： 三河市北燕印装有限公司
开　　本： 710mm×1000mm　1/16
字　　数： 370千字
印　　张： 23
版　　次： 2021年3月第1版第3次印刷
书　　号： ISBN 978-7-5501-3661-8
定　　价： 58.00元

新浪官方微博：http://weibo.com/digitaltimes

修订说明

巴菲特是全球金融投资界最富传奇性人物，也是全球唯一依靠股票投资登上首富宝座的投资家和实战家。

巴菲特的投资思想正式介绍到我国内地，是以1996年1月24日《上海证券报》刊登《证券投资巨擘——华伦·布费[1]》一文为标志。现在，22年过去了，巴菲特的投资理念在中国是不是行得通虽然还有争议，但事实上已经生根、开花、结果，并且涌现出数以万计的追随者。其中最典型的是，以段永平、杨宝忠等为代表的一大批巴菲特迷，已经通过践行价值投资和长期投资理念，收获了一茬茬金灿灿的投资成果。

在这样的宏观背景下，本丛书的修订再版就显得非常有意义。

本书价值

一、本丛书初版受到市场高度评价

本丛书第一版作为我国最早一批介绍巴菲特投资精髓的大众读物，从2008年至2010年陆续推出后，在国内介绍巴菲特的众多图书中脱颖而出，受到市场特别关注。

在这其中，有多本图书不但一再重印，并且还“荣幸”地被胡乱剪辑后出现在盗版书摊上。如《巴菲特投资10堂课》《巴菲特忠告中国股民》《滚雪球：巴菲特投资传奇》等，都曾经被肢解后夹杂在其他盗版书中出现，既不完整，又因印刷差错

1　当时对沃伦·巴菲特的译名。

而误导读者。一些读者强烈呼吁能修订再版，限于条件，一直拖到现在。

二、价值投资理念有特殊价值

巴菲特的价值投资理念，尤其是它在中国是否行得通，直到现在人们依然争论不休。但正如巴菲特2007年访问韩国，有人问他“韩国股市结构不适合进行巴菲特式价值投资，对此您有何看法？”时，他反问道，“如果不是价值投资，难道要进行无价值投资吗？”他强调，“没有其他的替代方案”。

巴菲特的反击十分有力。因为在众多眼花缭乱的所谓股票理论中，唯有价值投资和长期投资能够站得住脚。

之所以要价值投资，理由在于巴菲特所说的——“价格是你付出的，价值是你所得到的”。任何投资都讲求物有所值。去菜场上买菜，你或许还会为几毛钱零头讨价还价呢；可是面对几万、十几万、几十上百万元的股票投资，却闭着眼睛下注，其风险有多大可想而知。仅仅一厢情愿地断定市场会“有跌必有涨”“久跌必涨”，只不过是一种毫无依据的自欺欺人罢了。

之所以要长期投资，理由在于巴菲特所说的——“历史必定会站在长期投资者这一边”。在他看来，季节可以预测，而天气就谁也测不准。就好比说，夏天的气温要比春天高，这是可以确定的；可是如果要讲明天的气温一定比今天高或低，就如同掷硬币猜正反面了。同样地，股市预测就像天气预报，究竟有几分准确性不好说，不如季节预测确定性大。

三、“中国巴菲特”段永平盛赞本书“值得一看”

曾经创办“小霸王”和“步步高”两大品牌的段永平，是第一位与巴菲特共进午餐的华人企业家兼投资家，被誉为“中国巴菲特”，人称“段菲特”。他深得巴菲特投资精髓，并且与巴菲特同样低调。他在美国践行巴菲特投资理念，5年间炒股所赚比在国内办企业10多年还要多。

他认为，巴菲特的投资理念一贯明确，投资者读巴菲特的书数量不一定要多，“看懂一本就已经很好”。他一共向追随者推荐过两本书，其中之一就在这里。他说：“我倒是可以给价值投资初学者推荐一本书《巴菲特忠告中国股民》，作者严行方……

我认为这本书的作者对巴菲特的理解非常好，解释得也很通俗易懂，确实花了功夫，值得一看。”

段永平零距离聆听过巴菲特的教诲，并且亲身践行价值投资理念这么多年，他的眼光必定有独到之处。既然他会这么说，或许就真能证明严行方的这几本书确实值得一读。

修订缘起

四、巴菲特的投资理论和实践有新发展

本套丛书第一版推出，距今已差不多10年，全面修订已具备必要性。

一方面，巴菲特的投资理论在更新，投资实践在发展，许多新的投资案例亟待补充；另一方面，这些年来中国及全球股市也出现了许多新情况，面临着许多新问题，关于巴菲特的价值投资理论在中国是否行得通的争论还在继续……所有这些，都需要有更新、更多的篇幅予以解答和证实。

五、巴菲特的价值投资理论值得反复咀嚼

有人曾经拿国内几位追随巴菲特的价值投资者的投资失利来说事，企图以此否定价值投资；而其实，这只能说明他们学巴菲特还没学到家。就像不能因为学生题目没做对，就说老师教错了一样。

从制度建设看，美国股市中每年上市和退市的公司数量相等，这实际上会逼着股民必须进行价值投资；否则，万一买到绩差股，将来被退市，投资就会打水漂，而这种退市概率高达50%！可是在我国，由于没有退市制度，所以无论买到什么样的股票，都“只会被套牢”，不用担心血本无归，这就一定会增强投机气氛。不但如此，还会出现“臭豆腐效应”，ST绩差股会因祸得福成为“壳资源”，亏损时借壳炒作，重组后一飞冲天。

从个人因素看，中国的实际通货膨胀率每年高达13%～16%，所以人人都想寻求回报率高的投资方式来抵御通胀，而这种求财若渴的心理必定会助长投机气氛。体现在操作手法上便是追涨杀跌，股票被套牢要骂娘，涨幅不理想也要骂娘，因为

他心里那个急呀！谁都希望今天买入的股票明天就能涨停，最好是连拉几个涨停，让他有机会落袋为安；然后呢，再希望一连来几个跌停，让他有机会去抄底，没谁稀罕去当“股东”的。

这些人虽然也标榜自己在学巴菲特，但其实他们并不是真的信奉并践行价值投资，只是眼馋巴菲特耀眼的巨额财富。就好比有渔夫从村口捕鱼回家，几乎没有人会去关心他今天是怎么捕鱼的，只会关注他今天有没有捕到大鱼一样。

六、价值投资理论在中国大有可为

巴菲特的价值投资理论在中国不是不适用，而是大有可为。

先看巴菲特。2018年3月末，伯克希尔公司的股价是每股299100美元，比1965年年末的19.46美元上涨15369倍，53年间的复合增长率为19.9%。也就是说，如果当时你有1万美元的伯克希尔股票，现在值1.54亿美元。

再来看中国股市。上证综合指数从1990年12月19日的100点至2018年3月末的3168.9点，28年间的复合增长率为13.0%。这一复合增长率虽然仅逊于巴菲特，可遗憾的是居然几乎没人“看得上”“这么点收获”。

研究表明，最优秀的上市企业，其长期回报率也只有15%左右，巴菲特20%左右的长期回报已达到极致；现在你要想超出他许多，这就叫“欲速则不达”。就像开车，10次事故9次快，不出问题才奇怪。

所以，要想学巴菲特，甚至超越巴菲特，首先要把重点放在少犯错误上，不亏即赢。在过去的53年里，巴菲特只有两年是亏损的，分别是2001年的6.2%和2008年的9.6%。2008年正是爆发金融危机之时，当年上证综合指数从前收盘的5261.6点跌至年末的1820.8点，跌幅高达65.4%；当年标准普尔500指数从前收盘的1468.4点跌至年末的903.3点，跌幅也有38.5%，巴菲特却只亏损了9.6%，绝对是跑赢大市了。

最新例子是，中国股民在2015年的股市暴涨暴跌中，亏损额大多超过1/3，甚至1/2；还有不少人因为融资融券被强行平仓，亦即亏损100%。这些时候，巴菲特所说的“别人贪婪时你要恐惧，别人恐惧时你要贪婪”，早已被人抛到九霄云外。

改动之处

七、在系统化、系列化上进行了规范

这一套5本图书过去都是以单行本陆续出版的，现在以丛书形式同时推出，在系统化、系列化、统一体例和篇幅上有了进一步的提高。

总体来看，5本图书都有较大幅度的修订和完善，新增案例和数据已更新到2017年年末。其中，修改篇幅最大的是《巴菲特给股民上的投资10堂课》，超过全书内容的1/3。

八、在可读性、表述准确性上下功夫

本丛书作者严行方是我国著名财会专家，《会计大典》《会计辞海》《中国第三产业财务会计百科全书》等权威著作主要撰稿人之一，在大中华区已出版著作130多部。他熟悉企业经营管理，担任过企业领导，对书中各项财务数据及概念的表述更专业，也更到位。

5本图书虽然都讲巴菲特，但内容各有侧重，并无重复，值得细细研读。并且，作者拥有巴菲特研究的翔实资料，所以书中看不到那种“传主事迹不够，就用别人来凑”的东拉西扯，具有较高的性价比和纯洁性，不会有读了这一本不想再读其他4本的感觉，每本都很精彩。

九、继续高举价值投资和长期投资大旗

价值投资是一条布满荆棘的人迹罕见之路，国外如此，国内尤甚。

君不见，几乎所有媒体上都簇拥着所谓股评家、投资顾问、分析师、咨询师、策略师、金融师等，满嘴尽是巴菲特漠不关心的各种技术分析，几乎从来不会去采访真正的价值投资者。

因为这些媒体很清楚，投资和投机水火不容，一旦两路人马相遇，必定会争论不休。而观念的认同又岂是能通过辩论得到解决或统一的呢？如果是这样，那也就小看了洗脑的力量。所以，为了确保自身利益（收视率和广告费），这些媒体只好迎

合投机土壤，遍播所谓股评和预测。

关于这一点，巴菲特1984年在美国哥伦比亚大学为庆祝他的恩师、“华尔街教父”本杰明·格雷厄姆所著《证券分析》一书发行50周年而召开的大会上演讲时，就预料到了。他说，价值投资精髓没有多少人愿意听，“在我奉行这项投资理论的35年中，我不曾目睹价值投资方式蔚然成风。人的天性中似乎存在着偏执的特色，喜欢把简单的事情弄得更复杂。最近30年来，学术界如果有任何作为的话，都完全背离了价值投资的教训，而且很可能继续如此。船只环绕地球而行，但地平之说仍会畅行无阻。在股票市场上，价格与价值之间还会存在着宽阔的距离，而奉行格雷厄姆与多德理论的人也会繁荣不绝”。

确实如此，几乎所有投机者，包括专业机构和广大散户，长期来看都不可能跑赢市场。如果你是中国股民，可以简单地算一算——上证综合指数从1990年年末至2018年3月末的28年间复合增长率为13%，按照巴菲特对投资业绩回报要比指数高出10个点（即每年增长23%）的基本要求，这28年间你的总回报率应该达到329倍——你有吗！

为什么会这样？巴菲特早在2008年伯克希尔公司股东大会上就揭晓了谜底：“读一切可读之物。”巴菲特之所以会成为“股神”，其基础就是每天五六个小时的阅读。如果一个人从来不看书报、不学习，而是四处打听小道消息，然后据此下注，你觉得他会赢吗！

2017年5月6日，巴菲特在伯克希尔公司股东大会上回答“如何唤醒1亿中国股民，让他们从投机变成投资”时委婉地说：“中国的股市像赌场，市场博弈机会多，如果你是聪明的人，你才能够抓住机会。”而其实，巴菲特真正想说的是：“赌性强的股市，更容易暴露和放大非理性行为，从而导致投资者遭受巨大损失。”

现在，正值2018年伯克希尔公司股东大会隆重举行之际，“巴菲特投资系列”丛书的全面修订和推出，意在继续高举价值投资大旗，让更多投资者学到巴菲特的投资和成功精髓。道理很简单：唯有价值投资能够解释得通，也才符合逻辑。正如巴菲特所说，“如果不是价值投资，难道要进行无价值投资吗？”“没有其他的替代方案”！

2018年5月

巴菲特是怎样炼成的
——新版序

从来没有哪个明星演唱会有这么大的吸引力：两个80岁左右的老头坐在那里回答问题，就能吸引3万多名富翁从全球各地赶到美国的某个小镇来，并为全市带来为期一周的“嘉年华”，10多年来年年如此。巴菲特就具有这样的超明星魅力。此时此刻，全球都把目光聚焦在他身上，想看看他究竟是怎样的一尊“神”。[1]

巴菲特在美国被称为“先知”，在中国被称为“股神”。其实，他并非一生下来就是“先知”“股神”，他也穿过开裆裤，然后从普通学生变成投资者，一步步登上了全球首富宝座。对于芸芸众生来说，了解巴菲特的真实想法及其整个成长、奋斗经历，对自己如何能成为巴菲特或接近巴菲特这样的人，会有许多启发和帮助。

全球都在学习、研究巴菲特，但平心而论，巴菲特之所以能成为“巴菲特”，是基于以下三大原因：

首先，美国是一个年轻、崇尚自由的国家，巴菲特处在美国经济向全球快速扩张阶段，这种背景更容易产生人间奇迹。美国的政治、经济、文化背景没有任何历史包袱（有点像我国的深圳特区），巴菲特如果不是在美国，而是在其他国家，拥有这样的巨额财富必然会面临巨大的政治风险，很容易成为“革命”的首要对象。

其次，巴菲特终生不渝地信奉并践行价值投资派鼻祖本杰明·格雷厄姆、菲利普·费雪的投资理论，把他们的思想转化为自己的信仰（不仅仅是单纯学习或模

1　补记：在2016年4月30日的伯克希尔公司股东大会上，86周岁的巴菲特和92周岁的查理·芒格照例吸引了全球4万多名投资者来到现场，风采依然。

仿），才使得自己能在他们成千上万的追随者中脱颖而出。巴菲特自称85%像本杰明·格雷厄姆，15%像菲利普·费雪。正是因为站在巨人的肩膀上，他才最终青出于蓝而胜于蓝。

最后，巴菲特从小就有商业头脑，有远大抱负，有志者事竟成。1956年，26岁的巴菲特牵头成立的合伙企业，只有7个人，大家费了好大的劲才筹集到105100美元启动资金，巴菲特在其中象征性地投入了100美元。令人不可思议的是，该合伙企业刚成立时他就立志要做全球首富，并为此时而莫名兴奋，时而烦恼不已，这种远大抱负亘古未见。

他当时在给朋友杰里·奥兰斯的信中说："我很害怕到最后自己的企业变得过于庞大，从而金钱将我的孩子们腐蚀了。目前这还没有成为一个问题，但是乐观地来看，它是会发生的，我想了半天也没什么结果。我敢肯定自己的确不想留给孩子们一大堆金钱，除非等我老点儿，等我有时间看看这些孩子是否已经成才后才会这样做。然而，留给他们多少钱、剩下的钱怎么办等诸如此类的问题让我大伤脑筋。"

一个毛头小伙子居然会有这种古怪念头，定会遭人耻笑，这就像襁褓中的婴儿想将来当总统一样。当时的巴菲特只有中等积蓄，个人收入也不稳定，他担心的这一切还都无影无踪。可正是这样的人生目标，促使他坚持价值投资、理性投资，而不是意气用事、追涨杀跌；正是这种自信支撑着他努力拼搏，并让后来者望而生畏。

不必说，早期的巴菲特只是奥马哈当地一位普通的股票经纪人；也不必说，当时他并没有什么辉煌的业绩能够证明他是值得大家信任的独立股票经纪人；单单从他要求别人把辛辛苦苦攒下的血汗钱无条件地交给他运作，并且还不能随意过问他的投资决策，就不但近乎苛刻，而且简直无理。然而，奇怪的是，那些合伙人居然真的会如此心甘情愿地把资金交给他，任由他处置。

凭什么？唯一的解释就是他内心深处那种强烈的自信、理性的长远规划征服了所有合伙人。也就是说，他的性格中有一种鲜明的东西在鼓舞、引导着合伙人，而这正是一般投资者所缺少的。果然在37年后的1993年，63岁的他如愿以偿地登上了全球首富宝座。之后，他一直屈居第二，直到2008年重登首富宝座。[1]

1　在接下来2009—2016年《福布斯》杂志全球富豪排行榜上，巴菲特屈居1次第二、6次第三、1次第四。

在巴菲特1965年掌控伯克希尔公司到2008年的43年间，标准普尔500指数上涨了8.77倍（1965年收盘点位92.43点，2008年收盘点位903.25点），伯克希尔公司的股价则上涨了4963倍（1965年收盘价19.46美元，2008年收盘价96600美元），超出前者4954倍。

即使面对2008年全球金融危机，伯克希尔公司出现了43年来的第二次亏损，也是业绩最差的一年，依然取得了不俗的成绩。2008年，伯克希尔公司股价下跌29.5%，净值亏损9.6%，与同期标准普尔500指数38.5%的下跌幅度相比，依然是令人尊敬的。要知道，2008年中国股票型基金的平均年收益率是亏损50.6%，表现最好的也亏损了31.6%，与伯克希尔公司的投资业绩相比差距甚远。

巴菲特究竟是怎样炼成的？除了上面三大决定因素外，经常阅读伯克希尔公司年报的读者还知道，几十年来巴菲特一直老调重弹那几句套话，使得全世界想模仿他的人怎么也不得要领，这也是一个重要原因。即使拥有伯克希尔公司股票几十年的老股东，虽然可以跟着巴菲特赚大钱，却硬是不敢自己单独去投资。除了查理·芒格、巴菲特的妻子和儿子、比尔·盖茨等极少数人，很少有人能够深入巴菲特的内心世界里去。

任何商业投资都有机密，作为国际投资大师的巴菲特又岂能不知？他之所以大谈特谈政府雇员保险公司、可口可乐公司等，是因为他知道，这方面没人能够与他竞争，说出来也无妨。还有，他一方面说判断某家公司是否优秀的重要参考是公司管理层的经营能力和诚信，另一方面又说在有些行业中最优秀的管理层也无法挽救企业的命运，这就有些令人莫衷一是了。可是你还真找不出他的岔子，因为他说的两种情况都对。归根到底，外界越不知道他在做什么，他的投资就越安全，他深知其中的利害关系。

巴菲特的观点正确、简单、辩证，普通投资者很难掌握其要领。例如他说股票投资的关键之关键，在于"在合适的时机，以适当的价格，买入价值被严重低估的优秀股票，然后长期持有"。这句话很清楚、很简单，但是很难学，谁也不敢说已经把它学到手了。

本书按照巴菲特的成长及经营事业过程，全面分析、总结了他在金融投资各阶段的主要项目和操作手法以及人格魅力，引领读者清楚地看出他是怎样从一个普通股票经纪人一步步站在巨人的肩膀上，一步步成为高人，一步步登上全球首富宝座的。其中，有许多是对上述三大成因的深度剖析，非常有助于读者更好地理解巴菲特和伯克希尔公司的成功秘诀。

目录

CONTENTS

8. 从保险业务中获益

9. 抓住间隙股票套利

10. 发行 AB 股打压假冒伪劣

11. 投资可转换特别股

12. 靠朋友推荐促成并购

1. 从小就具有商业头脑

俗话说：“三岁看大，七岁看老。”受环境影响，巴菲特从小就具有商业头脑，对数字和概率有着深入的研究，这无疑是一位成功投资者必备的素质。

家族的影响和父母的熏陶

还是个孩子的时候，我各方面的条件就很优越。我的家庭环境很好，因为家里人谈论的都是趣事；我的父母很有才智；我在好学校上学。我认为，我的父母是世界上最好的。这非常重要。我没有从父母那里继承财产，我真的不想要。但是我在恰当的时间出生在一个好地方，我抽中了“卵巢彩票”。

——沃伦·巴菲特

【巴菲特是这样炼成的】

巴菲特认为，父母的影响和家庭的熏陶对他的一生影响极大，他在恰当的时间出生在一个恰当的地方，就好像抽中了“卵巢彩票”一样。

关于这一点，必须从他的家族，尤其是他的父母谈起。

17世纪，巴菲特的祖先为了躲避宗教迫害，从法国逃到美国，在美国亨廷顿从事种植业，后来则从事纺织业。几代人过去后，这个家族迁移到刚刚成为铁路枢纽中心的奥马哈，在这个小镇上开了第一家杂货铺，专门经销水果、蔬菜、体育用品等。巴菲特家族待人和蔼、薄利多销、恪守信用，深受当地百姓欢迎，于是生意越做越大。

巴菲特的爷爷欧内斯特·巴菲特出生于1877年，不到16岁就在他父亲（巴菲特的曾爷爷）开的杂货铺里站柜台，经商头脑在当地小有名气。他曾经在一封信中说：“我可能提到过，巴菲特家从没人留下过一大笔资产，但也没人什么都不留下。他们从未花光他们挣到的所有钱，总是保留了一部分。如今，这让所有的一切发展得相当顺利。”

不难看出，“花的比挣的少”“没有负债”这两大特点在今天的巴菲特身上依然表现得非常突出。

与普通商人见钱眼开不同，欧内斯特·巴菲特的妻子（即巴菲特的奶奶）很有眼光，一心一意培养孩子读大学。为此她勤俭节约，即使用今天巴菲特的眼光看，奶奶当时掌握的家庭开支标准也是相当苛刻的。后来她的4个儿子和1个女儿全都大学毕业，其中还出了1位化学博士。

巴菲特的父亲霍华德·霍曼·巴菲特排行第三，出生于1903年。他从小就当报童，衣服都是两个哥哥穿过的旧衣服，和其他兄弟一样，平时在家里和店里必须要干家务。他在大学里学的是新闻专业，参加过校报《内布拉斯加日报》的采编工作，先后担任体育记者和编辑。

在当时的美国，有权有势家庭的孩子都对政治感兴趣，而出身于商人家庭的父亲则把这一切看得很淡。大学毕业时，父亲虽然对钱不是十分看重，但还是在他父亲（巴菲特的爷爷）的坚持下，放弃了收入较低的新闻行业和读研究生的机会，开始从事股票经纪人工作。

巴菲特的母亲具有良好的数学天赋。她和巴菲特的父亲结婚时，装修、购买物品等都是她一手操办的，她特别强调，所有花费都是“批发价”。巴菲特在一生中虽然很少提到他母亲，他的父母也不一定就如他所说的那样是“世界上最好的”；但无疑，父母对他一生的影响非常大。从某种意义上说，巴菲特之所以能最终进入商业投资领域，是他父亲刻意栽培的结果。

20世纪20年代，美国股市进入狂热阶段，巴菲特父亲于1927年在联合州立银行担任股票经纪人。可是好景不长，1929年10月29日“黑色星期二”一天就跌去相当于美国政府全年财政预算4倍的市值（140亿美元），全年跌幅相当于美国在第一次世界大战中的全部耗费（300亿美元）。

1930年8月30日，巴菲特出生了，早产了5个星期。股市暴跌后已经没人炒股了，那些亏得只剩条短裤的股民在四处搜捕巴菲特的父亲，所以他不得不整天躲在家里生闷气。后来他提出，希望能去父亲（巴菲特的爷爷）开的杂货店里打打工，有份第二职业养家糊口。可他得到的答复是，这时候杂货店也已经没什么生意了，不需要添人。

1931年8月15日，巴菲特将近1周岁时，父亲所在的银行正式倒闭，原本存在这家银行里的积蓄也全部泡汤，全家顿时失去生活来源。

走投无路之际，父亲和另外两人一起创办了一家合伙型股票经纪公司——巴菲特・斯克莱尼卡公司。按理说，当时已经没人买股票了（这时候离美国股市底部还有七八年），还开什么股票经纪公司呢（不过他也只熟悉这一行了）？可是没办法，一家四口总不能饿肚子吧！

有道是，绝处逢生。父亲的公司开始时做的都是熟人的生意，为了对他们的投资负责，投资的都是些安全性非常高的股票，如公用事业股和市政债券等，结果第一个月就赚了400美元，真是大喜过望呀。尝到甜头后，便“一招鲜，吃遍天”，结果生意越做越大，全家很快就过上了比当时大多数中产阶级更滋润的日子。巴菲特稍大一些时，就经常泡在父亲的公司里，帮着张贴股市信息等，潜移默化中对股市交易和行情有了许多了解。

1936年，家里买了辆崭新的别克轿车，在奥马哈郊区建造了一幢两层红砖楼房，父亲成为当地的共和党积极分子。

1942年，父亲代表共和党赢得了国会竞选，当上了国会议员，被分配到金融委员会工作。于是，全家在1943年7月搬到了首都华盛顿。

由于父亲原则性强，不愿意根据选民偏好看风使舵，所以上下都不讨巧。有一次全家在奥马哈看棒球比赛时，会场上介绍到场名人，当父亲起身时赢得观众嘘声一片，而父亲就站在那里一动不动、一言不发。父亲虽然受到羞辱，可是巴菲特及家人却极其崇拜他的坚韧和刚毅。

1948年11月，父亲竞选失败后重新回到原来的公司。可由于他在当议员期间，原先的合作伙伴已经控制了公司客户，他根本插不了手，所以无奈之下只好去乡下挨家挨户地拜访农户，重新寻找客户。

1951年，父亲再次当选国会议员。可是因为他性格倔强，就连1952年德怀特·艾森豪威尔和理查德·尼克松代表共和党搭档竞选美国总统，都没能得到这位共和党人的支持，无疑这是自毁政治前途。1953年，德怀特·艾森豪威尔宣誓就任美国总统后，父亲的国会议员任期自然也就结束了，他重新回到奥马哈，在某个大学里谋得一份兼职教授的工作。

父亲对巴菲特一生的影响极大。在2008年与大学生的对话中，美国得克萨斯大学奥斯汀分校（University of Texas at Austin）商学院学生问他："你拥有商业的成功、巨额的财富以及崇高的声望，为什么你仍然如此平易近人、如此谦虚？在你的一生中，是否有什么特殊的人，或者你学到了什么特殊的经验，使你得以保持这种生活态度？"巴菲特的回答是："我很幸运，成了一个恰当的英雄。告诉我你心目中的英雄是谁，我就会告诉你你将来会成为什么样的人。你一生中最重要的工作之一，将是抚养子女。他们从你这里学到的，会比他们从研究生院学到的更多。我的父亲对我造成了巨大的影响，后来格雷厄姆（即本杰明·格雷厄姆）也出现了。我的英雄，从来没有让我失望。"

巴菲特的父亲1963年在遗嘱中说："我没有为我的儿子沃伦做任何更多的准备，不是因为我不爱他，而是因为凭借他自身的头衔他就有大量的资产。更进一步的原因，他曾建议我说，他不希望和别人得到一样多的财产，并要求我不要为他的将来做更多的安排和打算。"

巴菲特的父亲于1964年去世，留下的遗产总值是56.33万美元，其中33.47万美元投资在巴菲特的合伙企业——巴菲特有限公司里。也就是说，巴菲特除了从父亲那里得到几项私人财产外，几乎没得到任何遗产。后来，巴菲特决定在生前捐赠掉自己99.9%的财产，多少有点学他父亲的样。他说："50年前被锁起来的股票凭证，对我来说显然没有任何实际用途了，它们在其他地方会发挥更大的作用。既然这样，为什么要把它们留给我或者我自己的子孙后代呢？"

回忆自己小时候的经历，巴菲特在2015年5月2日举行的伯克希尔公司股东大会上说："重要的是你在最初要有一个好习惯。在习惯已经很难被改变之前，它的形成往往很难被注意到。在你的孩子小的时候就好好教育他。如果他在离开大学时就有9000~10000美元的资产，会帮助他很快建立起一个家庭。"

【启示录】

每个人都有他特定的家族遗传和生活环境，这是不可否认的。这种环境对他的一生都会产生重大的影响，有时候甚至会是决定性影响。巴菲特出生在一个商人兼证券经纪人之家，从小就有商业头脑是很自然的。

对数字和钱特别感兴趣

> 我会提前拿到《每日赛讯》，找出每匹马跑赢比赛的可能性。然后，我把表示概率的百分比和独赢赔率相比较。不过，我先不看独赢赔率，以免自己先入为主产生偏见。有时，你会发现一匹马胜出的独赢赔率出现偏差、偏离实际的可能性。比如你认为一匹马有10%的胜利机会，但其实它成功的机会只有1/15。赛马场的复杂和心机越少，你的形势就越好……当我还是个小孩的时候，我就像疯子一样研究《每日赛讯》。
>
> ——沃伦·巴菲特

【巴菲特是这样炼成的】

巴菲特从小就对数字和金钱特别痴迷，令人刮目相看。

6岁那年，巴菲特就从爷爷开的杂货铺里用每箱25美分的价格买进6瓶可口可乐，然后拆开来零售给其他邻居家的孩子，每瓶5美分。

初看起来这只不过是一种最简单的商品出售，可是却可以从中看出套利的影子。甚至可以说，这是他一生中最早的商品套利实践。

仔细算一算就知道，巴菲特从他人生的第一宗真正的生意中获得了20%的利润加成率，而在其以后的人生中，他的年投资回报率一直保持在20%左右，这就是他会成为百亿富翁的真正原因。

他在伯克希尔公司1989年年报致股东的一封信中回忆说："我以每箱25美分的价钱在爷爷的杂货铺购买可乐，然后以每瓶5美分的价钱在附近兜售。这种高利润的零售方式，使我及时注意到了非同寻常的消费者的吸引力和这种产品的商机。"

到了10岁时，巴菲特开始改为兜售百事可乐了。因为他发现，可口可乐和百事可乐两种饮料的价钱是一样的，可是可口可乐的容量只有6盎司，而百事可乐却有12盎司，所以无论怎么说，顾客都应该更喜欢百事可乐才对。想一想吧，这难道不是巴菲特最早对企业内在价值的理解吗？

巴菲特的早期合伙人之一、伯克希尔公司股东欧文·封斯特回忆说，巴菲特小时候和其他孩子完全不同：其他孩子心满意足地喝着从机器里倒出来的汽水，喝完就把瓶盖一扔了事。只有巴菲特会去把那些被丢弃的瓶盖捡起来，然后把它们分门别类地数一数，看看哪种牌子的汽水卖得快；同时，他也很享受这种分类、计数过程。他觉得，别人对这种“免费信息”漠不关心，真有点不可思议。

平时，他会搜集、计算、记忆所有与数字有关的事。例如他非常热衷于集邮和收藏钱币。在就读奥马哈罗丝黑尔小学（该小学从幼儿园一直到八年级，巴菲特在其中跳了一级）后，巴菲特就非常喜欢阅读《奥马哈世界先驱者报》，同时也很留意报纸上26个英文字母的出现频率。这一点很有点像他上面数瓶盖的方式。

不难看出，巴菲特从小就具有审计员的本能——获取实际盈利数字，而不是假设盈利数字的能力。这一点正是他后来获得投资成功的原因之一。

巴菲特小时候因为阑尾炎手术住院时，拿着他姑姑送给他的指纹识别玩具，一个个哄骗来他房间里看他的修女们，让她们用手指蘸上墨水盖章，从中提取指纹。出院后回到家里，他对这些搜集到的指纹加以仔细研究。家里人都觉得不解，问他这是干什么，巴菲特孩子气地回答说，这些修女中说不定将来有人会犯罪，而只要她们犯了罪，到时候就只有他能提供这些指纹了，这对破案很有帮助。

巴菲特的大脑里随时随地都在思考数字，即使在教堂里也是如此。他喜欢听布道，但对其内容不感兴趣，而是搜集赞美诗作曲者的出生、死亡日期来计算他们的寿命。结果他发现，这些人的寿命并没有超过其他人的平均寿命，他由此得出了“虔诚对长寿没有帮助”的结论。

由于对数学和概率研究得透，巴菲特11岁（还在读罗丝黑尔小学）时就和一位朋友一起，运用数学原理开发出了一套赛马中挑选谁是赢家的系统。然后，他写了一篇名为《马童选集》的长文，不但透露了有关赛马跑道的内情，而且还告诉人们如何在赛马时设置障碍以及如何下注。

巴菲特在自己家里印刷好这本小册子，然后到赛马场上去以每本0.25美元的价格出售这一技术。一开始一切都还顺利，可是由于他没有营业执照，他的这些小册子属于“非法出版物”，后来被有关部门查封了。但无论如何，这让巴菲特从中发现了生意经，至少是赚了钱。

再后来，巴菲特发现高尔夫球场旁的小河和池塘里有一些被打飞了的高尔夫球，就组织邻居家的小朋友们专门去打捞，然后重新出售。据说他们一共打捞到220打高尔夫球，最终以1200美元的价格卖给了杰尔·奥瑞斯。作为组织者，巴菲特从中赚到了应有的“管理费”。

巴菲特小时候非常喜欢姑姑爱丽丝·巴菲特，终身未婚的爱丽丝·巴菲特也把他视同己出，想方设法鼓励他、启发他开动脑筋。巴菲特上幼儿园时，所有兴趣都围绕着数字打转，6岁时突然迷上了用秒表精确计时，所以很自然地希望爱丽丝·巴菲特能送给他一样贵重的礼物——秒表。爱丽丝·巴菲特答应了，但提出他以后要改掉不吃龙须菜的坏习惯。巴菲特也答应了，从而得到了他梦寐以求的秒表。回到家后，他就把姐妹们召集到浴室边看他发明的新游戏——将代表一个个人的弹珠从浴缸边沿弹入放满水的浴缸，以此来精确计时以决胜负。他玩得乐此不疲，而其他人则只有看的份儿。

1956年5月巴菲特有限公司成立时，爱丽丝·巴菲特出资最多，一人就出资3.5万美元。她1970年去世后，巴菲特特地设立了“爱丽丝·巴菲特杰出教师奖”，每年奖励从奥马哈当地公立学校中选出来的15位优秀教师，每人1万美元。

【启示录】

巴菲特从小对数字和金钱就特别感兴趣，对奇异事物持怀疑态度，勇于为信念而献身，表现出与众不同的秉性。无疑，与那些“对数字根本没有概念”的人相比，这是一个成功投资者所必须具备的基本内在特质。

父亲领他拜见华尔街大亨

我有一个小小的绿色盘子，里面被分成5部分。我很肯定我的爱丽丝姑姑给了我这个东西。这个东西能分装5个牌子的口香糖，黄箭、荷兰薄荷、绿箭等。我从我的祖父那里买上几包，然后逐门逐户地向邻居推销这些东西。我过去经常在晚上做这件事。我记得有一位名叫弗吉尼娅·麦克布里的夫人说，“我要买1片黄箭”。我说，“我们不拆着卖”——我的意思是，我有自己的原则。直到今日，我依然记得麦克布里夫人说她只要1片。不行，只能一包5片一起卖。5片5美分，而她想在我这里只花1美分。

——沃伦·巴菲特

【巴菲特是这样炼成的】

巴菲特对数字和概率的痴迷，促使父亲下决心要带他去拜见一下那些华尔街大亨，这对他后来从事证券投资业确实产生了某种决定性影响。

上面提到，巴菲特对数字和钱特别感兴趣。他平生的第一个玩具也是最喜欢的玩具，是绑在手腕上的金属货币兑换器。这是他的姑姑爱丽丝送给他的礼物。他四处走动，兑换零钱，并且非常享受这一过程，对金钱非常着迷。同时，由于他遗传了母亲的数学天分，所以特别喜欢研究数字、做数学题，快速计算复利利息更是让他感到特别刺激，这是他最喜欢并且保留至今的一种消遣方式。而运算显然对任何一位商人来说都是非常重要的素质。

巴菲特平生的第一笔财富来自卖口香糖。那是6岁时，他从爷爷开的杂货铺里批来一些口香糖，然后每天晚上趁着每家每户有人在家的时候上门推销，并且一开始就坚持自己的原则：一包5片的口香糖只整包卖，不拆开零售。卖一包口香糖他能赚2美分，如果拆开零售不但所得利润较少，而且还要承担后面几片散装口香糖卖不出去的风险。这种对顾客毫不让步的态度，巴菲特从6岁时就形成了，这也是他后来的投资风格。

不过，巴菲特在挨家挨户推销红色包装可口可乐时却是拆零卖的。这是因为可口可乐的销量大，他根本不用担心单独的一瓶将来会没人买。这又反映了他后来投资生涯中的灵活性。

他把这些劳动所得和父亲给他的20美元一起存入银行，开设了他的第一个银行账户。那年他6岁。

巴菲特10岁的时候，开始经常在父亲开的巴菲特·斯克莱尼卡公司里帮助张贴股市信息等，有时候也帮助抄写股票和债券文件，制作股价走势图。他在和父亲公司同在一幢大楼里的哈里斯·尤浦汉姆公司打工，负责在木板上做标记以及从股市行情到制图资料等所有需要做的杂事。慢慢地他发现，所有人买卖股票时对股市行情的看法都与股价变动所显示的数字无关。或许，这就是他后来反复强调内在价值的基点？

巴菲特从8岁时开始经常在他父亲的公司里阅读股票投资书，10岁时已经饱览当地图书馆里所有这方面的书籍。他说，他在六七岁时就对股票产生了兴趣。当时他最喜欢的一本书叫《赚1000美金的1000种方法》，每天一有空就看，到最后都能滚瓜烂熟地背下来。

他平时喜欢打篮球，利用打球的间隙去拿《华尔街时报》。他的初中同学回忆说，巴菲特那时候经常和同学一起打篮球，可是打了一会儿篮球后他就会去旁边看《华尔街时报》，然后再打篮球。同学们对他的这种习惯早就习以为常了，所以也不管他，只是在一旁说："看看，这就是沃伦。"

与其他孩子不同的是，巴菲特10岁时就认定自己这辈子要吃证券投资这碗饭了。在他家里有这样一个传统：父亲在每个孩子10岁时都会带他去美国东海岸旅行一次，把它作为孩子们一生中的重大事件。

在父亲征求巴菲特的意见去哪里旅行时，巴菲特从自己的兴趣爱好出发，明确告诉父亲想去三个地方：斯科特邮票钱币公司、莱昂纳尔火车模型公司、纽约证券交易所。请特别注意这最后一个地方。

当时，巴菲特的父亲尚未当选为国会议员，但他毕竟是在证券投资圈子里混的人，所以带巴菲特去拜访纽约证券交易所还是可以做到的。

他们在纽约证券交易所的一个席位上，拜访了高盛投资银行高级合伙人西德尼·温伯格。虽然高盛集团的规模当时并不大，但此人掌管着华尔街上规模最大的股票经纪公司，并且兼任美国总统富兰克林·罗斯福的商务顾问，他绝对算是位大人物了。

巴菲特离开时，西德尼·温伯格拥抱了他，并且问："你最喜欢哪只股票，沃伦？"巴菲特一辈子都记得这句话。就在这次拥抱68年之后的2008年，他出手援助（投资）了高盛集团。而那一年的巴菲特才刚好10岁。

巴菲特12岁前彻底迷上了股票，当时他正在华盛顿就读艾丽丝·迪尔初中。他显然不希望通过在炎炎烈日下进行繁重的体力劳动来实现人生目标，甚至完全可以说他根本就不喜欢劳动，只喜欢读书，尤其是投资书。

在差不多同一时间里，送报成了巴菲特的全部课余生活。为什么要去送报呢？2003年5月，他在接受《镜报》记者采访时说："我想得到足够的金钱，这样，我就可以做自己想做的事情了。"当时，他把自己投递报纸所赚的钱全部放在一个抽屉里，每个月大概会有175美元的进账，全家人谁都不会去动他的这个抽屉。

令人佩服的是，巴菲特同时拥有5份报纸的投递线路，并且另外还有4份报纸的投递线路留作备用。如果有客户取消订报了，他就会从后备投递线路中启用一条顾客订报数量最多的线路，以提高投递效率。后来，他又增加了一条专门投递杂志的线路。不但如此，巴菲特还会保留每一位顾客的订单，以便订阅期满后主动询问顾客要不要续订。

所有这些，都显示出了巴菲特不凡的商业头脑。

【启示录】

巴菲特的商业头脑固然有家族遗传，但与周围环境，尤其是父亲对他的刻意栽培分不开，道理很简单：他是家中唯一的男孩。他10岁时有机会拜访西德尼·温伯格并得到后者肯定，从中受到了极大的鼓舞。

2. 从格雷厄姆身上得到真传

名师出高徒。巴菲特自称他19岁时读了本杰明·格雷厄姆《聪明的投资者》一书后茅塞顿开，此前虽然他早已投入股市，但对投资根本没有概念。

向《聪明的投资者》学聪明

我涉猎的内容无所不包，我搜集图表，阅读各种技术知识书籍，倾听各种内部消息，后来我读了格雷厄姆的《聪明的投资者》，这才好像见到了光明……我认为，迄今为止最优秀的投资著作，就是本杰明·格雷厄姆的《聪明的投资者》。他在最后一章的最后一部分开头写道：当投资最接近于企业经营时才是最明智的。

——沃伦·巴菲特

【巴菲特是这样炼成的】

巴菲特认为，本杰明·格雷厄姆《聪明的投资者》一书对他投资生涯的帮助最大，正是这本书让他第一次学到怎样成为一名“聪明的投资者”。

巴菲特感激地说，他这辈子做过的最好投资不是某只股票或债券，而是本杰明·格雷厄姆的《聪明的投资者》一书。[1]该书1949年初版后，他在1950年上半年

1　本书1949年推出第一版后，分别于1954年推出第二版，1965年推出第三版，1973年推出第四版。其中最受巴菲特欣赏和推荐的是第四版。这不但是病中的本杰明·格雷厄姆亲自修订的最后版本，也有巴菲特提供的诸多帮助在内。并且，巴菲特在本杰明·格雷厄姆去世后还专门为第四版撰写了序言。

（大四时）就阅读了此书。后来，为了能够亲自聆听本杰明·格雷厄姆的教诲，巴菲特特地申请就读哥伦比亚大学商学院。他说，这本书现在仍然是他投资决策的指引，他将其推荐给了比尔·盖茨等人。

他说："我已经记不清我买第一本《聪明的投资者》花了多少钱。无论花了多少钱，都可以彰显格雷厄姆书中那句格言的真谛：价格是你支付出去的，价值是你所获得的。我做过的所有投资之中，买格雷厄姆的这本书是最好的投资（我的那两本结婚证除外）。"[1]

巴菲特说，他在读高中时就开始股票投资了。不过，当时他和其他投资者一样，整天热衷于打听小道消息，每天要花不少时间去研究股票走势图和各种技术指标。这一情形在他遇到老师本杰明·格雷厄姆后才得到彻底改变，尤其在读了本杰明·格雷厄姆《聪明的投资者》一书后，他"好像见到了光明"。

巴菲特在伯克希尔公司2000年年报致股东的一封信中说，他在1950年之前的10年间虽然一直在从事股票分析，频繁地买进卖出，可是投资业绩平平。而他从1950年开始接受本杰明·格雷厄姆的投资观念，"几个小时的效果远远大于我个人过去10年来独自的摸索"。

巴菲特在伯克希尔公司2015年年报致股东的一封信中又说："你的人生能取得怎样的成就，很大程度上取决于你崇拜和学习的对象。"

确实，当时的巴菲特就像追星族一样，狂热地崇拜、追捧本杰明·格雷厄姆。他1950年投奔美国哥伦比亚大学商业研究生院学习，这一举措就可以看作这种狂热追星效应的一个环节。

他说："1950—1951年我在哥伦比亚商学院读研究生，并非我想获得一个学位，而是为了能够有机会得到当时在该校任教的格雷厄姆的教诲。听格雷厄姆讲课实在是一种美妙的享受，我很快就全神贯注地从我心目中的英雄那里学到了我所能学到的一切东西。"

也许是性情相投，也许是天生有缘，巴菲特敬重本杰明·格雷厄姆，本杰明·格雷厄姆也对巴菲特青睐有加。

1 Peter译，Lina校．巴菲特最成功的投资：中石油．财富杂志中文网[2014-11-12].

在别人眼里，本杰明·格雷厄姆不苟言笑，甚至子女都对他敬而远之；可是，他对巴菲特却抱有一种父爱般的温暖，充满疼爱之情。有个细节可以充分证明这一点：在本杰明·格雷厄姆几十年的教学生涯中，他给学生的评语中只出现过一个A+，而这就是授予巴菲特的。

本杰明·格雷厄姆不但经常找巴菲特谈话，并且还亲自教他用各种手段去探索投资市场中的各种可能。他的教学方法非常适合巴菲特，这也使得巴菲特深得他的真传。

用今天的眼光来看，没有当时的本杰明·格雷厄姆，也就没有现在的巴菲特，这么说一点也不为过。同样难能可贵的是，巴菲特并没有盲目地崇拜本杰明·格雷厄姆，而是批判性地吸收他的思想，这才成就了现在的巴菲特。这也是本杰明·格雷厄姆有那么多学生，巴菲特却只有一个的原因所在。

接着上面的话题，按理说，如此这般的师生关系，巴菲特大学毕业后应该在本杰明·格雷厄姆的公司里工作，共创美好明天才是。巴菲特的内心也是这样想的，为此，他甚至开出了自己不领工资的条件。

巴菲特想，本杰明·格雷厄姆最注重价值投资，如果自己提出无偿劳动，那么从价值投资角度看，老师就没有理由不答应他留下来工作了。可是他没想到，本杰明·格雷厄姆依然拒绝了他的要求。

在这种情况下，巴菲特不得不回到家乡奥马哈，在他父亲的经纪公司里工作了一段时间。难能可贵的是，巴菲特在此期间并没有放弃和本杰明·格雷厄姆的密切联系，一连写了上百封信要求到对方那里去工作。

在巴菲特的一再恳求下，本杰明·格雷厄姆终于在1954年同意他进入格雷厄姆·纽曼公司工作。巴菲特为此感到欣喜若狂，因为他终于可以在老师身旁实践他所理解的价值投资了。不过，一段时间过去后，两人经常为一些投资决策闹得不愉快。这样，到1956年62岁的本杰明·格雷厄姆退休时，在那里已经工作了两年的巴菲特再次回到家乡，开始独自创业。

双方争吵主要是本杰明·格雷厄姆身上的一些固有缺点引起的。本杰明·格雷厄姆喜欢以数学标准以及那些可以看得见的数字去进行推测；而巴菲特更主张实事求是，一切从实际出发，不唯书，不唯上。这样就导致了双方矛盾的发生，最终不得不分道扬镳。

举例说，有一次，一位证券经纪人告诉巴菲特，有只名叫“家庭保护公司”的保险股很不错，当时的股价是15美元。由于该股票没有知名度，甚至基本上找不到什么公开资料，所以很难对它进行价值评估。可是这事难不倒巴菲特，他马上去这家上市公司所在地的州政府保险办公室搜集数据，结果证明这只股票绝对值得投资。

当巴菲特兴致勃勃地把这些资料提供给本杰明·格雷厄姆时，本杰明·格雷厄姆很不以为然，并且在征求了合伙人杰里·纽曼的意见后否决了巴菲特的这一提议。

胳膊扭不过大腿，巴菲特没办法，只好用自己的钱买了些该股票聊以自慰。没过多久，该股票就上涨到了370美元，暴涨了20多倍。

另外有一次，巴菲特发现新贝德福德联合铁道公司股票的价格为45美元，可是该公司的每股现金就高达120美元，这简直让他不敢相信。当他把这一发现报告给本杰明·格雷厄姆时又遭到了拒绝。于是，巴菲特不得不故技重演，自己买进一些，同时对老师充满失望。

毫无疑问，巴菲特从《聪明的投资者》中学到了聪明的投资方法，但同时又摒弃了本杰明·格雷厄姆那种过于保守、死板教条的做法。这种不屈不挠、充满自信的投资态度，是他比本杰明·格雷厄姆高明的地方。

巴菲特在伯克希尔公司2011年年报致股东的一封信中，在具体说明投资者买入正在回购股票公司的股票的价值所在、价格下跌会比价格上涨时获利更多后，话锋一转，再次提到这件事。他说：“感情因素往往会让事情复杂化。大多数人，包括那些将来会是股票净买入者的投资者，看到股价上涨才会感到内心非常舒服。这样持有股票的投资者，类似于一个经常开车上下班的人，只是因为他的油箱今天加满了油，就为油价上涨而欢呼。”

当然他也承认，他和查理·芒格根本没指望大多数人听后会改变想法，因为“我们已经观察人类行为多年，深深知道这样做根本不起任何作用”。他坦率地说：“我年轻的时候，也是一看到股市上涨就非常高兴。后来我读了格雷厄姆写的书——《聪明的投资者》，其中第8章告诉投资者应当如何看待股价波动，原来阻挡我眼光的障碍物马上从我眼前消失，低迷的股价从此成了我最喜欢的朋友。拿起这本书，真是我一生中最幸运的一刻。”

【启示录】

本杰明·格雷厄姆的投资态度过于保守，他喜欢用数学公式做推断。而巴菲特作为刚刚走出校门的大学生，却没有一味盲目崇拜，盲目服从，而是据理力争，表现出了某种绝对的自信。这正是巴菲特作为一个聪明的投资者所具备的高素质。

通过格雷厄姆认识市场先生

> 很久以前，我的朋友和老师本杰明·格雷厄姆曾描述过对市场波动的心态，我认为这对于投资是否成功具有特别的意义。你必须想象市场报价来自一位特别乐于助人的名为“市场先生”的朋友，他是你私人企业的合伙人。市场先生每天都会出现，报出一个他既可以买入你的股份也可以卖出你的股份的价格。尽管你们俩所持有股票的合伙企业具有非常稳定的经济特性，但市场先生的报价具有各种可能。因为不幸的是，这个可怜的家伙有感情脆弱的老毛病。
>
> ——沃伦·巴菲特

【巴菲特是这样炼成的】

巴菲特认为，每一位投资者对股市波动都会产生一种认知偏差。由于他从老师本杰明·格雷厄姆身上认识了市场先生，这使得他在面对市场波动时能够保持一份理性，从而在这方面具有一种特殊本领。

“市场先生”是本杰明·格雷厄姆的一个著名比喻。本杰明·格雷厄姆认为，股票市场就像一位先生，他的性格特点是喜怒无常，而且每天都会出现。在高兴的时候，他会报出一个很高的股票交易价格——因为他觉得他的股票值这个价钱，而全然不顾你是不是愿意以这样的价格买入；相反，当他悲观的时候，他会报出一个很低的股票交易价格——因为他觉得这时的股票只能卖到这个价钱，而全然不顾你是不是愿意以这么低的价格买入。市场先生的性格特点是，他从来不看别人的反应如何，也不管上市公司的内在价值多么稳定，每天都会报出一个或高或低的价格来。

巴菲特遵循本杰明·格雷厄姆的教诲，根本不受市场先生的挑逗和诱惑，所以能够沉得住气。无论市场先生报出的交易价格高还是低，他都能做到立场坚定不动摇，保持清醒的头脑。

因为他牢牢记住了本杰明·格雷厄姆的话：市场先生会服侍你，却不会也不应该指导你怎么做；投资者眼里看到的应该是市场先生的钱包而不是指挥棒。如果你不具备这样的定力，就不应该参加股票投资游戏。

巴菲特很小就迷上了股票，同时也迷上了技术分析，总喜欢打听、探讨并解释股市随机波动的规律，而且会主动绘制股价升降图表。1950年夏天，巴菲特从内布拉斯加大学本科毕业申请哈佛大学商学院读研究生被拒后，百无聊赖中发现，他最喜欢读的《聪明的投资者》一书的作者原来在哥伦比亚大学商学院教书，于是毅然决定报考该校，主要目的就是为了能够亲耳聆听到本杰明·格雷厄姆和戴维·多德两位教授的教诲。

巴菲特如愿以偿地成为本杰明·格雷厄姆的学生后，总是带着崇拜和敬畏的心情听课。虽然他们两人在课堂外几乎没什么共同兴趣，可是在课堂上却最喜欢争论、讨论股市问题。而巴菲特发表的见解，其他同学几乎一无所知，根本插不上嘴，久而久之，他们就习惯了上课时听巴菲特和本杰明·格雷厄姆两人的“二人转”。

可以说，巴菲特听了本杰明·格雷厄姆的课后，醍醐灌顶。后来，他把股票价格升降图以及那些不根据公司基本面做出的分析一律称之为“小鸡走路的痕迹”。一有空，他就阅读本杰明·格雷厄姆和戴维·多德合著的《证券分析》一书。

容易看出，如果他没有遇到本杰明·格雷厄姆，他就成不了现在的巴菲特，很可能一辈子只是一名普通的证券投资分析师。了解到这一点，有助于读者理解他曾经说过的这句话：“我有85%像格雷厄姆。”

巴菲特说，在长期的股票投资实践中，他和查理·芒格一直牢记本杰明·格雷厄姆的教诲：“从短期来看，市场是一台投票机；但从长期来看，它是一台称重机。”目光紧紧盯着手中所持股票内在价值的高低，而不是股价的波动，最终能从市场先生那里得到的是：当某一天市场先生表现得愚蠢至极时，你能以极低的价格买入内在价值较高的股票；当股票交易价格大大高于其内在价值时你抛出，你就能从中获取巨额利润。

巴菲特在伯克希尔公司1987年年报致股东的一封信中说，正因为市场先生的不理智，投资者才可能以不可思议的价格买到绩优股。

举例说，伯克希尔公司1973年购买《华盛顿邮报》公司股票的价格是每股5.63美元，而该公司1987年每股利润就达到10.3美元。同样的情况是政府雇员保险公司股票，伯克希尔公司在1976年、1979年、1980年的平均买入价格是每股6.67美元，而1987年它的每股税后利润就高达9.01美元。从这一点上看，市场先生是非常大方的好朋友。

1978年5月5日，巴菲特在给美国斯坦福大学商学院的研究生们上课时，给学生们分发了一些材料，其中就包括格雷厄姆·纽曼公司、巴菲特有限公司、伯克希尔公司1.7亿美元的投资组合。巴菲特以早期对德耳塔雄鹿俱乐部的投资为例，特别强调，这笔投资之所以能取得成功，关键是因为他准确发现了俱乐部土地权以及一部分资源的权属，这可以看作市场先生对自己的一种赏赐。

他说："我给你们带来的好消息是，只有无效的市场才是永恒的、完善的市场。"要知道，这种说法在当时几乎被认为是"异端邪说"，即使是现在也会有许多人对此持怀疑态度。更何况斯坦福大学商学院就有两位金融学教师因为市场有效理论先后获得了诺贝尔奖，在这里"泰山头上动土"，可想而知巴菲特要冒多么大的声誉风险。

然而，巴菲特就认准本杰明·格雷厄姆的理论是正确的。现在回过头来看，也正是因为巴菲特追随本杰明·格雷厄姆、菲利普·费雪、杰克·麦克唐纳德，他才会对市场先生喜怒无常的性格有更多了解，从而得出这种"惊世骇俗"却又无比正确的结论来。

【启示录】

市场先生理论认为，投资者要想战胜股票市场，就必须利用股市喜怒无常的弱点，耐得住性子，而根本不是要去战胜所谓的主力机构。当然，这时候能够作为市场参照系的依然是其内在价值，而绝不是股价波动。

通过格雷厄姆学到安全边际

格雷厄姆说，你应当把股票看作公司的许多细小的组成部分。要把市场波动看作是你的朋友而不是敌人，投资盈利有时来自对朋友的愚忠而非跟随市场波动。而且，在《聪明的投资者》最后一章中，格雷厄姆说出了关于投资的最为重要的词汇——“安全边际”。我认为，格雷厄姆的这些思想，从现在起直到100年之后将会一直成为理性投资的基石。

——沃伦·巴菲特

【巴菲特是这样炼成的】

巴菲特认为，安全边际是股票投资中最重要的概念，而最早他就是从本杰明·格雷厄姆的《聪明的投资者》一书中学到这种投资理念的。并且他相信，安全边际作为理性投资的基石将会永远存在。

巴菲特说，他从《聪明的投资者》中学到三个道理：一是不要看重股票现在的价值，而要看它将来能否给你带来一定的利益；二是建立投资组合时一定要考虑安全边际；三是本杰明·格雷厄姆关于市场先生的比喻，格雷厄姆认为市场先生很疯狂、很忧郁，而巴菲特在此基础上又给他增加了一个形容词，说他还是一个“醉汉”。

本杰明·格雷厄姆认为，股票的价格最终必然会与其内在价值相适应。在这里，“最终”是一个很狡猾的词：什么时候才是“最终”，谁也说不准；是不是每一位投资者都能等到“最终”，同样也没人知道。这时候怎么办？留有一定的安全边际，即通常所说的“留有余地”或“保险系数”，以便在判断错误或等不到“最终”出现时也能获益，就很重要。

巴菲特认为，安全边际对股票投资不可或缺。这就像坐出租车时有些驾驶员自以为艺高人胆大，在雨中一路狂奔，如果你问他突然撞到一个人怎么办，他会狡辩说，出门在外各种各样的意外总是会有的，即使你在路旁散步，也可能会被楼上掉下来的花盆给砸了。这种解释听上去有道理，实际上却很牵强附会，因为车速过快造成的意外事故往往意味着车毁人亡，又怎么能和被花盆意外砸到相比呢？

巴菲特强调，安全边际对任何投资都有意义。他说，即使是最好的股票，也可能会因为买入价格过高、缺乏安全边际而导致亏损。买入价格过高，实际上就表明该股票未来几年的内在价值增长已经被你的高价透支掉了。更何况，影响股票价格和公司经营业绩的因素非常复杂，相对来说投资者的预测能力都非常有限，很容易出现预测失误。在预测失误的情况下，有没有足够的安全边际就显得很关键。

巴菲特非常佩服沃尔特·许洛斯（Walter Schloss）这个人。1956年，位于圣路易的一个家族希望巴菲特能给他们介绍一位既诚实又能干的投资经理人，巴菲特毫不犹豫地就推荐了唯一人选沃尔特·许洛斯。

巴菲特说，沃尔特·许洛斯并没有读过大学商学院或相关专科，只是因为早年他和本杰明·格雷厄姆共事时学会了“安全边际”这一招，就使得他成了一名杰出的投资人。没有读过大学，对他来说绝对是一件幸运的事。

沃尔特·许洛斯从1956年直至2002年退休，其间一直掌管着一份十分成功的投资合伙事业。他要求自己，投资者在他那里一定要赚钱，否则他不收一分钱费用。1956年，他的办公室里只有1个档案柜，2002年才增加到4个。他在工作中从来没有用过秘书、会计和其他职员，唯一的搭档是他的儿子爱德文——一位大学艺术硕士毕业生。

沃尔特·许洛斯的投资秘诀是从来不听信什么内幕消息。即使是公开消息，他也很少用，只使用跟本杰明·格雷厄姆学到的一些特定的统计方法，正如爱德文在1989年接受《杰出投资人文摘》记者采访时所说的，“我们只是努力买便宜的股票”。

在他们看来，什么现代投资组合理论、技术分析、总体经济学派以及其他许多复杂的运算方法都是多余的；只要根据企业内在价值，以最便宜的价格买入股票，保持足够的安全边际，就一定会赚钱。

沃尔特·许洛斯投资的股票数量大约有1000家，大多数是冷门股。可是，他在长达47年中创造出来的利润却大大超过标准普尔500指数的表现，当然也大大超过其他基金公司的投资业绩。

1984年，巴菲特第一次针对沃尔特·许洛斯取得的投资业绩倡导公开讨论，可是并没有得到应有的回应。在伯克希尔公司2006年年报致股东的一封信中，巴菲特对这位91周岁高龄的老人表达了由衷的敬佩之情。

那么，巴菲特自己在股票投资中又是如何确保安全边际的呢？他在平时的谈话中，非常喜欢玩些带有假设条件的游戏，以此来阐述他的观点。

有一次他问大学生："如果你们想拥有一辆汽车，那么你们想拥有哪种品牌的汽车呢？"于是大家纷纷议论，选这个，选那个。无论如何，他们所选择的汽车总具有诸如新颖时尚、功能突出、看起来非常炫等特点，法拉利、劳斯莱斯等品牌尤其受欢迎。巴菲特提醒他们说："请不要忘了我还有一个限制条件，那就是你一生中只能拥有这一辆汽车。"这时候，大学生们安静下来了。

接下来，巴菲特说，如果终身只能拥有一辆汽车，那就一定要调整思维，不要只考虑漂亮，更要考虑经久耐用、维修成本低。

巴菲特通过这个故事想告诉大家：投资股票一定要持谨慎态度，要通过调查研究，选择那些值得长期投资、将来给你回报最多的股票，而且要业务简单、容易理解，否则你对它的未来就不容易把握。

说穿了，这还是安全边际问题。也就是说，投资者只有对自己所投资的股票有充分了解，确保没有投资风险，才能保证该股票无论将来股价如何变动、内在价值高低都能获利，至少不会发生亏损。

【启示录】

巴菲特认为，理性投资的基石就是本杰明 · 格雷厄姆所说的安全边际。用老百姓的话来说就是，买股票时的价格要留有余地。如果买入价格大大低于其内在价值，将来即使不能获利，也不至于会造成多大的亏损。

3. 处处留心投资机会

巴菲特寻找投资机会的主渠道是财务年报，而不是各种内幕。他说，如果你“有了足够的内幕消息，再加上100万美元，你可能会在一年内破产”。

从原始资料中寻找投资依据

我一页一页地读着。以前我从未读过经纪人报告或诸如此类的东西。看着那些原始数据，我内心激动不已。只通过3个时期的收入，我就可以知道堪萨斯州城市的生活情况；通过1个时期的收入，我就能了解西部保险证券的情形。我的生活一直很拮据，但我不喜欢从银行贷款。所以，我一直是拆了东墙补西墙。在早些时候我是过度的激动，而现在则是动力不足。我买进了一家无烟煤公司、一家玩具公司、一家或几家市内电车公司。

——沃伦·巴菲特

【巴菲特是这样炼成的】

著名经济学家、美国第一位诺贝尔经济学奖获得者保罗·萨缪尔森曾经坚持认为，巴菲特之所以能赚大钱，“一定”是他花钱去买了内幕信息，否则他不可能知道哪些股票具有投资价值。巴菲特对此不无嘲讽地说：“有了足够的内幕消息，再加上100万美元，你可能会在一年内破产。”

确实，巴菲特持股动辄二三十年，他如果想利用内幕消息追求短期差价收益，无疑会因小失大，也没有必要。事实上，他获取投资信息的主要渠道是大量阅读各种公开的财务年报。因为他坚信，“股票总有一天会回到自身的价值”，而不是市场有效理论所宣称的那种“从哪里跌下去（涨上去），就总会在将来哪一天回到原位”。

1993年10月18日，巴菲特在接受《福布斯》杂志记者采访时说，在他刚刚参加工作的那一段时间，他就如饥似渴地阅读股票经纪人报告和上市公司资料，而且是“一页一页地读”，内心非常激动。因为你从中看到的都是原始资料，而不是道听途说的东西，所以能对该公司具有更真切的了解，据此做出的投资决策也会更符合实际情况。

当时的情形是这样的：1951年6月，巴菲特从哥伦比亚大学硕士毕业后回到家乡奥马哈，在他父亲开的经纪公司里担任投资营销员。这个公司很小，一共才有5名员工。可是让巴菲特欣喜若狂的是，公司订有穆迪公司的工业手册、银行和金融手册、公共事业手册等，所以他得以有条件如饥似渴地阅读这些材料。除此以外，他还经常去内布拉斯加州首府林肯市，在那里进一步阅读保险公司的有关统计资料。

1993年10月27日，巴菲特在和母校哥伦比亚大学商学院学生谈话时再次强调，“这些东西我都是一页一页看完的，从中受益匪浅”。

例如，巴菲特从这些资料中发现，靠近罗彻斯特有一家规模很小的上市公司——真斯尼谷天然气公司。该公司属于公用事业类，年利润达到每股5美元，可是你却能用每股5美元的价格买到它。

巴菲特在穆迪工业手册中发现，位于堪萨斯州的福特斯科特西部保险公司的股价在12~20美元，可是每股收益却高达16美元，这让他喜出望外。于是他在《福特斯科特报》上刊登广告，表示要买入这家西部保险公司的股票。

也是在这些手册中，巴菲特发现有一家公共汽车公司，名叫新贝德福德联合铁道公司，当时该公司股票的价格大约为每股45美元，可是该公司账上的每股现金居然高达120美元，并且没有负债。

巴菲特说，在当时的背景下，你在股票市场上很难了解到这些上市公司的真实情况，有时候这些公司的内部管理人员也在购买自己公司的股票。所以，当他仔细阅读了这些手册资料中的相关信息后，就能做到去伪存真，为投资什么样的股票提供了可信的依据；并且更重要的是，他能够系统地看到某只股票的历史发展情况。

他举例说，真斯尼谷天然气公司位于纽约北部，由于规模小，你根本就找不到有关经纪人对它的业务报道，唯一的办法只能是读年报。正因如此，巴菲特把它的年报读了一遍又一遍，仔细咀嚼其中的投资价值。

当然，话又要说回来，如果从现在的眼光看，巴菲特当初投资的这些股票还都属于雪茄烟蒂式的。意思是说，虽然这些股票价格很便宜，投资这样的股票也没有多大风险，可是却不一定就能确保获得多大的投资利润。这就像别人丢在地上还在冒烟的雪茄烟蒂，你不需要费多大的劲就能从地上捡起来吸上一口，可是也只能吸一口就没有价值了。不过实事求是地说，这种方式在巴菲特早期的投资过程中还是为他创造了不小的财富。

1962年，巴菲特有限公司的办公地点搬到了基威特（Kiewit）大厦810号，正式聘请了第一位员工比尔·斯科特。从那时候起直到1993年退休，比尔·斯科特一直经营管理着伯克希尔公司的股票业务。

当年11月，原来一直在旋转玩具制造业和无烟煤生产方面投资的巴菲特有限公司，开始购买伯克希尔·哈撒韦公司的股票。因为这时候巴菲特从资料中发现，该公司的股价已经跌到蓝筹股价格以下。当时他购买的第一批股票价格是每股7.6美元，然后差不多一直以这样的价格不断买入，到1965年时就基本上实现了对伯克希尔·哈撒韦公司的控股，巴菲特也因此成为该公司董事。截至1969年解散合伙公司的时候，巴菲特有限公司拥有1.0443亿美元的资产，其中巴菲特个人资产约有2000万美元。

巴菲特有限公司历年业绩表现和道琼斯工业指数对比

年份	（1）每股账面价值百分比变动（%）	（2）道琼斯工业指数百分比变动（%）	（1）—（2）（%）
1957	10.4	-8.4	18.8
1958	40.9	38.5	2.4
1959	25.9	20.0	5.9
1960	22.8	-6.2	29.0
1961	45.9	22.4	23.5

续表

年份	（1）每股账面价值百分比变动（%）	（2）道琼斯工业指数百分比变动（%）	（1）—（2）（%）
1962	13.9	-7.6	21.5
1963	38.7	20.6	18.1
1964	27.8	18.6	9.2
1965	47.2	14.2	33.0
1966	20.4	-15.6	36.0
1967	35.9	19.0	16.9
1968	58.8	7.7	51.1
1969	6.8	-11.6	18.4
年复合回报率	30.4	8.6	21.8
标准偏差	15.7	16.7	-1.0

从以上表格容易看出，巴菲特有限公司在整个13年经营期间的业绩表现非常突出，并且非常稳定。在这13年中，它不但没有哪一年是亏损的（最高年投资回报率为1968年的58.8%，最低是1969年的6.8%），而且远远超出巴菲特原先设定的年投资回报率高于道琼斯工业指数10个百分点的目标（达到21.8个百分点）。即使在1957年、1962年、1966年、1969年股市严重低迷时，巴菲特有限公司也同样创造了他人无法超越的业绩纪录。甚至可以说，这样的业绩还有“反常之处”，那就是其高回报率没有太大波动（用来衡量波动指标的标准差甚至比道琼斯工业指数的标准差还低）。

巴菲特是如何做到这一点的呢？表面上看，一是他选择的这些股票内在价值高，所以在股市下跌时具有较强的抗跌性；二是他投资的股票种类多，从而抑制了业绩的波动。但实际上，这是他注重阅读原始资料，从各股票的原始资料中挖掘投资价值、不随波逐流的结果。

巴菲特对此谦逊、平静又秘而不宣地说：“不管用什么方法计算，我认为这个结果都是令人满意的。”

【启示录】

巴菲特认为，从各种原始资料中寻找投资依据，既切实可靠，又能避免道听途说的信息干扰。他很早就认为他的使命就是要让钱大幅度地、稳定地增加，而从原始资料中寻找投资项目、挖掘投资价值是一条捷径。

从创办合伙企业开始发家致富

我将像经营自己的钱一样经营这个公司。我会承担相应的损失，也应该获得我相应的利润。我不会告诉你们我是怎样经营的……我对自己合伙公司的经营理念来自为本杰明·格雷厄姆工作的经历。我从他的经营模式中得到了一些启发。我只是对其中某些事情做了变动，但这个经营模式不是我最先想到的。

——沃伦·巴菲特

【巴菲特是这样炼成的】

巴菲特真正的创业起步是从格雷厄姆·纽曼公司解散后，他回家乡创办合伙公司（巴菲特有限公司）开始的。1965年，巴菲特通过巴菲特有限公司控股伯克希尔公司，更是使自己的事业进入了新阶段。

当然，巴菲特有限公司成立早期的发展也不是一帆风顺的，当时有许多合伙人拒绝和巴菲特进行任何合作。

1956年，巴菲特从格雷厄姆·纽曼公司回家后，经常有朋友向他询问股票投资方面的事，于是他从中得到启发，干脆成立了一家公司——巴菲特有限公司，注册资金105100美元，其中100美元是他象征性投入的。

1956年5月5日，巴菲特有限公司正式成立，当时他只有26岁。他表示，他会像对待自己的公司那样经营好这家公司；他会承担相应的损失，但也希望能得到应得的报酬。当时的分配方案是，巴菲特作为公司经理有权分得盈利额的25%，所有投资者只享受投资成本6%的年末分红。容易看出，只要经营得好，巴菲特的投资收益是非常可观的。

巴菲特并不希望别人了解他是怎么经营的。也就是说，其他合伙人都是有限股东，不能对公司经营指手画脚，甚至没有任何发言权。

很明显，他的这种做法得不到别人的认同。在别人看来，这个所谓的合伙公司连个办公室也没有，只是在他的房间过道里办公；既没有秘书，也没有计算器，再加上所做的生意又是人们不怎么明白的股票投资，而且他还不许别人插手他的经营管理……面对这一切，所有人都不放心把自己辛辛苦苦挣来的钱交给他管理是很自然的。

后来被巴菲特视为杰出明星经理人的可口可乐公司首席执行官、《华盛顿邮报》公司董事、麦当劳公司董事的唐·基奥就是这样一个人。

巴菲特和唐·基奥家住得很近，穿过一条马路就到。当时的唐·基奥是一家咖啡厅主管，整天辛辛苦苦地工作，因此有点积蓄。

唐·基奥回忆说，年轻的巴菲特有3个孩子。在别人眼里，他整天在家里无所事事，穿一件T恤，捧一本书，谁也不知道他究竟在忙什么，只知道他的最大爱好就是在家里和孩子们一起玩玩具火车。

有一次，巴菲特主动提出要帮他进行投资，只要他投入5000美元就行。唐·基奥和妻子认真讨论了这件事，但最终没答应。他们认为，自己辛辛苦苦工作就是为眼下的5个孩子生活得好一些，两人实在搞不清巴菲特整天在家里靠什么来维持生活，又怎么可能随随便便就给他5000美元呢？

当然，话说回来，如果唐·基奥当初真的在巴菲特那里投资了5000美元，那么晚年他就有足够的钱实现他当初“买下一所大学”的理想了。

另外有一次，巴菲特请求奥马哈的一位商人投资1万美元。这位商人倒是答应了，可妻子告诉他说家里实在拿不出这笔钱来。商人要妻子出去借，妻子死活不同意，这件事最后不了了之。多年过去后这对夫妻的儿子说，很遗憾当年父母没有在巴菲特那里投资，从而错失了成为百万富翁的机会。后来这对夫妻一生都在辛辛苦苦地工作，勉强维持生计。

当然，也有不少人与唐·基奥的做法相反。他们基于对巴菲特的了解和信任，心甘情愿地把资金交给他去独自打理。在巴菲特不断壮大自己事业的同时，这些人也旱涝保收地从中获取了丰厚回报。

1956年夏天，本杰明·格雷厄姆的一位担任大学校长、物理学教授的朋友荷马·道奇，听说巴菲特成立了一家合伙公司后，独自驱车1500英里前往奥马哈，希望26岁的巴菲特能够代他管理全部家庭财产。

巴菲特后来在接受《财富》杂志采访时回忆说，荷马·道奇教授对他说，希望双方能够单独成立一家合伙公司，帮助自己来管理这些财产。然后，他就把自己带来的12万美元交给了巴菲特。

于是，巴菲特和荷马·道奇教授及其妻子、孩子、孙子们一起成立了一家合伙公司，这是巴菲特成立的第一家家族圈以外的合伙企业。而在此之前，巴菲特有限公司一共有8位合伙人，除巴菲特外，有4位是他的家庭成员：姐姐、姐夫、姑姑、岳父；另外3位是好友。他们每人至少投入5000美元，这是巴菲特要求的最低投资门槛。其中，岳父对他的支持最大。巴菲特在2015年5月2日伯克希尔公司股东大会上就特别提到："我岳父给了我他所有的一切。"

1983年荷马·道奇教授去世，这时候他投资的12万美元已经增值到几千万美元。为了报答巴菲特，荷马·道奇的儿子把自己买下后收藏的价值2000万美元的艺术品全部捐赠给一所大学，并且把这些艺术品命名为"巴菲特收藏品"。

另一位名叫劳伦斯·特奇的人，20世纪60年代早期干脆直接寄了一张30万美元的支票给巴菲特，附在上面的便条上写着这样一句话："把我算作你的合伙人。"

劳伦斯·特奇并不是钱多得用不了，又懒得自己理财的人，他这样做完全是出于对巴菲特的信任。他后来担任美国哥伦比亚广播公司主席。

【启示录】

巴菲特真正的发家致富是从成立巴菲特有限公司开始的。由于经营有方，并且巴菲特个人能够分得盈利总额的1/4，所以企业做得越大，他的个人财富也就积累得越快，这种财富滚雪球方式可谓妙不可言。

时刻关注被收购企业动态

1985年，我们收购了斯科特·费策公司，我们不仅得到了一家优秀企业，还得到了拉尔夫·舒伊（Ralph Schey）这样一位杰出的首席执行官。那时，拉尔夫·舒伊已经61岁了。那些十分关注年龄而不是能力的公司，应该从拉尔夫·舒伊的才智那儿受到启迪。而伯克希尔公司正好相反，拉尔夫·舒伊经营斯科特·费策公司长达15年，直至2000年年末退休。在他的领导下，这家公司为伯克希尔贡献了10.3亿美元，而我们当初的收购价格只有2.3亿美元。我们又利用这些资金收购了其他企业。总的来说，拉尔夫·舒伊对伯克希尔现值的贡献已经达到数十亿美元。

——沃伦·巴菲特

【巴菲特是这样炼成的】

巴菲特在留心投资机会方面具有极大的耐心，宁可在那里蛰伏着也不见兔子不撒鹰。他在收购斯科特·费策公司时就颇费了一番工夫，显示出放长线钓大鱼的道理：耐得住寂寞，并善于抓住时机。

从1984年开始，斯科特·费策公司就一直在待价而沽，等待着被人收购；而一直从事企业收购的巴菲特，也在通过各种媒体，尤其是报纸，默默关注着这一动向和进展。

斯科特·费策公司首席执行官拉尔夫·舒伊在商界有着不同寻常的人脉关系。他和公司总部所在地的克利夫兰医疗中心、俄亥俄大学、凯斯西部储备局、风险投资公司等都有非常良好的关系。

可不知怎么搞的，一年过去后，斯科特·费策公司还是没有找到合适的买主，股东们不得不通过一项职工持股计划。可由于接下来该公司经营发生困难，这项计划也被搁浅了下来。

巴菲特认为，主动出击的时机到了。于是他主动给拉尔夫·舒伊打电话，要求在对方方便的时候两人见个面。

1985年10月22日，巴菲特、查理·芒格、拉尔夫·舒伊一起在芝加哥共进晚餐，当场就达成协议，并且在一个星期后签订了收购合同。

巴菲特在伯克希尔公司1999年年报致股东的一封信中回顾说，当时的斯科特·费策公司曾经和一家投资银行签订了协议书，答应如果被收购成功，斯科特·费策公司将支付给这家投资银行250万美元的费用。可是回过头来想一想，在伯克希尔公司收购斯科特·费策公司过程中，这家投资银行又究竟做了什么呢？不用说，它什么也没做。

巴菲特当时就预测，这家投资银行一定舍不得唾手可得的250万美元收入，可是也一定不好意思不劳而获。也就是说，无论是否真正起作用，作为中介来说，它都必须做点什么来表示一下。

果然不出所料，这家投资银行慷慨地拿出了一份原来就准备好的关于斯科特·费策公司的文件，厚达1英寸。但是，巴菲特和查理·芒格看也没看就把这份文件给退了回去，他们的理由是，既然双方已经达成了协议，也就没有必要人为地把这件事情复杂化。

查理·芒格在伯克希尔公司1987年股东大会上幽默地说："我们愿意支付这250万美元，支付的目的就是为了不看这份文件。"和过去一样，只有把事情尽量弄得简单一些，才能节省更多的时间和精力。

有意思的是，当初公布斯科特·费策公司收购消息时还闹了一阵恐慌呢。该收购消息最早是由道·琼斯新闻服务中心发布的，消息的内容是"斯科特·费策公司要收购伯克希尔·哈撒韦公司"，这让伯克希尔公司的股东们一阵惊讶。当然，该消息后来很快就被更正过来了。

1986年年初，伯克希尔公司斥资3.15亿美元收购斯科特·费策公司，从而使得伯克希尔公司的销售额得到成倍增长，达到近20亿美元。要知道，斯科特·费策公司拥有世界图书出版公司、科比真空吸尘器公司、道格拉斯公司、克利夫兰·伍德公司、阿戴利特公司、法兰西公司、西部塑料公司等21家生产和销售企业，员工总数超过4800人。

总体来讲，斯科特·费策公司旗下的这些公司，单独来看每一家都不起眼，可是把它们整合在一起就非常了不得了，尤其是世界图书出版公司，最令巴菲特喜爱有加，此外还有科比真空吸尘器公司。这两家公司的名称，读者在伯克希尔公司年报中能够经常看到。

巴菲特在伯克希尔公司2000年年报致股东的一封信中说，拉尔夫·舒伊这位86岁的经理人于2000年年末退休了，自己很怀念他。作为一名管理人员，拉尔夫·舒伊完全有资格列入伯克希尔公司名人榜。

据1999年7月5日美国《商业周刊》报道，斯科特·费策公司并入伯克希尔公司后，很快就成为伯克希尔公司一只名副其实的“现金牛”——伯克希尔公司1986年收购该公司后，该公司每年的收入增长速度高达5.5%，年年被巴菲特称为“资本效率的典范”。1998年，斯科特·费策公司净资产高达1.12亿美元，税后净利润0.965亿美元，净资产收益率86%。更令人惊讶的是，巴菲特13年来一直在利用它赚钱，总额超过10亿美元！

1998年，伯克希尔公司收购了英国劳埃德保险公司最大的保险商之一——DF曼恩公司，这下引起议论纷纷，同行纷纷猜测伯克希尔公司此举很可能是为下一步收购该公司的其他几个分公司做准备。事实证明，伯克希尔公司并没有这样做，而是在2000年收购了英国万宝路保险代理公司。

由此可见，巴菲特的收购动作并非人们想象的那样，实际上他更侧重于留心各种投资机会。每当他认为值得投资的机会出现时，他就会迅速出击，而全然不顾别人究竟是怎么看的。

【启示录】

巴菲特会处处留心投资机会，伺机出击，收购斯科特·费策公司就是一个典型案例，它各方面都非常符合巴菲特的收购标准。而斯科特·费策公司也给了巴菲特极大的投资回报：13年间贡献利润10多亿美元。

4. 从来不是为了钱工作

“财富、表面的成功、炫耀和奢侈——对于我来说，这些都是可耻的。我相信，简单而不装腔作势的生活方式对于所有人都是最需要的，是我们的身体和思想最需要的。”

追求的是钱慢慢变多的乐趣

我并不是想要很多钱，我只是觉得让钱慢慢增多会是十分有趣的事情。

——沃伦·巴菲特

【巴菲特是这样炼成的】

巴菲特从小就有致富梦想，但他追求的不是钱的多少，而是这个过程。用中国人常用的一句话来形容就是“重在参与”。

巴菲特非常喜欢引用《伊索寓言》中的一句话“二鸟在林，不如一鸟在手”，用以阐述他的投资理念。他就像古代的一位鸟痴一样，既注重捕鸟的结果，更陶醉于这一过程。

传说古代有一位鸟痴，天天到树林里去捕鸟，有一天终于赤手空拳捉到一只鸟。他在回家的路上看到有一位出售捕鸟网的贩子，经过万般恳求，用自己手中的这只小鸟换得了一张捕鸟网。因为他知道，树林里还有无数只鸟儿在等着他捕捉呢。

巴菲特12岁时，有人问他为什么要成为富人，他回答：“我并不是想要很多钱，我只是觉得让钱慢慢增多会是十分有趣的事情。”能够成为这一说法佐证的是，巴菲特研究生毕业后，为了能在本杰明·格雷厄姆手下工作，甚至提出了零工资的要求。而当本杰明·格雷厄姆最终答应为他提供工作机会时，他连工资是多少都没问，就坐上了去报到的飞机。

可以说，巴菲特这种“不问薪酬”的工作态度，实际上体现了他的一种经营理念，与绝大多数人把工作看作是一种交易——我给你打工，你就得给我工资，而且给少了还不行——截然相反。

在巴菲特眼里，工作是一份事业，是用来经营的。所以容易看出，巴菲特在整个投资生涯中活得非常潇洒，而这种潇洒虽然与钱有关，但又主要不是因为他钱多。更不用说，如果抱有一种从来都不是为了钱工作的态度，工作时就会更用心、更舒心，并且乐在其中。

2014年3月，84周岁的巴菲特在会见大学生代表时说：“为什么我83岁了还要工作？因为我做的是自己喜欢做的事情，因为有那么多人为我喝彩。我每天早上起床，会想到我今天的工作能给我的客户带来怎样更好的服务。”同样，这也是巴菲特选择公司管理层的标准。他认为，好的企业领导人最重要的不是智商高，而是首先应该热爱自己所从事的行业。[1]

2014年5月3日，巴菲特在召开伯克希尔公司股东大会前接受中国中央电视台财经记者傅喻采访时说：“我并不把我每天做的事当工作，因为我很享受做它们……如果有机会，一定要找一份有趣的工作。有趣的工作会让你觉得时间飞速而过，你不会把它当成工作。这样的生活，我已经过了60年了。”

举例来说，大多数人不愿意阅读财务年报的原因之一在于，这是一项非常乏味的工作。可是巴菲特不但白天读财务年报，而且还常常夜以继日，根本就不觉得苦。

因为巴菲特从来都不是为了钱工作，所以当他感觉事业不如意时会潇洒地退出或转行。当1969年美国股市暴涨，所有人都陷入抢购股票的狂热阶段时，巴菲特不但没有加入这个行列，而且潇洒地卖出了股票，解散了公司，置身于股票市场之外。这在他看来，主观上是看淡金钱，客观上就避免了接下来股市崩溃所造成的损失。

1 黄林瑜，段皎宇．巴菲特：我为什么83岁还在工作．新浪网[2014-4-1].

认真考察巴菲特的一生，可以看出他的财富观具有以下几个重要特点：一是不耻于谈钱，对钱有野心，特别是在没有钱的时候；二是只把金钱看作是财富的一部分，而不是财富的全部；三是能花钱并不表明你就有钱，相反，只有能够挣钱才能证明你的富有；四是不要占有太多的金钱，如果把钱带入坟墓就是一种浪费；五是给子女们留下的钱越多，就越表明你不爱你的孩子，给孩子的钱够用就行。

所以，巴菲特对钱是非常看轻的。这也符合一条规律：通常来说，当个人拥有的财富数额超过亿元时，这时候的金钱对其来说就只是一种符号，数额大小反而不重要了。

可以说，在全球500强企业的首席执行官中，巴菲特的工资水平最低，而他的任职时间却最长（已经超过60年）。事实上，他在2003年8月11日就被美国《财富》杂志评为“美国最强大的首席执行官”，名列第二的是比尔・盖茨。

例如，巴菲特1980年的年薪标准是10万美元，直到现在一直没变，这个标准相当于美国硅谷一名普通软件工程师的收入水平。除了工资，他没有任何股票期权，也没有奖金分红。

相反，他手下的那些明星经理人的年薪收入都比他高，其中有3/4的人年薪收入超过1000万美元。在这种背景下，可以说，如果他把自己的年薪标准也提高到1000万美元，伯克希尔公司股东恐怕不会有人站出来反对，因为即使是1000万美元，也只相当于公司年利润的万分之四。[1]可是巴菲特认为，这10万美元的年薪对他来说已经够用了。

据2016年3月11日伯克希尔公司申报文件中的数据透露，巴菲特25年来的年薪一直是10万美元（由于他一直住在自己的普通住宅里，2015年的住宅保安费用比上年增加1%，达到370244美元，所以公司用在他个人身上的总费用合计47万美元）。2015年伯克希尔公司酬薪最高的是财务长汉柏格，136万美元；下属企业负责人中酬薪最高的是能源部门董事长兼执行长艾比，4077万美元。[2]

就在别人纷纷惊呼巴菲特的工资太低时，他只是淡淡地说了一句“不要为钱工

1　伯克希尔公司2015年的净利润为240.8亿美元，比2014年的198亿美元增加21%，经营利润上升5%，达到创纪录的173.6亿美元。

2　萧丽君．身家662亿美元，股神巴菲特年薪仅10万美元．参考消息网[2016-3-14].

作”！而实际上，巴菲特是在用一种无声的语言告诉所有合伙人和股东：“我领这么低的薪水，照样在为你们勤奋地工作。”

当然，对于巴菲特手下的那些明星经理人来说，让他们感到心情舒畅的不仅仅是高薪，更重要的是巴菲特对他们的信任。

每隔两年，巴菲特就会给这些经理们写一封信，内容大致上是建议他们要像对待自己的企业那样去管理企业，不断地在企业周围挖掘一条经济护城河。信的长度一般不超过2页纸。

除了年薪收入外，巴菲特并没有利用股东的共同财产为自己建造任何纪念物。既没有巴菲特大街，也没有巴菲特大厦；既没有巴菲特高塔，也没有巴菲特机场。甚至，伯克希尔公司连个正规的公司标志都没有。

巴菲特在伯克希尔公司1998年年报致股东的一封信中劝慰说，现在有一点提示需要跟各位董事说一下，1998年伯克希尔公司控股的企业主管飞行公司的费用支出相当于他年薪标准的9倍，如果大家都一味要求增加薪水，那么伯克希尔公司还怎么能生意兴隆呢?

读者也许会说，巴菲特作为全球富豪，他个人以及全家又不会只靠他这点薪水过日子。对此，巴菲特回答得倒也很坦诚：“当然。”这也是其他靠工资过日子的人在这方面与他无法相提并论的。

【启示录】

无论是工作还是生活都不要把钱看得太重，洒脱一些更好，这样才能充分享受到工作的乐趣。相反，一个人如果把自己吊在工资条上，就会成为工作的机器、奴隶，反而会在患得患失中因为工作而时时烦恼。

渐渐看淡金钱对自己的作用

我很害怕到最后自己的企业变得过于庞大,从而金钱将我的孩子们腐蚀了。目前这还没有成为一个问题，但是乐观地来看，它是会发生的，我想了半天也没什么结果。我敢肯定自己的确不想留给孩子们一大堆金钱，除非等我老点儿，等我有时间看看这些孩子是否已经成才后才会这样做。然而，留给他们多少钱、剩下的钱怎么办等诸如此类的问题让我大伤脑筋。

——沃伦·巴菲特

【巴菲特是这样炼成的】

巴菲特从来不是为了钱工作，但他又不是一个因为有一点小钱就容易满足的人，而是在这方面有着远大的理想。

巴菲特26岁刚刚创业的那一年在给朋友杰里·奥兰斯的信中说，他很害怕到最后自己的企业会变得过于庞大，从而金钱把他的孩子们给腐蚀了。虽然这在当时还没有成为一个问题，但是他认为乐观地看这样的问题是会发生的。这就是说，他肯定自己将来会很有钱。

要知道，这时候的巴菲特还是个毛头小伙子，不但只有中等积蓄，而且个人收入还不稳定。完全可以这样说，他的这种担心“八”字还没一撇，如果说出去一定会遭人耻笑的。然而巴菲特就是这样，这种古怪的念头促使他一生践行价值投资、理性投资，而不是意气用事，在股市中追涨杀跌。正是这种自信支撑着他努力拼搏，让所有后来者望而生畏。

相比之下，许多经常购买彩票的读者却在那里一遍遍白日做梦：一旦中了大奖，手中有了几百几千万将会如何如何，把希望寄托在虚无缥缈的赌博上。完全可以设想一下，这些人就算真的中了百千万，一夜暴富，可靠山吃山，又能维持几年所谓的“幸福生活”？

为了实现自己的宏伟规划，巴菲特一生都过着俭朴的生活，并因此养成了生活习惯，即使在成为亿万富翁后也是如此。

1952年4月，22岁的巴菲特结婚了。当时他住在一套非常破败，并且经常有老鼠出没的三居室公寓里，月租金65美元。1954年，巴菲特有了女儿。他在一个抽屉里铺上棉被，这就成了女儿的摇篮，并没有花钱为女儿买一张小床。等到女儿长大后，他才向邻居借了一张婴儿床。

巴菲特的穿着很随便，不但总是老款式，而且一定会在穿得破得不能再破时才肯买新的。有时候妻子为他买的新衣服他硬是不穿，或者干脆去退掉。他解释说，不是我不喜欢穿名贵的衣服，而是这些名贵的服装穿在我身上就浪费了呀。

1954年，巴菲特的妻子苏珊·汤普森投资1.5万美元装修了一下住房，巴菲特的一个朋友说，这简直就像要了巴菲特的命一样。

1962年，巴菲特32岁时，个人财产达到100万美元，实现了他小时候确立的第一个愿望。记者采访时问他当百万富翁的滋味如何？他幽默地说，“有了钱可以买任何自己想要的东西”，然后补充道，“如果我愿意的话”。

这句话很耐人寻味。事实证明，由于他原来使用的小轿车过于破旧，再开着这样的车去见客户实在太寒酸了，他这才重新买了一辆。而对于同样破旧的办公室，他却感到自得其乐。

相比之下，有报道说中国已经成为奢侈品消费大国，国人纷纷以购买、拥有奢侈品感到自豪和有面子，有些人甚至觉得自己比巴菲特还有钱。如果这不是一个天大的误会，至少也是一个天大的笑话。

而这时候的巴菲特，生活依然十分简朴。他不但不关心奢侈品消费，甚至还不允许其他人谈论奢侈品。他外出度假时听到导游介绍说他所住的旅馆窗帘、地毯等值多少钱时，他抗议说，不要说它们值多少钱啦，说说这些钱是怎么赚的吧！

2008年，他再次成为全球首富后，在与大学生的对话中，有学生提问：“总是有人提到你的成功应该部分归功于没有陷入华尔街的狂热情绪，因为你住在奥马哈。你认为在工作和生活之间保持恰当的平衡有多重要？你是怎样保持这种恰当平衡的？”他回答道：“在工作之外我有太多的乐趣……在我的个人生活中，我几乎不参加自己不想（参加）的活动或会议。在我成年之后的商业生活中，我从来没有被迫在职业和个人生活之间进行切换。我拥有简单的乐趣……在哈佛的一场讲座之后，我告诉他们‘为自己最仰慕的人工作’，结果他们都成了自由职业者（自我雇佣）。为你仰慕的某个人或某个组织工作，是很重要的。我很少见到男性被迫做出艰难的选择；但是，女性会面临艰难的情形。”

巴菲特的言外之意是，如果你做不到这一点就“不是个男人”。就他自己而言，赚钱是一种自我实现、证明自己实力的好方法。大学毕业后他之所以放弃其他公司的高薪工作，哪怕没有工资也愿意在本杰明·格雷厄姆手下，就是因为他坚信，只要有机会向本杰明·格雷厄姆学习，他将来就一定能得到更多的财富，能赢得更多人的尊敬。

无疑，后来的事实充分证明了他的这一想法的正确性。在巴菲特看来，任何一种固定的工作都仅仅是一只现实的小鸟，而他不愿意被小小财富所牵绊，他觊觎的是“林中更多的小鸟”。

相比之下，绝大多数人在遇到只有放弃手中的小鸟才能去捕捉林中一大群小鸟的情况时总会犹豫不决：为什么要放弃到嘴的肥肉？林中的小鸟能不能捕捉到？捕捉这些小鸟会不会很辛苦？对应到现实就是说，我现在的工作虽然收入低，但还算安定，又何必要去冒险呢？在这样的逻辑下，绝大多数人“宁为牛后，不为鸡头”，终于成为碌碌无为的一群。

而巴菲特呢，他一方面想赚更多更多的钱，另一方面他更在乎赚钱过程，所以他经常能到“给钱都不要”的地步。

例如在美国，合伙企业是一种“有钱出钱、有力出力”的制度，企业每年都可以根据总资金的一定比例提取管理费。这个比例通常是1.25%，而巴菲特只提取0.05%，相当于同行的1/25。相反，如果他要提取1.25%的比例，任何人都不会有意见，因为巴菲特有限公司的业绩回报要比同行高得多。并且，这笔管理费用的支配权完全掌握在巴菲特手上。换句话说，是巴菲特自己放弃了这每年几十万美元的“个人收入”。道理很简单，因为他不是为了钱才工作的。

现在拥有600多亿美元个人财产的巴菲特，早就决定在自己身后把这些财富全部回报给社会，并且早就开始向慈善机构大额捐款。所以，巴菲特的日子过得简单而充实，不拒内心。

怎么个简单法？通常而言，他每天下班后只做5件事：一是阅读。他说，他每天要读500页左右的书，“知识就是这样积累起来的，就像复利一样”。上班读有关金融的内容，下班主要读报纸和闲书。二是健身。2007年他77岁时，医生建议他，要么吃得好一点，要么就锻炼。他特别喜欢吃汉堡、牛排、薯饼和漂浮沙士，并不想改变，于是他选择了锻炼。他虽然患有前列腺炎，但丝毫不影响他的快乐和健康。三是慈善。他招待来访者的伙食是麦当劳，但承诺会把99%的财富捐出去。他说：“如果你是人类中最幸运的1%，你应该感谢其余99%的人。”四是玩桥牌。巴菲特把这当作最好的智力训练，他说：“每10分钟你就会看到全新的局势……桥牌就是衡量得失，你无时无刻不在计算当中。”五是另有一项有益的爱好。这方面他主要是玩金融“心理游戏”，以此来帮助自己更好地看清投资模式。此外他还喜欢弹尤克里里（即一种夏威夷小吉他）、写歌等。

由此可见，如此工作和生活的巴菲特，与那些每天加班加点应酬、开会、吹牛、填报表、到处出差，忙得像条狗的企业家截然不同。更可贵的是，巴菲特有关管理、投资和赚钱的禅宗思想，很大程度上就是得益于他工作和生活之间的协调和平衡。[1]

【启示录】

在对待财富的态度上，巴菲特深受老师本杰明·格雷厄姆的影响。本杰明·格雷厄姆说：“任何在自己名下有多于100万美元财产的人都是十足的傻瓜。”可以说，巴菲特在通向巨富的道路上一直非常淡泊名利。

培养了一大批淡泊名利的富翁

> 赚钱不是明天或者下个星期的问题，是你要买一种5年或10年后能够升值的东西……很多人希望能很快发财致富，我不懂怎样才能尽快赚钱，我只知道随着时日增长就能赚到钱。
>
> ——沃伦·巴菲特

【巴菲特是这样炼成的】

2014年3月，巴菲特在与美国内布拉斯加大学学生见面会上说：“我为这个世界奉献了122位亿万富翁，如果他们在未来能影响这个社会10%的人的观念，那么我就对社会贡献了比我生命更长远而有意义的东西。”[2]

---

1 尉艳华译．巴菲特下班后会做这5件事．搜狐网[2016-4-14].

2 黄林瑜，段皎宇．巴菲特：我为世界贡献了122个亿万富翁．新浪网[2014-4-15].

巴菲特培养和“奉献”的这些亿万富翁，主要是他周边的人。举例说，20世纪50年代后期，如果你有幸住在巴菲特的家乡奥马哈，并且最好是住在他对门，又对他十分信任，愿意把自己的钱交给他投资；那么，你和你的子孙很容易就能成为百万富翁乃至亿万富翁。不过得补充说一句，你的投资至少需要5000美元，这是巴菲特当时吸收投资的最低门槛。

巴菲特研究生刚刚毕业时，他的父亲和老师本杰明·格雷厄姆都劝他离开股市，去找一份稳定、高薪的工作，可是他认为当一名安安分分的中产阶级不是他的理想。他渴望的是追随老师的步伐在股市叱咤风云，以此来证明自己的实力，并带动一部分人发家致富。

1998年8月16日《奥马哈世界先驱者报》的报道说，当时的巴菲特只有20多岁，住在一间小房子里，开着一辆普通的小轿车。那个时候的人只要和巴菲特认识，基本上就表明他领到了通往巨额财富之国的入场券。

尤其是巴菲特的那些家人、朋友、熟人，以及他在奥马哈大学任教时的那些夜校生、慕名而来硬要给他投资的陌生人更是近水楼台先得月：一开始投资给巴菲特是用实际行动来支持他创业，到后来则是一笔最合算的投资。因为从那时候起，伯克希尔公司的回报率一直高于股市平均值。

举个例子来说，如果你在1956年把1万美元委托给巴菲特，那么到1969年年末巴菲特有限公司解散时，这1万美元将会升值到24.17万美元。又假如你继续把这24.17万美元换成伯克希尔公司股票（当时股价约42美元），那么2018年3月末你的投资将会增值到17.2亿美元。

粗略统计一下，在20世纪五六十年代，至少有16位奥马哈人和巴菲特一起投资巴菲特有限公司；而现在，他们中的大多数人仍然居住在那里，少数人分布在美国其他地方，他们中的一些人的财富已经多到不知如何支配的地步。资料表明，奥马哈地区至少有122个家庭和个人的净资产不低于1亿美元。

然而他们中的绝大多数人都有一个共同特点，那就是仍然居住在相对普通的房屋里，开着普通的汽车，身上看不到任何超级富豪的痕迹，似乎他们根本就没有在巴菲特那里投资一样。而且，他们去世时几乎全都会把自己的所有财产捐赠给慈善机构。所有这些，都和巴菲特的为人处世非常相近。这不就是一种伯克希尔文化或者叫巴菲特文化吗？

举例说，20世纪50年代早期，巴菲特为罗伯特·索纳的父亲出售股票，罗伯特·索纳就这样认识了巴菲特。几年后，巴菲特自己创办合伙公司招兵买马时，有一天顺路去拜访罗伯特·索纳所在的克鲁恩顿公司。恰巧，罗伯特·索纳当天领到了一张1万美元的奖金支票，于是巴菲特就问他准备怎么用这笔钱。罗伯特·索纳原先是想用这笔钱来归还抵押贷款的，听巴菲特这么一问，他立刻就知道了对方的来意，而他对巴菲特非常信赖。因为他们两人一起在奥马哈大学当过客座教授，他非常了解巴菲特的投资能力。于是，他把这张支票作为投资交给了巴菲特。后来，他又向巴菲特追加了9000美元的投资，这样投资总额达到1.9万美元。

1969年年末巴菲特有限公司解散时，罗伯特·索纳用部分资金换购了伯克希尔公司的股票，用剩下的钱成立了一家索纳慈善基金会。他每年要做的事，就是和孩子们一起制订计划，准备把捐款捐给哪些慈善机构。

1997年，罗伯特·索纳已达74岁高龄，一位标准的退休老头。他整天穿着高尔夫球衬衣和短裤，仍然开着一辆1990年生产的别克汽车，仍然住在1961年买的房子里，休闲的生活方式没有任何变化。而当年索纳慈善基金会拥有170万美元的资产，纳税申报表显示，当年为美国西部地区39家慈善机构一共捐赠了9.06万美元，其中3.94万美元是捐给奥马哈当地慈善机构的，如天主教教堂、天主教学校、大学、医院、疾病研究基金会等。

因为他当时仍然拥有几百万美元的伯克希尔公司股票，所以每天下午的工作就是看看股市行情，然后在自己的小房间里和经纪人通通电话，讨论一下企业经营什么等。他说，他因为拥有这些股票，所以仍然有能力给慈善机构捐款，不会给家庭生活及其他方面造成什么影响。

他感激地说，当年与巴菲特一起投资，“不仅对我个人，而且对我的全家都产生了深远有益的影响。我的孙子们会用这些钱来支付他们的大学学费”。罗伯特·索纳这里为什么专门提到孙子们呢？原来，他的7个孩子都是依靠这些投资收益读完了私立大学，现在该轮到第三代了。

1998年10月12日，罗伯特·索纳在接受《福布斯》杂志采访时说：“在我的生命中，最重要的是上帝、沃伦·巴菲特和我的妻子。但是，对于前两者的顺序我不太敢肯定。”

巴菲特的朋友们如此淡泊名利，巴菲特本人就更是如此了。

【启示录】

巴菲特同意大科学家阿尔伯特 · 爱因斯坦所说的话：“财富、表面的成功、炫耀和奢侈——对于我来说，这些都是可耻的。我相信，简单而不装腔作势的生活方式对于所有人都是最需要的，是我们的身体和思想最需要的。”

5. 对自身充满绝对信任

伯克希尔收购白山保险公司时谈妥的收购价格是2亿美元，但到最后一刻对方提出要追加到3亿美元，当时正在玩电脑桥牌的巴菲特想也没想就答应了。

从来不被别人的言论所左右

我们不会因为重要人物、权威人士或者很多人同意我们的意见，就能从中得到慰藉。反之，也不能。公众的民意测验绝不能代替思想。

——沃伦·巴菲特

【巴菲特是这样炼成的】

巴菲特的投资行为充满自信，这与他小时候的第一次炒股有关。

巴菲特11岁时，当时有一只热门股名叫“城市建设公司”，他的姐姐购买了3股优先股，他也倾其所有跟着买了3股，每股38美元。

后来股票价格一路下跌，姐姐就一直在那里唠唠叨叨劝他割肉，令他烦不胜烦。股价一直下跌到27美元时，他的烦恼也达到了顶点。后来，当该股上涨时他以每股40美元的价格抛出，扣除佣金后净赚了5美元。没想到，接下来该股就一路飙升，直到200美元，这让巴菲特心痛不已。他后悔听了姐姐的意见，没有一直捂下去。

可以说，这件事情对他后来坚定长期持股的信心和决心不无帮助。他从这平生第一次炒股中体会到，他在股票投资方面比别人有着更多的敏锐和精明。但他也提醒自己，不能被别人的言论所左右，也不要把自己的所作所为告诉其他投资者。这条经验让他在以后一直受用，并且他也因此得到了恩师本杰明·格雷厄姆的肯定。

1965年，巴菲特在写给合伙人的一封信中说，他不会因为重要人物、权威人士或者很多人同意他的意见，就能从中得到慰藉。反过来，也不会因为他们反对他的意见就改变自己的主张。道理很简单，公众的民意测验无法代替他自己的思想。

巴菲特一直主张，如果你对某件事情感到非常确定，并且有充分的事实来证明，就没有必要去征求别人的意见或听取别人的建议，否则只会动摇信念，至少也会浪费时间。而他建立在对上市公司基本面和内在价值考察基础上的判断，是确定股票投资的坚实基础。

正是有了这种自信，20世纪70年代，在几乎所有人都不看好传媒行业的发展前景，纷纷抛出相关股票时，巴菲特一而再、再而三地大量买入传媒行业股票。因为他认准一个理：新闻行业拥有保险免赔限度，这是这个行业所特有的。巴菲特的这种悄悄动作当时几乎没有人察觉。直到现在，他严格保守投资秘密的习惯依然能够看得出来。

2000年9月，英格兰最大的保险商国家再保险公司由于在美国的财产险和事故险机构业绩不佳，决定按资产账面价值的70%把这部分业务出售给白山保险公司。在这26亿美元交易价格中，伯克希尔公司出资3亿美元购买了白山保险公司的可转换股票，间接拥有白山保险公司30%的股份。

说起这3亿美元金额的敲定，还有一则小故事呢。当时担任白山保险公司首席执行官的杰克·伯恩，原来在政府雇员保险公司任职时就是巴菲特的老朋友。他在记者招待会上透露交易过程时说，当初他和巴菲特签订协议时，谈妥的是伯克希尔公司支付给白山保险公司2亿美元的收购费用。可是到了最后一刻真正实施时，杰克·伯恩觉得这笔交易有些亏了，所以打电话给巴菲特，要求把收购费用增加到3亿美元。

当时的巴菲特正在电脑上玩桥牌，他听了杰克·伯恩的要求后毫不犹豫地就答应了，然后继续坐到电脑前玩桥牌。后来有人问巴菲特，是不是因为打牌心不在焉，所以做出了这个草率的决定？巴菲特笑了笑说，其实即使是3亿美元的价格也非常值得，他有这个自信。

杰克·伯恩由此感叹说，巴菲特是他“在这个世界上所见到的最让人感到不可思议的企业家”。

巴菲特在伯克希尔公司每年年报致股东的一封信中，总要从股东容易理解的角度出发，把整个公司的盈利来源分门别类地单独列出来。如果遇到会计准则和股东理解不一致的地方，他还会把它调整过来加以表达。

所有这些努力，在更好地为股东服务的同时，实际上也意味着巴菲特的某种自信——伯克希尔公司的投资业绩是经得起考验的，也是优于其他同行的。这与绝大多数企业不敢详细公布财务数据，或者公布数据的时候总要遮遮掩掩、语焉不详截然相反。

除此以外，巴菲特在伯克希尔公司每年的财务年报中还要就并购企业的条件做一段“广告”，列出几大收购条件。

年复一年，不厌其烦，这让人觉得不可思议的同时，实际上同样表达出了巴菲特的自信：明人不做暗事。其中特别有一条是中国人常说的“用人不疑，疑人不用”——完全放手让公司管理层去自主决策，只要这些公司管理层能够像对待自己唯一的企业那样尽心尽力就行。

巴菲特在伯克希尔公司1998年年报致股东的一封信中说，几十年来伯克希尔公司背后一直拥有相当稳定的股东群，这些股东具有少见的长期投资眼光。他们基本上都会打算终身拥有该股票，这就使得伯克希尔公司管理层可以用一辈子的时间来进行管理了，而不必因为下个季度的获利情况产生烦恼。当然，这并不表明公司管理层就可以不用关心企业经营情况，只是说，他们完全不必因为短期利益而牺牲长期利益、因小失大。

巴菲特以政府雇员保险公司为例说，他和查理·芒格过去从来就没有指示他们要怎样做，今后也不会。他的主要任务，就是为这些公司管理层提供一个绝佳的工作环境，让他们彻底发挥聪明才智，完全不需要把时间浪费在毫无意义的董事会、记者招待会、分析师会议、投资银行业者的演示文稿上，也不用担心公司运转的资金问题、信用评级、盈利预期等。完全放手，这也恰好说明巴菲特对自身绝对信任。

【启示录】

巴菲特对自己的投资决策充满自信，对旗下那些明星经理人也同样如此。这除了他的个人素质外，还与他“用人不疑，疑人不用”“大事清楚，小事糊涂”，始终拥有对旗下公司经营管理层的任用权有密切关系。

强调内在价值要高于价格

按照大多数人的标准，1967 年算得上是生意红火的一年。和道琼斯工业指数上升了 19% 相比，我们总的业绩上升了 35.9%，超过了我们以前所定的超过道琼斯工业指数 10 个百分点的目标。我们总的盈利为 1938 万美元，即使在不断增长的通货膨胀下，我们的盈利额也能买下很多家百事可乐公司。由于适销证券市场上一些有悠久经营历史的大型公司的出售，我们还赚到了 2738 万美元的应纳税收入，这和公司 1967 年的经营业绩没有任何关系，但是这在 4 月 15 日的股东年会上会给人一种积极参与的感觉。

——沃伦·巴菲特

【巴菲特是这样炼成的】

巴菲特认为，做任何事情都要有自信，股票投资也是如此。从他个人的证券投资实践看，他认为只要所投资股票的内在价值大大高于价格，这种投资行为就很容易让自己充满自信。

关于这一点，很容易从当初巴菲特有限公司收购并控股伯克希尔 · 哈撒韦公司，建立伯克希尔企业集团这一点上得到证明。

1962年，当伯克希尔公司在营运资本方面的支出达到每股16美元时，巴菲特有限公司就开始不断买入这家纺织厂的股票了。巴菲特在巴菲特有限公司1965年年报致股东的一封信中回忆说，1962年他开始买入伯克希尔 · 哈撒韦公司股票时，开始时股价只有7.6美元，所以他十分自信。

这种自信来自两方面：一方面，这时候的纺织行业，企业在面临倒闭时都会有一些优惠政策，这对股东肯定是有利的；另一方面，虽然纺织行业内部条件的变化造成了巨大的损失，从而使得许多企业陷于瘫痪状态，但实际上，这些企业内部的管理很正规，只是作为一套旧的管理模式很难得到人们的认可罢了。

就伯克希尔公司而言，1965年春，巴菲特有限公司控股伯克希尔·哈撒韦公司时，实际上它就只剩下两家工厂了，员工合计2300名。仔细考察这两家工厂，巴菲特惊喜地发现，它们都具有非常优秀的管理层，巴菲特有限公司控股这两家工厂后根本不需要从外部引进管理人员，这是巴菲特特别看重的地方。

所以，巴菲特控股伯克希尔·哈撒韦公司虽然代价很高，可是他仍然觉得这是一笔非常合算的买卖。

他的买入成本究竟有多高呢？分析表明，当初开始购买股票时股价虽然只有每股7.6美元，可是实际成本却高达每股14.86美元，这在当时来看应该是一笔非常大的投资了。1965年12月31日的资料表明，当时不包括工厂及设备在内的净营运资本，就达到每股19.46美元。

巴菲特在这方面具有高瞻远瞩的眼光。他认为，在纺织行业，经营状态才是决定赚钱能力的主要因素。而从整个纺织行业看，第二次世界大战后美国纺织业的经营状况在迅速恶化，1948年就跌到了最低点。当时11家纺织厂的工人总数多达11000名，可是税前收入却只有295万美元，就能很好地说明这一点。

具体到巴菲特有限公司控股的这两家纺织厂，虽然当时的市场竞争非常激烈，根本不可能具备像施乐复印机公司、好孩子照相机公司、国立录像机公司那样的赢利能力；但它们有精明的管理层在掌舵，这本身就是一笔相当不错的财富。

巴菲特形容说，这就像他的一位来自美国西海岸的哲学家朋友所说的那样："在吃奶油干酪的同时，吃点以麦片为主的特种饮食也是不错的。"

他的意思是说，作为一个"品种"，无论从哪个角度看，投资伯克希尔·哈撒韦公司都可以说是很值得的。

接下来读者可以看到的是，随着巴菲特有限公司自身价值的不断增长，当然也包括股东的追加投入在内，该公司1965年的净资产从10年前的10.51万美元迅速增长到了2600万美元。

1966年1月20日巴菲特在给他父母的信中报喜道："1965年，我们在针对贫穷的战斗上是非常成功的。尤其是，年底我们的收益比预期多了1230万美元。”“非常成功”到什么程度呢？数据表明，1965年道琼斯工业指数上升了14.2%，而巴菲特有限公司的收益率却高达47.2%，并且业务已经开始进入国际市场，表明公司发展到了一个新的阶段。

巴菲特在巴菲特有限公司1967年年报致股东的一封信中写道，即使按照大多数人的标准来判断，1967年也是生意红火的一年。当年伯克希尔公司的应纳税收入高达2738万美元，净利润为1938万美元，不过这些都和经营业绩没有任何关系。

既然和经营业绩没关系，那又和什么有关呢？巴菲特在信中没有说，但实际上不难理解，那就是主要靠正确的投资决策，在适当的时间，以适当的价格买下内在价值很高的上市公司。而要做到这一点，除了需要敏锐的商业眼光外，更重要的是要有强烈的自信。

巴菲特认为，除了收购成功的上市公司增加盈利外，巴菲特有限公司的两家控股公司当年收购了两家企业，即后来被称作“联合零售商店”的联合棉花商店，以及国民保险公司及其附属的国家消防和海运公司，也都让股东拥有同样的感觉。

【启示录】

巴菲特认为，股票投资要有自信，这种自信来自安全边际。他说：“我们喜欢良好的管理，我们喜欢体面的行业，我们喜欢在原有的静态管理模式或是股东群体中有一定程度的‘动荡’。但是，我们需要有价值。”

为格林内尔学院越俎代庖

我父亲死后，我可以认乔·罗森菲尔德为我的父亲。我就会这样做。

——沃伦·巴菲特

【巴菲特是这样炼成的】

巴菲特认为，自信是取得投资成功的必要条件。在许多时候，他自己就是依靠这种自信快人一拍，果断做出决策的。在这方面，他为格林内尔学院捐赠基金会所做的投资决策，就能很好地证明这一点。

他说，如果他的父亲去世了，他可以认乔·罗森菲尔德为父亲，他就会这样做。他的原话曾经被人广泛引用。这里说的乔·罗森菲尔德是格林内尔学院投资委员会委员，也是巴菲特的良师益友。

1967年，革命家马丁·路德·金在格林内尔学院举办了一次演讲会，巴菲特正是在这次演讲会上认识了乔·罗森菲尔德，两人很快成为好友。

1968年，乔·罗森菲尔德邀请巴菲特加入学院捐赠基金会，于是巴菲特针对该学院1100万美元左右的流动捐赠基金提出两点投资建议：一是要尽快行动起来，以钱生钱；二是一旦看到别人手里有你想要的东西，就马上投资它们的股票，用这种方式间接得到你所想要的东西。

正是在巴菲特的建议下，乔·罗森菲尔德敦促学院捐赠基金会投资了伯克希尔公司的股票。当时他们的买入价为每股17.5美元，购买数量为300股，总成本为5250美元。

乔·罗森菲尔德介绍说，后来学院曾经以每股5000美元的价格卖掉了其中的100股，不过很快又回购了更多的股票。

但是，他不能透露"更多"的数量究竟是多少。当然，有一点是明确的，后来他们的买入价格肯定要比原来卖出的价格高。但一个最简单不过的事实是，这笔投资很快就增值到了几千万美元。

1976年，巴菲特在参加一次报业经济会议时得知AVCO公司正面临财务困境，正打算出售它的几家电视台时，凭经验他感觉这些股票很值得投资。按理说，他会动用伯克希尔公司的资金来买入这些电视台股份，可是由于这些电视台的控制权掌握在《华盛顿邮报》公司手里，受美国通讯委员会相关条款的限制，伯克希尔公司不能收购这些电视台。

在这种情况下，巴菲特打电话给乔·罗森菲尔德，建议格林内尔学院收购其中的某家电视台，他认为这种投资应该没什么风险。

巴菲特自信地说，格林内尔学院可以收购其中的一家电视台——辛辛那提州电视台。可是，就在学院理事会啰里啰唆地讨论资金问题时，另外一家多媒体公司先下手为强，以1600万美元的价格买下了这家电视台。

没办法，格林内尔学院后来只好在巴菲特的建议下投资31.5万美元买入这家多媒体公司的股票，算是“曲线救国”吧。

不用说，后来这家多媒体公司的股票价格飞涨，同样给格林内尔学院带来了丰厚的投资回报。

有了这次教训后，巴菲特在20世纪70年代后期得知AVCO公司又要出售另一家电视台时，凭着自己良好的判断力，在拍卖会上越俎代庖，果断出价1290万美元，相当于这家电视台年营业额的2.5倍，代表格林内尔学院买下了这家电视台。

几年后的1984年，格林内尔学院把收购来的这家电视台以4900万美元的价格出售给赫斯特公司，净赚2.8倍，获利3610万美元。这意味着，当时格林内尔学院的捐赠基金额已经翻了一番，当年升值到了1.2亿美元！乔·罗森菲尔德兴奋地说，这个结果好极了！

他说，他经常能碰到巴菲特，因为巴菲特经常需要参加格林内尔理事会。不过一段时间后，格林内尔理事会的成员们好像就看不到巴菲特了，因为巴菲特实在不喜欢参加各种会议。这样，巴菲特如果有什么投资建议要对格林内尔理事会提出来的话，就只能通过打电话的方式提给乔·罗森菲尔德了。

巴菲特是在1968年被任命为格林内尔终身理事的。类似于这样的职务他有好几个，如大都市研究院终身理事、加利福尼亚州斯坦福大学工商企业信托公司理事、内布拉斯加州米德兰的威尔尼斯委员会理事、美国文学与科学学院成员等。

正是在巴菲特的建议和指导下，乔·罗森菲尔德从1968年到他2000年去世时，把1100万美元的资金变成了10亿美元，其中大部分是为格林内尔学院所赚的。受巴菲特投资哲学的影响，他还拥有芝加哥俱乐部3%的股份。他曾经说过要一直持有该俱乐部的股票，直到它获得一个“世界杯冠军”。

而实际上，就在乔·罗森菲尔德以96岁高龄去世时，格林内尔学院已经在美国所有私立自由艺术学院中拥有最大的一笔捐赠基金了，总额高达10.2亿美元。毫无疑问，这其中就有巴菲特的一份功劳。

巴菲特在长期的投资生涯中积累了一套成熟的投资经验，以至于他可以凭经验来决定是否投资某个项目，这是最令人称奇的地方。

巴菲特在美国佛罗里达大学演讲时说，并购企业时他往往“在接到电话的那一刻就能感受到（能不能投资该企业）了。几乎我们买的所有企业都只需要10分钟、15分钟的分析”。

他以当年伯克希尔公司并购的两家企业为例说，收购全球最大的再保险公司之一通用再保险公司的交易额高达180亿美元，可是他连它的总部都没有去过。类似的情况太多了，根源是什么？很重要的一点就是巴菲特自信，即他是建立在对某企业内在价值正确评估并具有安全边际的基础上做判断。

【启示录】

巴菲特认为，投资者一旦确定了投资对象，就要立刻去办，犹豫不决只会坐失良机。这从巴菲特为格林内尔学院参谋的两笔投资上就能看出来。自信心不足是股票投资之大敌，但自信绝不是盲目地拍胸脯。

6. 口耳相传扩大生意

巴菲特深知："金杯、银杯，不如老百姓的口碑。"所以无论并购企业还是旗下公司的日常经营，他都非常强调并注重这一点，从而从中获益匪浅。

一边参加聚会一边打听投资

生日宴会在 1 月 26 日举行。虽然当时的现场音乐震耳欲聋，（我实在搞不懂为何乐队总是要弹得那么大声，难道他们的出场费是按照分贝数计算的吗？）不过我还是听到罗伊说他刚参加完堪萨斯银行家保险董事会。这是我一直相当欣赏的一家公司。我大声地响应说，如果这家公司有意出售的话，记得一定要通知我。

——沃伦·巴菲特

【巴菲特是这样炼成的】

巴菲特虽然不太喜欢参加社交活动，可是也并不是绝对反对。这一方面是因为有些活动实在避免不了；另一方面，也是因为参加这些社交活动有可能会让他获得平时无法获悉的投资机会。

巴菲特在伯克希尔公司1996年年报致股东的一封信中说，伯克希尔公司1996年进行了两件并购案，其中之一就是他参加聚会时偶然间得到的并购信息，并且最终促成了并购案的实现。为此他高兴地说，希望明年还能有机会参加这样的生日聚会。

巴菲特所说的这次聚会，原本是他的侄媳妇简·罗杰斯40岁的生日宴会。由于他一向对社交活动不太感兴趣，所以最初是想出各种各样的理由来婉言谢绝这次邀请的。然而对方显然是有备而来，他们特别安排巴菲特坐在罗伊·丁斯代尔的旁边，这下巴菲特不好意思不去了。

罗伊·丁斯代尔是谁？原来，他不仅是简·罗杰斯的父亲，还担任着内布拉斯加州中心城高峰银行董事会主席、堪萨斯银行家保险公司董事职务。当然，除此以外，他更是巴菲特的好朋友，巴菲特很愿意和他打交道。

他说，那次聚会的时间是1996年1月26日。虽然宴会现场的音乐震耳欲聋，但他还是听到罗伊·丁斯代尔说他刚刚参加完堪萨斯银行家保险公司的董事会。一听到“堪萨斯银行家保险公司”这个名字，巴菲特立刻来了劲，因为这是一家他敬仰已久的公司。于是他几乎是喊着说，如果这家公司有意出售，千万不要忘记告诉他。

巴菲特知道，堪萨斯银行家保险公司创办于1909年，当时的名称是银行存款担保与保险公司，主要是保证银行存款的安全，1922年改变了业务方向。从1979年开始，该公司主要为美国中部社区提供银行保险，服务对象主要是银行从业者，业务内容是为超过美国联邦政府限定的银行存款部分资金提供保险，并且确保银行免于被抢劫、不伪造钱币、不进行商业欺诈行为，同时向董事和高级管理人员提供责任保险、银行雇员保险、银行养老金和共同基金保险，出售电子银行巨灾债券。据《托皮卡资本日报》报道，该公司的银行保险客户名单超过1200家，在内布拉斯加州为70%以上的银行提供保险业务，是唯一一家自己拥有、自己操作的基金公司。

在巴菲特眼里，该公司的交易虽不十分活跃，但在美国27个州都有相关业务，拥有相当不错的承保记录，这全靠明星经理人唐·托尔的努力。唐·托尔与上百位银行家保持着良好关系，熟悉所从事业务的每一个细节，就像经营自己的事业一样尽心尽职，这一点最令巴菲特欣赏。

就这样，罗伊·丁斯代尔回去后给巴菲特寄来了一份堪萨斯银行家保险公司财务年报，并且附函说，如果巴菲特有任何需要，都请务必让他知道。巴菲特收到这份年报的日期是2月12日，第二天他就回复罗伊·丁斯代尔说，他愿意出价7500万美元买下这家公司，相当于每股24.5美元。可是要知道，当时该股票的交易价格也才仅仅只有19美元。

堪萨斯银行家保险公司首席执行官唐·托尔刚听到巴菲特有意收购该公司时表示震惊，然后就是有些受宠若惊。当得到巴菲特的报价后，他满意地说："他果断地出了一个让我们不太失望的价格。"最后，双方以8000万美元成交。由于该公司规模不是太大，同时伯克希尔公司拥有80%股权的韦斯科（Wesco）金融公司正好要拓展保险业务，所以堪萨斯银行家保险公司就成了韦斯科金融公司下面的一家公司。

巴菲特在伯克希尔公司1996年年报致股东的一封信中高兴地说，当年一共有两件并购案，两者都具备他所要的特质，那就是绝佳的竞争优势和优秀的明星经理人。毫无疑问，这两者之一就是指堪萨斯银行家保险公司。查理·芒格在韦斯科金融公司2003年年报致股东的一封信中说，堪萨斯银行家保险公司当年有形资产净值已经超过8000万美元，从各方面看，该公司的综合因素要远远好于其他保险公司的平均水平。

巴菲特平生最大的一件收购案，2015年以372亿美元的价格收购全球顶级航空零部件供应商美国精密铸件公司，也是在这样的氛围下达成的。

巴菲特的副手科姆布斯在2012年开始购入该股票，截至2015年3月末，伯克希尔公司拥有该公司3%的股份。

2015年7月1日，该公司首席执行官多尼根前来伯克希尔总部例行拜访科姆布斯。就在谈话快要结束时，巴菲特走了进来，与多尼根聊了15~30分钟。巴菲特说："通常来讲，我对他们投资的公司都很了解，但我对于精密铸件一无所知。"可是这却给巴菲特留下了良好的第一印象，他形容说就像是"邂逅了一个姑娘"。尤其是多尼根对业务的熟悉，让他仿佛看到当初自己对伯克希尔公司的那种感情，两人可谓一见如故。第二天，巴菲特就告诉科姆布斯，伯克希尔有意收购该企业。然后他又邀请多尼根到自己房间，两人聊了不到半个小时，就最终确定了每股235美元的收购价格，在不到一个月内完成了收购。

巴菲特说，这桩伯克希尔公司历史上规模最大的收购案的成功，完全归功于科姆布斯。同时他表示，如果他不是100%确认多尼根将会长期领导公司的话，就不会进行这笔交易。[1]

1 巴菲特372亿美元收购精密机件，创毕生最大交易．北京商报，2015-8-12.

【启示录】

巴菲特认为，虽然他不愿意参加一般性社交聚会，可是如果在这样的活动上能结识到同好，了解到企业并购信息，那就另当别论了。伯克希尔公司的许多并购活动都是在这种场合下酝酿出来的，可谓“得来全不费工夫”。

口耳相传的力量势不可挡

> 1990 年所发生的一件事，足以说明喜斯糖果与客户之间紧密的关系。经过 15 年的营运，我们在阿尔布开克的分店经营发生危机，房东不愿意与我们继续签订租约，反而希望我们搬到购物商场地点较差的摊位，并且还要调涨租金。如此一来，我们仅有的利润将会被吃光。经过协调不成，迫不得已我们贴出了即将停业的告示。之后靠着店经理 Ann Filkins 个人的努力，事情才得以解决。她采取行动敦促客户们向房东表达抗议。总计有 263 位客户写信或打电话到喜斯位于旧金山的总部，有的甚至扬言要抵制购物商场，甚至引起当地记者的注意，大幅刊载这个消息。有了众多客户的支持，房东最后终于妥协，提供了一个令我们满意的条件。
>
> ——沃伦·巴菲特

【巴菲特是这样炼成的】

群众的力量是巨大的，而口耳相传正是群众力量的表现之一。

巴菲特在伯克希尔公司1990年年报致股东的一封信中提到，当年发生的一件事就能证明伯克希尔公司旗下公司平时在顾客中的口碑如何。正是几百名顾客的努力，才使得此公司的事情出现了转机。

巴菲特在每年年报中都要提到的喜斯糖果公司，1990年的销售又创下新高。虽然在伊拉克入侵科威特之后，当年美国圣诞节期间的销售数量有所下滑，但由于价格调整的关系，营业收入依然增长了5%。

经过15年的运营，喜斯糖果公司阿尔布开克（Albuquerque）分店发生了经营危机，房东不愿意与其继续签订租约了，并且还要求喜斯糖果公司搬到整个商场中一个地点较差的摊位上去，与此同时还要提高租金。

众所周知，喜斯糖果公司和内布拉斯加家具店一样，实行的是低成本、低价格策略。如果经营位置发生变动，同时还要上涨租金，那么原来仅有的一点利润就会被消耗殆尽。双方协调，房东不愿意退让，无奈之下，喜斯糖果公司不得不贴出即将停业的布告。

布告贴出后，当地顾客不干了。一共有263名客户打电话或写信到喜斯糖果公司位于旧金山的总部声援，同时向购物商场提出抗议，扬言商场如果不收回成命，他们将联合抵制去这家商场购物。这下事情闹大了，引起了当地媒体的关注，这些媒体纷纷发表长篇文章报道此事。

正是因为众多客户口耳相传、鼎力支持，才使得房东最终妥协，给了喜斯糖果公司一个非常满意的条件。

与喜斯糖果公司一样，内布拉斯加家具店也是低成本运营的模范，而低成本导致的低价格最容易赢得老百姓口碑。资料表明，1990年美国最大的家具零售商Levitz的经营成本占销售额的40%，美国最大的家用电器折扣店的经营成本占销售额的25%，而内布拉斯加家具店的成本只有15%，这使得它可以大幅度降低销售价格来吸引顾客。

一份专门针对美国得梅因（Des Moines）地区消费者行为的调查表明，内布拉斯加家具店在该地区的20家家具零售商中排名第三。初看起来好像这没什么了不起的，可是要知道，其他19家家具零售商都是当地企业，只有内布拉斯加家具店是来自130英里[1]以外的。这些顾客宁愿跑200多千米远的路去购买它的家具，就是因为看中了它的花色品种多、价格便宜。在这里，口耳相传有着决定性影响。

巴菲特在伯克希尔公司2002年年报致股东的一封信中说，2002年该公司通过持股80.2%的中美能源公司进行了几项重要的并购案，其中包括两条重要的天然气管道。在这期间，发生了一件因为深得顾客拥戴，从而顾客口耳相传的有趣事件。这就是全长1660英里的北方天然气管道。

1　相当于209千米。英里又称哩，是英国及其前殖民地和英联邦国家使用的一种长度单位，美国等地也有使用这一计量单位的。1英里＝5280英尺＝63360英寸＝1609.344米。

北方天然气管道从美国西南部一路延伸到中西部。从20世纪30年代初开始，北方天然气管道公司一直是奥马哈地区著名企业之一，由地方上流社会人士领导。1985年，该公司被规模不到它一半的休斯敦天然气公司并购，作为并购条件之一，北方天然气管道公司总部继续留在奥马哈地区，并且让原来的首席执行官继续留任。

可是没想到，仅仅一年过去后，休斯敦天然气公司原总裁就接手了北方天然气管道公司首席执行官职位，公司总部也被搬到了休斯敦。更令人想不到的是，公司名称竟被改成了“安隆”。

2001年，安隆天然气管道公司经营发生严重困难，不得不向另外一家公司——戴纳基（Dynegy）电力公司借款，并把北方天然气管道作为抵押物押给了戴纳基电力公司。结果，很快地，这条北方天然气管道的所有权就被转移到了戴纳基电力公司名下。

天有不测风云，没过多久，戴纳基电力公司也发生了严重的财务问题，急需现金，于是不得不于2002年7月26日打电话给中美能源公司求援，希望能把北方天然气管道卖给中美能源公司。

巴菲特高兴地说，如果是放在一年多之前，他和查理·芒格还压根儿不会想到伯克希尔公司会介入天然气管道业务；而现在，戴纳基电力公司主动投怀送抱，实在是找对了人。原因之一在于，伯克希尔公司总想着要为当地百姓做点事，需要赢得父老乡亲的好口碑。

由于7月26日那天是星期五，接下来是两个休息日，所以伯克希尔公司7月29日星期一一上班就与戴纳基电力公司签订了收购合约，北方天然气管道终于重新回到家乡的怀抱。

【启示录】

口碑其实反映的是一个人的人品，对于企业来说同样如此，而口碑是无法用钱买到的。巴菲特及伯克希尔公司的口碑都很不错，这在他的成功之路上帮了不少忙，有时甚至起了决定性作用。

口碑效应的业务含金量更高

虽然我们大举投入广告活动，但我们新保单的主要来源还是原来保户的口耳相传，因为他们对于我们的服务与价格感到满意而向其他人推荐。去年私人理财杂志*Kiplinger*曾经发表一篇文章，贴切地说明政府雇员保险公司在消费者心中满意的程度。该杂志访问了总计20个州立保险部门后发现，政府雇员保险公司的申诉比例最低，而且远低于主要竞争同业的平均数。

——沃伦·巴菲特

【巴菲特是这样炼成的】

巴菲特一直非常重视口碑效应。事实上，通过口耳相传来扩大业务成本更低，含金量也更高。

巴菲特在伯克希尔公司1999年年报致股东的一封信中说，当年政府雇员保险公司虽然投入了大量的广告宣传，可平心而论，公司业务保单的主要来源还是老客户的口耳相传。因为只有老客户感到满意了，才会向其他人推荐。政府雇员保险公司的顾客投诉率最低，远远低于主要竞争同行的平均水平。

巴菲特的言外之意是说，政府雇员保险公司的顾客投诉率最低，实际上就表明它的顾客满意率最高。在这种背景下，依靠口碑效应来扩大业务就是理所当然的。

巴菲特推测说，由于政府雇员保险公司在顾客中建立了很不错的口碑，所以每年大约只要花5000万美元的广告费用，就能维持原来的保单规模。能够为此做证明的是，1995年政府雇员保险公司投入的广告宣传费用为3300万美元，拥有652位电话接线员，而1999年这个费用预算已经上升到2.42亿美元，电话接线员人数也增加到了2631位。

然而事实证明，这项广告宣传的边际效应在递减，媒体曝光率虽然在不断增加，可是打电话来咨询业务的人数却在相对减少。分析表明，有两项因素影响了这些业务保单取得的成本：一是过去几年来政府雇员保险公司的业务重心，已经从原来续约率较高的客户转向续约率较低的普通客户和非标准客户，这本身就会降低业务成交率。二是新客户的续约率肯定会比老客户低得多，这是一种正常现象。更何况，这几年来政府雇员保险公司的业务发展十分迅速，这表明新客户的比重已相当大。

可喜的是，如果除去上述两项因素，该公司的续约率其实还是相差不大的；并且，虽然打进来咨询业务的电话数量少了，与此同时总的签约率却相对提高了，两者也算是相互扯平了。

更何况，政府雇员保险公司最大的优势是低成本竞争，所有保单的续约成本在整个美国保险公司中是最低的。虽然这是一个公开的秘密，其他同行也完全可以抄袭它的运营模式，可是却无法复制它的企业规模。而其低成本的主要秘诀又在于顾客的口碑效应：政府雇员保险公司的收费标准更低，能够为客户节省费用开支！

巴菲特非常看好这种低成本运营方式，所以他对政府雇员保险公司的奖金分配考核标准只有两条：一是保费收入的增长比例，二是一年以上的续约客户数量。因为他深深地知道，续约客户数量越多，就表明公司的老客户越多，经营成本越低，业务含金量越高。

通过顾客的口碑效应扩大业务规模，已经在伯克希尔公司旗下的那些公司中蔚然成风，这一点让巴菲特非常满意。

20世纪末美国兴起一股购买私人飞机的热潮，但显而易见，私人飞机的投资成本太高，利用率太低，于是伯克希尔公司并购了两家企业，开创性地开拓这项业务。

巴菲特在伯克希尔公司1999年年报致股东的一封信中说，伯克希尔公司旗下的国际飞安公司（FSI）和企业主管飞行公司（EJA）当时都已经站到同行的最前列。其中，企业主管飞行公司开展的出售部分飞机所有权的业务很受顾客欢迎，其市场占有率超过其他两家主要竞争对手的总和；国际飞安公司则专门为客户培训飞行员，规模是最大竞争对手的5倍。

巴菲特特别指出，企业主管飞行公司的新客户主要是由那些老客户介绍的，数据表明，这个比例高达65%。毫无疑问，这是一个非常可观的数据。要知道，对于企业主管飞行公司来说，这部分新客户的加入几乎不需要投入任何推广费用。

那么，这些老客户为什么要向其他人推荐呢？归根到底，不是因为他们从中可以得到什么好处，而是由该公司的实力决定的。

例如，国际飞安公司的经营特点之一是资本投入非常大，仅仅是一台飞行仿真器就要耗费1500万美元，而一台飞行仿真器一次只能训练一位飞行员。这就意味着，每1美元营业额所投入的成本支出相当高，并不是随便哪家企业都能承担得起的。而在国际飞安公司，这样的飞行仿真器有222台，仅此一项投资就要30多亿美元。1999年，国际飞安公司与其持股50%的国际飞安波音公司的资本支出就达到2.15亿美元。

而在企业主管飞行公司中，由于飞机使用权出售后客户使用飞机的高峰期相对集中，所以企业必须准备大量的额外飞机满足客户需要。例如，每年最忙的时候是感恩节后的那个星期天，拥有169架飞机的1412位所有者想在当天下午3—6点使用飞机，这时候不能满足客户的需要又怎么行呢？所以说，开展该项业务的投入相当大。而在企业主管飞行公司，仅仅在飞机上的投资就超过42亿美元。

【启示录】

口碑效应人人都知道，但要想通过老客户介绍新客户来，必不可少的是要具有这方面的技术和服务实力。只有各方面做到尽善尽美，让他们感到满意了，他们才会乐意不断介绍他们周围的新客户加入，这是显而易见的。

7. 注重效益而不是规模

投资的第一条原则是不亏损，第二条原则是牢牢记住第一条。对于投资者来说，如果能够做到每次不亏损，就必然是赚钱的，为此不必追求买卖频率。

教训从雪茄烟蒂式投资开始

几年前，你们的主席做出了购买新罕布什尔州曼彻斯特市沃姆伯柯纺织厂的决策，以便能达到扩展我们纺织业务量的目的。按照任何一项统计测试，此次购买价格是非常便宜的。我们以远远低于商业营运资本的价钱买了下来，实际上，我们几乎一文没花就获得了大量的机械和房地产。但是，这个购买决策是错误的。尽管我们竭尽全力地去做，然而旧的问题一解决掉，新的问题马上就又出现了。

——沃伦·巴菲特

【巴菲特是这样炼成的】

巴菲特认为，股票投资对象要避开雪茄烟蒂式企业。这一观点最早是从投资伯克希尔·哈撒韦公司得出的。严格地说，最早的伯克希尔·哈撒韦公司是纯粹的纺织企业，后来巴菲特彻底把它改造为金融投资集团，就是吸取这一教训的证明。

早期的伯克希尔公司坐落在美国波士顿以南50英里的地方。19世纪，当地人以捕鲸为生，到处是捕鲸者、造船商、索具操纵人员、修船匠、铁匠等。1888年，为了适应地方经济从低利润的捕鲸业向高利润的纺织业转型，霍雷肖·哈撒韦创建了哈撒韦纺织厂。

1790年，塞缪尔·斯莱特创建了美国第一家纺织厂。而塞缪尔·斯莱特手下的一位木匠奥利弗·蔡斯，则在1806年创建了伯克希尔纺织有限公司的前身。后来，伯克希尔公司慢慢地发展成为美国纺织行业的龙头企业，纺棉量一度达到美国棉花总量的1/4。1929年，几家纺织企业和伯克希尔棉花生产公司联合起来，更名为伯克希尔纺织有限公司。

当时的伯克希尔纺织有限公司虽然规模很大，可是并不赚钱，连优先股股息也发不出来。时来运转的是，正好该公司添置了全新设备准备大干一场时，第二次世界大战爆发了，战时需要大量的火药袋、用于伪装的布料、雨布、蚊帐和其他军需物资。

军需品公司把全国纺织生产企业召集起来开会，要求大家开发、生产尼龙降落伞布料。由于这是一种新产品，大家心里都没底，所以都是报个数字意思意思，只有伯克希尔公司坚定地申报了“300万码”，这让大家刮目相看。紧接着，大家也纷纷提高申报量，而伯克希尔公司又进一步把生产任务提高到了500万码。从此以后，伯克希尔公司就主要致力降落伞布料的生产，成为人造纤维服装衬里的最大厂家。

第二次世界大战后的1948年，伯克希尔纺织有限公司和哈撒韦制造公司的10多家工厂员工总数已达1万人，年利润高达1800万美元，进入了一个强盛发展期。直到1954年飓风毁灭了其中一家工厂，严重损害了公司的最大综合建筑物，才促使这两家企业于1955年合并，并且改名为伯克希尔·哈撒韦公司。

事实上，这时候的纺织生意已经非常难做了。在接下来的9年里，公司固定资产净值从合并时的5545万美元一直下跌到2124万美元。即使这样，公司管理层还是处于一种盲目乐观的状态中。

例如，公司首席执行官在1961年的报告中眉飞色舞地说，伯克希尔·哈撒韦公司是新英格兰最大的棉花和人造纤维纺织品生产厂家，每年有100万个锭子和大约12000台织机在运转，年产量2.25亿码。公司大约有5800名员工，所有车间实行三班倒工作方式，年销售额超过6000万美元。并且此人还不无骄傲地说，“伯克希尔·哈撒韦公司，特别是公司在银行里的存款，引起了沃伦·巴菲特这位来自内布拉斯加州投资奇才的注意，当时奥马哈市的股票市场发展势头良好”云云。

而实际上呢，一方面，1964年该公司只剩下2家工厂和2200万美元的净资产，股价已经跌到账面价值以下；另一方面，巴菲特有限公司确实在1962年第一次买入该公司的股票，每股价格7.6美元。几年过去后，当时的伯克希尔·哈撒韦公司首席执行官对巴菲特说，愿意把剩余股票以每股11.5美元的价格卖给他；可是仅仅3个星期过去后，伯克希尔·哈撒韦公司股票的投标价格却只有11.125美元了，这让巴菲特感到十分气愤。同样让巴菲特感到气愤的还有该公司首席执行官的妹夫、时任公司总裁的马尔科姆·蔡斯，最终是他主动把自己拥有的伯克希尔·哈撒韦公司股票卖给巴菲特，促成巴菲特于1965年5月10日完全控股该公司。

在这种情况下，公司原首席执行官及其儿子只好离开了伯克希尔·哈撒韦公司。虽然这时候的生意依然低迷，但巴菲特对购买这家公司的价格还是感到非常满意的。不过他马上就意识到“这个购买决策是错误的”，因为尽管他们“竭尽全力地去做，然而旧的问题一解决掉，新的问题马上就又出现了”。而这正是雪茄烟蒂式企业的典型特征。

巴菲特在伯克希尔公司1980年年报致股东的一封信中说，当年公司的纺织业务已大大缩小，沃姆伯柯（Waumbec）纺织厂终于彻底关闭了。虽然这一举措有些迫不得已，却非常必要，用中国话来说就叫“长痛不如短痛”。巴菲特坦言道，这时候做出这一决策已经有些迟了，代价太高了。

总体来说，20世纪80年代早期伯克希尔公司的纺织业务是亏损的，虽然1983年有些回光返照，但终于在1985年年末彻底停产，所有设备被低价变卖，只有土地没有卖出去，一直是对外出租的。

不难看出，巴菲特投资伯克希尔·哈撒韦公司后不但没有赚到钱，而且还亏了不少。幸亏他在其短暂的繁荣期通过降低运营资本积累起了大量的现金，并把它们投入收益更好的资本项目上去，才有了丰厚的业绩回报。1985年年末停止纺织业务时，伯克希尔公司的股价已经从20年前的每股11.125美元上涨到了2600美元。

【启示录】

巴菲特认为，伯克希尔公司的纺织业务并不像当初他认为的那样值钱，可谓“便宜没好货”，他从中得到的更多是教训。不过，这些教训让巴菲特从此避开了雪茄烟蒂式投资，坏事变成好事，成为他一生的宝贵财富。

不亏损是最重要的投资原则

我谨记我的老板本杰明·格雷厄姆的两条教诲：第一，永远不要亏损；第二，永远不要忘记第一条。

——沃伦·巴菲特

【巴菲特是这样炼成的】

巴菲特的成功投资，最重要的不在于他每一次赚了多少钱，而是力求每一次都不亏损。他牢牢记着老师本杰明·格雷厄姆的教诲：投资的第一条原则是不亏损，第二条原则是牢牢记住第一条。

实际上，巴菲特历来是这样做的。在60多年来的投资实践中，他几乎从来不“割肉”，不亏即赚。长期来看，股市总是不断向上发展的，他用来衡量投资业绩的参考标准是道琼斯工业指数或标准普尔500指数，只要能超过它们，就表明不但不亏损，而且还超越了股市平均回报率。

巴菲特在伯克希尔公司每年的财务年报封面上都要首先列出如下这张表格，把伯克希尔公司每年的投资回报率和当年标准普尔500指数的变动幅度相比较，并且计算出累计数，和盘托出给股东。

下面这张表整理了巴菲特掌管伯克希尔公司以来的51年间，每年的业绩表现与标准普尔500指数对比的结果。

伯克希尔公司业绩表现和标准普尔 500 指数对比

年份	（1）伯克希尔每股账面价值百分比变动（%）	（2）标准普尔500指数（含股利）百分比变动（%）	比较结果（1）－（2）（%）
1965	23.8	10.0	13.8
1966	20.3	-11.7	32.0
1967	11.0	30.9	-19.9
1968	19.0	11.0	8.0
1969	16.2	-8.4	24.6
1970	12.0	3.9	8.1
1971	16.4	14.6	1.8
1972	21.7	18.9	2.8
1973	4.7	-14.8	19.5
1974	5.5	-26.4	31.9
1975	21.9	37.2	-15.3
1976	59.3	23.6	35.7
1977	31.9	-7.4	39.3
1978	24.0	6.4	17.6
1979	35.7	18.2	17.5
1980	19.3	32.3	-13.0
1981	31.4	-5.0	36.4
1982	40.0	21.4	18.6
1983	32.3	22.4	9.9
1984	13.6	6.1	7.5
1985	48.2	31.6	16.6
1986	26.1	18.6	7.5
1987	19.5	5.1	14.4
1988	20.1	16.6	3.5
1989	44.4	31.7	12.7
1990	7.4	-3.1	10.5
1991	39.6	30.5	9.1
1992	20.3	7.6	12.7
1993	14.3	10.1	4.2
1994	13.9	1.3	12.6
1995	43.1	37.6	5.5
1996	31.8	23.0	8.8

续表

年份	（1）伯克希尔每股账面价值百分比变动（%）	（2）标准普尔500指数（含股利）百分比变动（%）	比较结果（1）-（2）（%）
1997	34.1	33.4	0.7
1998	48.3	28.6	19.7
1999	0.5	21.0	-20.5
2000	6.5	-9.1	15.6
2001	-6.2	-11.9	5.7
2002	10.0	-22.1	32.1
2003	21.0	28.7	-7.7
2004	10.5	10.9	-0.4
2005	6.4	4.9	1.5
2006	18.4	15.8	2.6
2007	11.0	5.5	5.5
2008	-9.6	-37.0	27.4
2009	19.8	26.5	-6.7
2010	13.0	15.1	-2.1
2011	4.6	2.1	2.5
2012	14.4	16.0	-1.6
2013	18.2	32.4	-14.2
2014	8.3	11.4	-3.1
2015	6.4	-0.7	7.1
年均	19.2	6.4	12.8
总计	7990.8倍	24.1倍	7966.7倍

关于以上表格，有这样几点说明：一是1965年和1966年的财政年度截至当年9月30日，1967年截至12月31日（所以当年数据中共有15个月），其他年份的财政年度与日历年截至日期相同。二是从1979年开始，根据会计准则的要求，保险公司要以市值计算所持权益类证券账面价值，而在此之前是以市价和历史成本价孰低原则来计量的，表中1978年之前的数据已进行追溯调整，所以具有可比性。三是伯克希尔公司的数据是税后收益，而标准普尔500指数的变动是税前收益。四是1964年年末伯克希尔公司的每股账面价值是19.46美元，2015年年末已增长到155501美元，相当于155501÷19.46＝7990.8倍，年复合增长率为7990.8开51次方，即19.2%；1964年年末标准普尔500指数的收盘点位是84.75点，2015年年末收盘点位

是2043.94点，年复合增长率为6.4%。

同时，从表中也容易看出这样两点：一是伯克希尔公司在这51年中只有2年是亏损的，分别是2001年亏损6.2%和2008年亏损9.6%，当年分别发生了“9·11”恐怖袭击事件[1]和全球金融危机，受宏观环境影响大。二是伯克希尔公司从2009年以来的投资业绩均不甚理想，不但全部没有达到巴菲特原先设定的超越标准普尔500指数“10个百分点的要求”，甚至还在这7年中有5年跑输标准普尔500指数。主要原因除了受全球金融危机冲击之外，还在于伯克希尔公司中的证券投资业务现在降到了30%左右，所以再用纯粹的标准普尔500指数进行对比已严重失真。因为证券投资和企业并购所依据的会计准则不同，可比性已不大。

【启示录】

不亏即赚。单从年复合回报率19.2%来看，巴菲特的业绩似乎并不高，但要知道这可是长达51年的复合回报率。中国许多股民单笔投资的获利也能远远超过此数，但一次亏损就足以前功尽弃，两者实在不可同日而语。

明确奖金考核以效益为基础

我们所用的是一般保险业者绝对无法复制的一种管理思维，请大家看年报的首页。大家肯定没有看过有公司可以忍受营收连续10多年（1986—1999年）持续下滑的经营模式。我必须强调，那种大幅度下滑的原因不是没有生意可做，事实上，只要我们愿意降点价，马上就会有几十亿保单上门，但国家产险公司宁可维持利润，也不愿与同业随波逐流。

——沃伦·巴菲特

1 “9·11”恐怖袭击事件，是指2001年9月11日发生在美国本土的一起系列恐怖袭击事件，造成2996人死亡，经济损失2000亿美元。该事件发生后，美国政府认定阿富汗塔利班头目本·拉登是头号嫌犯，于10月7日发动了进攻阿富汗的“反恐战争”。

【巴菲特是这样炼成的】

伯克希尔公司一贯注重实实在在的业绩，而不是徒有规模，这与巴菲特一贯侧重于企业内在价值的做法是一脉相承的。正因如此，伯克希尔公司步伐才会扎扎实实，发展才会越来越强盛。

巴菲特在伯克希尔公司2004年年报致股东的一封信中说，以伯克希尔公司1967年并购的国家产险公司为例，在它身上出现的奇迹，就是其他地方很难看到的。

巴菲特骄傲地说，这种做法是一般保险公司“绝对无法复制”的。可以说在任何一家企业，都不会允许连续10多年营业收入持续下滑；更何况，这种营业收入下滑还并不是因为没有业务可做，相反只要稍微降点价格，马上就会有几十亿美元的保单送上门来。然而，国家产险公司就能做到坐怀不乱，不与同行随波逐流，竞相加入追求规模的游戏中去。

在业务不断下滑的背景下，为了保证人心不乱，伯克希尔公司一再强调不会因为业务萎缩而裁员。归根到底，虽然保险公司不是劳动密集型企业，一般不能进行比较宽松的人力资源配置，但更无法容忍削价竞争以及随之而来的降低投保门槛。

平心而论，绝大多数公司管理层都不愿意看到营业收入在自己手中不断下滑，从而让人觉得自己无能。要知道，哪怕没有实质性效益，管理层也会想方设法提高营业额的。至于有没有利润，那是以后的事，寄希望于广种薄收。尤其是在保险公司，账面提留稍微调节一下，“利润”就出来了。

但无论如何，这终究是一种自欺欺人的做法，虽然这种隐性损失可能要在好几年后才会被发现。其中最典型的是政府雇员保险公司，其在20世纪70年代就因此差一点倒闭。

具体来看，当年伯克希尔公司买下国家产险公司时，这家公司并不怎么样。它所从事的业务主要是商用车保险和一般责任险，并没有多大的特色。它名气不够响，也没有任何信息优势，甚至没有精算师；公司运营成本也不是最低的；保险单是通过一般中介销售的，这在当时更是被公认为一种落后做法。

正是因为伯克希尔公司采取注重效益而不是规模的做法，才使得国家产险公司不断发展壮大，财产保险也从此成为伯克希尔公司的核心业务，为巴菲特不断并购企业提供了源源不断的浮存金。如果当时没有并购该企业，伯克希尔公司的内在价值就会减少一半。

巴菲特在伯克希尔公司1996年年报致股东的一封信中透露，他考核政府雇员保险公司总裁东尼·奈斯利等领导人的主要指标只有两个：一是自愿加入保单的净增长数，也就是说，剔除了州政府分配计划保单数以后，公司自我发展业务的部分；二是常态性保单（指留在公司超过1年的保单）承保的获利水平。两者各占50%。

究其原因在于，保险公司第一年的保单通常没什么利润，而从第二年开始的保单因为没有了推广费用，所以利润率极高。为了不让员工因为拼命争取新业务而降低获利水平，巴菲特干脆把第一年的保单数量剔除在奖金考核指标之外。与此同时，该公司员工的奖金计划也参照以上两个指标执行。所以说，政府雇员保险公司从上到下每个人都知道，对于他们来说要想多拿奖金主要应该抓什么。

巴菲特介绍说，实行这样的考核、奖励措施，主要目的有3点：①适合特定公司的经营状况；②简单明了，容易考核；③调动每一位员工的积极性，不至于让公司管理层由于分心而产生不正当行为。

所以，政府雇员保险公司的9000名员工，每个季度都能看到根据盈余分配计划计算出来的结果，知道他们一共可以拿多少奖金。例如在1996年，该公司的员工奖金超出了当年预算最高额度，从而使得巴菲特不得不提高原来预算的上限。数字表明，在过去的5年中，政府雇员保险公司员工的奖金都没有超过全年底薪的10%，而在该公司被伯克希尔公司100%控股后第一年的1996年，员工奖金总额就达到公司全年底薪的16.9%，近4000万美元，真正体现了上不封顶的原则。

1996年，政府雇员保险公司的有效保单数量增长10%，巴菲特感到非常高兴，因为这是该公司20年来的最高增长率。可是没想到，1997年该公司的这一指标继续大幅度飙升到16%，1999年全公司10500名员工的奖金占公司年度底薪的比例更是达到28.4%，总额1.133亿美元。

巴菲特说，任何一家保险公司都可能会不顾承保品质而让保单数量快速增长，可是政府雇员保险公司不会。该公司1997年的承保获利达到保费收入的8.1%，大大高于同行平均水平，同时也超出原先预期。该公司原来设想获利水平能达到4%就很不错了，而现在则翻了一番，所以第二年就调低了保险费率。这样做，一方面会让利于顾客，另一方面也会进一步增强业务竞争力。

巴菲特特别指出，政府雇员保险公司员工奖金的高低与其股价变动毫无关系。归根到底，股价变动不是员工能够左右得了的。

【启示录】

对企业来说效益当然是最实惠的，而企业规模与效益之间并没有必然联系。这个道理很简单，可绝大多数公司管理层却做不到。巴菲特之所以能这样做，关键是因为他就是上级“最高领导”，所以他能拍得了板。

8. 从保险业务中获益

巴菲特非常熟悉保险公司的业务运作，几十年间从保险业务的投资和运作中获益非凡。他对保险业务运作烂熟于心，游刃有余，充分体现了“不熟不做”的投资原则。

非常清楚保险公司如何赚钱

我在目前总统竞选中听到的最有趣的故事是关于米特·罗姆尼（Mitt Romney）的。他问妻子安：“在我们年轻时，你有没有在你最狂野不羁的梦里想到过我可能成为总统？”“亲爱的，在我最狂野不羁的梦里根本就没有你！”在我们 1967 年首次进入财产和灾难保险业时，我最狂野不羁的梦里也没有我们现在业务的景象。

——沃伦·巴菲特

【巴菲特是这样炼成的】

巴菲特非常清楚保险公司的业务运作，以及保险业务是怎样赚钱的。完全可以这样说，是保险业成就了巴菲特，如果伯克希尔公司剔除了保险业务，也就不会有现在的巴菲特了。

总体来看，保险公司的赚钱方法主要有两种：一是通过发行保单赢利。也就是说，通过开展保险业务获取利润。不过对于大多数保险公司来说，这种赢利方式很有限，而且很可能会造成亏损。二是通过开展投资活动赢利。这就是说，把公司取得的保费收入较好地投资到盈利率高的项目上去。对于大多数保险公司来说，运用保险浮存金再投资在整个投资获利中的比重较大。当然，这时候需要公司管理层具有较高的资本配置能力。容易看出，巴菲特走的正是后面这条路。

巴菲特从美国哥伦比亚大学商学院毕业后，回到家乡奥马哈，在父亲开的证券公司里担任股票经纪人。由于读书期间他利用周末专门去拜访了老师本杰明·格雷厄姆所在的政府雇员保险公司，所以从那时候开始，他就对保险公司及其业务有了一个全新的了解。很自然地，巴菲特在工作中把主要精力放在推荐政府雇员保险公司所发行的股票上是水到渠成的事。

遗憾的是，由于当时21岁的巴菲特看起来还像个幼稚的孩子，加上其他人对保险公司股票都不了解，所以，除了平时100%相信他的一位姑姑投资了他推荐的政府雇员保险公司股票外，其他人根本就不相信他。无奈之下，他只好孤芳自赏，自己买入该股票。资料表明，当年他分4次买入了该股票，一共买入350股，买入总价为10282美元，占他所有个人资产的一半以上。一年后，巴菲特把这些股票全部卖出，得款15259美元，净赚4977美元，投资回报率48.4%。即使在今天看来，这个回报率也是非常高的了，但巴菲特后来深深地感到后悔，因为20年过去后，这些股票市值上涨到了1300万美元，上涨了1260多倍。

从这个角度看，伯克希尔公司在1995年完全控股该公司，可以看作是巴菲特看好保险业务的一种“报复性行为”。

巴菲特在伯克希尔公司2007年年报致股东的一封信中说，他在美国总统选举中听到的最有趣的一则故事，是美国马萨诸塞州州长、总统候选人米特·罗姆尼的一段话。米特·罗姆尼问妻子，在他们年轻时她有没有梦见过他可能会当总统；妻子回答，那时候在她的梦里根本就没有米特·罗姆尼。他的言外之意是，更不用说关心他会不会当总统了。而对于巴菲特来说，在1967年进入国家产险公司和灾难保险业务前，他也根本没想到保险业务日后会成为伯克希尔公司的半壁江山。

他还说，伯克希尔公司最早投资国家产险公司，5年内的利润和浮存金分别为：1967年40万美元、1850万美元；1968年60万美元、2130万美元；1969年10万美元、2540万美元；1970年40万美元、3940万美元；1971年140万美元、6560万美元。而实际上，这只是一个缓慢的开始。最近5年以来，这两个数据分别为：2003年17.18亿美元、442.2亿美元；2004年15.51亿美元、460.94亿美元；2005年0.53亿美元、492.87亿美元；2006年38.38亿美元、508.87亿美元；2007年33.74亿美元、586.98亿美元。可以说两者（投资国家产险公司最早5年和近5年的利润、浮存金）有天壤之别。

再以巴菲特引以为傲的政府雇员保险公司为例，2007年该公司在美国几大主要汽车保险公司中的市场份额又有了新的提高，从1995年伯克希尔公司控股该公司时的2.5%上升到2007年的7.2%；在摩托车保险市场的份额也从2004年的2.1%上升到2007年的6%。

而巴菲特一再提到的通用再保险公司，是为伯克希尔公司贡献浮存金的主渠道，2007年年末该数额高达230亿美元。如果没有保险业务提供的浮存金，伯克希尔公司的经营业绩至少要去掉一半。

巴菲特非常熟悉保险公司是如何赚钱的，所以他并没有因为对政府雇员保险公司的偏好，更没有因为对政府雇员保险公司股票的卖出，就从此罢手，而是一而再、再而三地收购保险业务。

例如，他投资过美国堪萨斯城人寿保险公司、美国马萨诸塞州人寿保险公司等股票，并且于1967年3月通过他所控股的伯克希尔公司投资860万美元，购买了奥马哈当地两家最大的保险公司国家产险公司和火灾及海运保险公司的全部流通股，从而使得伯克希尔公司完全抛弃了原来的主业纺织品，开始营造保险帝国。

应该说，20世纪60年代末再保险业务是非常赚钱的，否则巴菲特也不会如此大手笔了。要知道，国家产险公司1968年的保费收入就高达2000万美元，税后利润高达220万美元。更不用说，保险业务所产生的浮存金为巴菲特提供了源源不断的企业收购资金。20世纪70年代巴菲特一共购买了3家保险公司，另外又组建了5家保险公司。如果他当初不是通过保险公司及其业务发家致富，伯克希尔公司就不会有后来坚实的基础。

最新数据是，2015年伯克希尔公司保险业务赢利18亿美元，在过去13年中连续增长，13年间累计赢利262亿美元。保险浮存金数额从2002年的410亿美元增长到2015年的877.22亿美元。

【启示录】

完全可以说，巴菲特对保险业务的熟悉程度无人能及，这是奠定他日后商界地位的重要基石。在保险业务源源不断提供浮存金的背景下，他拥有这样一根资金杠杆，使得他天才般的资本配置能力实现了撑竿跳。

用准确的行业判断抵消风险

在财产与事故险行业，不仅其利润是不正常的，其繁荣同样也是不正常的。萨姆·戈德温曾经说过一句话："在人的生命中，一个人必须学会接受顺境和逆境。"巴菲特偶尔也会错误判断业务的繁荣与萧条的交替循环，但他总是第一个站出来承认自己的错误。总之，他对行业发展趋势的预测能力一直让人感到敬佩，他甚至能够预测到几年之后的行业发展情况。

【巴菲特是这样炼成的】

巴菲特认为，投资保险行业的关键是能对未来进行准确预测。事实证明，巴菲特在这方面天生具有较强的预测能力。

他在伯克希尔公司1987年年报致股东的一封信中，用第三人称的口吻自我夸奖说，他虽然也会在这方面偶尔做出错误的判断，但总会第一个站出来承认错误，并且在这方面总能表现出令人惊讶的预测能力。

20世纪六七十年代，巴菲特通过投资一系列保险业务，已经对保险公司的运行机制非常熟悉了。他认为，这比其他任何投资经验都重要，甚至比投资这些股票究竟能赚多少钱更重要。

现在回过头来看，正是因为他有着这一系列的投资活动，非常了解保险公司是怎样赚钱的，才为他后来敢于在政府雇员保险公司面临破产时大量买入其股票打下坚实基础。

在伯克希尔公司中，最主要的保险部门有两个，政府雇员保险公司和国家产险公司，保险内容五花八门。

例如，巴菲特在伯克希尔公司1995年年报致股东的一封信中就提到，第一，他们承保了麦克·泰森的生命险，在保险合同中为麦克·泰森制订了相当高的保险赔偿金。这些保险赔偿金随着时间的推移会逐年减少，合同到期时减少到0。第二，他们为劳埃德家族的225名成员提供生命保险，任何一名家族成员如果在当年去世，伯克希尔公司都要向他们支付赔偿金。第三，他们为中国的2颗人造卫星发射提供保险，如果人造卫星在当年出现故障，他们就要支付赔偿金。

巴菲特说，谢天谢地，不但中国的2颗人造卫星一切正常，而且劳埃德家族的全体成员也没有一个人因为发生意外而丧生；至于麦克·泰森的身体则比以前更结实了，拳击台上没人是他的对手。毫无疑问，在这种背景下，伯克希尔公司的获利回报就可想而知了。

除了这些常规保险，国家产险公司还承保了一项电视竞赛。按照规则，如果球迷能准确预测出电视台选定的某一局比赛中的某一位选手打出大满贯，将会获得100万美元的奖金。幸好，从来就没有选手打出过大满贯，所以伯克希尔公司也根本不需要支付这笔奖金。

除此以外，伯克希尔公司还经常以合理的价格为某些常规业务提供保险。如价格补偿保险、内陆水运货物保险、体育赛事因不能如期举行而被取消的保险、为大型国际航空公司针对恐怖事件提供的一次性损失超过10亿美元的不可撤销的第三方责任险、为制药公司提供的产品责任险等。

巴菲特认为，保险公司只要对未来的保险业务预测准确，就不愁没有丰厚回报。早在20世纪60年代伯克希尔公司开展再保险业务时，巴菲特经过简单计算就认为当时的海险赔率（单位赔偿金的价格）为3%太高了，对于航空业务来说只要能达到1%的赔率就应该有利可图。

一个有趣的故事是，国家产险公司创始人杰克·林沃尔特（Jack Ringwalt）第一次见到巴菲特时，巴菲特还是个26岁的小伙子。他在文章中回忆说，当时，巴菲特正在为筹集10万美元资金创办巴菲特有限公司而四处奔波。杰克·林沃尔特得知后，愿意掏出1万美元给他做投资，可是巴菲特却说，你这样有钱，干脆投资5万美元得了。这时杰克·林沃尔特不愿意了。他想，面对这样一个年轻狂妄的小伙子，我怎么敢把5万美元交给他管理呢？最后，他干脆取回了那1万美元，一分钱也没有投资。

他多少有些遗憾地说，如果当时真能像巴菲特说的那样投入5万美元，那么20年之后他就能得到200万美元的税后收入了。

他说，虽然自己这些年来井井有条地管理着国家产险公司，而且经营业绩也很不错，可是仍然远远达不到这样的投资回报率。

后来，正是杰克・林沃尔特把国家产险公司出售给了巴菲特。在此以前，巴菲特就非常看好这家公司，并且认为杰克・林沃尔特是一个非常有头脑的人，从各方面看，国家产险公司都非常符合他的收购原则。

保险业务在巴菲特的成功中起到了中流砥柱的作用。直到今天，伯克希尔公司的最大业务仍然是保险，包括财产险和事故险。在净保费收入方面，国家产险公司已经成为美国十大保险商之一，同时也是全球资本最为雄厚的保险商之一。

不过也应当看到，尽管保险业务的目的在于承担风险，不过这种业务本身就存在着相当大的风险。即使是巴菲特，也会在这个过程中经常出现各种各样的失误。

与众不同的是，巴菲特在保险业宏观把握方面有着独到之处。尽管伯克希尔公司同样承受着巨大的潜在风险，可是每次总能化险为夷，甚至在2001年美国遭遇"9・11"恐怖袭击事件后也是如此。公司在遭受22.75亿美元损失的背景下，其股价都没有跌下去（2001年9月17日股市复牌后的5个交易日内最大跌幅仅为9.7%，并随后就在15个交易日内摸高到每股7.53万美元，比9月10日的收盘价上涨10.7%）。

【启示录】

巴菲特认为，保险业务的高盈利是不正常的，而事实上保险业务的利润率又的确很高，对此要有一种清醒的认识。虽然他也经常判断失误，可是凭着他对这个行业的足够了解，保险业务最终成了伯克希尔公司的主要支撑。

创造了独一无二的优势组合

我们在风险承受方面所具备的能力，使得我们在市场上具有很多公司所无法比拟的优势。伯克希尔公司拥有雄厚的流动性资源、大量的非保险业务收入、优惠的税收待遇，以及股东在收入浮存资金风险方面的承受能力。这种独一无二的优势组合，使得我们有能力承受任何一个竞争对手所无法承受的风险和损失。随着时间的推移，这些风险将为我们带来相当可观的利润，尽管在个别年度我们也会出现严重的亏损。

——沃伦·巴菲特

【巴菲特是这样炼成的】

巴菲特从保险业务中获益的模式非常与众不同，这要归功于他创造的独一无二的优势组合。也就是说，如果单凭某一方面的优势，伯克希尔公司无法如此成功。

巴菲特在伯克希尔公司2001年年报致股东的一封信中说，这种独一无二的优势组合，使得伯克希尔公司有能力承受任何一个竞争对手所无法承受的风险和损失。具体表现在，公司拥有雄厚的流动性资金（现金）、大量的非保险业务收入、优惠的税收待遇（长期持股不动可以节税或推迟纳税）、公司股东长期持股的心态有利于企业长期打算等。

保险业务给伯克希尔公司提供了相当大的机会。巴菲特在伯克希尔公司1991年年报致股东的一封信中说："对我们来说，真正重要的是我们从保险业所得到的资金的成本，套句行话就是浮存金的成本。"

确实，伯克希尔公司用于企业收购的资金，主要依赖于公司保险业务产生的浮存金。保险浮存金的资金使用成本很低，有时候甚至是负成本。

巴菲特举例说，伯克希尔公司1991年浮存金的使用成本就比美国政府新发行的长期国债利率还要低；并且在过去的25年中，有20年的资金成本要大大低于长期国债利率；更不用说，保险浮存金的数额还在迅速增长。伯克希尔公司以这样低的资金成本进行运作，并且这笔资金越滚越大，就奠定了其并购企业的资金基础。

正因为具有如此雄厚的资金实力，伯克希尔公司才会在全球开展巨灾保险的霹雳猫业务。而仅仅是这笔业务的保费收入，就相当于其他保险业务收入的总和，但其前提条件是当年不能发生损失支出；如果当年有重大灾害发生，同样也是会产生几倍于保费收入的损失的。

2005年6月30日，伯克希尔公司收购了一家有着106年经营历史的医疗保护保险公司。要知道，医疗事故保险历来是保险业的梦魇之地，许多保险公司根本就不敢接这种业务。伯克希尔公司之所以愿意接下这块烫手山芋，靠的依然是它雄厚的资金实力和先进的管理制度。

除了这家医疗保护保险公司经营方面非常不错外，伯克希尔公司还以自身实力向它提供远远超过任何竞争对手的财务实力保证。这实际上就给投保的医生们吃了一颗定心丸，告诉他们，一旦发生诉讼案件，绝不会像过去那样由于保险公司的实力不够或破产，连累他们迟迟无法结案。与此同时，伯克希尔公司在经营过程中的原则是承保纪律高于一切经营目标，这也能从根本上杜绝任何冒险行为。

相反，其他保险公司同行就很难做到这一点。例如，在伯克希尔公司股东大会上，有人向巴菲特提起英国伦敦劳埃德银行的话题时，巴菲特说，这家银行一个多世纪以来一直是以这种方式运行的，它的每一个机构都积累了巨大的负债。巴菲特说，也许它们过去并没有意识到将来会为这些负债付出多大的成本，但实际上人们已经对该银行失去了信心。虽然劳埃德银行也在寻求途径解决负债包袱，但不可能轻易找到解决办法。它们至少需要一两年时间去探索和研究，才能最终解决问题，而这却能为伯克希尔公司创造有利的外部条件。

他说，从表面上看，美国佛罗里达州的飓风造成了160亿美元的损失，但显而易见，这并不表明今后就不会有更大的飓风来临。或许是在长岛，或许是在其他地方，完全有可能出现损失数额达到这次飓风三四倍的自然灾害。

经过这样一番分析，问题就很清楚了——保险行业中的一些主要保险公司只有几十亿美元的净资产，如果这些保险公司明知将来有可能面临500亿或600亿美元的损失，就会自然而然地寻找伯克希尔公司这样的巨无霸企业投保再保险业务。伯克希尔公司在资产方面所具有的突出优势，能够确保这种巨额风险损失的承受能力。其他保险公司如果真的都这样想，伯克希尔公司哪里还用得着担心相当可观的保费收入呢？

巴菲特说，他不知道劳埃德银行的资本总额究竟有多少，但他确信其低于伯克希尔公司。这一说法也可以从塞奎亚基金的比尔 · 鲁恩那里得到证实，他说："我们一旦不幸遭遇像安德鲁飓风这样真正的灾难，我们就只有求助于一家保险公司，它们的承保能力完全可以达到现有承保金额的20倍。伯克希尔公司拥有大约100亿美元的资本总额，它们在常规业务方面的承保金额为2亿美元，在再保险和灾害性保险业务方面的承保金额为5亿美元。"

巴菲特在伯克希尔公司2006年年报致股东的一封信中说，伯克希尔公司开展的许可回溯再保险交易业务，无论在数量还是金额上，都是其他同行所望尘莫及的。例如，伯克希尔公司对受伤员工的终身伤害医疗给付保险期限都在50年以上，这种完整的保障条件和充分的理财能力，就是其他同行无法比拟的。毫无疑问，这会受到原来的承保业者、保险客户、主管部门的皆大欢迎。

【启示录】

伯克希尔公司一方面从保险业务中受益，另一方面又利用最强大的财务实力去啃硬骨头，由此开辟了一系列资金实力雄厚、保障条件充分，让其他同行望尘莫及的保险业务，从而铸就了独一无二的保险业务优势组合。

9. 抓住间隙股票套利

巴菲特通过出售 3 家公司 18% 的流通股来筹集收购通用再保险公司的巨款，既是他一生中股票套利的典范，也是伯克希尔公司发展史上的一个分水岭。

股票套利的获益往往颇高

1988 年我们在套利部分斩获不少，不论是金额还是投资报酬率，总计投入 1.47 亿美元的资金，赚取 7800 万美元的利润。如此的成绩值得我们详细地描述一下：所谓的套利，是指在不同的市场同时买卖相同的有价证券或是外汇，目的是为了撷取两者之间微小的差额。例如阿姆斯特丹的荷兰币、英国的英镑或是纽约的美元。有些人将此行为称之为“剃头皮”，但通常这一行的人惯用法国的词汇——套利。

——沃伦·巴菲特

【巴菲特是这样炼成的】

股票套利是一种短期操作，投机性强。如果操作得当，获益往往颇高，而巴菲特就是这方面的老手。

巴菲特在伯克希尔公司1988年年报致股东的一封信中说，伯克希尔公司1988年在股票套利方面的投资收益很不错。具体地说，总的资金投入是1.47亿美元，获利额高达0.78亿美元，投资回报率53%。

他说，第一次世界大战后，股票套利的范围扩大到了公开的企业并购、资产重组、清算等活动中。在大多数情况下，套利者都希望无论股市如何变动，自己都能从中获利。这样，他所面临的主要风险就是原来宣布的事件到时候无法如期发生；否则，套利的利润就可能较高。

巴菲特一生中最早的套利行为，是他24岁在格雷厄姆·纽曼公司上班时进行的。那时候有一家生产巧克力的公司从1941年开始就采用后进先出法核算库存了，当时可可亚豆粉的成本是每磅50美分，而到1954年因为原料紧张，此种豆粉价格上升到了64美分，所以该公司想把大量的库存在价格下跌之前卖个好价钱。

根据美国税法规定，如果把这批库存直接卖掉，该公司的所得收益要上缴50%左右的税金。而这时候政府恰好公布了一项税务法令，其中有一项一般人不太注意的规定，那就是如果企业不把这些库存直接卖掉，而是直接分配给股东，可以免税。

据此，该公司毫无疑问想采取后一种方法，那样的话无论对企业还是对股东来说，简直是一分钱当两分用，何乐而不为呢？所以该公司当机立断，立即停止生产可可亚奶油业务，把1300万英镑的可可亚豆子库存立即发还给股东，股东则可以用公司股份而不是现金来支付费用。

就这样，在接下来的好几个星期里，巴菲特整天忙着买入股票换取可可亚豆子，然后把可可亚豆子拿出去卖钱，同时还要经常拿着股票凭证去信托公司换取仓库保管单。如此这般，烦虽然是烦了一点，但由于不要纳税，获利就很可观。如果一定要说成本的话，那唯一的成本就是巴菲特来回所坐的地铁车票了。

由于这项动作的存在，该公司的经营虽然处于亏损状态，可是股价却屡创新高，从每股15美元一直上涨到每股100美元。可想而知，套利者能够从中获得多少倍的投资收益了。

巴菲特介绍说，如果要评估套利活动是否有利可图，必须回答4个问题：一是已经公布的事件变成现实的可能性有多大？二是你投入的资金需要占用多长时间？三是发生喜出望外的事情概率有多少？四是由于反垄断法或财务状况出现意外导致并购案半途而废的概率有多少？他认为，这个过程是非常复杂的，并不是普通投资者能够轻易掌握的。换句话说，这其中潜藏着巨大的风险。

他举例说，美国政府为了扩大国家公园范围，1978年决定对一家从事印刷和森林产品的阿克塔（Arcata）公司征用10700万平方米的红木林，为此分期付给该公司9790万美元的征地费用。而阿克塔公司则认为这笔款项太少，并且对分期付款所适用的银行利率也有不同意见。

就在这时候，该公司董事会于1981年9月28日通过了把公司卖给美国最大的信托公司——科尔伯格·克拉维斯（KKR）公司的决定。而这时候对于科尔伯格·克拉维斯公司来说，由于对方是一家有高度争议的公司，买下它无疑具有许多不确定性。无论前者的那桩悬案最终结果如何，都是如此。为此，科尔伯格·克拉维斯公司决定将支付给阿克塔公司的费用在原来每股37美元的基础上，再加上美国政府额外赔偿款的2/3，做一次性了结。在这桩并购案中，最大的不确定性在于科尔伯格·克拉维斯公司能否及时筹集到这笔款项以及阿克塔公司反悔怎么办、那块红木林的价值到底有多少。

在这种情况下，巴菲特从1981年9月开始以每股33.5美元的价格买入阿克塔公司的股票，2个月内一共买入40万股，占该公司总股本的5%。1982年1月，该公司第一次对外公布每股价值37美元，这样折算下来巴菲特的年投资回报率是40%，其中不包括将来可以得到的红木林损失赔偿金在内。

1981年12月，该公司宣布交易可能会延后。巴菲特由此决定，再以每股38美元的价格继续买入65.5万股该股票，约占股权的7%。

鉴于当时的房地产业不景气，并且也担忧阿克塔公司的发展前景，科尔伯格·克拉维斯公司于1982年3月12日宣布原来的约定无效，同时将报价砍至每股33.5美元，两天后又调整为35美元。不料，阿克塔公司董事会于3月15日拒绝了这项提议，并且接受并迅速通过了另一家公司以每股37.5美元加红木林一半收益收购的决定，随即于6月4日收到了现金。

在这前前后后6个月的波折中，巴菲特一共投入2290万美元，最后收到2460万美元，相当于年投资回报率14.85%。

【启示录】

股票套利属于短期投机，在它伴随着诸多风险的同时，其投机获利性也往往颇高。完全可以说这是一项高难度动作，需要投资者具有高超的技巧。幸运的是巴菲特在这其中每次运气似乎都不错，每次都是有惊无险。

为收购通用再保险抛售股票

在我们得知与通用再保险公司的合并已经确定的消息后，马上要求公司有关部门出售所持有的通用再保险股票（以前曾经提到过，我们并不负责管理通用再保险公司的股权）。随后，通用再保险公司先后处理了其所持有的大约250种普通股头寸，在这一过程中，仅税款一项价值就高达9.35亿美元。这种干脆、彻底的办事方法，反映了查理和我的经营与投资理念。我们绝对不会对已经做出的决定犹豫不决。

——沃伦·巴菲特

【巴菲特是这样炼成的】

股票套利是巴菲特的一大强项。他在美国佛罗里达大学演讲时说，他的老师本杰明·格雷厄姆股票套利做了30年，而他做了45年。随着时间的推移，他积累了对与证券有关的其他生意的了解，其中就包括套利。

巴菲特在伯克希尔公司1998年年报致股东的一封信中说，当他得知与通用再保险公司的合并已经确定的消息后，马上抛售通用再保险公司的股票以筹集并购资金。要知道，收购通用再保险公司所需的220亿美元资金，即使对于伯克希尔公司来说也是一个天文数字。正因如此，从历史角度看，收购通用再保险公司成了伯克希尔公司发展史上的一个分水岭。

巴菲特收购通用再保险公司后，剥离了该公司的金融衍生产品部门。这样做的理由，表面上看是巴菲特不熟悉这些业务，实际上巴菲特还有更深层次的考虑，那就是这些被剥离了的部门都被卖了个好价钱。

所以有报道称，巴菲特1998年采取的剥离措施“非常具有创造性”：其一，为了并购通用再保险公司，巴菲特出售了伯克希尔公司A类股票中自己持有的18%的股份，出售价高于现金和按内在价值计算的价格。也就是说，他出售股票的价格为一个相对高点。其二，巴菲特在可口可乐公司、吉列公司股票价格达到相对高点时，同样出售了自己拥有的这两家公司股票的18%。

所以外界纷纷评论说，伯克希尔公司除了收购通用再保险公司的交易额高达220亿美元惹人注目外，巴菲特在出售上述股票时所选择的交易时间，对公司资本结构方面所产生的影响也非常有意思。

例如，1995年年末伯克希尔公司的股票全部可交易部分的总金额为228亿美元，股东权益总额（不包括运营公司权益）为163亿美元。这表明，伯克希尔公司1美元账面价值的资本投入量高达1.40美元。

这看起来真是有些不可思议：明明只有1美元的账面价值，巴菲特为什么愿意投入1.40美元的资本呢？原来，他看重的主要是伯克希尔公司的保险浮存金以及递延资本收益税，这两部分可供他作为长期投资使用，却又不需要承担任何资金成本。如此这般的免费使用，又何乐而不为呢？

1995年，这个比值是1.40，在接下来的几年中该比值逐步降低。例如1996年该比值是1.26，1997年是1.21，1998年是0.72，1999年是0.71。这就意味着形势在朝好的方向转变，伯克希尔公司的市场风险在逐步走低。

究其原因，正如巴菲特在伯克希尔公司2000年年报致股东的一封信中所说，通用再保险公司的形势已经开始出现明显好转，该公司明星经理人采取了一些具体措施，从而使得其赢利水平已经回到以前标准，这让他和查理 · 芒格感到欢欣鼓舞。

实际上，通用再保险公司作为美国最大的再保险公司，在美国有“再保险之母”之称，它的一举一动都会对同行、对整个行业产生影响。

伯克希尔公司合并通用再保险公司后，巴菲特在1998年9月16日召开的伯克希尔公司临时股东会议上寄予厚望。他说，希望用不了多久，通用再保险公司就能成为“金融行业有史以来最强大的企业”；经过10~15年的努力，“成为全球再保险市场利润最高的公司”。

通用再保险公司下属公司赫伯特 · 克劳公司前首席执行官约翰 · 斯塔格斯回忆说，通用再保险公司和政府雇员保险公司之间很早就存在着业务关系，所以他和政府雇员保险公司首席执行官杰克 · 伯恩都认为，如果巴菲特和通用再保险公司双方能够增进了解，那么他们很可能会合并成功的。

正是因为有着这样的想法，1985年2月的一天，约翰·斯塔格斯邀请杰克·伯恩、巴菲特、通用再保险公司董事长兼总裁隆·福格森以及通用再保险公司主席弗朗克举行了一次私人晚宴。

由于当时正是资本城公司收购美国广播公司一家电视台的时候，巴菲特忙于谈判，所以当天来得很晚。不过，由于伯克希尔公司和通用再保险公司的合并事宜已经酝酿了很长一段时间，并且双方又都是实力强大、拥有许多家公司的大集团，所以讨论起实质性问题来马上就进入了主题。

后来，由于伯克希尔公司收购通用再保险公司，约翰·斯塔格斯也因此成为伯克希尔公司股东。他说，这是他以前做梦也想不到的事。因为就在1976年他第一次注意到伯克希尔公司时，当时伯克希尔公司股票的价格还只有每股40美元。他记得自己当年在读了伯克希尔公司1976年年报后连连摇头说："太乱了，这样的公司永远不会赚钱！"可是现在，仅仅过去还不到10年时间，伯克希尔公司就以强大的实力收购了通用再保险公司，这不是奇迹又是什么呢！

所以，从这一点上看，巴菲特当初当机立断卖出通用再保险公司、可口可乐公司、吉列公司的部分股票，用来筹集收购通用再保险公司的资金，决策非常正确，也显示出了伯克希尔公司的强大实力。

【启示录】

巴菲特认为，投资股票应当抓住间隙进行套利，这无论对投资业绩还是对投资时机都是一种考验。这一点很容易从巴菲特当初为伯克希尔公司并购通用再保险公司所采取的一系列具体措施上体现出来。

为短期资金找到有效出路

在过去的报告中，我曾经告诉各个保险子公司，我有时也会从事套利的操作，以作为短期资金的替代。当然，我们比较喜欢长期的投入，但可惜资金总是多过于点子；与此同时，套利的报酬有时会多过于政府公债。另外很重要的一点是，这样做，可以稍微缓和我们对于寻找长期资金去处的压力。

——沃伦·巴菲特

【巴菲特是这样炼成的】

在巴菲特看来，股票套利的一大功能就是短期投机。虽然他从来不承认“投机”这个词。实际上，套利主要就是为短期资金找到一条出路。

巴菲特在伯克希尔公司1988年年报致股东的一封信中说，他过去曾经告诉各位股东，他有时候也会从事套利操作。虽然伯克希尔公司一贯坚持长期投资策略，但实际情况是手中的闲置资金往往过多，更何况股票套利的回报率往往会高于政府国债利息。所以综合起来看，套利有助于减轻短期资金的闲置压力。

巴菲特说，伯克希尔公司的套利行为与其他投资者有所不同。其他投资者一年往往会有几十笔套利交易，而伯克希尔公司只是偶尔参与大型套利活动。他的理由是，交易行为多了自己就太忙了，这种必须花很多时间监控交易进度、股票价格变动的生活方式，并不是他和查理·芒格所追求的。不过，由于套利次数少，所以每一次套利活动的收益，都会在很大程度上决定这一年的套利投资业绩。庆幸的是，伯克希尔公司还从来没有遭遇过惨痛的失败。

巴菲特举例说，1988年年末伯克希尔公司的唯一套利投资，是拥有334.2万股雷诺·纳比斯科（RJR Nabisco）公司股票，投资成本2.82亿美元，年末市场价值是3.04亿美元。1989年1月，伯克希尔公司增持该股票到400万股，然后在2月全部抛出。其中，300万股是当该公司已经确定被科尔伯格·克拉维斯公司兼并后卖给科尔伯格·克拉维斯公司的，共获利6400万美元，略高于预期。

巴菲特说，许多人认为1988年伯克希尔公司的套利收益非常好，接下来应该继续扩大在这方面的投资，但是他采取的措施恰恰相反。他认为，由于这时候伯克希尔公司已经决定大幅度增加长期投资，所以手里的现金在减少，这时候理所应当减少套利活动才对。更不用说，套利活动的风险是明摆着的，任何人都不能忘乎所以。

巴菲特在美国佛罗里达大学演讲时说，1987年美国道琼斯工业指数上涨了35%，那年伯克希尔公司卖出了很多股票，一下子手里就有了许多现金。由于暂时用不着这么多现金，而这时候的股价又偏高，不适合买股票，所以才在1987年9月用这些资金去进行套利活动。

巴菲特当时购买的是所罗门证券。虽然他后来不无遗憾地说这是一个错误，如果再等一等的话，伯克希尔公司会有更多资金用于接下来购买可口可乐公司的股票，但无疑结果还算是很不错的。

巴菲特说，他这辈子可能进行了300桩套利行为，也可能更多。套利本身是一笔很好的生意，因为对于长期投资来说，存在着许多适合用于套利的头寸。巴菲特的强项在于了解套利的所有细节，并且掌握着足够多的信息。这样，再加上交易中因为资金量大而得到的可观折扣，又有足够的资金用于打持久战，他的股票套利往往获利颇丰。巴菲特形容这是“我们在我们懂得的领域作战”。

谈到这里，巴菲特不忘附带嘲笑一下市场有效理论。他说，这些年来美国证券投资领域中市场有效理论非常热门，尤其是20世纪70年代学术圈内更是将其奉为圣旨，到了登峰造极的地步。

市场有效理论认为，股市上的所有公开信息都已经反映在股价变动之上。也就是说，市场永远是正确的，它永远知道所有的事。用老百姓更容易理解的话来说就是，今后股民想要取得超额投资回报，将会越来越难。因为随着市场信息越来越公开，投资者的业绩将会越来越平均化。

巴菲特对这一理论从来都不屑一顾。他说，无论是他的老师本杰明·格雷厄姆创办的格雷厄姆·纽曼公司，还是他自己创办的巴菲特有限公司、经营的伯克希尔公司，它们连续50多年取得超过股市平均投资回报率的业绩，这本身就表明市场有效理论是那么的不堪一击。

以股票套利为例。巴菲特的研究表明，1926—1956年虽然经历了1929—1932年的经济大萧条，但格雷厄姆·纽曼公司的股票套利年平均回报率仍然高达20%。而他在1956年成立巴菲特有限公司后直到现在（1988年），股票套利的回报率虽然没有仔细计算过，但估计也不会低于20%。

所以巴菲特认为，股票套利是短期资金的一条有效出路，他自己的经历就充分证明了这一点。在过去的63年（1926—1988年）中，美国股市的年平均回报率（包括分红在内）大约只有10%，而股票套利的回报率却可以高达20%，这说明什么？

这说明如果当初同样是投资1000美元的话，前者在63年后只能得到40.53万美元，后者却可以变成9736.85万美元，相当于前者的240倍！

谈到这里必须补充一句，股票套利行为需要高超的技巧，并不是普通投资者所擅长的，巴菲特也同样承认这一点。他在伯克希尔公司1989年年报致股东的一封信中说："套利投资是短期资金的替代去处，有时我们手头上没有太多的现金，就算是有，我们也宁愿选择不参与套利。主要的原因是，最近这些企业活动实在是没有太大的经济意义……只有当我们觉得胜算颇大时，才会考虑进场。"

【启示录】

股票套利交易在巴菲特的投资业绩回报中占有一席之地，但他依然坚持安全边际原则不动摇。只有当他觉得这笔套利能比较大地获利，风险又相对较小时才会大手笔地快进快出，这是普通投资者所不容易掌握的。

10. 发行 AB 股打压假冒伪劣

由于伯克希尔公司一开始不愿意分拆股票，山寨版伯克希尔股泛滥，大大败坏了伯克希尔公司和巴菲特的名声。巴菲特当机立断，予以痛击。

重拳出击山寨版伯克希尔股

近几年来，有一些人向我转达想要设立一种所谓的“仿伯克希尔投资基金”，以较低的价位对外发行。不过由于我个人并不赞同这样的做法，所以这些人才没有进一步的举动。对于这些人我不会一味地打压，因为毕竟我们的目标锁定在大额投资人；如果可能，查理跟我当然希望公司的净值可以直接由1000美元翻个两三番，立刻变成3000美元。如此一来，大家因为这样的资本利得肯定不会再有其他的意见。

——沃伦·巴菲特

【巴菲特是这样炼成的】

巴菲特在知识产权保护方面很有一套。当市场上出现山寨版伯克希尔公司股票（巴菲特称之为“仿伯克希尔投资基金”）时，他创造性地发明并推出了一种伯克希尔公司B类股票打击假冒伪劣，彻底解决了这个问题。

巴菲特在伯克希尔公司1995年年报致股东的一封信中说，最近几年来总有一些人向他提出设立一种股价较低的伯克希尔公司股票的建议，以方便资金量较少的投资者投资和买卖。可是他固执地认为，伯克希尔公司的投资者都是那些资金实力相对雄厚的长期投资者，所以他并不赞成这种做法，这一建议便被搁置了下来。

想想也是，1996年年初伯克希尔公司的股价在每股3.2万美元左右，如果当时的汇率按1：8.33计算，仅仅拥有1股伯克希尔公司股票就需要人民币26.66万元，当然并非人人都投资得起了。[1]

可是巴菲特又是一个审时度势的人，当他后来看到伯克希尔公司不发行这样的股票，反而在市场上留下一条缝隙，促使一大批假冒伯克希尔股在社会上流行，最终迫使他也不得不付诸行动了。

这些山寨版伯克希尔股，纷纷打着伯克希尔公司的旗号。既然伯克希尔公司过去的投资回报率非常高，那么现在它们参照伯克希尔公司的做法，发行一种价格比伯克希尔公司股价格低得多的股票（基金），就理所当然对投资者非常具有吸引力了。更何况，随着当时巴菲特和查理·芒格的知名度越来越高，发行这种股票（基金）既非常具有号召力，又非常具有欺骗性。而实际上，这些股票（基金）都不是伯克希尔公司发行的，它们和伯克希尔公司之间没有任何关系。

众所周知，伯克希尔公司在过去取得了傲人的经营业绩，这使得许多小额投资者以为，这些山寨版伯克希尔股也能取得同样的业绩。殊不知，在这些股票（基金）高昂的发行费用和佣金后，投资者面对的往往是一个烂摊子，最终无法获利，从而感到失望。

巴菲特相信，这些山寨版伯克希尔股很容易募集到大笔资金，并且吸引其他更多山寨版伯克希尔股前赴后继，继续打着伯克希尔公司的旗号蒙蔽投资者。

巴菲特介绍说，股票市场上没有什么是卖不掉的东西。这些山寨版伯克希尔股通过募集到的大量资金，反过来投入真正的伯克希尔公司少数股票组合中去，就必然会使得伯克希尔公司股票价格暴涨，产生泡沫；而这种不恰当的股价上涨，反过来又会吸引那些无知、敏感的投资者蜂拥买入这些山寨版股票（基金），使得问题越来越严重。

所以，巴菲特把山寨版伯克希尔股的出现看作是自己受到了侮辱。更由于这些

1　伯克希尔公司股票2018年3月末的收盘价为每股299100美元，按当时的人民币兑美元汇率1：6.2728计算，相当于人民币187.62万元。

股票（基金）都是通过中介机构高额销售的，这些高额佣金最后都必然要分摊到每一位投资者身上，使得投资者背负相当沉重的成本负担，最后把怨气通通发泄到巴菲特和查理·芒格身上。

巴菲特说，在过去的5年（1991—1995年）内，伯克希尔公司的内在价值有了快速增长，可是股票价格的上涨速度更快。他的意思是说，投资者如果现在（1995年）或以后投资伯克希尔公司股票会有一定的风险。不但伯克希尔公司股票如此，其他所有股票也是这样，总有一天股价会超过它们的内在表现。而巴菲特最喜欢看到的结果是，股票价格和内在价值相符，不至于产生股价剧烈波动，只有这样，投资者才能更好地分享到企业经营的成果。

所以他说，如果让伯克希尔公司当时的市场价值从430亿美元一下子增加2倍，增加到1290亿美元，与全球最大的企业美国通用电气公司的市值一样高，这当然是件好事，却是不可能的。既然这样，伯克希尔公司还不如制订一个切实可行的目标，例如5年翻一番。当然，要实现这个目标同样不容易，需要排除各种干扰，尤其是那种山寨版高佣金的诱惑。

巴菲特说这番话的意思是，对于伯克希尔公司来说，他更关心的是企业内在价值是否能稳定、快速地增长，而不是股价高低及股份分拆。

不过话说回来，现在有那么多山寨版伯克希尔股出现，巴菲特还是不得不站出来做出自己的表态。发行B类股票，就是其主要动作。

巴菲特非常明确地说："基于这样的前提，我们必须降低那些想要推销仿伯克希尔投资基金的动机，这也是我们决定推出B类股票的主要原因。"

道理很简单，如果真的有山寨版伯克希尔股加入并推高股价，必然会有一部分伯克希尔公司股东因为眼下过高的投资回报趁机卖掉手中的股票。对于这些投资者来说，这当然是一件"好事"，可是却会给继续留下来的那些股东造成苦果，也会给伯克希尔公司声誉造成负面影响。归根到底，泡沫过去后，总会有成千上万的新加入者被套牢在高位上。

【启示录】

巴菲特发行伯克希尔 B 类股票的目的，主要是打击山寨版伯克希尔股对投资者的误导。它们通常是以伯克希尔公司过去傲人的投资回报率来吸引不知情的小额投资者，在收取高昂佣金后却又无法兑现高获利承诺。

创造性地拆成 AB 两种普通股

> 今年的股东会将会有一项股权重组提案需要各位进行投票表决，一旦获得通过，伯克希尔原来发行的股份将会被分拆为两种普通股：一种为 A 级普通股，一种为 B 级普通股。
>
> ——沃伦·巴菲特

【巴菲特是这样炼成的】

在山寨版伯克希尔股横行的背景下，巴菲特认为“是可忍，孰不可忍”，果断推出了一种伯克希尔公司 B 类股票。这种 B 类股票的面额只相当于伯克希尔公司原股票（A 类股票）的1/30，所以价格要远远低于 A 类股票，完全可以满足小额投资者的赠股和交易需求。

不用说，这才是正宗的伯克希尔公司股。所以这种股票一经推出，就对那些山寨版伯克希尔股构成了正面冲击，有力地打击了假冒伪劣；即使不至于把它们通通赶出市场，它们也不至于败坏巴菲特和伯克希尔公司的名声了。实践证明，这一举措产生了应有的效果。

在过去，巴菲特是很抵触这种拆分股票的做法的。这除了他极强的个性之外，也不排除他有用如此高昂的股价来限制投资者频繁买卖，过滤次质投资者的意图在内，但他嘴上不能这样说。他公开的说法是，伯克希尔公司没有必要玩这种游戏，他的比喻是“把1张10美元的钞票兑换成10张1美元的钞票毫无意义”。他希望股东们能够理解他的这种想法。

可是仅仅到了1996年，巴菲特就宣布“自己动手分拆股票”。因为他发现，不拆分股票其实也是利弊各半。在美国，经常会有投资者通过向亲朋好友赠送股票来达到避税的目的，免税额度为1万美元。伯克希尔公司股票如果不分拆，如此高昂的股价无法满足这部分股东的赠股需求。体会到了这一点，他决定通过拆股来迎合市场需求，便于投资者进行赠股和交易。因为毕竟伯克希尔公司A类股票的价格太高，许多投资者连1股也买不起，这样就直接影响到了它的流动性。

1996年5月8日，伯克希尔公司首次分拆股票，每1股A类股票允许转换成30股B类股票，但转换后的B类股票不能再转回A类股票。

这样做的目的，主要是确保B类股票的价格永远不会超出A类股票1/30太多。否则，如果存在套利空间，投资者就会首选买入A类股票，然后再转换成B类股票。B类股票的供应量多了，就会打压B类股票的价格，从而达到抑制股价非理性泡沫的目的。

首次分拆股票一共发行517500股B类股票，共募集资金5.65亿美元，增加股东4万名。为了真正起到打击山寨版伯克希尔股不当获利的作用，巴菲特特地把伯克希尔B类股票的承销佣金降到1.5%的水平。这是所有新股发行承销佣金的最低比例，如果其他山寨版也采取这样的佣金比例跟进，就会完全无利可图。

具有几十年投资经历的巴菲特深深知道，山寨版伯克希尔股赚钱最多的地方便是新股发行，所以他的这一招可谓击中要害。因为既然他确定了1.5%这样一个比例，也就让那些山寨版伯克希尔股操作者看清了什么才是真正的伯克希尔公司股票，这是要靠实力说话的。

与此同时，伯克希尔公司对B类股票的发行不设上限，这种“敞开供应”方式极大地满足了投资者的需求，能够有力地避免哄抬股价、刻意炒作而赚取差价等行为发生。

巴菲特在伯克希尔公司1995年年报致股东的一封信中说，伯克希尔公司B类股票拥有A类股票1/30的权利。如果要说两者有什么不同，主要是两点：一是B类股票的投票权只有A类股票的1/200，而不是1/30；二是B类股票不能参加伯克希尔公司股东的指定捐赠计划。

另外就是上面所提到的，当这次B类股票发行完成后，A类股票投资者可以在任何时候将1股A类股票转换成30股B类股票；反过来，如果要把30股B类股票转换成1股A类股票则不行。如果允许两种股票随时进行互换，那就乱套了，不能这样做。

巴菲特明确表示，他希望那些购买B类股票的都是长线投资者，不希望他们通过炒作伯克希尔公司股票赚取短期差价。事实证明，巴菲特的这一目的不仅达到了，而且相当成功。伯克希尔公司发行B类股票后的交易量大大低于其他新发行股票，这种长期投资理念让巴菲特深感欣慰。

只不过伯克希尔公司自从发行B类股票后，每次计算股票总数和内在价值时都要首先以A类股票数量加上B类股票数量的1/30来计算，显得有些烦琐。

巴菲特在伯克希尔公司1996年年报致股东的一封信中说，由于这个原因，再加上当年伯克希尔公司用发行股票的方式并购国际飞安公司耗费了一部分股票，所以当年该公司的净值增长了36.1%（约62亿美元），而每股净值仅仅只增长了31.8%。至此，自从巴菲特掌管伯克希尔公司以来的32年间，每股内在价值从当年的19.46美元增长到1996年的19011美元，年复合增长率为24.0%。

与伯克希尔公司A类股票一样，伯克希尔公司B类股票也是在纽约证券交易所挂牌交易的。为了保证这种交易的有序进行，必须维持一定的流通性，为此伯克希尔B类股票的发行总额超过1亿美元，这就是为了避免筹码过于集中无法进行正常交易而设计的。

由于A类股票、B类股票都在证券市场上公开交易，所以伯克希尔公司虽然可以规定B类股票的发行价，却无法控制两种股票最终的交易价格。不过如果没有特殊情况，B类股票的股价总会在A类股票价格的1/30左右成交。当然，也不排除投资者会通过这两种股票的套利交易获利，从而使得两种股票的价格偏离30倍关系。

2010年1月22日，伯克希尔公司又把B类股票继续以1：50的比例进行分拆，投票权为A类股票的万分之一。容易发现，这样分拆后的B类股票，每股实际上相当于A类股票的1/1500。这样做的目的主要有两点：一是当时伯克希尔公司正在收购伯灵顿北方圣太菲铁路公司，希望能用差不多的股价增强铁路公司原股东的换股意愿，促使收购活动顺利开展；二是伯灵顿北方圣太菲铁路公司被伯克希尔公司收购后，将会退出标准普尔500指数，而巴菲特则希望能通过这一举措取而代之进入该指数。后来，伯克希尔公司因为股价过高、流动性太小，不符合进入该指数的标准，从而成为该指数之外的规模最大的企业。

总体来看，伯克希尔公司A类股票比B类股票要更好一些，因为A类股票拥有完整的投票权以及股东指定捐赠计划的权利，股票流通性也比B类股票更好一些。所以，大多数人投资者都会首选持有A类股票，而这也是巴菲特的希望。他说，包括巴菲特家族、查理·芒格家族在内，都会选择继续持有A类股票的。

平心而论，伯克希尔公司发行B类股票有利有弊。这倒不在于新股发行的价格高低、能够给公司募集到多少资金、这些资金派什么用处等。因为在巴菲特看来，伯克希尔公司发行B类股票时，当时A类股票的价格为每股3.27万美元左右，不算低。所以，巴菲特和查理·芒格都不会在这个价位上继续买入该股票，无论是A类股票还是B类股票。

同样可以想见的是，通过这两次发行B类股票和股权重组，伯克希尔公司一定会增加许多工作量，这对于那些小额投资者，尤其是对于打击山寨版伯克希尔股来说，无疑具有积极的作用。而对于那些喜欢股票分割的投资者来说，也多了一种自助式分割股票的渠道。

【启示录】

伯克希尔公司两次发行B级普通股，都具有价格低、承销佣金低、投票表决权有限制、发行数量不受限制等特点。这些细节设计都是从方便小额投资者交易、打击山寨版伯克希尔股角度出发的，可谓匠心独运。

维护伯克希尔公司的纯洁性

一想到巨额的回报不是回到社会而是仅给予少数几个人，原因是这几个人正是从我太太的子宫里钻出来的，我就会发疯。

——沃伦·巴菲特

【巴菲特是这样炼成的】

伯克希尔公司发行 A 类股票、B 类股票并全部公开上市，主要目的是为了维护伯克希尔公司的纯洁性，避免被假冒伪劣玷污了名声。在此基础上，巴菲特在有生之年把自己所持有的几乎所有 B 类股票捐献给社会，也是为此所做的一项主要工作。

巴菲特说，他的所谓成功只是一种格外幸运，是在合适的时代出生在合适的地方。如果他早出生几千年，说不定就只能成为其他某种动物的一顿午餐，因为他跳得既没有它们高，跑得也没有它们快。而即使出生在现代，如果换个国家，如孟加拉国或其他什么地方，他也不会成为现在的他。

所以他认为，有了钱之后一定要报答社会，自己的一切在很大程度上都是这个社会给予的。如果把这些巨额财富仅仅给予少数人，哪怕这些人是从他太太的子宫里钻出来的，这种做法都会让他发疯。他说："我决不相信某一个人的子宫具备这样的'神圣性'。"

巴菲特是全球慈善捐款最多的人。2006年，他就承诺把自己个人资产的85%共计375亿美元重新投入社会，具体做法是：他把他持有的1205万股伯克希尔公司B类股票捐赠给5家慈善基金会，其中1000万股给比尔及梅琳达·盖茨基金会，100万股以妻子的名义创立苏珊·汤普森·巴菲特基金会，其余的捐赠给以他子女名义创立的3家慈善基金会。

他的好朋友比尔·盖茨及其夫人梅琳达·盖茨联合创办的比尔及梅琳达·盖茨基金会接受这笔300亿美元的捐款后，顺理成章地成为全球规模最大的基金会。

不过需要指出的是，巴菲特的这笔捐款是分期交付的，每年支付5%。但即使在他去世后，这一承诺也会继续得到履行。

他在回答记者提问时说，自从自己在有生之年捐献了85%的总资产后，夜里"睡得像婴儿一样甜。这个决定对我而言非常坦然，在财富如何分配问题上这正是我想要做的，因此我不会改变这个决定"。

至于子女们，他说，会给他们留下足够的钱让他们做自己想做的事，但不可能给他们太多的钱以至于他们不想再去做任何事。

为了保证公司股东利益不受损失，伯克希尔公司作为母公司从来没有捐出过一分钱，所有捐献行为都是子公司开展的，而这些子公司的慈善捐款也是在取得投资者授权后进行的。

通常的情形是，公司经营管理层和投资者一起开会，投票选择3个最希望投入的慈善机构，然后一起商量捐款数额，再把这些数额分摊在每股股票上，根据投资者拥有股票数量的多少看他应该分摊多少捐款。

每年伯克希尔公司的捐款数额都要达到上千万美元，捐款对象超过4000个慈善机构。有趣的是，这些投资者最喜欢的捐款对象是教堂，而这是一般企业捐款所不喜欢的。因为通常来说，向教堂、教会捐款不会得到任何回报，可是这却正好反映了巴菲特的个人意愿：捐款完全是个人的事，究竟应该怎么捐、捐多少，完全由个人自主决定，外人不得干涉，他也不会去干涉别人。

他说，许多人批评他应该在更早的时候就开展捐款了，他说如果是这样，那么他在只有200万美元时就捐款，最后给社会的回报就绝对不会有现在这么多。在这方面，父亲对他的影响很大。他每做一件事，都会想一想父亲会怎样看待他，只有父亲“同意”他才会去做。所以，他在讨论伯克希尔公司取得的业绩时从来就不谦虚，而在捐款后名字是否出现在捐款名册或某个人纪念碑上却毫不在意。

指定捐赠计划是伯克希尔公司创造的独一无二的慈善项目。并且，绝大多数上市公司的慈善项目，其金额和流向是由董事会主席或首席执行官决定的；而在伯克希尔公司，捐赠金额和流向却是由每一位股东决定的，每年有98%拥有指定捐赠计划资格的股东会参加这一项目。

例如，1999年伯克希尔公司A类股票股东有权向3个不同慈善机构每股捐赠18美元，由股东指定受益人，伯克希尔公司则为他们填写捐赠支票。当年该公司股东一共向近4000个慈善机构捐赠了1700多万美元。

伯克希尔公司推出这项指定捐赠计划，目的是要通过这一活动让股东懂得什么是奉献、怎样奉献，为他们将来寻找财产的最终去向和财产使用的更高目标做准备，是一种真正的奉献爱心。

伯克希尔公司在实施指定捐赠计划时，允许股东因为各种各样的理由随心所欲地捐赠，无论这些理由是公民的、文化的、经济的、娱乐的、教育的、环境的，还是为了孩子、教会、健康管理等，都会尊重股东意愿。伯克希尔公司非常明确地声明，指定捐赠计划是为公司股东而不是购买者、投机者、交易者、短期持有者准备的。

每年8月31日之前，拥有伯克希尔公司A类股票的投资者，都有资格参加指定捐赠计划。而且，为了更好地表达股东个人意愿，这些股票必须是以个人、信托、公司、合伙企业的名义注册，而不能是其他团体机构，这就再次显示了伯克希尔公司设计这种指定捐赠计划的良苦用心。

【启示录】

巴菲特平时的个人生活非常简单，几乎没有任何奢侈消费。他在有生之年把自己拥有的个人巨额财富的85%捐赠给社会，是因为他觉得他的快乐在于赚钱的过程而不是结果。这是一种名副其实的“重在参与”。

11. 投资可转换特别股

巴菲特在发行和购买可转换特别股方面驾轻就熟，非常善于利用条款来保护自己。正是拥有这种自信，他才敢说“特别股一定不会让我们赔钱的”。

灵活运用特别股和现金收购

可喜的是，这些到期的资金是没有成本的。延期税金也是没有利息负担的，只要我们在我们的承保业务中达到盈亏平衡。一般而言，29 年来我们在这个行业中一直都是做这种保险业务的，带来保费的保险业务成本就是 0。再者，我们应当理解的不是权益，这些都是真正的负债。但是，它们是一些没有契约和期限约束的负债。实际上，它们给我们带来的是负债的好处——一种为我们所用的资产能力，我们却不用承担任何赋税。

——沃伦·巴菲特

【巴菲特是这样炼成的】

保险是伯克希尔公司的主要业务。巴菲特认为，保险业务所产生的浮存金是他用于投资经营最理想的资金来源。为此，他特别喜欢收购保险业务，无论是发行可转换特别股还是现金收购，他都会优先考虑保险公司。

巴菲特在伯克希尔公司1996年年报致股东的一封信中说，29年来我们在这个行业中一直做保险业务，带来保费的保险业务成本是0；并且这些都是真正的负债，没有成本、没有期限的负债。关于这一点，最容易从他收购政府雇员保险公司上看出来。

1995年8月25日，伯克希尔公司传出一条爆炸性新闻：该公司将以23亿美元的代价收购政府雇员保险公司余下的所有股份。由于在此之前伯克希尔公司已经拥有该公司51%的股份，换句话说，伯克希尔公司将会以23亿美元的代价收购余下49%的股份。

巴菲特说，回想自己1951年投资政府雇员保险公司时就感到很欣慰，而看看眼下政府雇员保险公司取得的成绩，同样感到非常欣慰。要知道，这23亿美元资金可不是一个小数目，“他们拿走了我的最后一美分”。但是这很值得，因为政府雇员保险公司业务运作完全独立，与伯克希尔公司下属保险公司的那些业务完全不重叠。

巴菲特说，做出这一投资决策是很不容易的。平时他做一项决策不超过5分钟，而做这项决策的时间将近一年，原因就在于这桩买卖很特别，用“不惜血本”来形容也不为过。

据1995年11月7日《奥马哈世界先驱者报》转载《华盛顿邮报》的报道，来自美国证券交易监督委员会的消息说，多年来巴菲特一直向政府雇员保险公司的管理层提出，希望能拥有政府雇员保险公司100%的股份，可是直到1994年8月17日双方才开始进行第一轮谈判。

巴菲特当天在华盛顿会见了政府雇员保险公司的高级主管、金融专家路易斯·辛普森以及政府雇员保险公司董事会执行委员会主席萨缪尔·巴特勒。

巴菲特首先提出，希望伯克希尔公司能够以免税的交易方式收购政府雇员保险公司。具体办法是，用伯克希尔公司的普通股换取政府雇员保险公司股东手中持有的股票。

但是，路易斯·辛普森和萨缪尔·巴特勒对此提出了两点不同的看法：一是伯克希尔公司的股票没有年末分红，政府雇员保险公司是有年末分红的，所以他们的股东对此会有看法；二是这两种股票之间要进行公平交换还存在着一些技术问题。

具体来说，伯克希尔公司的股票价格在美国股市中最高，当时的股价是每股1.87万美元。即使股东手中拥有300股政府雇员保险公司的股票，也换不到1股伯克希尔公司的股票，这基本上没法操作。再说了，股票发行也不允许有小数点，所以政府雇员保险公司的股东势必要另外掏出现金来补足，而这部分现金就难免要纳税了。

由于存在着上述问题，所以巴菲特提出，伯克希尔公司首先发行一种新的可转换优先股，这种优先股和政府雇员保险公司的股息分红相一致。如果这种办法可行，巴菲特可以马上发行伯克希尔公司优先股，每股价格定为55美元，1股优先股换1股政府雇员保险公司的股票。

萨缪尔·巴特勒与政府雇员保险公司的金融顾问们商量后回复说，这个价格太低了，除非伯克希尔公司将此优先股的价格定在每股60美元以上，才有接下来商量的余地。

1995年3月1日，巴菲特和查理·芒格在纽约与路易斯·辛普森、萨缪尔·巴特勒再次见面，继续商讨收购价格及相关事宜，但双方的立场基本上与过去一样，没有任何改变。

于是，路易斯·辛普森和萨缪尔·巴特勒提出，1994年8月以来伯克希尔公司的股价已经从每股1.87万美元上涨到了2.25万美元，这样高的股价对伯克希尔公司优先股的市场价格会发生怎样的影响，实在有点吃不准，所以他们提出，希望能以每股70美元的价格进行现金交易，或者转换成市场价格为每股70美元的优先股。

在经过权衡之后，巴菲特当机立断，决定就用现金方式以每股70美元的价格进行交易。他事后回顾说，当时他的确是“抑制住自己忐忑不安的心情”才答应的。

他在1996年伯克希尔公司股东大会上兴奋地说：“从现在起的5年内，我想你们一定会因为我们100% 拥有政府雇员保险公司的事实而感到高兴。”而实际上，伯克希尔公司股东很快就意识到了这一点，政府雇员保险公司成了伯克希尔公司最有发展前途的子公司。

【启示录】

巴菲特认为，收购政府雇员保险公司最理想的方式就是发行可转换优先股，但既然对方一口咬定不同意，那就只能退而求其次，采用现金收购的方式。这样一来，同样不会影响伯克希尔公司完全控股该公司的既定方针。

收购通用再保险强强联合

通过这次合并，伯克希尔公司所发行的每一种A类股票或者相当于A类的股票，都可以为公司带来超过8万美元的投资。这对于公司来说是非常有利的，可以使伯克希尔公司的投资额达到现有水平的2倍。换句话说，合并将为公司带来超过240亿美元的追加投资。通用再保险公司拥有190亿美元的债券、50亿美元的股票、大约150亿美元的浮存金。尽管这次合并仅仅使流通股增加了大约22%，但伯克希尔公司的资产总额却神奇地增加了近65%。

——沃伦·巴菲特

【巴菲特是这样炼成的】

巴菲特认为，伯克希尔公司在收购股票时发行可转换特别股，能够产生协同效应，并且能在减轻税收负担方面得到更多的实惠，这种效果比用现金收购更明显。

巴菲特说，伯克希尔公司1998年年末发行可转换特别股收购通用再保险公司，两家公司在财务方面强强联手，就很好地解决了通用再保险公司过去在收入增长方面受到的制约，通用再保险公司再也不必把一些业务忍痛割爱给其他公司了。

令巴菲特感到高兴的是，伯克希尔公司收购后的通用再保险公司可以根据自己的意愿自由拓展全球性业务，这既保证了自己也保证了伯克希尔公司长期稳定的客户关系、强大的保险业务处理能力、完善的风险管理和销售渠道，从而出现一种双赢局面。如果这两家公司都是独立经营，则无论如何都达不到这样的理想效果。

伯克希尔公司正式宣布收购通用再保险公司的时间，是1998年6月19日。不用说，凡是再保险公司，本身就意味着具有强大的实力，而通用再保险公司则是美国最大的再保险公司，也是全球规模最大的再保险公司之一，其实力之强更可想而知。

宣布消息的当天，通用再保险公司的股票收盘价为每股220.25美元，加上一定的溢价，伯克希尔公司的收购价确定为每股276.50美元。

正如大家设想的那样，伯克希尔公司并没有用现金支付收购款，而是以换股形式来进行交易的。根据美国国家税务局规定，这项交易如果在当年12月21日以后成交将会享受到免税待遇。于是两家公司商定，把收购合同确定在这个日期之后。

伯克希尔公司收购通用再保险公司的大背景是，当时美国的整个保险业正经历着行业发展周期的下降阶段，伯克希尔公司的股票价格在下跌，其他几家相关公司，如可口可乐公司、吉列公司、迪士尼公司、富国银行、威斯特公司等的股票价格也都出现了下跌。在这种情况下，伯克希尔公司宣布收购通用再保险公司的消息传出后，通用再保险公司的原股东由于担心伯克希尔公司股票价格会出现大幅度下跌，所以并不怎么乐意接受伯克希尔公司股票。

他们普遍认为，伯克希尔公司在这个时候投入220亿美元收购通用再保险公司，时机选择得太早了。意思是说，如果再等一段时间，伯克希尔公司的股票价格可能会跌得更低，这时候的收购行为会变得更加有利可图；当然，到那个时候伯克希尔公司的股票价格同样有可能会上涨，这种情况谁也说不准。

更何况，虽然大家认为伯克希尔公司股票是一只好股票，可是一个很简单的道理是，每个人对好股票的标准认定都不一样。

例如，美国东北投资增长基金负责人威廉姆·奥特斯当时就抛售了通用再保险公司的股票。他认为，抛售股票的主要原因在于他根本就不相信巴菲特，他认为巴菲特收购通用再保险公司完全是搞个人崇拜。并且他认为，巴菲特出的这个收购价已经明显高估了通用再保险公司的内在价值。

可是巴菲特却不这么看。他联系当时整个股市下跌的宏观背景，认为这是由大环境决定的，并不表明通用再保险公司的业绩在下降。

巴菲特说，虽然在公布收购决定的当天，通用再保险公司的股东可以按每股276.50美元的价格把其持有的通用再保险公司股票兑换为现金，但真正实施这项计划时已经过去了6个月。按照两家公司相互持股的连锁关系测算，这时候通用再保险公司的股东只能按每股204.40美元的价格兑换成现金。这表明，伯克希尔公司原来的收购价格为220亿美元，而现在变成了162亿美元，只相当于通用再保险公司1997年营业收入的16倍。

不过有一点需要注意，那就是巴菲特历来反对以股票期权作为对公司高层管理人员的激励措施，对收购后的通用再保险公司也一样。

正因如此，通用再保险公司首席执行官隆·福格森料想公司其他董事会因此反对这项被收购决定，所以他在消息公布前一直没有对其他董事会成员透露半点消息，这引发了他们对他的不满。

按理说，伯克希尔公司并购通用再保险公司以后，隆·福格森是完全有资格直接加入伯克希尔公司董事会的，可为了避嫌，他直到2001年退休都没提出这个要求。

2000年6月1日，通用再保险公司又和科隆再保险公司合并，成立了新的通用科隆再保险公司，当然这是后话了。

【启示录】

巴菲特认为，伯克希尔公司收购通用再保险公司，真正实现了强强联合，这是两家公司独立经营所无法达到的双赢局面。而通过发行可转换特别股收购该公司，对伯克希尔公司更有利，也体现了巴菲特的一贯做法。

普通股与可转换特别股的转换

> 每一个案子我们都有权选择维持原来以固定收益证券为主的特别股形式，或是将它们转换成普通股。刚开始它们的价值主要来自固定收益证券的特质，至于其所附带的转换权利，只不过具有加分的作用而已。
>
> ——沃伦·巴菲特

【巴菲特是这样炼成的】

发行可转换特别股，使之与普通股进行转换，能够给并购案例加分。

巴菲特在伯克希尔公司1995年年报致股东的一封信中说，伯克希尔公司并购每一家企业时都可以选择以固定收益为主的特别股形式，也可以把这种特别股转换成普通股。这种转换权利会起到一种加分作用。

他举例说，伯克希尔公司1987—1991年共取得了5种可转换特别股，其中通过筹募资金所取得的美国运通公司可转换普通股，实际上就是普通股的修订版，在伯克希尔公司并购该公司3年后已经自动转为美国运通公司的普通股。而上述提到的5种可转换特别股，只要伯克希尔公司需要，都可以转换成普通股。当然，这两者之间还是有很大差异的。

当年在买进这些可转换股票时，巴菲特就预言它们的回报率会高于固定收益证券。事实证明，其结果大大超过预期。究其原因在于，其中有一起并购案例的投资回报率特别高，这使得巴菲特以前所说的“特别股一定不会让我们赔钱”这句话大放异彩。

巴菲特这里所说的这起案例，就是指吉列公司特别股。1989年，伯克希尔公司投资6亿美元购买吉列公司可转换特别股，之后又将其转换成4800万股吉列公司普通股（股票分拆后）。事后看来巴菲特简直是犯了一个“大错误”，因为当时他既可以用这6亿美元购买特别股，也可以直接购买6000万股普通股。当时吉列公司的股票价格是每股10.5美元，从实际情况看，巴菲特应该能够拿到5%的价格折扣。更不用说，如果他直接购买普通股，吉列公司的管理层可能会更乐于接受。

然而鬼使神差，巴菲特还是购买了吉列公司可转换特别股。虽然伯克希尔公司可以因此在两年内收到7000万美元的特别股股息（如果购买的是普通股，当然就拿不到这些特别股股息了）；可实际情况是，如果当初直接投资普通股，伯克希尔公司在截至1995年年末将可多得6.25亿美元的收益，两者竟然相差5.55亿美元。

不过即使如此，伯克希尔公司也还是获利颇丰的。截至1997年年末，伯克希尔公司1989年投资吉列公司的6亿美元已经增值到48亿美元。与此类似，另一项可转换特别股投资是伯克希尔公司1991年投入第一帝国银行的0.4亿美元，这时候也已经增值到了2.36亿美元。

所以，难怪巴菲特对将可转换特别股转成普通股情有独钟了。一个很好的例子是，当时伯克希尔公司还购买了一家冠军国际造纸公司（Champion）的特别股。双方协议规定，冠军国际造纸公司可以用115%的价格赎回伯克希尔公司所持有的这些特别股，所以巴菲特一听说该公司准备赎回这些特别股时，就赶快于1995年8月在该公司即将有权赎回的前夕，抢先一步申请将其转为普通股。如此一来，伯克希尔公司不仅能从中获得6年持有期间的特别股股息，而且还可享有19%的税后收益。

另外一个例子是，1996年3月1日是伯克希尔公司持有的第一帝国银行特别股可以转为普通股的最早日期。巴菲特对这家银行管理层和良好的经营非常满意，所以迫不及待地把这些特别股转换成了普通股。

巴菲特介绍说，在可转换特别股转为普通股过程中，也有令人失望的案例。例如，1987年伯克希尔公司刚刚买下所罗门公司特别股不久，巴菲特就意识到自己对银行业的发展前景没有多大的把握。果然如此，在接下来的8年中，道琼斯工业指数上涨了1倍，可巴菲特还是没看到把该特别股转为普通股的良好契机，所以不得不将其捏在手里，每年获取9%的股息收入，被迫把它当作一项固定投资。因为从固定投资角度看，9%的年收益回报率也还是相当诱人的。

根据原来的条款约定，除非伯克希尔公司把所罗门公司特别股转为普通股，否则从1995年10月31日开始的5年间，所罗门公司每年可以赎回20%的投资。就这样，1995年就有第一笔20%（即7亿美元投资中的1.4亿美元）的投资被赎回。

另一个令人失望的案例是美国航空公司特别股。无论从业绩表现还是行业发展趋势看，航空业股票都是非常不值得投资的。幸亏巴菲特当初购买该公司特别股时，有一条对伯克希尔公司非常有利的条约，那就是如果该公司不能如期支付股息，就要按照每年5%加计罚息。这个条约本来是“先小人、后君子”的，没想到最终居然派上了用场。

巴菲特在伯克希尔公司1997年年报致股东的一封信中说，截至当时，伯克希尔公司已经脱手冠军国际造纸公司的可转换特别股，并且实现了部分获利。在剩下的4项特别股投资中，吉列公司及第一帝国银行的特别股早就转换成了普通股，正在享受着高额的未分配利润。而美国航空公司和所罗门公司则因为发生严重的经营问题，业绩回报乏善可陈。

从上面的分析看，伯克希尔公司所投资的特别股业绩，总的来看还是相当不错的，其中最大的功劳在于吉列公司特别股；而其他几项投资的特别股所带来的税后收益与中期固定收益债券的投资报酬率相比，实际上也差不了多少。

【启示录】

伯克希尔公司购买的可转换特别股在转换成普通股时，有几项获得了高额加分。尤其是其中的吉列公司和第一帝国银行特别股，它们几乎每年都能给伯克希尔公司带来1倍的投资收益率，其他几项特别股投资则表现一般。

12. 靠朋友推荐促成并购

巴菲特有一大帮好朋友，伯克希尔公司也有一大批忠实信徒。在他们的热心牵线和举荐下，伯克希尔公司非常顺利地完成了一桩桩企业并购案。

有一帮热心举荐的好朋友

去年春天，Frank跟John Loomis一起到佛罗里达打高尔夫球。John是我多年的好友，同时也是伯克希尔股东，他总是随时注意有没有适合我们投资的对象。在听到布朗鞋业即将出售的消息之后，John告诉Frank说，这家公司应该投到伯克希尔的麾下，而Frank也从善如流，马上打了通电话给我，我当下觉得我们应该可以谈得成。果然在不久之后，整个交易便确定了。

——沃伦·巴菲特

【巴菲特是这样炼成的】

在伯克希尔公司的众多并购案中，有不少是巴菲特的热心朋友推荐的。这些热心朋友的优势在于，他们非常了解双方或是某一方的经营理念，所以由他们从中牵线搭桥的生意更实在、更顺利。

巴菲特在伯克希尔公司1991年年报致股东的一封信中说，买下布朗鞋业公司是伯克希尔公司当年进行的一个大型并购案。这个并购案的成功，主要就是依靠一位朋友的举荐。

巴菲特说，1927年有一位年轻商人雷·赫弗南（Ray Heffernan）用1万美元买下了布朗鞋业公司，然后把它搬到了马萨诸塞州，从此开始了长达62年的经营管理。到他1990年宣布退休时，布朗鞋业公司已经在美国拥有3家工厂，在加拿大拥有1家工厂，每年的税前利润有2500万美元。

雷·赫弗南有个女儿名叫弗朗西斯（Frances），弗朗西斯的丈夫是弗兰克·鲁尼（Frank Rooney）。女儿结婚后不久，雷·赫弗南就对女婿说，你最好不要有参与布朗鞋业公司经营的念头。就这样，女婿只好投奔他人，在另一家鞋业公司担任首席执行官。

在弗兰克·鲁尼1964—1986年担任另一家鞋业公司首席执行官期间，该公司每年的股东权益报酬率高达20%，股价更是从每股16美元上涨到960美元（股票分拆后）。从这一点来看，当初雷·赫弗南拒绝女婿弗兰克·鲁尼加入布朗鞋业实在是他一生中所犯的少数错误之一。

在弗兰克·鲁尼退休多年以后，雷·赫弗南因为身体原因才不得不叫这位女婿过来帮忙。

1990年雷·赫弗南去世，全家决定把公司卖掉。虽然这时候巴菲特已经认识弗兰克·鲁尼多年了，可是两人的关系并没有好到让弗兰克·鲁尼认为伯克希尔公司就是布朗鞋业最佳买主的地步。所以，很好理解，弗兰克·鲁尼委托了一家投资银行来处理这件事。而这家投资银行也绝对不会想到，伯克希尔公司就是该公司的最佳买主。布朗鞋业与机会就这样交臂而过。

话说巴菲特有一位多年的好友，名叫约翰·卢米斯（John Loomis），他也是伯克希尔公司的股东。他是个热心人，随时随地都会关注有没有适合伯克希尔公司的收购对象。

1991年春天，约翰·卢米斯和弗兰克·鲁尼一起去佛罗里达州打高尔夫球，当他听弗兰克·鲁尼说布朗鞋业公司即将出售时，马上对对方说，应该卖给伯克希尔公司。而弗兰克·鲁尼听了约翰·卢米斯的建议后，也打电话给原来就已熟识的巴菲特。巴菲特当即表示，双方各方面条件都合适，基本上没问题。不久，两人就达成了并购协议。

布朗鞋业公司是巴菲特在伯克希尔公司年报中经常提到的名字。巴菲特介绍说，他当初之所以一口答应要买下布朗鞋业公司，非常重要的一点就是弗兰克·鲁尼愿意继续留下来担任首席执行官。

弗兰克·鲁尼和伯克希尔公司的许多明星经理人一样，从经济角度来看，他完全不需要继续工作了，但是他热爱这份工作，并且会做到最好，这样的人才并不是谁都能请得到的。

要知道，当时美国的鞋业公司竞争非常激烈。例如在北美地区，与布朗鞋业公司完全没有关系的另一家布朗鞋品牌就已经成为工作鞋、工作靴的领导品牌，同时又有非常高的销售毛利率和资产报酬率，是布朗鞋业公司的有力竞争对手。

从美国整个鞋业市场看，在一年10亿双鞋的采购量中，大约有85%是从国外进口的。即使在美国的鞋业企业，大多数厂家的业绩也都不怎么样，款式陈旧、型号繁多、库存积压严重、资金回收慢是普遍问题。所以巴菲特说，如果不是有雷·赫弗南打下的基础和弗兰克·鲁尼这样的明星经理人，他绝对不会买下布朗鞋业公司。

除此以外，布朗鞋业公司的奖励制度与巴菲特以前看到的虽然完全不同，却又深得巴菲特欣赏。

例如，该公司规定，公司主要经理人的每年底薪只有7800美元，而奖金则要根据每年盈利的一定百分比扣除运营成本来计算。

这是什么意思呢？这就清楚地表明，这些经理人的利益与公司股东完全一样。该公司敢于制定这样的奖励制度，本身就说明公司经理人具有相当能力，否则谁都不敢这样“下赌”，因为这样弄不好是拿不到钱的。

当然，这是巴菲特对于他过去从来没有涉足过的鞋业公司的态度。在并购布朗鞋业公司后不久，他又继续并购了另外两家鞋业公司，但这已经是后话了。

巴菲特介绍说，伯克希尔公司有4个主要并购案是通过著名投资银行介绍的，其中3个并购案是投资银行与买主谈判破裂后，由巴菲特及其朋友促成的交易，只有1家是投资银行主动联系伯克希尔公司的。

话说伯克希尔公司历史上年复合回报率排名第二的投资项目——比亚迪公司，在6年持有期内年复合回报率高达41%，总回报率671%。而实际上，该项目就是巴菲特在其副手查理·芒格的提议下实行的。

2008年，查理·芒格向巴菲特推荐汽车动力电池制造商比亚迪公司时说，该公司总裁王传福是托马斯 · 爱迪生和前通用电气公司总裁杰克 · 韦尔奇的化身，解决技术问题时像前者，行事风格则像后者，“我以前从未见到过这样的人才”。

于是，2008年年末伯克希尔公司投资2.3亿美元收购了比亚迪公司10% 的股权。查理 · 芒格后来说，他觉得电动汽车的普及所需时间比许多人认为的要长，但他对王传福有信心。6年后伯克希尔公司依然持有这10% 的股份，但这时候其价值已经增长到了18亿美元。[1]

巴菲特幽默而又真诚地说，他衷心希望有人为伯克希尔公司推荐优秀的并购对象，这样他们也可以从中赚取佣金收入，可谓对双方都有利。

【启示录】

俗话说：“找对一个媒人，就等于有了半个老婆。”通过朋友介绍企业并购或提供线索，不仅知根知底，而且交易成本低。要知道，处在巴菲特这样的层级上，他的朋友也都是重量级的。舍近求远，难免会盲人摸象。

伯克希尔股东的热心牵线

> 碰巧的是，Richard 同时也是国际飞安公司长期投资的股东，刚好在去年他认为这两家公司应该有机会可以做一个结合。他相当了解伯克希尔并购公司的标准，同时也知道国际飞安 79 岁的总裁 Al Ueltschi 想要为自己的公司找一个理想归宿，为自己的股权找到一层保障。所以就在 7 月份，Richard 写信给所罗门公司总裁 Bob Denham，请他研究这项合并交易的可能性。
>
> ——沃伦 · 巴菲特

【巴菲特是这样炼成的】

伯克希尔公司股东的热心牵线，是巴菲特并购企业的主要信息来源之一。这样的例子除了当初为其举荐布朗鞋业公司的约翰 · 卢米斯外，还有许多许多。这也充

1　Peter 译，Lina 校 . 巴菲特最成功的投资：中石油 . 财富杂志中文网 [2014-11-12].

分说明这些股东是真正把伯克希尔公司当作自己的企业来看待的，否则，他们又何必多此一举呢？

巴菲特在伯克希尔公司1996年年报致股东的一封信中说，伯克希尔公司当年并购全球最大的飞行员训练公司国际飞安公司，交易总额15亿美元，主要就是理查德·塞瑟（Richard Sercer）和他妻子阿尔马·墨菲（Alma Murphy）热心推荐的结果。

理查德是伯克希尔公司长期股东，也是国际飞安公司的长期股东，所以对这两家公司都非常了解。阿尔马·墨菲则是哈佛医学院眼科学系毕业的，她好不容易在1990年说服理查德购买了伯克希尔公司的股票，并且每年都要去奥马哈参加伯克希尔公司股东大会，对伯克希尔公司收购企业的标准非常了解。

巧合的是，理查德还是美国塔克森市飞行顾问，对业内动态了如指掌。当他知道国际飞安公司79岁的首席执行官艾伯特·李（Al Ueltschi）想要为自己的公司寻找一个理想归宿时，立刻就想到了巴菲特。

1996年7月，理查德专门写了封信给所罗门公司首席执行官鲍勃·德纳姆（Bob Denham），请他研究一下这两家企业合并交易的可能性。于是，所罗门公司开始着手研究这项并购案。

艾伯特·李一生热爱飞行，在从事了20世纪30年代轰轰烈烈的飞行事业后担任泛美航空公司机长，后来在1951年创立了国际飞安公司，并把它打造成为全球最大的飞行仿真器制造、飞行员训练公司，飞机类型包括单引擎机、直升机、民航客机、水上飞机等，营业网点多达41个。在他拥有的175个飞行仿真器中，从波音747客机到其他类型应有尽有。要知道，每一个飞行仿真器的价格都不低，有的甚至高达1900万美元，属于资本密集型企业。从营业收入看，该公司大约有一半收入来自飞行员训练，其余的则来自航空公司和军事单位的合作。

1996年9月18日，巴菲特和国际飞安公司首席执行官艾伯特·李在纽约见面了。由于巴菲特本来就对该公司的经营状况非常了解，所以和艾伯特·李一见面就知道这是伯克希尔公司非常理想的收购对象。他形容说，这一决定是他在见面后“60秒钟”内确定的，而艾伯特·李正是他最欣赏的那种明星经理人类型。

一个月过去后，双方就敲定了并购协议。老规矩，为了尽量避免新发行伯克希尔公司股票，伯克希尔公司给对方提出了两种选择：或者是用国际飞安公司的股票换取伯克希尔公司股票，或者是直接领取现金。

明眼人一看就知道，这实际上明摆着是鼓励国际飞安公司的股东们直接领取现金，还有什么比直接领现金更好的呢？最终结果是，国际飞安公司的原股东有51%直接领取了现金，41%换取了伯克希尔公司的A类股票，8%换取了伯克希尔公司的B类股票。这样，巴菲特既达到了没有稀释股权的目的，又顺利完成了并购任务。

巴菲特在伯克希尔公司1999年年报致股东的一封信中说，当年伯克希尔公司并购企业的主要信息来源依然是客户介绍。企业销售中，客户介绍也占有相当大的比重，其中尤其以政府雇员保险公司、企业主管飞行公司更明显。例如，企业主管飞行公司客户中有65%的新客户是老客户介绍的。

巴菲特说，如果是其他企业，并购行为通常比较程式化，那就是企业高层主管与投资银行家一起寻找各种并购机会，并且要彻底进行账务核查。非常好笑的是，这些资料都会显示未来几年内的利润增长预期，并且非常明确；可是，如果你问问编造这些报表的投资银行家们，他们自己下个月的利润估计会有多少时，他们马上就会提醒你市场是如何的不确定。在伯克希尔公司，事情就变得很简单了，只要在家里静静地等待电话铃响就行，这种方法有时候很管用。最典型的是，伯克希尔公司1983年买下内布拉斯加家具店后，就通过罗丝·布拉姆金夫人的推荐于1995年并购了威利家具公司，于1997年并购了星辰家具公司。

俗话说“一举两得”，伯克希尔公司却是“一举三得”。巴菲特在得到这3家杰出的零售企业的同时，还有机会认识更多的朋友。所以他有这样一条经验：每当他并购一家企业后总要问一问对方，在这个行业中还有哪些企业和其一样优秀？这一问，他就会清楚一大批潜在并购对象。

例如，巴菲特在前后历时10多年并购上述3家家具企业时，对方的回答都一样，他们告诉巴菲特，还有住在新英格兰州德迈（Tatelman）的兄弟以及他们优秀的乔丹家具公司。这样，乔丹家具公司就自然而然地进入了巴菲特的视野。终于，伯克希尔公司于1999年把该公司收入囊中，并把其锻造成新罕布什尔州以及马萨诸塞州最大的家具零售店，创下了美国单位营业面积最高的销售额。

【启示录】

伯克希尔公司每当并购一家企业，巴菲特总要问一问对方竞争对手是谁，还有谁和其一样优秀。而这样一些最具有竞争实力的企业自然而然就进入了他的视野。公司股东的热情举荐，也是为巴菲特源源不断提供并购信息的来源。

既有一见钟情，也有死缠烂打

多年以来，Irv一直向我提及这家公司所拥有的竞争力，而他也不断地告诉R.C.Willey总裁Bill Child，Blumkin家族与伯克希尔的合作关系是多么令人愉快。终于到了1995年，Bill向Irv提及基于资产税负与分散风险考量，他自己本身与R.C.Willey其他股东有意出售该公司股份。从那一刻开始，事情就变得再简单不过了。

——沃伦·巴菲特

【巴菲特是这样炼成的】

向伯克希尔公司推荐并购对象，也是一桩“生意”，其间充满了所有生意项目的要素。所以，朋友们向巴菲特推荐并购对象时，既有一见钟情的，也有死缠烂打的，其中的一则则故事非常有趣。

巴菲特在伯克希尔公司1997年年报致股东的一封信中说，国际乳品皇后公司自从20世纪70年代由约翰·穆迪（John Mooty）和鲁迪·路德（Rudy Luther）接手后，一举改变了过去的混乱局面，开始走上正轨，发展到后来，在全球23个国家拥有5792个业务网点。

1997年夏天鲁迪·路德去世，该公司股份准备出售。在这种情况下，经威廉·布莱尔（William Blair）公司首席执行官迪克·基普哈特（Dick Kiphart）介绍，巴菲特对该公司一见钟情，双方很快就达成了并购协议。

巴菲特在伯克希尔公司2007年年报致股东的一封信中说，当年在圣诞节期间伯克希尔公司进行的一笔历史上最大规模的现金并购案，早在50多年前他们就十分看好对方，无论说是一见钟情还是暗恋都不为过。

他介绍说，那是1954年，刚刚在本杰明·格雷厄姆手下参加工作才3个月的他，被老板派去参加罗克伍德（Rockwood）巧克力公司召开的股东大会。正是在这次会议后，巴菲特参加了他平生第一次股票套利操作——通过立即停止生产可可亚奶油业务，把1300万英镑的可可亚豆子库存发还给股东。根据新的税法规定，这样做不需要纳税，所以巴菲特获利颇丰，这也使得该公司股票价格屡创新高，从每股15美元一直上涨到每股100美元。巴菲特特别注意到，策划这一幕的是一个名叫杰伊·普里茨克（Jay Pritzker）的小伙子。

在1954年举行的罗克伍德巧克力公司股东大会上，杰伊·普里茨克友好地教给巴菲特许多有用的经验，所以他给巴菲特留下了十分深刻的印象，此后巴菲特就一直关心着他又有哪些新花样出台了。

杰伊·普里茨克1999年去世，在他的许多企业中，有一家马尔蒙公司是他的兄弟鲍勃负责的。鲍勃2002年年初退休，这时候他的家族决定逐步卖掉家族企业或者进行资产重组，其中就包括马尔蒙公司。

而马尔蒙公司本身就是个大企业，它有9个业务部门、125项生意，仅仅其中最大的一家联合槽罐公司就在美国、加拿大拥有94000辆铁路槽罐车，年销售额7亿美元，员工2万人。

美国高盛集团投资银行家拜伦·特罗特（Byron Trott）告诉巴菲特这个信息后，巴菲特和查理·芒格基于对拜伦·特罗特和杰伊·普里茨克100%的信任，对马尔蒙公司一见钟情，双方很快就达成了协议。

2008年，伯克希尔公司投资4.5亿美元收购了马尔蒙公司60%的股权，并且可以在以后的6年里获得该公司的全部收益。

巴菲特特别强调说，伯克希尔公司仅仅根据马尔蒙公司的财务报表，既没有查账，也没有聘请顾问，就与其达成了这个价格。因为他相信杰伊·普里茨克及其家族的良好信誉；并且对方也相信，无论2008年爆发的全球金融危机如何造成金融市场混乱，伯克希尔公司都会说到做到。

换个角度看，关于死缠烂打的故事也有许多。

巴菲特在伯克希尔公司1995年年报致股东的一封信中说，伯克希尔公司当年收购了美国犹他州最大的家具店威利（R.C.Willey）家具公司。多年来，巴菲特的好友、内布拉斯加家具店首席执行官埃夫·布拉姆金（Irv Blumkin）一直在巴菲特面前提到这家公司，说它的竞争力如何强大；与此同时，埃夫·布拉姆金也不断告诉威利家具公司首席执行官比尔·查尔德（Bill Child），说他的家族与伯克希尔公司的合作是多么令人愉快。初看起来，埃夫·布拉姆金活像是一位撮合别人婚姻的媒婆。

1954年，比尔·查尔德从他的岳父手中接下该家具公司时，其年销售额只有25万美元。可正是从这个基础上开始，比尔·查尔德相信重要的不是你拥有什么，而是你如何运用。所以他在兄弟的协助下，把公司业务开展得蒸蒸日上，1995年的销售额高达2.57亿美元，在美国犹他州拥有50%以上的市场占有率。

更令巴菲特欣赏的是，威利家具公司与内布拉斯加家具店一样，除了经营家具以外，同时还经营小家电、电子信息、地毯等商品，而且这两家公司的营业额也差不多。不同的是，威利家具公司有五六家分店，而内布拉斯加家具店的营业收入则全部来自奥马哈的一家总店，仅此而已。

时间很快到了1995年，比尔·查尔德对埃夫·布拉姆金说，他自己和公司其他股东从资产税负、分散风险方面考虑，的确有意向出售该公司的股份了。

接下来的事情就好办得多了。比尔·查尔德给巴菲特提供了一些经营数据，而巴菲特则回信表明他对该公司有多少内在价值的看法，两人很快就达成了价格协议，到1995年年中整个并购案顺利完成。

【启示录】

靠朋友介绍促成并购项目，与姻缘一样需要有缘分。有的是一见钟情，双方一拍即合；有的则可能是好事多磨，需要死缠烂打才能成功。两者没有高低之分，结果都是一样的：两家合二为一，梦想终于成真！

13. 靠个人魅力赢得并购

巴菲特在全球具有非凡的个人魅力，许多人慕名而来把企业交给他，甚至蚀了本也要卖给他，这是对他个人和伯克希尔公司经营理念的最高认可。

慕名而来的费切海默兄弟公司

费切海默兄弟公司是我们旗下的另一个家族企业。就像布拉姆金是个非常杰出的家族一样，海德曼家族三代几十年来努力不懈地建立了这家制服制造与销售公司。而在伯克希尔取得所有权的1986年，该公司的获利更创新高。此后，海德曼家族并未停下脚步，去年（1987年）盈余又大幅度增加，而展望今年（1988年），前景更是看好。在制服行业大概没有什么出奇的事，唯一的惊奇就是海德曼家族，Bob、George、Gary、Roger跟Fred对于这行业熟得不能再熟，同时也乐在其中。我们何其有幸能与他们合作共事！

——沃伦·巴菲特

【巴菲特是这样炼成的】

巴菲特介绍说，当伯克希尔公司每年宣布收购企业的6大条件后，总会有一些企业慕名而来要求被收购。在这些对象中，不乏最终收购成功，并且令巴菲特喜出望外的乐事。

巴菲特在伯克希尔公司1987年年报致股东的一封信中说，伯克希尔公司1986

年收购费切海默兄弟公司后，该公司的经营业绩在1987年有了进一步的提高，预计1988年还会创下新高。一般人总以为制服行业不会发生什么令人惊奇的事，可也有例外，比如经营费切海默兄弟公司的海德曼家族。能够和他们共事，巴菲特感到十分幸运。

而实际上，费切海默兄弟公司被伯克希尔公司收购，正是该公司慕名而来、毛遂自荐的结果。

伯克希尔公司有一位资深股东，名叫鲍勃·海德曼。长期以来，他一直阅读伯克希尔公司年报，对巴菲特的语言风格和收购策略了如指掌，对巴菲特的个人魅力也倍加赞赏。

鲍勃·海德曼在俄亥俄州辛辛那提市经营着一家制服生产企业费切海默兄弟公司，并担任该公司首席执行官。他觉得，该公司非常符合巴菲特提出的收购条件，于是在1986年1月初给巴菲特写了一封自荐信。由于担心巴菲特误以为他在夸夸其谈，他在信中还详细介绍了费切海默兄弟公司的经营情况和简要历史。

他介绍说，这是一家集制服加工和销售于一体的企业，由海德曼家族成员鲍勃和兄弟乔治以及另一位亲戚共同拥有和经营。

费切海默兄弟公司成立于1842年，1941年传到鲍勃·海德曼的父亲手上。该公司在美国好几个州设有制服工厂，除了面向警察局、消防队、邮电局、学校、服务性行业生产制服外，还生产袜子、皮带、夹克衫等。公司通过自己的专用销售网络和独立经销商销售产品，营销范围覆盖美国200多个大城市。公司所属专卖店会根据经营内容确定不同名称，例如长官制服店、皮玛制服店、凯伊制服店等。

1981年，费切海默兄弟公司被一家专门从事杠杆收购的投资公司买下，但公司管理层仍然保留着部分股权。

一般来说，这种类型的公司被并购后，开始时的负债率都很高；可喜的是该公司运营非常稳健，等所有负债还清之后，公司的价值就会立刻显现出来。也正因如此，这家投资公司这时候想把自己手上的股权卖掉。这样，鲍勃·海德曼就必须寻找新买家，他自然就想到了巴菲特。

鲍勃·海德曼后来回忆说，他给巴菲特写过几封信。当巴菲特确信费切海默兄弟公司完全符合他的收购条件，并确认当年该公司年报出台后，巴菲特约他在奥马哈进行了一次面对面的交谈。

这次交谈，除了他们两个人，还有查理 · 芒格和律师在座。查理 · 芒格问鲍勃 · 海德曼，你过去感到最不满意的事情是什么？他老老实实地说，我真的想不起来，我想应该是在送货的时候曾经出现过一些差错吧。

交谈结束后，巴菲特对鲍勃 · 海德曼非常满意。他说，我看得出来，鲍勃 · 海德曼对每一位囚犯的服装尺寸大小一清二楚，并且这家公司具有极强的竞争力；遗憾的是公司规模太小，收购该公司所投入的资金还不到伯克希尔公司净资产的2%，言外之意是有点“不过瘾”。不过还好，该公司当时在全美国拥有50多个销售网点，能够确保为伯克希尔公司提供稳定的现金流，而且现金流还会逐步增加。

巴菲特在伯克希尔公司1986年年报致股东的一封信中说：“事实上，费切海默兄弟公司正是我们想要买的公司类型，它有悠久的历史，有才能出众的管理人员，这些人品格高尚，乐于工作，并且愿意与我们分享公司经营所带来的利益。所以，我们很快就决定以4600多万美元买下该公司84% 的股权，这与我们当初买下内布拉斯加家具店的情况很类似。”

巴菲特对费切海默兄弟公司的经营管理和公司管理层非常满意。1986年，他把该公司和《布法罗日报》公司、科比真空吸尘器公司、内布拉斯加家具店、斯科特 · 费策公司、喜斯糖果公司、世界图书出版公司并称为伯克希尔公司的“7个圣徒”。他说，如果大家从历史投资成本角度看会发现，它们的投资报酬率实在非常惊人——它们没有负债，可是平均股东权益报酬率却高达67%。

具体到费切海默兄弟公司来说，该公司1988年进行了一次大规模的并购。出于信任，巴菲特和查理 · 芒格看也没看方案就同意了这项交易。

巴菲特自豪地说，很少有公司管理层能够得到他如此这般的信任，即使全球500强企业的公司管理层也未必能做得到。

【启示录】

巴菲特认为，收购企业最重要的是考察该公司的竞争能力、优势及公司管理层的能力和水平，至于信息来源方式，并不重要。如果有企业敢于毛遂自荐，至少说明它底气足，双方沟通起来也会更省力。

走在马路上也会碰到并购案

> 1994年5月，在年度股东会过后不久，正当我在纽约第5大道与58街交叉路口准备过马路时，突然有位妇人叫我的名字。我停下脚步，她提到自己很喜欢参加伯克希尔的股东会。过了一会儿，旁边一位先生听到这位妇人的话，也把我给拦下来，没想到他竟是巴内特·赫尔兹伯格（Barnett Helzberg）二世。他持有伯克希尔4股股份，同时也曾参加过我们的股东会。在我们短暂的交谈中，Barnett表示他拥有一家我们可能会有兴趣的公司。
>
> ——沃伦·巴菲特

【巴菲特是这样炼成的】

巴菲特非常善于利用每年伯克希尔公司股东大会进行布道，阐述投资理念，回答股东提问，这在客观上为他凭借个人魅力赢得并购机会创造了条件。不是开玩笑，他走在马路上都有人来“兜售生意”。

巴菲特在伯克希尔公司1995年年报致股东的一封信中说，1994年5月伯克希尔公司股东大会召开后不久，有一次他在纽约马路上准备过马路时，突然有位妇女叫他的名字，这位妇女表示自己很喜欢参加伯克希尔公司股东大会。旁边的一位先生听到他们的谈话后，也拦住了巴菲特，他说他也参加过伯克希尔公司股东大会，并且持有4股伯克希尔公司股份。

巴菲特在和这位先生短暂交流时得知，他居然就是巴内特·赫尔兹伯格二世。他表示，他所拥有的钻石公司可能会让巴菲特感兴趣。

由于是在马路上偶然遇到的，所以巴菲特对此并不当真，只是淡淡地说，如果方便的话可以送份资料来看看。没想到，巴内特·赫尔兹伯格二世很快就给巴菲特送来一份财务年报，巴菲特一看大喜过望。

他了解到，赫尔兹伯格钻石公司是巴内特·赫尔兹伯格二世的祖父于1915年创立的，当时不过是一家小店，可是发展到现在，它已经在美国23个州拥有134家分店，1974年的销售额为1000万美元，1984年增长到5300万美元，1994年更是跃升到2.82亿美元。当时60岁的巴内特·赫尔兹伯格二世虽然非常热爱这项事业，可是在激烈的市场竞争中他总显得有些力不从心，所以希望通过出售企业来分散家族持股风险。巴内特·赫尔兹伯格二世认为，如果伯克希尔公司对此有意，可以开个价。

巴菲特认为，赫尔兹伯格钻石公司正是伯克希尔公司所想要的那种类型，它虽然和波仙珠宝公司一样经营的是金银、珠宝、钻石，可是两者的经营方式完全不同，不会产生冲突，依然可以各自独立运营。尤其值得一提的是，赫尔兹伯格钻石公司首席执行官杰夫·考曼特（Jeff Comment）是他非常喜欢的那种明星经理人类型。

所以在经过一番讨价还价后，伯克希尔公司于1995年正式并购了该企业。按照惯例，双方采取的是免税的股权交换方式，这也是巴内特·赫尔兹伯格二世唯一愿意接受的方式。

更令巴菲特钦佩的是，巴内特·赫尔兹伯格二世将该公司出售后的所得与全体员工共同分享。这在巴菲特看来，一个对过去的员工如此慷慨的人，也一定会公平、合理地对待新买主伯克希尔公司。

你说，这是不是巴菲特在过马路时“天上掉下个林妹妹”来呢？类似于这种“从天上掉下来”的好事还有许多。

巴菲特在伯克希尔公司2001年年报致股东的一封信中说，2000年伯克希尔公司召开股东大会前，他突然收到一个包裹，打开一看，里面是一块不知道做什么用的金属材料，还有一封署名为迈铁（MiTek）公司首席执行官吉恩·图姆斯（Gene Toombs）的来信。

据吉恩·图姆斯介绍，这种金属材料是屋梁的连接板，该公司是在全球该领域内的领导厂家，现在该公司的英国母公司有意向出售，他认为伯克希尔公司是最合适的买家。

巴菲特收到来信后马上就与对方通电话。简短的几分钟交谈后，他们发现彼此非常投缘，吉恩·图姆斯正是巴菲特欣赏的那种明星经理人类型，而该公司也正是伯克希尔公司想要的类型。于是巴菲特报了一个价格给它在英国的母公司，不久以后双方就正式成交了。

巴菲特在伯克希尔公司2005年年报致股东的一封信中说，伯克希尔公司2005年

8月31日完成的一桩森林之河（Forest River）公司并购案，其中也有这样一则有趣的小故事。

当年7月21日，森林之河公司老板兼总经理彼特·利格尔（Pete Liegl）给巴菲特发了一份传真，逐一介绍了该公司如何符合伯克希尔公司年报上披露的收购标准。而在此之前，虽然这家周末旅游汽车制造商的年销售额高达16亿美元，拥有60家工厂和5400名员工，可是巴菲特却从来没有听说过它。而现在看了这份只有2页纸的传真后他却非常动心，于是马上要求对方进一步提供更多的数据。第二天早上，巴菲特拿到补充数据后，上午就向彼特·利格尔提出了收购要约。一个星期后的7月28日，双方握手成交。彼特·利格尔2005年11月12日在《华尔街日报》上发表文章感慨说："向巴菲特出售我的公司，比更新我的驾照还容易。"

文章发表以后，巴菲特又收到一封署名为凯蒂·巴伦·塔玛兹（Cathy Baron Tamraz）的来信，说她看了这篇文章后，希望向巴菲特推荐自己的商业新闻公司（Business Wire）。信中"我们严格控制成本，并且限制一切不必要的支出。我们公司没有秘书，也没有管理分层，但我们会大量投资以取得技术领先和推动业务发展"这段话让巴菲特十分动心。不用说，双方很快就达成了并购协议。

【启示录】

名声在外的巴菲特富有个人魅力，更由于他每年都要在伯克希尔公司年报中明确并购标准，这就产生了一种很好的广告宣传效果。在这种背景下，志同道合、符合收购标准的企业纷纷主动找上门来，也就不难理解了。

举重若轻，还有点随心所欲

> 谈到质化的东西，我可能在接到电话的那一刻就能感受到。我们买的所有企业，几乎都只需要10分钟、15分钟的分析。我今年买了两个企业。通用再保险公司是一项180亿的交易，我连它的总部都没去过。
>
> ——沃伦·巴菲特

【巴菲特是这样炼成的】

可以说，动辄几亿美元的企业并购案，如果换了别的企业可能要考察来考察去，论证来论证去，到最后也没个下文，因为这毕竟是一件意义重大的事。可是在巴菲特面前，这样的事往往几分钟就拍板敲定了。这不但因为他是大股东，能够做得了主，更反映出了他的处事风格。他完成的一个个企业并购案，看起来都举重若轻，有时候甚至好像还有点随心所欲。

巴菲特在美国佛罗里达大学演讲的时候，有人问他在并购企业时是否有些数据告诉他某家企业不能并购；或者说，哪些指标是可以量化的，哪些指标是不能量化的？巴菲特说，如果单纯从数据角度看，几乎所有数据都告诉你这个企业不能买。如果你真的感到购买该企业是非常便宜的，同样可能会陷入雪茄烟蒂式的廉价思维模式中。

他举例说，伯克希尔公司曾经购买过一家风力发电公司，购买价格绝对便宜，只相当于该公司流动资金的1/3。伯克希尔公司确实从中赚到了钱，可是这种模式别人却无法复制，看起来它更像是一次性买卖。

如果谈及不能量化，只能质化的东西，巴菲特说，他往往在接到电话的那一刻就感受到了。伯克希尔公司买入的所有企业，绝大多数巴菲特只需要10~15分钟进行判断和分析，就可以拿定主意。他说，当年伯克希尔公司购买了两家企业，其中通用再保险公司是全球最大的再保险公司之一，交易额高达180亿美元，可巴菲特连该公司的总部都没有去过就拍板了。

也许有人会问，巴菲特又不是什么生意都懂，对于自己感到生疏的业务他是怎么来处理的呢？他解释说，遇到这种情况，如果你花上一两个月进行研究，情况也不见得会有多大的改观，关键是你要能准确确定你的能力范围究竟有多大。上市公司有成千上万家，如果你的能力范围只有30家公司，那么你要做的就是深入了解这30家公司的业务，根本没必要去了解和学习其他的东西。

他说，在刚刚出道时他就做了大量功课来熟悉生意上的事，到处“抹黄油”。例如，走出去向企业用户、企业以前的员工、企业供应商一一了解情况，反复询问同一个问题：“如果要在业界买一家公司，你认为我应该买哪一家？为什么？”尤其要关心这家企业的竞争对手是谁。

这样的拜访多了，各种信息串起来，你就会知道一个企业、行业的全貌。你得到的答案往往是很相似的，所以你很快就会发现哪家企业在该行业中是最好的。要知道，了解这些东西对你一辈子都有好处。例如，40年前你了解的口香糖生意现在就依然适用，不会有什么变化。

经巴菲特这么一说，好像企业并购确实不是一件很难的事，至少不应该是一件很难的事。

他举例说，美国近年来非常流行拥有私人飞机，可是私人拥有飞机毕竟开销很大，并不是一般人能够承受得起的。这样，购买飞机的一部分所有权，拥有该飞机的一部分飞行计划和路线，就变得很实际了。4年前巴菲特也给他的家庭在企业主管飞行公司购买了一架飞机的1/4所有权，这样他就有机会亲身体验该公司的服务，亲眼看到这些年该公司的迅速发展了。4年过去后，伯克希尔公司在并购该企业时，巴菲特不必去该公司总部考察，仅仅通过一些经营数据就敲定了并购计划。

巴菲特说，有家制鞋公司的创始人去世了，他的女婿委托高盛公司出售该公司。有一次，巴菲特和他在高盛公司的一个朋友一起打高尔夫球，朋友提起了这件事，巴菲特就叫这位朋友给对方打个电话。电话接通后，巴菲特用5分钟就谈成了这桩生意，因为他基本了解制鞋业务，并且觉得可以买。

质的方面确定后，接下来就是谈价格。巴菲特的风格是谈判的时候不绕什么圈子，一口价，行就是行，不行就是不行。只要价格合适，他就会买下来，即使交易不成功他也一样快乐，因为他并没有在其中投入多少精力，没什么可后悔的，后面的机会多得很。

抱着这样的心态，巴菲特做事当然就轻松多了。可是，这对于其他人来说，却是很难做到的。因为归根结底，购买企业实际上就是购买这家企业的内在价值，换句话说，就是购买这家企业在未来的寿命中可以产生的现金的折现值。显而易见，这家企业的未来寿命是很难确定的，即使确定了几年寿命，它能产生多少现金流量、会采用怎样的折现率等也很难计算出来。

巴菲特认为，这种内在价值只能是一种估计，既然这样，那也就没有必要过于精确，关键是确定它在怎样的一个区间内，同时留有足够的安全边际就行了。要做到这一点，经验是非常重要的。而巴菲特的投资经验非常丰富，这方面他具有无可比拟的优势，也是其他人所望尘莫及的，这从伯克希尔公司上百次并购活动中就能看出来。

巴菲特的主要合伙人查理・芒格曾经说过这样一句耐人寻味的话:“巴菲特常常提到现金流量，可是我却从来没看到过他做过什么计算。”

凭什么？巴菲特就凭丰富的经验和睿智的头脑，以及留有余地。有了足够的安全边际，即使判断失误，损失也会减小到最低程度。

【启示录】

巴菲特并购某家企业的决策时间往往只有几分钟，最多不超过15分钟，这看起来有点像玩儿似的，而实际上这正是他举重若轻的处事风格。短短几分钟，他就能从质和量两方面做出大致判断，这是一般人不能做也做不到的。

14. 免费使用保险浮存金

伯克希尔公司做出神奇业绩,有一半原因是免费使用保险浮存金。测算表明,如果没有这种零利率杠杆的神奇作用,伯克希尔公司的收益率会降低38%。

保险浮存金不仅仅是免费的

我们目前拥有70亿美元的浮存金。现在,假如有人为我提供70亿美元资金,而且收入可以免征利息所得税,但是从此以后永远不得从事保险业务——永久性地退出任何形式的保险业务竞争——我是否会接受呢?答案是否定的……原因并不在于我偏爱70亿美元的浮存金,或是讨厌70亿美元的免费资金。问题的关键在于,我希望这70亿美元的资金能够不断地实现增值。

——沃伦·巴菲特

【巴菲特是这样炼成的】

保险浮存金是巴菲特的秘密武器。在过去,有许多人不知道巴菲特的秘密武器是什么,因为他们不知道保险浮存金究竟是干什么的。

多年前,巴菲特在伯克希尔公司年报里曾经将其与《财富》500强企业做比较,然后开玩笑说:“我们之所以没有进那个名单,是因为他们不知道我们是干什么的。”后来,伯克希尔公司频频出现在各种排行榜上,实际上也确实是在解决了这个问题之后——它们对伯克希尔公司的行业描述是:财产和意外保险。

浮存金是保险公司的一种特殊资金。如果读者不了解浮存金的性质和用途，就不可能对保险公司的内在价值做出科学判断，也不可能对伯克希尔公司如何能取得如此优良业绩做出正确的分析。

巴菲特在1996年伯克希尔公司股东大会上说，当时伯克希尔公司拥有70亿美元的浮存金可供使用。如果有人愿意提供同样数额的资金让他免费使用，但条件是要他退出保险业务行业，他肯定不会答应。道理很简单，问题的关键不在于这70亿美元的资金能否免费使用；巴菲特更在乎的是，希望这70亿美元的资金能够在他手上实现不断增值。

更何况，这70亿美元的浮存金并非固定不变。当1998年伯克希尔公司收购通用再保险公司后，其浮存金数额一下子就增加到了220亿美元，2015年年末更是增长到了877.22亿美元。这实际上就意味着，伯克希尔公司有更多的、源源不断的“免费资金”可以用于收购企业和证券投资。

所谓保险浮存金，是指保险行业中一种类似于银行付款的“浮存性资金”。巴菲特解释说，从概念上看，浮存金是保险公司获得的保费收入尚未向被保险人支付费用而造成的积余。有意思的是，浮存金的成本很低，甚至会是负成本。打个比方说，就好像你坐在自己的办公室里，不但有人把钱送到你门上来给你做投资，而且基本上是免费的，此外还会付给你一定的手续费。当然，这钱就是保险浮存金了。

保险浮存金的价值在于投资。正如巴菲特所说，浮存金放在那里并不会给你带来收益，可是你却可以把它用来投资，实现增值，这样它就能为你创造收益了。所以，巴菲特在1996年伯克希尔公司股东大会上特别指出：“很多分析家一直把保险业务的价值单纯地等同于保险业务的账面价值，而不考虑这种浮存资金所具有的价值，这是一种致命的误解。”

举个例子来说，如果某家保险公司的浮存金有1亿美元，而从该公司的账面价值看，当年该公司的收益为0；可是实际上，只要把这1亿美元浮存金用于其他回报率高的投资，实际收益就不会是0了。比如说把这1亿美元交给巴菲特，按平均回报率看，这1亿美元年末就可以创造出1920万美元的投资收益来。这时候就会出现这样一种情形：如果单纯从这家保险公司的账面上看，投资收益是0；而实际上将这笔浮存金的价值考虑在内，投资收益就该是1920万美元。看问题就应该这么看。

那么，究竟如何来论定保险浮存金的性质呢？巴菲特认为，虽然浮存金在会计核算上被当作负债来看待，但实际上“在很大程度上等同于公司的权益资金”。也就是说，从道理上讲，这笔钱将来是要还给别人（被保险人）的，但实际上由于归还日期遥遥无期，保险公司完全可以把它当作“自有资金”来看待。

所以，巴菲特在1998年伯克希尔公司股东大会上说，与相同数量的净资产相比，浮存金对伯克希尔公司具有更大的经济价值；只要能在保险业务方面赢利，那么浮存金本身的价值就一定会超过净资产。

他在伯克希尔公司1997年年报致股东的一封信中是这样说的：自从伯克希尔公司1967年开展保险业务以来，公司的浮存金金额一直在以21.7%的复利增长，而伯克希尔公司并不需要为此付出任何代价。从会计核算角度看，这似乎有些自相矛盾。因为在资产负债表上，浮存金表现为保险公司对被保险人的负债；可是与相同数量的净收入相比，浮存金对公司来说具有更大的内在价值。

巴菲特认为，从根本上讲，伯克希尔公司下属的30多家保险部门，在过去的30年中，一直为伯克希尔公司提供着免费的保险浮存金。只是到了2001年，由于爆发了“9·11”恐怖事件以及其他方面出现了亏损，情况才发生变化。具体数据是：伯克希尔公司2001年使用浮存金的成本一下提高到12.8%，与过去的没有成本甚至负成本相比，简直有天壤之别。究其原因，主要在于通用再保险公司出现了巨额亏损。

不过，这种情形很快就过去了。2002年，伯克希尔公司的浮存金使用成本就又迅速降到了1%，2003年变成负数，回归到理想状态——2003年伯克希尔公司的浮存金数额为440亿美元，使用成本是–4%。

不可否认，浮存金是巴菲特取得投资成功的三大秘诀之一（另外两个是大量投资蓝筹股和长期投资）。因为无成本或负成本，实际上浮存金给巴菲特提供了免费、巨额，并且可以长期使用的融资杠杆。

对于绝大多数投资者来说，长期投资和杠杆投资不能兼得，否则股价波动稍大就会血本无归。可是巴菲特就能做到这一点，因为伯克希尔公司旗下的多家保险公司拥有高达数百亿美元的浮存金可供他使用。他也从来没有否认这一点，并且每年都要在公司年报致股东的一封信中阐述浮存金的好处。据估计，保险浮存金给巴菲特提供的杠杆约为1.6倍。

也就是说，如果剔除保险浮存金零利率杠杆的神奇作用，伯克希尔公司的投资回报率将会降低1－（1÷1.6）＝37.5%。这相当于巴菲特在1965—2015年这51年间的年复合回报率，从现在的19.2%降至12%。

正是拥有如此强大的经济实力，2009年全球金融危机最高潮时，巴菲特才会有实力拿出上百亿美元来注资高盛集团，与美国联邦储备委员会一起向市场提供最关键的流动性和信心支持。[1]

他在伯克希尔公司2015年年报致股东的一封信中说，伯克希尔公司已经连续13年实现承保盈利，累计盈利额高达262亿美元，这也就意味着伯克希尔公司的浮存金成本低于0。

那怎么来计算浮存金对企业内在价值的影响呢？要知道，浮存金在计算账面价值时是作为负债进行扣减的；但实际上，它是企业可以不断滚动使用的流动资金。一笔没有使用成本的资金，并且可以长期使用，那么其真正价值就会远远高于报表上负债额的账面价值，表现为企业账面上的“商誉”价值。躺在伯克希尔公司账面上的相应数额是155亿美元，需要指出的是，由于这是历史价格，所以必然会大大低于企业内在价值。

巴菲特说，需要特别指出的是，浮存金在伯克希尔公司无使用成本，并不表明在其他公司也是如此。在大多数年份，保险行业的保费收入都无法覆盖赔付损失和费用支出，所以没有几家保险公司能做到像伯克希尔公司这样的业绩。即使是美国规模最大的、管理良好的联合汽车保险公司，在这之前的11年里也有8年发生承保亏损，这就是最好的证明。

【启示录】

巴菲特认为，如果你对浮存金的性质和特点不了解，你就无法真正了解伯克希尔公司及其运作，更无法对伯克希尔公司的内在价值做出合理的判断。归根到底，保险浮存金对伯克希尔公司的资金运营影响太大了。

1　王烁．巴菲特怎样用保险公司放杠杆．财新网[2015-12-18].

控制浮存金成本是一项艺术

确实，在经营伯克希尔的这些年来，有半数以上的年头，浮存金的成本甚至低于0。也就是说，这实际上等于是别人要付费请我们帮他们保管资金。然而，最近这几年我们的成本大幅飙涨，2001年尤其恐怖，资金成本大幅飙涨至12.8%，其中半数归因于世界贸易大楼损失。回顾过去，我们在1983—1984年也曾有过更悲惨的记录，便宜的浮存金绝非凭空而降。

——沃伦·巴菲特

【巴菲特是这样炼成的】

保险浮存金在伯克希尔公司的资金运作中发挥了巨大的作用。但现在的问题是，浮存金并非只有伯克希尔公司有，其他保险公司也有，为什么只有伯克希尔公司的浮存金是低成本甚至负成本的呢？归根到底，这是因为巴菲特多年来一直强调控制保险业务成本，决不追求保费规模，从而把承保亏损压到了最低点。据测算，伯克希尔公司旗下保险业务几十年来的浮存金平均成本约为2.2%，比同期美国国债成本要低3个百分点。

巴菲特在伯克希尔公司2002年年报致股东的一封信中说，过去的经验表明，伯克希尔公司所取得的保险浮存金成本一直很低，但这并不是凭空而降的，而是努力控制成本的结果。

总体来看，有一半以上的年份伯克希尔公司的浮存金成本差不多是0，甚至要低于0，实际上这就像别人在倒贴成本请伯克希尔公司帮助他们保管资金。不过，这些年来浮存金成本大幅度上涨了，尤其是2001年爆发“9·11”恐怖事件，由于赔偿太多，从而使得浮存金成本大幅度地飙涨到了12.8%。这样的情形在1983—1984年也曾经发生过，甚至当时的情况更惨。

巴菲特的意思是说，浮存金的使用成本虽然很低，但这并不是从天上掉下来的，而是只有依靠成本控制才能确保这种低成本水平。

巴菲特在伯克希尔公司2005年年报致股东的一封信中说，有浮存金可供使用确实是一件大好事，但前提条件是取得浮存金的代价不能太高。

浮存金的成本高低，取决于承保结果。只有当保险公司取得承保利润时，浮存金的成本才能接近于0，甚至低于0。

从这几年来（2005年以来）的情况看，伯克希尔公司持有的浮存金成本就是这样，实际上相当于在为客户保管资金的同时，还要向他们收取部分管理费。可是，对于大多数保险公司来说，它们的日子相当难过，它们不但要为浮存金付出代价，有时候甚至还要付出毁灭性代价。

区别在哪里呢？巴菲特介绍说，关键就在于这些保险公司的保险业务能否取得利润。

从这个角度看，保险浮存金连着两头：一头是保险公司本身的保险业务；另一头是如何极大地发挥保险浮存金的再投资效益。

关于这一点，绝大多数保险公司都做得不够好，至少是联系得不够紧密，而这在巴菲特手里却被玩得炉火纯青、相得益彰。

巴菲特在伯克希尔公司2002年年报致股东的一封信中轻松地说，经历了2001年浮存金的高成本，2002年伯克希尔公司的浮存金使用成本就降低到了1%，这种感觉真好。

究其原因在于，当年通用再保险公司和政府雇员保险公司的汽车保险业务大放异彩，并且国家产险公司的承保纪律也得到了有效恢复。

另外值得一提的是，从数量上看，当年伯克希尔公司的保险浮存金大幅度增加了57亿美元，增加到412亿美元。

他特别点名表扬通用再保险公司首席执行官詹・阿杰（Ajit Jain）领导得好，认为这是伯克希尔公司"浮存金成本之所以能够压得这么低的主要原因"。他眉飞色舞地说，如果2002年伯克希尔公司要评选年度风云人物的话，那一定非詹・阿杰莫属，而且还要刊登他的彩色照片。回顾1986—2002年，詹・阿杰一共为伯克希尔公司贡献了134亿美元的浮存金，这是其他保险公司从来没有创造过的业绩。

要知道，通用再保险公司的全体员工加起来也不过只有20人，更不用说该公司在为伯克希尔公司提供保险浮存金的同时，本身还在创造业绩呢！例如，通用再保险公司2002年的承保利润高达5.34亿美元，这是在承担了过去4.28亿美元再保险损失之后得到的业绩。与同行相比，这个业绩把已经发生损失但尚未履行完毕的义务也通通包括进去了。

需要附加说明的是，在保险公司，一件理赔案的处理往往要拖延很长的时间，所以这种情况是常事。举例说，1980年发生在美国的一场职业灾害保险理赔案，就到2005年还没有理赔结束。对于保险公司来说，既可以选择一次性赔偿，也可以选择按月支付终身理赔金，而后者的代价往往较低。更何况，这笔保险浮存金又可以为巴菲特所用，投资在其他领域获取高额回报，那就更合算了。

巴菲特的意思是说，通用再保险公司与其他保险公司相比，成本扣除得更完全、更彻底，公司的业绩是实实在在的。

退一步说，伯克希尔公司其他规模较小的保险业务，也都取得了不俗的业绩。

例如，同样是在2002年，它们合计提供的浮存金就比上年增加了38%，并且当年获得的承保利润高达3200万美元，相当于保费收入的4.5%。如果把它们从整体上当作一家保险公司看的话，仍然要算是整个美国最好的保险公司之一。

【启示录】

保险浮存金是个好东西，但只有真正控制住成本它才会变得有价值，浮存金的使用成本如果过高就会得不偿失。巴菲特认为，这方面明星经理人詹·阿杰功不可没，这也是其他同行学不像的原因之一。

浮存金的成本要靠估算展示出来

我们最主要的本业就是保险，当然其他事业也相当重要。想要了解伯克希尔，你就必须知道如何去评估一家保险公司，其中主要的关键因素有：①这个行业所能产生的浮存金数量；②浮存金的成本；③对这些因素长期的展望（这一点最重要）。

——沃伦·巴菲特

【巴菲特是这样炼成的】

保险浮存金的使用成本当然是越低越好，可是要精确计算这种成本却是困难的，一般情况下只能进行估算。当然，如何估算浮存金成本也是一门学问，其中还牵涉到利润调整问题。

巴菲特在伯克希尔公司2001年年报致股东的一封信中说，伯克希尔公司最主要的本业是保险，而评估一家保险公司的关键因素，是从长期角度来考察该公司究竟能产生多少浮存金以及取得这些浮存金的成本。

学过企业管理的读者知道，企业的获利能力取决于资产报酬率、负债成本以及财务杠杆的运用。从资产报酬率看，伯克希尔公司在这方面的表现一贯优异，让人羡慕。可是巴菲特还介绍说，伯克希尔公司“由于资金成本极低，也使得我们受惠不少，这点就比较鲜为人知”。

他这里所说的“资金成本极低”，主要就是受惠于浮存金的资金成本低。虽然浮存金的成本需要估算，但伯克希尔公司在这方面一直留有余地。换句话说，它的估算过程和结果是值得信赖的。

那么，怎样来估算浮存金成本呢？谈到这个问题，首先要知道什么是浮存金的成本。

浮存金的本质是保险公司持有，但并不属于保险公司的资金。由于在保险公司业务运作过程中，保户一般向保险公司投保时就会缴纳保险费用了，而对于这笔资金，保险公司要在将来真正理赔时才会支付出去，在这中间这笔资金就可以被保险公司所利用。如果将来的付出大于保费收入就会产生保险公司的承保损失，这就是浮存金的成本。

产生浮存金成本是司空见惯的，不过只要从长期来看保费收入大于成本，或者取得浮存金的成本低于从其他渠道取得资金的成本，这种保险业务就是有价值的。也就是说，这时候的浮存金是低成本的，甚至有可能会低于零。

保险业务的特点，决定了浮存金成本只能估算。因为在一份保单背后最后究竟能赚多少钱，往往事后才能确定，有时候甚至几十年后才能得出结论。可令人疑惑的是，许多人事前很少能保持冷静，即使是巴菲特也在20世纪70年代末、80年代初犯下过严重错误。

当时的美国保险业由于竞争激烈，各公司纷纷降价推销保单，因为大家觉得只要“用一张纸就可以换回钱来”，所以很少有人能抵挡得了这种诱惑，而最终能否赚钱要到多年以后才能看出来。

事实证明，当时推销保单的成本太高、风险太大了，整个保险行业都是如此，巴菲特也不例外。在这种情况下，巴菲特聘请了比自己对风险还敏感的迈克·戈德博格（Mike Goldberg）来接手自己的烂摊子。从此以后，他本人就再也没有直接负责过保险事务，而是专注于用浮存金来并购企业，这也算是他“吃一堑，长一智”的结果吧。

从此之后，伯克希尔公司也彻底摆脱了盲目接受保单的窘况——当其他保险公司的从业人员薪酬都与业务量挂钩，不得不纷纷开展自杀式恶性竞争时，伯克希尔公司却拒绝这种挂钩，从而可以袖手旁观，这样就比较方便地控制住了浮存金成本。当其他保险公司拼得头破血流却又无法停下来时，伯克希尔公司趁机出面收拾残局，吃下了大量的保单。

正是利用这种策略，伯克希尔公司1998年超过农夫保险公司（Farmers lnsurance Group），一举成为美国最有利可图的财产和意外险公司，并且有实力大举进入再保险领域。

从伯克希尔公司的业绩看，自从1967年进入保险行业以来，2015年年末浮存金数额高达877.22亿美元，浮存金的年复合增长率为877.22开48次方，即15.16%；而且使用成本极低，平均约为2.2%。换句话说，巴菲特仅仅拥有这笔资金就可以赚大钱了。想想也是，877.22亿美元的巨额资金如果仅仅存在银行里，就能得到5%的利息，扣除这2.2%的成本，利息纯收入每年也有24.56亿美元。

1967年3月，伯克希尔公司投资860万美元从创始人杰克·林沃尔特手中买下国家产险公司，标志着其真正开始进入保险行业。相比之下，当时美国的保险业还是一摊死水，许多保险公司甚至都懒得公布盈利状况，因为即使公布了也没人关注。巴菲特之所以与众不同，原因就在于他早就洞悉了保险业的秘密——浮存金。负责该项交易的交易商查尔斯·海德后来回忆说：“巴菲特比美国任何一个人都更早地领悟到了浮存金的本质。”

以2015年为例，当年伯克希尔公司的保险业务一共创造了18亿美元的利润，在此基础上贡献了877.22亿美元的浮存金。如果这些浮存金按照伯克希尔公司年复合回报率19.2%来计算，它为伯克希尔公司创造的利润就是168.4亿美元。而当年伯克希尔公司的总利润是240.8亿美元。这就是说，保险业务的贡献份额在伯克希尔公司总利润中要占到77.4%。

从发展趋势看，保险业务在伯克希尔公司业务中所占的比重将来会继续越来越大。由此，读者就会更容易理解巴菲特的这样一句断言了："保险业是我们的未来所在"。

【启示录】

伯克希尔公司保险浮存金的低成本并不是靠垄断获得的，它需要有丰富的经验、直觉的判断、果敢的勇气，同时还需要有一定的运气。这几个方面的条件具备之后，又能将浮存金运用于高投资回报率项目，就会锦上添花了。

15. 凭财务实力站在第一线

伯克希尔公司做的是大生意。一方面，它有这样的财务实力，敢于承接同行所不敢承接的霹雳猫业务；另一方面，艺高胆大又能为它带来丰厚的获利回报。

有实力才敢承接保险业务

我预估的波动，主要是反应在我们即将成为真正超大型意外灾害保单（又称“霹雳猫”）承保人的事实之上，这些灾害有可能是飓风、风暴或地震。这类保单的购买者大多是接受一般保险业者分散风险的再保险公司。由于它们自己本身也要分散或是卸下部分单一重要灾害的风险，它们希望在发生若干重大意外后，在一片混乱之中还能有可以依靠的对象，所以在选择投保对象时，首先看重的就是财务实力，而这正是我们最主要的竞争优势。在这个业界，我们强大的实力是别人比不上的。

——沃伦·巴菲特

【巴菲特是这样炼成的】

伯克希尔公司是一家具有强大财务实力的公司，这可以从两个方面看出来：一方面，伯克希尔公司的保险业务为巴菲特提供了巨额浮存金，巴菲特运用这些浮存金创造了丰厚的投资业绩，增强了公司财务实力；另一方面，伯克希尔公司强大的财务实力又为开展再保险业务创造了有利条件。

巴菲特在伯克希尔公司1990年年报致股东的一封信中说，伯克希尔公司之所以能够开展霹雳猫业务，靠的就是它强大无比的财务实力。霹雳猫业务的客户都是保险公司，它们之所以投保，是为了在遇到飓风、风暴、地震这类巨大的自然灾害时能够分散一部分风险，所以它们在选择投保对象时一定会特别注重对方的财务实力。而对于伯克希尔公司来说，这是其最主要的竞争优势。毫无疑问，伯克希尔公司强大的财务实力是其他同行无可比拟的。换句话说，伯克希尔公司在这类业务中具有最强的竞争力。

霹雳猫业务非常复杂，经营风险非常大，保险公司如果没有强大的实力，根本不敢去碰。举个最简单的例子：如果伯克希尔公司与某家保险公司签订的霹雳猫业务为期1年，保单为1亿美元，那么只有在两种情况同时发生时才需要赔偿对方：一是对方保险公司的损失要达到一定标准；二是整个保险行业的损失要达到一定标准（例如50亿美元）。不过一般来说，当符合第二个条件时，第一个条件也总是符合的。

那么，接下这种1亿美元的保单，伯克希尔公司要收多少保险费呢？通常是3000万美元。如果这一年太平无事，那么这3000万美元就完全成了伯克希尔公司的利润；可是，一旦发生损失需要赔偿，那就不是3000万美元能够抵挡得住的了，很可能需要赔偿1亿美元的损失。

从这一点上看，其他公司投保霹雳猫业务的目的是分散风险，而伯克希尔公司正好相反，是在集中风险。可想而知，集中风险的风险要比分散风险大得多，如果一家保险公司的财务实力不是十分强大，根本就不敢签订这样的保单；否则，一旦出现巨灾很容易导致破产。

另外，从其他公司的股东看，绝大多数也不倾向于接受这种具有巨大风险的保单业务，而伯克希尔公司就不同了。巴菲特认为，只要事先经过沟通，伯克希尔公司的大股东就会接受这种获利波动较大，投资风险也大的保险业务，关键是要有胜算的把握，即从一个比较长的时期来看能够取得令人满意的经营结果。

巴菲特形容说，他和查理·芒格宁肯选择有风险、投资业绩高达15%的业务，也不要没有风险、投资业绩只有12%的业务。他的原话是："查理跟我总是喜欢变动的15%更胜于固定的12%。"

这看起来有些不符合巴菲特一贯坚持的稳健原则，但实际上很好理解。

巴菲特解释说，在这里有3点必须强调：一是如果以10年为期，伯克希尔公司开展霹雳猫业务的业绩应该令人满意，但不排除某些年份可能会很惨；二是这样的预期并不是凭空想象的，而是应当有客观依据，这种依据并不是过去的历史资料——事实上，历史资料在伯克希尔保险业务定价决策中的作用很有限；三是虽然伯克希尔公司随时准备签订大量的霹雳猫业务保单，但有一个很重要的前提，那就是价格必须合适，具体地说就是保费收入与所承担的风险要相当。

无论对于哪家企业来说，拥有强大的财务实力总是一件好事。这不但表现在经济发展迅速、业绩增长快、需要财务实力做保障的关键时刻；即使在经济不景气时，同样也需要财务实力来渡过难关。关于这一点，伯克希尔公司同样有过人之处。

巴菲特说，这些年来保险公司的日子都不好过，伯克希尔公司的保费收入增长也远远低于10%的基本要求，这表明每年的保险理赔损失在不断增加。因为从过去25年来的保险理赔损失看，年增长速度在11%左右。这表明，如果保费收入的年增长速度在11%以下，保险公司的经营业绩就会变得越来越差。当然，出于自我保护本能，保险公司会暂时把这些损失隐藏在账面上，但将来终究会暴露的。

巴菲特说，在这种情况下，各家保险公司目前（1991年）都在打价格战，这是一件很危险的事。虽然从实际情况看，应该是提高保费价格才能维持生计，但没有一家公司敢这样做，只有伯克希尔公司能把这种损失控制在可以承受的范围内。当然，这也是需要财力做保障的。

巴菲特预言，只有当所有保险公司都无利可图，承受不了这样的巨额承保损失时，才有可能大幅度提高保费收入标准。而一旦当那个时候到来，伯克希尔公司一定会从财务和心理上做好准备，等待着签署大笔保单。

【启示录】

伯克希尔公司凭借自身强大的财务实力，敢于承接同行不敢轻易触碰的霹雳猫业务。这种巨灾保险业务看起来潜藏着巨大的经营风险，可是伯克希尔公司只要遵守以上3条原则，再背靠自身实力，就可以化险为夷。

财务实力支撑着再保险业务

目前，伯克希尔是世界上霹雳猫保单的最大承保商，眼下发生的这些事件将导致伯克希尔的本季度收入出现大幅度波动。但是，这对于我们来说并没有什么了不起的：在马拉松比赛中获得金牌的是最先跑完全程的选手，而不是那些速度最稳定的选手。如果有可能的话，我们宁愿以损失一个季度收入和年度收入不稳定的假象，去换取更丰厚的长期利润。

——沃伦·巴菲特

【巴菲特是这样炼成的】

巴菲特认为，伯克希尔公司凭借强大的实力开展再保险业务，并且又从再保险业务中获得巨大收益，两者相辅相成，互为促进，为伯克希尔公司取得良好投资收益打下了坚实的基础。

他在伯克希尔公司1992年年报致股东的一封信中说，伯克希尔公司是全球超级霹雳猫保单的最大承保商，靠的是强大的财务实力。虽然由于佛罗里达州遭遇安德鲁飓风袭击，伯克希尔公司不得不支付1.25亿美元的赔偿金，但这没什么了不起的。伯克希尔公司有实力承受这样的风险，只要平时更加警惕各种投资风险就可以了。

伯克希尔公司下属的那些保险公司，其财务实力之雄厚，可以从它们的信用等级上看出来——伯克希尔公司下面的所有保险公司，都有来自贝斯特公司给出的 A+ 信用等级，这是由专业保险信用评级公司给出的最高信用评级！这意味着什么呢？这意味着伯克希尔公司下属的这些保险公司，资产规模大大超过美国保险管理机构要求的标准，具有强大的风险抵御能力。

伯克希尔公司的主要保险业务是汽车险，这项业务收入占整个保险业务的近一半。除此以外，还有销售卡车险、雇员收入险、房屋住宅险、火灾险以及专门为公司主要官员和董事会成员提供的保险品种。更不用说，伯克希尔公司凭借自身强大的实力，从事着大量的再保险业务了。有实力的保险公司通过为其他保险公司承担再保险风险，能够比较轻松地从中获利，伯克希尔公司是其中的佼佼者。

所谓再保险，是指保险公司为其他保险公司提供的保险。之所以会出现这种业务，是因为任何一家保险公司，都无法独自承受巨大自然灾害所造成的赔偿成本。即使一家大型保险公司只有几千名顾客和投保人，一旦发生像地震这样的大型自然灾害，也会很容易导致马上破产。而再保险业务的开展，会在一定程度上转移风险。通过把自己承保的保单进行打包处理，把其中的实质性风险转嫁给其他保险公司，就能使得自己只承担其中的一部分风险，这样就能高枕无忧了。

容易看出，再保险业务的关键，是要找到一家风险承受能力高于自己的保险公司，而伯克希尔公司就是这样的理想对象。

伯克希尔公司具有强大的资金实力，能够为其他保险公司提供再保险业务。当然，它在提供再保险业务时，也并非就多多益善、来者不拒；恰恰相反，伯克希尔公司对经手的业务都会进行精心筛选。

总体来看，在所有客户提出的全部保险业务中，伯克希尔公司最终只接受其中的2%。换句话说，98%的业务是被它拒绝的。

伯克希尔公司在这方面的筛选标准很严格，除了资金、收益方面的考量，还会考虑规避再保险风险。为此，伯克希尔公司会对一些超巨额保单可能发生的损失赔偿金额制订一个上限，把它控制在能够承受的范围内。

例如，如果飓风袭击美国东海岸，尤其是纽约地区，伯克希尔公司这时能够承受的一次性损失上限为6亿美元。在这种情况下，如果同一个城市在2个星期内连续遭到这样的飓风袭击，这时候伯克希尔公司的资金实力也能承受得起，只是整个公司当年就没有多少利润可言了。事实上，1992年第三季度，美国佛罗里达州就遭遇了安德鲁飓风袭击，从而使得伯克希尔公司不得不为此支付了1.25亿美元的赔偿。

所以，巴菲特在伯克希尔公司1994年年报致股东的一封信中说："如果现在有哪一家保险公司要求我们报价的话，我们可以提出5亿美元的承保金额。我相信在这个行业中还没有人能够做到这一点。"巴菲特这里所指的"5亿美元"，就是指一次性损失的承保上限。

正因为有了这样强大的财务实力，飓风之后，伯克希尔公司依然能够继续在佛罗里达州大量签署保单。据2002年银行保险业专业经纪商富士·毕特克尔顿（Fox-Pitt Kelton）公司提交的研究报告，伯克希尔公司保费收入总额的5%是从佛罗里达州的财产险（包括住户、各种险种的商业险、自有财产险、汽车险等）中实现的。

除此以外，值得一提的是，1994年伯克希尔公司还为加利福尼亚州的汽车保险商二十世纪工业保险公司承保了一份价值4亿美元的再保险保单。可以说，没有金刚钻是不敢揽这种瓷器活的。

巴菲特在伯克希尔公司1992年年报致股东的一封信中透露，当时的伯克希尔公司在净资产方面已经是美国第二大承保财产险的保险公司了。由于排在第一的国民农场保险公司并不从事再保险业务，所以伯克希尔公司实际上已成为美国最大的从事再保险业务的保险公司。由此不难看出，伯克希尔公司完全有能力承受其他保险公司无法承受的风险水平。如果排名第一的公司还不具备这样的实力，岂不是笑话？

【启示录】

伯克希尔公司凭借强大的财务实力，已经把保险业务打造成公司最主要的业务和收入来源。巴菲特设想在未来几十年里，要在全球范围内更深入地参与再保险业务。这样的雄心壮志源于什么？主要就是财务实力。

再保险业务创造了丰厚利润

> 去年（2000年），阿杰特·杰恩向一家大型英国公司提供了再保险保单，这项业务为我们带来24亿美元的再保险保费收入，这可能是公司历史上再保险保费收入的最高纪录了。后来，他又与得克萨斯流浪者队就亚历克斯·罗德里格斯出现终身性残疾签订了一项金额巨大的保单。所有球迷都知道，“超级棒”和球队签订了一份价值高达2.52亿美元的合同，对于球员的收入来说，这同样也是一个纪录。毫无疑问，公司为这位超级明星所签订的残疾保险也是一个史无前例的纪录。
>
> ——沃伦·巴菲特

【巴菲特是这样炼成的】

巴菲特认为，再保险业务给伯克希尔公司创造了巨额财富，进一步增强了公司实力。据1993年7月9日《金融世界》报道，伯克希尔公司虽然1988年以前就一直活跃于再保险领域，可是这项业务在整个公司业务中的比重相当小。正是从该年开始，巴菲特在财产险和事故险方面扩展业务，才使得年保费收入从1988年的0.83亿美元猛增到1992年的6.76亿美元，占整个公司全部保费收入的3/4。

总体上看，伯克希尔公司的再保险业务分为两大块——财产险和事故险，而真正能够体现巴菲特保险天才的是事故险的再保险。与财产险不同的是，事故险的索赔常常要经过好几年调查才能得到最终确认。这表明，巴菲特在向投保人支付索赔金之前，有足够的时间把保险浮存金用于证券投资并获取丰厚的回报。

根据美国法律，美国的事故险承保商可以在5年以上期限内无偿使用这项业务的浮存金以及为避免未来亏损所设置的免税储备金。在这段时间内，巴菲特可以从从容容地把这笔资金投资于股市，获取投资回报。

统计表明，在1965—1993年这29年中，巴菲特把这些资金用于投资股票、收购企业所得到的回报市值年增长率高达24%。按照这样的业绩测算，1亿美元的浮存金经过5年时间的投资，就会迅速增值到2.88亿美元。

这正是伯克希尔公司能取得巨大投资回报的秘密所在。因为伯克希尔公司有巴菲特在后台进行这样的操作，其他保险公司不具备这样的条件，所以虽然后者同样也有浮存金，却从来不敢奢望在这方面与伯克希尔公司平起平坐。

伯克希尔公司的保险业务原来是巴菲特亲自负责的，后来他交了出去。伯克希尔公司的再保险业务主要由阿杰特·杰恩领导的国家产险公司负责，而阿杰特·杰恩是巴菲特非常信任的明星经理人。

阿杰特·杰恩1951年出生于印度，大学毕业后一直在IBM印度公司工作，后来进入哈佛商学院学习，又在麦肯锡咨询公司工作，1986年加入伯克希尔公司。刚从事再保险业务时，他对业务也是一窍不通，但他极具这方面的天分。巴菲特对他所做的一切都佩服得五体投地，认为他简直是无懈可击。并且他们两人每天晚上都要通电话，共同探讨再保险业务，巴菲特把这当作一项必不可少的娱乐活动。

巴菲特在伯克希尔公司1999年股东大会上称赞说，阿杰特·杰恩白手起家，为伯克希尔公司建立起了一个业绩卓著的再保险机构，并且在任职期间创造了大量的保险利润，“无论怎样评价他的贡献都是不过分的”。

他在伯克希尔公司2000年年报致股东的一封信中说，伯克希尔公司的各项再保险业务几乎完全是由阿杰特·杰恩一手负责的，巴菲特对他感激有加。他开玩笑说，大家与其为巴菲特的健康担心，不如去关心阿杰特·杰恩的健康问题，保佑他为伯克希尔公司多工作几年。

巴菲特还兴奋地说，阿杰特·杰恩2000年向一家英国大型保险公司提供的再保险业务，为公司提供了24亿美元的再保险保费收入，创造了伯克希尔公司历史上再保险保费收入的最高纪录。后来，他又与得克萨斯流浪者队就亚历克斯·罗德里格斯出现终身残疾签订了一项金额巨大的保单。毫无疑问，伯克希尔公司又可以从这笔价值高达2.52亿美元的合同中，取得一笔史无前例的保费收入。

巴菲特在伯克希尔公司2002年年报致股东的一封信中特别强调，伯克希尔公司的浮存金成本如此之低，主要归功于阿杰特·杰恩领导的再保险部门。

他说，如果伯克希尔公司年报上要放一张封面照片的话，那肯定应该是阿杰特·杰恩的照片，而且一定要是彩色照片。阿杰特·杰恩负责的保险部门为伯克希尔公司积累了高达134亿美元的浮存金，这是任何保险公司想都不敢想的事，现在他却做到了。要知道，他只是从1986年才开始负责这项业务的，并且至今手下也只有18个人。所以巴菲特建议，大家如果在股东年会上遇到阿杰特·杰恩的话，请向他深深地鞠一躬!

巴菲特在伯克希尔公司2003年年报致股东的一封信中，把阿杰特·杰恩称为“独一无二的管理者”。据2003年10月23日摩根士丹利公司发布的研究报告，从1993年以来，伯克希尔公司的大型灾难险盈利状况一直非常好。好到什么程度呢?资料表明，其平均年复合收益率居然达到不可思议的43%~44%！

这便可以看作伯克希尔公司再保险业务中的主要业务项目为公司创造巨额利润的一个缩影。

【启示录】

伯克希尔公司的再保险业务，尤其是事故险再保险业务的浮存金，可以在5年以上期限内供巴菲特免费使用，为伯克希尔公司用于股票投资，获取巨额回报创造了十分有利的条件，这也是其他保险公司所不敢奢望的。

16. 任凭风浪起，稳坐钓鱼台

财务稳健、远离风险、凭实力说话是巴菲特的一贯原则。这种操作策略使得伯克希尔公司稳步前行，基本上处于“任凭风浪起，稳坐钓鱼台”的境界。

再保险需要靠实力说话

我们在 1996 年陆续接了好几项大业务。1996 年年中我们与全美保险签约承保佛罗里达飓风风险，虽然没有确切资料可供佐证，但我们相信这应该是单一公司独力承受单一风险的最高纪录。接着到年底，我们又与加州地震局签约承保比佛罗里达飓风风险高出 1 倍的理赔上限，保单预计从 1997 年 4 月 1 日开始生效，我们再一次独立承揽所有风险。虽然承保的金额相当庞大，但是即使在最坏的状况下，任何一次大型灾害的税后损失也不会超过 6 亿美元，大约不到伯克希尔净值的 3% 或市值的 1.5%。大家要了解，这类风险的影响比起年报第二页所示的股票市场变动对我们的影响来说，前者可谓是小巫见大巫。

——沃伦·巴菲特

【巴菲特是这样炼成的】

巴菲特认为，再保险需要靠实力说话。伯克希尔公司正是有了强大的财务实力，才做到了“任凭风浪起，稳坐钓鱼台”。

巴菲特在伯克希尔公司1996年年报致股东的一封信中说，伯克希尔公司1996年陆续接了好几项大业务，也许很多人会关心其投资风险有多大，其实，如果你了解伯克希尔公司的强大实力，就知道其中的风险算不了什么。因为即使发生最坏的情形，任何一次大型灾害的税后损失也不会超过6亿美元。这个数字或许在其他保险公司看来足够大了，可是放在伯克希尔公司只不过相当于股票市值的1.5%。与股市本身的动荡所造成的风险相比，它只能算是小巫见大巫。

巴菲特所说的与加州地震局签约的承保合同，指的是以15亿美元的价格提供的一份再保险业务。

这家保险公司具有政府背景，保险合约期为4年，即从1997年4月1日至2001年3月31日。在此期间，对方需要分期、等额向伯克希尔公司支付5.9亿美元的保费，而伯克希尔公司则需要为在此期间发生的任何一次地震所造成的超过50亿美元的家庭损失偿付15亿美元的赔款。

这对于伯克希尔公司来说无疑是一次豪赌。要知道，如果在这4年间发生大规模地震，它需要付出的可是15亿美元的偿付额，扣除5.9亿美元保费收入，实际需要支出9.1亿美元。这就是说，千万要保佑在此期间不发生大地震，否则伯克希尔公司所承担的损失将是十分惨重的。

那么，在此期间发生地震的可能性究竟有多大呢？加利福尼亚地震局首席精算师透露，赌一点不发生地震的概率只有5%，而发生大地震的可能性则为1.27%。从理论上说，加利福尼亚州每80年才发生一次损失总额超过70亿美元的地震，这70亿美元的数据是根据地震保险部门需要赔偿的损失金额计算出来的。

可以为此做证的是，加利福尼亚州1994年发生的诺斯里奇大地震中，一家保险公司为投保人支付了高达85亿美元的个人家庭损失赔偿金。如果把所有保险金额算在里面，赔偿金总额高达270亿美元。仅仅这一次地震所发生的损失，就超过各项地震保费收入的总和。从这一点上看，这70亿美元的数字并不一定是最高的。

加利福尼亚州法律规定，保险公司只能提供不负担任何担保的保险合同，并且要对政府机构的负债规模加以限制。因此，油库、游泳池、围墙等都不包括在保险范围之内。

为了筹措一旦发生地震需要的赔偿金，加利福尼亚州地震局原来是计划发行15亿美元债券的。可是，它们在收到伯克希尔公司提出的更优惠的保险合同后马上改变了计划。因为两者相对照，发行债券的成本相当高，而如果能通过伯克希尔公司提供再保险，每年大约能节约2000万~4000万美元，这可不是一个小数目。况且，伯克希尔公司完全有实力承担这样的保险责任，并不是纯粹吹牛，又何乐而不为呢?

既然加利福尼亚州地震局与伯克希尔公司签订再保险合同每年能节约几千万美元，那么伯克希尔公司又是否仍然有利可图呢?

对于这个问题，巴菲特在伯克希尔公司1996年年报致股东的一封信中说，他自己也不知道，因为他没有计算过，更没有采用各种计算机模型进行过预测。

他的理由是，如果采用计算机模型做预测，也不过是臆断和毫无根据地猜测，所以，还是不做这样的预测为好。如果真的要采用计算机模型做预测，反而有可能诱使决策者做出完全错误的决定，这种事情在保险和投资领域非常多见。例如，在1987年美国股市崩溃期间，就有许多笃信计算机预测的人，对其预测结果信以为真，结果上当不小。

那么，巴菲特究竟是根据什么来敲定这笔保单的呢?既然他自己也不知道，那么也许就真的没人知道了。

话说回来，也许读者根本就没有必要弄清这一点。对巴菲特最了解的无疑是查理·芒格，他在伯克希尔公司1997年股东大会上解释说，如果真的发生这种大地震，确实会给伯克希尔公司造成麻烦，但请大家放心，即使这样，也不会造成毁灭性或根本性损失的。道理很简单，伯克希尔公司的强大财务实力决定了这一点。

伯克希尔公司当年除了与加利福尼亚州地震局签订这份地震保单外，还与泛美保险公司签订了一项再保险合同，承保由佛罗里达州飓风带来的损失，其赔偿金额大约为地震保单的一半。

【启示录】

在保险和投资领域有许多事情是无法预测的，主要是凭经验。另外就是，如果你有足够的实力做后盾，有些决策是很容易做出的。如果过分相信计算机模型预测等技术手段，难免会产生误导作用。

通过间接持股来获取收益

在某些情况下，我们间接持股的获利能力相当强。举例来说，像我们持有的953750股SAFECO股票，该公司大概是目前全美最优秀的大型产物意外险公司，其核保能力无与伦比，其损失准备提列相当保守，而它们的投资策略也相当合理。

——沃伦·巴菲特

【巴菲特是这样炼成的】

伯克希尔公司的稳健经营与它的间接持股策略是分不开的，与其集中持股也密切相关。

用巴菲特的话来说就是，他并不准备这里的股票买一点，那里的股票买一点，如果是这样的话，只会让他分心，对投资的产业漠不关心。他只要觉得价格合理，就会一下子买入许多，大量持股。他说，一个人只有把所有鸡蛋放在同一个篮子里，才可能集中精力看管好这只篮子。

巴菲特在伯克希尔公司1978年年报致股东的一封信中说，在某些情况下，伯克希尔公司间接持股的获利能力相当强。举例来说，伯克希尔公司持有机动车保险公司安全柯（SAFECO）保险公司的股票，该公司应当算得上是美国最优秀的大型产物意外险公司，其核保能力无与伦比，损失准备提列也相当保守，投资策略又相当合理。

巴菲特的意思是说，投资这样的股票可以令人放心，即使增加持股比例也能做到稳赚不赔。

他进一步介绍说，安全柯保险公司的经营业绩要远远高于伯克希尔公司。要知道，伯克希尔公司的保险业务业绩已经超过了社会平均数，这就表明安全柯保险公司的业绩非常了不起。与此同时，间接持股的安全柯保险公司，其业绩也高于伯克希尔公司直接控股的任何一家公司。

更不用说，伯克希尔公司当初是以远远低于其账面价值的价格买到这些股票的，今后仍然可以用这样的价格买到它的股票。相比之下，许多时候你只能用溢价方式买到一家整体表现非常平庸的企业。两者对比，就知道孰优孰劣了。

当然，间接持股和直接控股还是有根本不同的，这主要表现在间接控股公司，你无权去指挥和影响它的经营决策。可是，如果间接控股公司经营业绩比你直接控股更好，又为什么要在乎能否影响它的经营决策呢？

巴菲特说，虽然你闲坐在一旁看别人如何表演非常无趣，有时候还会有伤自尊；可是要知道，这本来就是被动参与某些优秀公司的企业管理层所应该付出的代价。

巴菲特的意思是说，如果这家公司由别人来经营管理比你自己经营管理更好，那么就应当放手让别人去做。再怎么说，别人经营得好，你也可以按照持股比例从中分到一杯羹，乐得轻松，又何乐而不为？即使是你直接控股了一家公司，有这样的优秀管理层来为你打理，你也应该放手让他们去做，更不用说现在你是间接控股了。

从中容易看出，巴菲特考虑问题的着眼点还是经营业绩，并不是控股不控股的问题。明白了这一点就能理解为什么伯克希尔公司下面有那么多直接控股公司，更有那么多间接控股公司了。

应该说，巴菲特的观点很实在，也很实惠，因为归根到底，效益（内在价值及其增长）才是硬道理。

具体地说，伯克希尔公司1978年根据持有安全柯保险公司的股权比重分配到的利润约为610万美元；可是，由于间接持股的会计核算方式不同，最终反映在伯克希尔公司账面上的利润只是前者的18%左右。但这又有什么关系呢？归根到底，应该是你的盈利分配，无论在你的账面上还是在对方账面上，最终仍然是你的。

巴菲特心平气和地说，剩下82%的利润虽然暂时在伯克希尔公司账面上看不到，但归根到底仍然是属于伯克希尔公司的。甚至，这时候不分配比分配更好。因为这些资金保留在安全柯保险公司账面上，将来能够为股东创造出更多的价值来，这个道理是显而易见的。

巴菲特认为，伯克希尔公司并不反对100%持有子公司所赚取的利润，关键是看这些资金放在谁的手里能够创造出更高的业绩回报来。如果其他公司的投资回报率超过伯克希尔公司，那么，伯克希尔公司宁愿它们不要被分配；同样的道理，如果伯克希尔公司1美元所创造的投资业绩会超过1美元，那么也是不主张马上就将其分配给股东的，而这正是伯克希尔公司股票内在价值不断提高、价格不断攀升的主要原因。

根据这样的理论，巴菲特认为投资者要淡化股票价格的概念。

他在伯克希尔公司1997年年报致股东的一封信中说，对于已经拥有却不准备卖出伯克希尔公司股票的投资者来说，用不着过于关注股票价格的高低变化。因为无论股票价格如何变，伯克希尔公司都会帮助股东“自动赚钱”。伯克希尔公司把自己所赚的利润重新投资于其他事业和股票，尤其是回购股份上，会比投资者个人买卖股票获得的投资回报率更高。

实践证明，在过去几年中，可口可乐公司、《华盛顿邮报》公司、富国银行等都在以非常低的价格大量回购股票，其所创造的业绩回报比现在用较高的价格进行投资要有利得多。

不用说，巴菲特这里所指的“持有伯克希尔公司股票的投资者”，他们同样是一群间接持股者，他们和伯克希尔公司间接持有其他公司的股票，由其他公司为伯克希尔公司创造较高的业绩回报道理是一样的。

【启示录】

考虑投资项目时最关键的是两点：一是投资风险大小，二是业绩回报率高低。至于是直接控股还是间接控股，这倒并不是最主要的。巴菲特认为，如果间接控股的业绩回报比直接控股更高，他会毫不犹豫选择前者。

财务政策保守一点没有错

> 我们一贯保守的财务政策可能也是一种错误，不过我个人却不认为如此。回想起来，很明显地，我们只要能够再多用一点财务杠杆操作（虽然较之他人还是很保守），就可以得到远比现在每年平均23.8%还要高的投资报酬率。即使是在1965年，我们也可以99%地确定高一点的财务杠杆绝对只有好处没有坏处；但同时，我们可能也会有1%的概率不管是由内部还是由外部所引发的令人意想不到的因素，使得我们的负债比例介于负债与倒闭之间。
>
> ——沃伦·巴菲特

【巴菲特是这样炼成的】

伯克希尔公司的财务稳健性是由稳健的财务政策所决定的。日常生活中我们经常看到，企业的财务都相对稳健，因为财务的后面是实实在在的钱（资金），这是企业正常运转的根基。

巴菲特在伯克希尔公司1989年年报致股东的一封信中说，伯克希尔公司一贯保守的财务政策在其他人眼里或许是个错误（太保守了），可是他却不这样认为。回想过去，虽然伯克希尔公司只要稍微提高一点财务杠杆，就能得到比现在更高的投资回报率。即使在1965年依然可以确定，提高财务杠杆可以99%地只有好处没有坏处，但同时也依然有1%的可能会出现意想不到的问题。而即使这1%的风险，巴菲特也不愿意去冒。

巴菲特所说的财务稳健，与其千方百计物色可靠的明星经理人有关。他说，严格挑选优秀的公司管理层，虽然并不会保证你一定取得成功，并不会保证一家二流的纺织厂或百货公司会“老母鸡变鸭”；但毫无疑问，该公司的所有人（投资者）会因此受益良多。相反，如果公司管理层平平庸庸，那么本来很有前途的公司也会被他们糟蹋掉，这种风险既可能发生在业务领域，也可能发生在财务方面。

从伯克希尔公司的发展历史看，巴菲特始终认为，只要投资行为合理，就一定会得到好的结果（合理的投资回报率）。

他说，在大多数情况下，提高财务杠杆会让你在这条道路上前进得更快。可是他和查理・芒格就从来一点都不急，他们享受的是这个过程而不是结果，所以没必要为了前进得更快而牺牲财务稳健性。

能够较好证明这一点的，是巴菲特在外汇投资上的操作思路。

他在伯克希尔公司2003年年报致股东的一封信中说，伯克希尔公司是从2002年开始进入外汇市场的，2003年进一步扩大了这方面的投资，原因是他长期看空美元，所以需要眼睛对外。展望未来，伯克希尔公司虽然仍然会把大部分投资放在美国，但会逐步增加在国外的投资比重。在巴菲特看来，美国的贸易赤字会持续强迫其他国家因为手中握有美元而投资美国。

伯克希尔公司为什么会从2002年开始投资外汇呢？原因在于，巴菲特看到从这时候开始，美元相对其他国家的货币来说贬值了，为了保证伯克希尔公司几百亿美元现金的稳健性，他必须这样做。

他说，会计准则规定，伯克希尔公司投资这些外汇资金无论契约是否到期，每个月都必须反映在会计报表上。而截至2003年年末，伯克希尔公司签订的外汇契约总额累计达到120亿美元，一共拥有5种外国货币。除此以外，还有以欧元计价的10亿美元左右的国外债券。

他说，除非能够得到合理的回报，否则他和查理·芒格“痛恨接受任何些微的风险。到目前为止，我们勉强可以接受的最大风险限度是吃标示过期1天的奶酪”。

伯克希尔公司控股中美能源公司的投资案例就能说明这一点。巴菲特在伯克希尔公司2005年年报致股东的一封信中说，2005年春天中美能源公司收购了位于美国西部的亚太公司（Pacifi Gorp）。该公司为美国西部6个州提供电力服务，经过许多监管部门批准，伯克希尔公司购买了34亿美元该公司的普通股，然后由中美能源公司用这些股票，再加上17亿美元的现金（银行贷款），完成了这桩收购交易。

巴菲特不厌其烦地说这些干什么呢？原因只是一个，那就是为了说明这起并购案虽然如此繁杂，却不是为了获得特别高的投资回报率，而只是为伯克希尔公司的巨额资金找到一个获取合理投资回报率的赢利机会。在他看来，投资这种政府重重监管的公用事业，投资回报率不可能太高。可是对于伯克希尔公司来说，手中握有如此巨额资金，就必须为它们找到一个合理的渠道，这也是以后的投资方向。

伯克希尔公司投资的稳健性，还表现在它会尽量避开有争议的公司。巴菲特警告投资者说，有以下3种股票不能买：

一是拥有许多没有处理的股票认股证的公司所发行的股票。这样的公司花样太多，投资者防不胜防，所以不该涉足。他坚持认为，“厨房中的蟑螂一定不止一只”，投资者如果发现该公司有问题，那也肯定不是只有一两个问题，很可能会有一大批，会给你带来麻烦。

二是财务年报中有太多附注说明的公司所发行的股票。这些附注说明越多，用词越模棱两可，不可告人的问题就会越多。

三是对发展前景预测过于乐观的公司所发行的股票。他表示，他连对伯克希尔公司下个季度的情况都无法预测，也不相信其他人能轻易预测一年后的利润增长，这不是他的专长，他也不相信有多少人会有这本事。对未来预测越乐观，今后达不到指标就越容易造假，从而在这条道上越走越远。

【启示录】

俗话说，“小心驶得万年船”。伯克希尔公司的策略是集中投资、长期投资，远离任何风险，哪怕仅仅只有1%的风险也不行。这正符合巴菲特“投资的第一准则是不亏损”的理念。不亏损，当然也就是多少能赚了。

17. 每年做广告刊登收购标准

现代社会离不开广告。巴菲特每年都要在财务年报中不厌其烦地一一列出伯克希尔公司的收购标准，这样做广告因为不多见，所以其效果非常不错。

每年念叨的 6 项收购标准

今年我再复述一次我们并购的标准——我们对具有以下条件的公司有兴趣：①巨额交易（每年税后盈余至少有 500 万美元）；②持续稳定获利（我们对有远景或具有转机的公司没兴趣）；③高股东报酬率（并甚少举债）；④具备管理阶层（我们无法提供）；⑤简单的企业（若牵涉到太多高科技，我们弄不懂）；⑥合理的价格（在价格不确定前，我们不希望浪费自己与对方太多时间）。

——沃伦·巴菲特

【巴菲特是这样炼成的】

巴菲特的日常工作主要是并购企业，这种方式与普通股民从二级市场上买卖股票有诸多不同。为此，他特别注重做小广告。他在伯克希尔公司每年的年报中，都会不厌其烦地做一段小广告来表明收购标准及态度。

自从巴菲特1956年创办巴菲特有限公司及至担任伯克希尔公司董事长以后，他每年都要给股东写一封信，公开阐述他的投资策略，逐一讨论当年公司发生的所有重大事项，这已经成为他的习惯和必修课。

读者只要认真阅读巴菲特每年致股东的信，就会发现伯克希尔公司的投资策略其实非常简单，甚至可以说简单得不能再简单。

然而，就是这些简单、朴素的真理中，蕴含着巴菲特丰富的投资精髓，这些信因而也被包括伯克希尔公司股东在内的广大投资者看作真正的“投资圣经”，许多人甚至把它当作布道经文，把其中的格言背下来。在这其中，巴菲特每年都要为并购企业做一段小广告。

例如，巴菲特在伯克希尔公司1983年年报致股东的一封信中说，新闻从业经验告诉他，重复刊登广告会有更好的宣传效果。去年（1982年）他已经在伯克希尔公司年报中做了一段并购企业的小广告，这里继续重复一下伯克希尔公司并购企业的6大标准：

①巨额交易。并购对象的每年税后盈余至少要有500万美元（这项标准在1985年被巴菲特提高到1000万美元，1995年再次提高到税前盈利2500万美元）。

②持续稳定获利。如果一个公司具有发展远景或者可能会出现转机，伯克希尔公司是不会对它感兴趣的。

③股东报酬率要高，而负债要很少。

④本身具备管理阶层。因为伯克希尔公司不想另外委派公司管理层去接管，也没有那个能力另外提供经营管理层。

⑤业务简单。如果业务非常复杂，尤其是涉及太多的高科技，巴菲特会感到“弄不懂”。

⑥并购价格要合理。在没有达成确定的并购价格之前，伯克希尔公司不希望浪费双方的宝贵时间。

除此以外，如果是外国企业，那么该企业所在国家的法制和文明程度也是巴菲特一定会考虑的。用查理·芒格的话来说就是，“我们不喜欢腐败、盗窃成风的国家和企业，我们需要的是法制”。

可以说，在后来每年的伯克希尔公司年报中，巴菲特都要重复这一收购标准，虽然用词有些许不同，但含义非常明确、简单明了。

与此同时，巴菲特通常还会特别强调以下5点：

一是伯克希尔公司不会进行恶意并购，因为伯克希尔公司具有良好的职业道德。

二是承诺完全保密。万一并购失败，也会保全双方的面子。

三是倾向于用现金交易，一手交钱，一手交货。只有在觉得所得到的内在价值与付出的一样多时，才会考虑通过发行股份的方式进行并购。

四是尽快答复。通常不超过5分钟就能明确告诉对方是否对此项目感兴趣，这样双方都干脆，不至于浪费太多的时间。

五是欢迎被收购对象四处打听那些已经被伯克希尔公司并购或与伯克希尔公司合作过的企业。巴菲特的目的是，希望这些未来的被并购对象通过这种方式了解未来可能会有一个怎样的归宿，让他们放心。

每年刊登收购广告后，巴菲特都会接到许多来电来信，其中相当一部分最终并购成功了，但也有一部分是不符合条件的。他举例说，有些企业做的是新业务；有些企业的业务将来可能会发生转机，不稳定；还有一些企业喜欢搞拍卖，希望能够在几家企业中看一看，谁的出价高就卖给谁；最常见的是中介机构介绍业务，他们希望巴菲特能够联系一下，看看是否感兴趣……巴菲特重申，上述情形都不符合他的这个广告要求，他是不会理睬的。他开玩笑说，这就像你登广告要购买牧羊犬，却有一大堆人打电话过来要卖给你长耳猎犬一样，有点“牛头不对马嘴”。

伯克希尔公司收购企业是不是一定要整家买下来呢？他解释说，其实也不一定。虽然伯克希尔公司希望能整体收购企业，而且最好是巨额交易（年利润至少500万美元以上），越大越好，但也会考虑买进一部分没有控股权的企业。他形容说，这就好比如果不能拥有一颗天然钻石，那么拥有天然钻石的一部分也好，这总要比拥有一颗人造钻石好得多。

巴菲特举例说，在他的心目中，最理想的并购对象是内布拉斯加家具店这样的类型。该公司明星经理人罗丝 · 布拉姆金夫人能够像过去一样继续留在公司里经营，而对方又希望能马上得到一大笔现金。无论对方是把这笔现金给自己、家族，还是其他股东都没关系，伯克希尔公司恰好是喜欢支付现金的（无论数额多大，关键是你要值这个价，而且从伯克希尔公司角度来看，交易额越大越好）。所有这些条件都是符合巴菲特初衷的。

【启示录】

通过巴菲特每年在伯克希尔公司年报上反复刊登收购企业的小广告容易看出，他实在是做生意的绝妙好手。可以说，如果换在其他任何媒体或地方做这种广告都不会如此贴切，如此高效，而且还不用支付任何广告费。

偏爱大象级收购对象

然而，为运用伯克希尔越来越多流入的现金，我们持续需要“大象级”的企业作为收购目标。因此，芒格与我必须放弃追求小老鼠，将心力投注于更大的收购案上。

——沃伦·巴菲特

【巴菲特是这样炼成的】

伯克希尔公司收购企业偏爱规模较大的，这从伯克希尔公司最早发布的6条收购标准中的第一条就可以看出来。随着伯克希尔公司资金规模越来越庞大，这种倾向也越来越突出。

巴菲特在伯克希尔公司2006年年报致股东的一封信中说，随着伯克希尔公司流入的现金越来越多，伯克希尔公司持续需要将“大象级”企业作为收购目标。因此，他和查理·芒格都会把主要精力集中到规模更大的收购案上去，为此必须放弃追求“小老鼠”级的收购目标。

为了更好地说明问题，巴菲特讲了这样一则笑话：有一个老头在超市里推着购物车与一位年轻的小伙子相撞了，老头非常抱歉地对小伙子说，自己的老伴丢失了，自己在一心一意地找她，所以没有注意，撞到了他。而巧合的是，这位小伙子也说他与妻子走散了，有些心不在焉，才发生了这样的事。于是两人决定一同寻找，这样可能会更有效率。老头一边走一边问小伙子，你的妻子长相如何？小伙子描绘妻子是如何如何的美丽，不但是金发美女，而且身材特别好，胸脯特别高，就连主教看见她都会冲破教堂的彩绘玻璃！更不用说，她今天穿的是一条白色紧身裤（不用说，今天的她就更加娇美了）。接下来小伙子问老头，你的太太长相如何呢？老头立刻回答，我们别管她了，一起找你的太太就好。

巴菲特说这个故事的意思是，当出现不同类型的收购对象时，他就像这位老头一样偏爱“更酷的”。他幽默地说：“如果你们有符合伯克希尔公司提出的收购标准的对象，无论什么时候都可以打电话给我，你们就看着我表演‘撞碎彩绘玻璃’的那一幕吧！”

巴菲特虽然没有明说为什么青睐规模较大的企业，但这样的企业可能具有更多竞争优势，是一个很重要的原因。

例如，2000年11月伯克希尔公司收购了英国最大的保险商国家再保险诺维奇联邦公司的一个附属机构万宝路保险代理公司，收购价不高于1400万美元，伯克希尔公司几乎无须动用任何现金就完成了这笔交易。

这究竟是怎么回事呢？原来，万宝路保险代理公司主要从事的是船只险业务，除此以外还有办公大楼保险、职业运动员保险等。几百年来，它的主要业务是为远洋贸易商提供保险；而这几年来由于暴风雨和其他自然灾害的频繁发生，这方面所造成的索赔已经使它的财务状况急转直下。

由于万宝路保险代理公司顾客的索赔要求超过了该公司的储备金水平，其中有相当一部分是与环境污染有关的索赔，国家再保险诺维奇联邦公司实在感到无能为力，所以便想到把这部分业务出售给伯克希尔公司。

伯克希尔公司收购万宝路保险代理公司后，并没有积极开拓新的业务，而是不断提高索赔款在支付前的利用率——这正是巴菲特的强项。要知道，伯克希尔公司在仅仅支付了1400万美元后，就得到了该公司24亿美元的浮存金，其中包括17亿美元的原始储备金和6.51亿美元的附加储备金，这才是巴菲特最看重的，可谓“醉翁之意不在酒”也。

当然，在这24亿美元浮存金的背后，巴菲特需要承担32亿美元的索赔责任。而巴菲特最多也只需承担这32亿美元的索赔限额，超出部分则自动转交给国家再保险诺维奇联邦公司，与巴菲特无关。

在这里我们可以看到，巴菲特看中的投资机会别人不一定会看得中。这不但因为他的眼光与众不同，还在于他所擅长的利用浮存金获取高额投资利润的本领，是其他人难以企及的。

回顾历史，巴菲特最早收购保险公司也是在这样的标准下实行的。巴菲特在伯克希尔公司2006年年报致股东的一封信中说，1967年3月9日，伯克希尔公司从杰克·林沃尔特手中，以860万美元的代价买下国家产险公司及其关系企业全国火险及海运险公司，这其中还有一段故事呢。

巴菲特说，杰克·林沃尔特是他的老朋友，也是一位脾气有些古怪的杰出的生意人。每年他大概有10分钟时间会有出售该公司的冲动，主要发生在与主管部门意见不一致或者法院的判决不尽如人意之时，但这种想法稍纵即逝。所以，巴菲特在20世纪60年代中期对一位投资银行家朋友说，如果下次遇到杰克·林沃尔特发火的时候就赶快告诉他。而这位投资银行家既是巴菲特的老朋友，也是杰克·林沃尔特的老朋友，完全具备这个传话条件。

果然有一次，这位投资银行家给巴菲特打电话了，于是巴菲特火速安排了与杰克·林沃尔特的会面。为了防止事后变卦，巴菲特跳过审计、审查等所有环节直奔主题，在双方见面后的几分钟内就达成了交易协议。

就这样，巴菲特从杰克·林沃尔特手中购买了两家保险公司，投入资金860万美元，而他每年从中得到的浮存金却有1700万美元。在此后的40多年里，伯克希尔公司的保险业务源源不断地为其提供浮存金，2015年年末浮存金数额高达877.22亿美元。很明显，规模越大的保险公司所能提供的浮存金越多，这是巴菲特非常看重的一个方面。

【启示录】

俗话说，“门当户对”。随着伯克希尔公司拥有的现金越来越多，规模越来越大的保险业务所能提供的浮存金数额也越来越大，伯克希尔公司在并购企业，尤其是保险业务时更偏向于“大象级”企业，是不难理解的。

广告效应还确实很不错

12 月 3 日，我收到拉尔森公司老板克雷格的一通电话。该公司是美国定制相框的领导厂商，克雷格是在 1981 年买下这家公司的，自此该公司的营业额从 300 万美元增长到 3 亿美元。虽然在克雷格打电话给我之前，我完全不知道这家公司的存在；不过，几分钟的谈话让我感到我们很有可能达成交易。他对于企业现况坦率直言，同时也在乎买方的来历背景，至于所提价格也相当合理。两天之后，克雷格跟公司总裁史蒂夫·麦肯齐来到奥马哈，前后只花了 90 分钟，双方就达成共识，并于 10 天后正式签订合约。

——沃伦·巴菲特

【巴菲特是这样炼成的】

巴菲特每年都要在伯克希尔公司年报中就收购企业的标准问题做一段小广告。那么，广告效果如何呢？简单一句话：很好。

巴菲特在伯克希尔公司2001年年报致股东的一封信中说，2001年12月3日他接到了拉尔森（Larson - Juhl）公司老板克雷格 · 庞西奥（Craig Ponzio）的一个电话。该公司是美国定制相框的领导厂商，在美国拥有18000家照相馆，并且其品牌在加拿大和欧洲的大部分地区也同样是领导品牌。

巴菲特虽然在此以前并没有听说过该公司的名字，可是经过电话中短短的几分钟交谈，巴菲特就感到有戏，觉得完全有可能达成交易。

回顾历史，该公司是克雷格 · 庞西奥1981年买下的，也是他读大学时打工的第一家公司。从那时候起直到2001年，该公司的年销售额从300万美元增长到了3亿美元。

巴菲特发现，克雷格 · 庞西奥为人非常诚实，对公司的经营业绩和所存在的问题坦诚直言，并且很在乎并购方的背景，交易价格又很合理。所有这些都表明，该公司正是巴菲特所喜欢并特别看好的并购类型。

就这样，仅仅两天后，克雷格 · 庞西奥就和他的首席执行官史蒂夫 · 麦肯齐（Steve McKenzie）一起来到奥马哈拜见巴菲特。双方只进行了90分钟交谈，就达成共识，并且在10天后签订了收购合约。

巴菲特介绍说，类似于这种看见伯克希尔公司年报上刊登的收购标准后直接上门联系的并购对象有不少，完全可以说他们是慕名而来的。当然，除了直接洽谈并购条件外，还有许多企业经营者是前来请巴菲特给他们参谋的。

巴菲特在伯克希尔公司2000年年报致股东的一封信中说，2000年6月，全球最大的地毯制造商肖氏地毯公司的首席执行官鲍勃·肖（Bob Shaw），带着一位合作伙伴以及另一家正在和肖氏地毯公司洽谈合并业务的首席执行官，一起来拜访巴菲特。

原来，后者因为石棉案件正面临着潜在的诉讼赔偿，而且这笔赔偿数额非常大。如果这些或有负债能够通过保险公司解决掉，那么两家公司合并就有希望；否则，合并就很难成功。因为这种或有负债数额并不确定，很可能会导致并购方负债累累，甚至破产倒闭。

说得更简单一些就是，他们来拜访巴菲特的目的，就是希望伯克希尔公司能够为这种或有负债提供保险，这样他们对损失大小就心中有数了。

巴菲特对他们说，虽然伯克希尔公司可以提供金额比其他同行都要大的保单，却不能提供金额不确定的保单。这实际上表明，巴菲特婉言拒绝了他们的要求。他们一听这话就表示，既然伯克希尔公司都不敢提供保险，看来这种潜在风险确实太大了。果然，双方的合并交易没有成功。

可是，巴菲特通过这次见面，却对肖氏地毯公司有了较多的了解，并且由此对其产生了浓厚的并购兴趣。

几个月后，巴菲特和查理·芒格就和肖氏地毯公司首席执行官见面，敲定了并购该企业的所有细节。其中有一条相当重要的条款，就是该公司首席执行官及其合伙人可以继续拥有肖氏地毯公司至少5%的股票。巴菲特此举的目的，是希望留住这两位在全球都极为优秀的经理人。

睿智的巴菲特深深知道，没有这两位明星经理人的努力，肖氏地毯公司不可能成为全球最大的地毯制造商。而至此，肖氏地毯公司也成为当时伯克希尔公司保险业务以外最大的投资对象。

巴菲特在伯克希尔公司2000年年报致股东的一封信中说，1999年11月23日，他收到一份署名为布鲁斯·科特（Bruce Cort）的传真，后面附有刊登在《华盛顿邮报》上的一篇关于收购一家公司失败的文章。布鲁斯·科特是一位飞机中介商，曾经在1986年卖给伯克希尔公司一架飞机，巴菲特已经有10多年没有和他接触了。

巴菲特收到传真后，马上对布鲁斯·科特提到的那家公司进行了解。经过研读该公司向美国证券交易监督委员会提交的文件，巴菲特大喜过望，当即就打电话给布鲁斯·科特，表示对该公司非常感兴趣，并且请他立即帮助安排与该公司首席执行官保罗·阿诺德（Paul Arnold）见面。

11月29日，巴菲特在和保罗·阿诺德见面后认为这是一家朴实无华的好企业，而且收购价格也非常合理（或许受此前被收购失败的影响，这时候他们开出的收购价格更低了）。

就这样，伯克希尔公司马上通过旗下公司韦斯科金融公司，投入3.86亿美元的现金，买下了这家美国办公室家具出租公司。该公司在美国拥有117个销售点，后来的业绩表现大大超过巴菲特和查理·芒格的预期。巴菲特用他特有的巴氏语言说："我们算是押对宝了。"

【启示录】

俗话说，"一家有女百家求"。伯克希尔公司通过年报中的并购广告发布信息，然后对这些信息加以研究、甄别，从而挖掘出一大批非常有潜力的并购对象，可谓事半功倍。上面提到的3个成功案例只是其中一小部分。

18. 收购企业坚持既定原则

伯克希尔公司收购企业的原则一贯而明确。巴菲特自豪地说："我们的收购策略非常科学。我们只要坐在办公室里等电话就行了。偶尔有人会打错电话。"

甘为企业创始人充当继承人

要知道，一家经典企业由一个企业家终其一生，有时甚至是好几代，以无微不至的用心与优异的才能建立时，对于现任经营者来说，接手的人是否能继承过去辉煌的历史，是相当重要的一件事。关于这点，查理跟我相当有信心，伯克希尔绝对可以为这些企业提供一个美满的归宿。

——沃伦·巴菲特

【巴菲特是这样炼成的】

伯克希尔公司收购企业的宗旨与众不同，简单地概括就是一句话：心甘情愿为企业创始人充当继承人。表达得更通俗一点就是，如果企业创始人或继承人把企业看成是自己的生命，甚至比生命还重要，可由于种种因素找不到下一个更合适的继承人，或者由于健康问题无法继续经营下去，那么，这时候交给伯克希尔公司就是最好的选择。

巴菲特曾经给一位有意出售家族企业的经理人写过一封信，详细阐述了伯克希尔公司收购企业的原则和做法。后来，他把这封信整理后附在伯克希尔公司1990年年报致股东的一封信中。

巴菲特在这封信中说，大部分企业创始人终其一生建立自己的企业王国，取得了辉煌的成就；可是由于种种因素，会一时产生出售自己企业的冲动，最后酿成不良后果。比较多的情形是，中间商为了赚取佣金，不顾买卖双方的利益，而怂恿老板赶快做决定。毫无疑问，出售企业需要考虑到方方面面的问题，仓促做决定往往会发生一辈子无法挽回的错误。当然，这种错误并不一定是指价格不合理。对于把企业看作自己生命的经理人来说，价格虽然很重要，却不一定是整个交易中最关键的因素。

总体来看，需要购买企业的人可以分为两类：

一是同行和竞争对手，或者是想进入这个行业的企业或个人。遇到这种并购者，无论他做出什么样的承诺，都会让你感到他好像比你更善于经营你的企业。如果并购方规模较大，它会招聘一大堆职业经理人来经营、管理你的企业。即使你的经营能力比他们强，出于人性的某一方面，对方也会自己来做。说穿了，就是他们对你不放心，或者他们认为只有他们的那一套才是正确的，才是更好的。

二是财务公司。这些财务公司本来就是从事企业兼并的，它们把企业兼并看作做生意。购买你的企业后，如果遇到合适的时机和价格，它们就会重新把你的企业兜售出去。当然，在此之前，它们会发挥专长把你的企业报表尽可能做得更好看一些，以便把这个企业卖个好价钱。它们才不在乎这个企业是你一辈子的心血和结晶呢，谁出的价格高就卖给谁。

巴菲特强调说，伯克希尔公司与上述两类企业完全不同。

首先，伯克希尔公司买入你的企业，目的是为了拥有，而且是长期拥有，并不是转卖，所以不会也不希望由伯克希尔公司空降一批经理人到该企业。伯克希尔公司买下某企业后，通常仍然由该企业的原班人马经营管理，并且是完全独立自主地运营。在大多数情况下，这些经理人不要说没有到过伯克希尔公司总部，甚至根本就不认识巴菲特。伯克希尔公司的经营思路是，由伯克希尔公司适应这些企业，而不是让这些企业适应伯克希尔公司，这是绝对与众不同的。

其次，过去伯克希尔公司从来没有空降过管理层进入新并购企业，以后也不会这样做。而且相反，如果该企业管理层不愿意留下来，那么巴菲特基本上会否决这项并购案。

最后，大多数买方一开始都会强调如何需要你的大力支持，可是由于某些原因，后来大多数买方又会推翻原来的承诺。可是伯克希尔公司不一样，绝对能说到做到。这一方面是因为巴菲特绝对控股该公司，能够说到做到；另一方面，伯克希尔公司也希望能通过这种稳定公司管理层的方法，取得更好的经营成果。

所以，伯克希尔公司在并购企业时，从租税角度出发，总是希望能够拥有80%以上的股权，而另外20%的股权留给公司管理层或该公司原有家族成员。伯克希尔公司能够介入并购企业的主要是资金规划和配置，以及高级管理人员的任免和报酬，其他的人事、运营策略等全都交给公司管理层做主。

巴菲特在伯克希尔公司2000年年报致股东的一封信中说，2000年，伯克希尔公司一口气完成了8件并购案，总金额高达80亿美元，全部是用自有资金支付的，其中97%付的是现金，其余的是股票。这8家企业的年销售额高达130亿美元，员工总数为5.8万名。

当年之所以会发生这么多并购案，主要是因为许多公司预感到自己的产业将走下坡路，希望能赶快寻找出路。而巴菲特认为，有这种想法是正常的，因为任何行业都会有景气循环。有些人比较看重短期成败，可是伯克希尔公司却不在乎这些“前进中的困难”，更关心的是该企业的长远发展。并且，正因为有人看重短期成败，才使得伯克希尔公司有机会以更低的价格并购企业。

更不用说，伯克希尔公司还有一项独特的优势，那就是它通常都是被并购方希望遇到的那种买主，这对其并购行为非常有帮助。

有很多企业，尤其是那些凝聚了创始人及其家族一生心血的企业，它们更在乎将来的归属，而不是价格高低，这也是伯克希尔公司非常看重的方面。当一家企业具有这样的特质时，通常就意味着该企业具有诚实的账务、自信的产品、稳定的客户以及忠实的员工。相反，如果老板只想把企业卖个好价钱，一点也不关心企业的未来发展，是很可怕的。

【启示录】

从这个角度看，巴菲特非常懂得心理学。他深知凝聚创始人一生心血的企业更关心自身未来发展，所以伯克希尔公司更愿意成为这些企业的可靠买主。伯克希尔公司因此得到了价格实惠，同时这些企业也得到了更好的发展。

收购企业时就要有长期持有准备

伯克希尔并购了几项重要的新事业，其产业竞争力在各自业界数一数二，并由优秀的经理人所管理。这些特点是我们“进入”策略决定阶段关键的两只脚，至于合理的价格则是第三只脚。不过，不同于一般融资并购者及私人投资银行，我们并没有所谓的“退出”策略。在买进以后，我们就把它们好好地放着，这也是伯克希尔往往成为许多卖方及其经理人心目中的首选，有时甚至是唯一选择的原因。

——沃伦·巴菲特

【巴菲特是这样炼成的】

伯克希尔公司收购企业的一条既定原则是长期持股，这赢得了许多卖主的特别青睐，有的卖主甚至还因此把它作为唯一选择。

巴菲特在伯克希尔公司2002年年报致股东的一封信中说，当年伯克希尔公司又并购了几家重要企业。与其他同行不同的是，伯克希尔公司并购这些企业后，并没有所谓的“退出”策略，买进这些企业后就会好好地经营它们。也正因如此，伯克希尔公司往往成为许多卖方心目中的首选对象，有时甚至是唯一选择。

伯克希尔公司在选择并购对象时是特别谨慎的。巴菲特说，伯克希尔公司有意并购的企业，必须符合以下3个条件：一是产业竞争力要在本行业数一数二；二是具备优秀的公司管理层；三是购买价格合理。不用说，如果真正符合这3个条件，那么这样的并购对象也是其他人心目中最理想的企业，非常值得长期持有。

巴菲特曾经给一位有意出售家族企业的经理人写过一封信，详细阐述了伯克希尔公司收购企业的原则和做法。

他在这封信中说，如果你要和伯克希尔公司一起做生意，那么伯克希尔公司就会用现金来支付你的报酬，你的企业资产既不会被中间商刮掉一层，也不可能被伯克希尔公司当作银行借款的抵押品。与此同时，伯克希尔公司也不会随随便便就宣布退出“不玩”了，或者提出其他什么乱七八糟的要求；更不可能出现像有些企业那样换了一批经理人后就对前任所做的承诺不认账，或者公司总裁遗憾地对你说是董事会要求他这样做的，他其实也没办法之类的糟糕情形。

末了，巴菲特幽默地提醒对方，并购交易完成后，你不会比原来更富有，因为这种交易只会让你的财富形式发生改变，实际金额不一定会有变化，但经营大权仍然掌握在你的手里。虽然你原来资产的大部分或全部会变成现金，但总体上看，这不能说你已经变得更富有了。

而实际上呢，任何人都听得出，巴菲特这里所说的“你不会比原来更富有”“只会让你的财富形式发生改变”，恰好是许多卖主所希望的。由于他们出售企业往往不是因为没有钱（他们已经非常富有，甚至富可敌国了），他们更在乎的是企业今后由一个可靠的人接手，以确保这项事业千秋万代地经营下去。而所有这些，也都是伯克希尔公司所希望的，也能够做到的。买方与卖方一拍即合，就有了巴菲特的长期持股策略。

巴菲特在美国佛罗里达大学演讲时说，在他的家乡奥马哈曾经有位先生这样说过，他雇用人的时候主要看3个方面：诚信、智力、精力。如果雇用一个只有智力、精力，却没有诚信的人，会毁了老板。从这一点上看，对于一个没有诚信的人来说，他最好愚蠢和懒惰，而不是聪明和精力充沛，因为这样对社会的危害更小。

巴菲特对佛罗里达大学商学院的大学生说：“我可以和你们玩这样一个游戏。如果我现在给你们一项权力，购买一个同学余生的10%，一直到他的生命结束，你们会怎么做呢？我可以给你们一个小时来考虑这个问题。你们想买进哪个同学余生的10%？我想，你们不一定会给每一个人做智商测试，挑选其中智商最高的；也不一定会挑选学习成绩最好的，或者精力最充沛的，或者全班最漂亮的。最大的可能是，你们会寻找那些素质化的因素，选择那个最有领导才能，最能实现他人利益，你最钦佩、最认同的人。因为既然坐在这里，大家智商一般不会有问题，重要的是其他方面。在此基础上，如果我要你们在买进某个同学余生的10%同时，还要你们卖出某个同学余生的10%，你们会怎么做呢？这时候你们卖出的可能依然不是智商最低的那个人余生的10%，而很可能是你们最讨厌的那个人余生的10%。因为这个人是你们最讨厌的，他的身上一定有你们最讨厌的品质，你们甚至可以说出一大堆他的毛病来。这样一比较，你们就会发现，一个人的品质是最重要的。”

巴菲特的意思是说，一个人是这样，一家企业也是这样。如果一家企业的本质很好，那就值得你长期拥有；如果一家企业本质不好，那你就不要买进。说到底，还是一个如何判断一家企业是否值得长期持有的问题。

话说回来，巴菲特之所以会有长期持股的打算，还与他脑海深处的复利概念有关。他在伯克希尔公司2000年年报致股东的一封信中说，从长期看，他和查理·芒格一直把伯克希尔公司内在价值增长目标锁定在略微超过标准普尔500指数上。虽然只是每年超过几个百分点，可是“只要能够持之以恒，久而久之也能产生不少差距”。而为了实现这个目标，伯克希尔公司必须每年固定增加几家好公司，并让原来拥有的那些好公司的内在价值保持不断增长，避免流通在外的股权大幅度膨胀。

巴菲特在这里所说的，也正是他一贯所坚持的。他实事求是地说，在上述几个方面中，真正需要“碰一点运气”的，还是能否每年增加几家好公司，这是他特别重视的。

【启示录】

巴菲特秉持长期投资理念，理所当然，他在收购企业时也坚持同一原则。具体而言，就是要求被收购对象在其业界数一数二，具有优秀的经营管理层，买入价格合理。这样的企业一旦买入后，当然就值得长期持有了。

喜欢在经济低迷时低价收购

这些曾经轰动一时的重大事件，却从未让本杰明·格雷厄姆的投资哲学受到丝毫损伤，也从没有让以合理的价格买进优良的企业看起来有任何不妥。想象一下，若是我们因为这些莫名的恐惧而迟疑或改变我们运用资金的态度，我们将会付出多少的代价？事实上，我们通常都是在某些历史事件发生，悲观气氛到达顶点时，找到了最好的进场机会。恐惧虽然是盲从者的敌人，却是基本面信徒的好朋友。

——沃伦·巴菲特

【巴菲特是这样炼成的】

巴菲特购买企业的一条原则是注重企业内在价值，而不是看宏观经济环境变化。越是宏观经济低迷，越能显出被收购对象的内在价值。换句话说，从总体上看，经济低迷，则意味着伯克希尔公司收购企业的好机会到了。

巴菲特在伯克希尔公司1994年年报致股东的一封信中说，普通投资人和商业人士相当迷信政治与经济预测，而他则对此抱一种无所谓的态度。回顾过去30年，没有人能够准确预测越南战争会持续扩大、工资和价格管制、两次石油危机、美国总统辞职下台、苏联解体、道琼斯工业指数在一天之内大跌508点、美国国库券复利率在2.8%~17.4%大幅度波动……这些曾经轰动一时的重大事件，都没能动摇本杰明·格雷厄姆的投资哲学，也没有让以合理价格买进优秀企业看起来有什么不妥。

可以想象，伯克希尔公司如果因为莫名其妙的恐惧，就放弃或推迟企业并购，将会造成极大的损失。事实上，伯克希尔公司通常都是在某些历史事件发生，社会上的悲观气氛到达顶点时，寻找最好的进场机会。从这个角度看，恐惧是盲从者的敌人，却是依据企业基本面进行投资的人的好朋友。因为无论外部环境发生什么变化，企业的内在价值依然在那里，而且可能会更突出。

巴菲特坚信，以后一定还会有一连串令人震惊的事件发生，伯克希尔公司既不会对这些事件进行预测，也不会想着从中获利。伯克希尔公司只希望依然能利用这些事件，像过去那样买到好企业。

总体来看，巴菲特确实是通过一些获得重大成功的投资决策塑造了伯克希尔公司。伯克希尔公司一半以上的净资产得益于10次左右的重大投资行动，这些行动归纳起来有两大特点：一是巴菲特总是在经济低迷时以很低的价格收购企业；二是收购企业后，长期持有，堪称马拉松式的投资理财方式。

所以，巴菲特在伯克希尔公司1994年年报致股东的一封信中说，在他看来，伯克希尔公司的成功方程式是：用合理的价格买进具有产业竞争优势的企业，同时该企业又有诚实能干的人来经营。据他估计，伯克希尔公司今后仍然可以继续保持这种好成绩。

为了能够在经济低迷、突发事件发生时买到好企业，巴菲特平时就注意观察，看哪些企业是“天然宝石”。他说，教科书上的第一课就告诉我们，如果你要成为一名优秀的棒球手，首先必须看着一个好球来打；如果随意挥棒，那就只能成为普通球手。

正因为懂得这个道理，所以巴菲特和查理·芒格一直在“静静地等待球儿滑进我们喜欢的好球带”。这样，一旦机会来临，他们就会有好成绩。

除了宏观环境发生变化，让一些企业变得更有投资价值外，把其他企业看作是“鸡肋”的部门兼并过来，同样符合上述原则。因为相对来说，这些部门在其企业内部是“低迷”的，可在伯克希尔公司里却很可能是强健有力的。

巴菲特在伯克希尔公司2002年年报致股东的一封信中说，2003年年初，高盛集团证券公司一位执行董事拜伦·特罗特告诉他说，威名百货公司有意出售它的子公司麦克莱恩（McLane）公司。

麦克莱恩公司的经营业务，主要是为大型超市、药品化妆品店、快餐店、影剧院等配送货物，也从事各种非食品物流业务。应该说，这是一家非常优秀的企业，年销售额高达230亿美元。可其利润相当微薄，毛利率只有1%，并不是威名百货公司未来发展计划中的核心业务。正因如此，威名百货公司才要出售它。可是它对伯克希尔公司来说，却好像是量身定做的一样。

在此之前的许多年里，巴菲特一直认为《财富》杂志每年固定举办的年度最佳企业评奖，得主应该是威名百货公司。在伯克希尔公司并购了麦克莱恩公司后，他更加坚信这一点。

在并购麦克莱恩公司的过程中，巴菲特并没有进行任何盘点、查账，而只与威名百货公司财务总监汤姆·舍韦（Tom Schoewe）单独进行了一两个小时的会面，就最终确定了并购计划。29天后，威名百货公司就顺利地拿到了现金。并购计划完成得如此迅捷，是因为直觉告诉巴菲特，汤姆·舍韦所说的都是真的，是值得相信的，而事实证明也确实如此。

巴菲特为什么会如此肯定呢？除了他的直觉之外，还有一个原因，那就是拜伦·特罗特比其他任何投资银行家都了解伯克希尔公司，至此为止，他已经成功地为伯克希尔公司介绍了3起并购案。

巴菲特幽默地说，虽然拜伦·特罗特已经因介绍这3起并购案得到了不少的好处费，但自己依然期待着有第四起并购案发生；而他也相信，拜伦·特罗特同样怀着这样的“期待”。

【启示录】

巴菲特把是否值得并购的标准放在内在价值上，也就不怎么关心宏观经济环境的变化了。平时就做好工作，观察哪一个是“好球”。一旦发现“好球”进入“击打区”，挥棒的成功率是很高的。

19. 收购企业喜欢一揽子买卖

巴菲特收购企业不喜欢讨价还价，如果对方开的价他觉得合适，5 分钟内就可以拍板买下来，决不拖泥带水。他喜欢大手笔，希望至少能控股 80%。

股票集中投资的风险最小

当评估出来的价值差不多，我们强烈偏爱拥有一整家企业，胜于持有部分股票。当然，在我们经营的大多数年头里，股票往往还是比较便宜的选择；也因此，在我们的资产组合中，股票投资还是占大多数，其比例如同先前所提到的。往后我们仍将维持过去惯用的资金分配方式，如果买股票比买整家公司便宜，我们就会大肆采购；如果特定的债券够吸引人，就像是 2002 年一样，我们就会买进满手的这类债券，而不管市场或经济状况如何。我们随时都很乐意买进符合我们标准的企业，而且规模越大越好。目前我们的资金并未被充分利用。

——沃伦·巴菲特

【巴菲特是这样炼成的】

集中投资是巴菲特的一大特点，他在企业并购时总是喜欢一揽子买卖。这除了他认为对自己非常了解的股票毫无疑问需要增大投资外，还与伯克希尔公司拥有巨额资金需要得到充分利用有关。

巴菲特在伯克希尔公司2002年年报致股东的一封信中说，如果整家企业和部分股份相比，其评估价值差不多，他会强烈倾向于拥有整家企业。从过去的经历看，在他经营的大多数年头里，股票往往是比较便宜的选择，所以在伯克希尔公司的资产组合中，股票投资还是占大多数。无论股票市场或宏观经济环境如何，伯克希尔公司因为手中拥有巨额资金，还是会非常乐意购买符合自身投资标准的企业，并且认为规模越大越好。

巴菲特在伯克希尔公司1991年年报致股东的一封信中，称赞著名经济学家约翰·凯恩斯的投资业绩与他的思想理论一样杰出。

他说，约翰·凯恩斯曾经在1934年8月15日写了一封信给生意伙伴斯科特(Scott)。信中说，随着时间的推移，他越来越相信，正确的投资方法就是将大部分资金投入自己认为了解并且信赖的事业之上，而不是将资金分散到一大堆自己不懂又没有特别信心的股票上去。道理很简单，每个人的知识和经验都是有限的。就他本人而言，他很难同时对两三家以上的股票感到完全放心。

容易看出，巴菲特举这个例子，在赞赏约翰·凯恩斯观点的同时，实际上也表明了他自己的观点。

巴菲特在美国佛罗里达大学演讲时说，如果你不是一个职业投资者，你又不想超越大多数人，那么你就尽可能地投资多元化，例如购买美国指数基金。不过就他而言，他认为，无论从哪个角度看，投资多元化都犯了大错。他觉得任何人的股票投资项目都不能超过6个。在他看来，一个人最多只能对6只股票做到真正了解；如果你想投资第七只股票，那绝对是个错误。

巴菲特说，投资股票应当精益求精，把最大比例的资金集中投入在自己最看好的股票上去。就他自己而言，在他最看好的股票品种中，只有一半左右他最终买了下来。在他的记忆里，股票投资做得不错的人都没有实行投资多元化，唯一的例外是沃尔特·许洛斯，只有他在所有行业都投资两只股票，并且50多年来他投资的所有股票都是赚钱的。

在2008年伯克希尔公司股东大会上，巴菲特谈到伯克希尔公司也有购买中国企业和印度企业的打算。遗憾的是，中国和印度的法律规定，使得伯克希尔公司购买中印企业，很难获得可观的利润。以保险业为例，中国、印度对外国投资者25%的控股上限，就使得伯克希尔公司的巨额资金没有了用武之地。从中也可以看出，巴菲特至今没有并购中国企业，原因之一就是在中国他无法充分施展“集中投资”的拳脚。

这样看来，伯克希尔公司将来的并购重点仍然在中国、印度以外的海外市场，至于是德国、英国，还是其他国家的一些公司，还不能确定。巴菲特之所以选择这些国家的企业，是因为这些国家的货币对于美元来说，汇率下跌的可能性非常小。他认为，美国政府推出的一些政策将会使美元进一步走软，他没有必要对非美元货币投资进行对冲，所以他下一步的投资重点不会是美国企业。

从2008年伯克希尔公司的投资组合中能够看出，截至当时巴菲特是怎样进行集中投资的：可口可乐公司在伯克希尔公司庞大的投资组合中占30%，美国运通公司占20%，吉列公司占10%，其他还有《华盛顿邮报》公司、富国银行等，这5家企业就占伯克希尔公司整个投资组合的75%。并且，巴菲特在每一次收购企业时都会采取大手笔做法，平均持股比例是12%。

巴菲特集中投资的方法有很多。持续增加对某一股票的持股比例最常见，除此以外，持续购买同一类型（同一板块）的股票也是方法之一。

例如，他在伯克希尔公司1993年年报致股东的一封信中说，伯克希尔公司自从1991年并购布朗鞋业公司后，又一口气在1992年年末并购了洛威尔（Lowell）鞋业公司，1993年并购了德克斯特（Dexter）鞋业公司。虽然布朗鞋业公司是专门制造鞋子、靴子的，洛威尔鞋业公司是专门生产女鞋和护士鞋的，德克斯特鞋业公司是专门生产高级男女鞋的，但本质上它们都属于鞋类企业。把这3家企业当作一个整体，就能很好地体现伯克希尔公司的集中投资策略。

事实证明，伯克希尔公司当初虽然对并购这3家企业的要求很高，但结果还是大喜过望。这从一个侧面证明了这种集中投资战略的正确性，因为它能让伯克希尔公司在尝到甜头后接二连三地收获成功。

【启示录】

在巴菲特看来，一个人的一生中最值得投资的机会只有那么几次。所以，每当出现难得的投资机会时，他都会好好把握住这样的机会，一旦看准就进行集中投资。

当然，集中投资也有利有弊，关键是要吃准股票。

5分钟做决定，不拖泥带水

许多人以为股票是伯克希尔公司投资时的第一选择,这样的想法不太正确。自从1983年我们开始公开披露经营准则后，我们就一再公开表示，我们偏爱买下整家公司而非部分股权。其中一部分是私人理由，那就是我喜欢与经理人共事，他们是一群高水平、有才干，同时忠诚度高的伙伴；而我必须坦言，他们的行为远较一般上市大公司的经理人理性，还愿意以公司股东利益为重。当然，除此之外，还有一个重大的财务理由，就是跟税负有关。

——沃伦·巴菲特

【巴菲特是这样炼成的】

巴菲特在美国被称为“先知”，在中国被称为“股神”，所以许多读者，尤其是中国读者，理所当然地认为巴菲特就是“炒股的”。确实，巴菲特早期热衷于炒股，但收获不大；正是他后来利用伯克希尔公司这个平台大量并购企业，才以这种真正的投资方式奠定了全球首富的基础。

巴菲特在伯克希尔公司2000年年报致股东的一封信中说，许多人认为，伯克希尔公司投资时的第一选择是股票，其实这样的想法不太正确。自从1983年伯克希尔公司开始披露经营准则以来，巴菲特就一直公开表示更倾向于购买整家企业。其中一部分是其个人理由，他喜欢和那些优秀的明星经理人共事，此外一个重要理由是从财务、税收角度来考虑的。

巴菲特特别指出，虽然并购企业是一件大事，可是这样的决定在伯克希尔公司不用超过5分钟就能做出。他举例说，2000年伯克希尔公司几乎把房地美、房利美股票全部出清，同时投入15%的资金并购了几家中型企业，买入了少量债券（这些债券数量不多，收益率却很高，并不属于垃圾债券系列）。做出这样的决策，巴菲特并没有花多少时间。

能够较好反映巴菲特果敢作风的，是伯克希尔公司并购奥马哈中央州际健康与人寿保险公司的案例。

中央州际健康与人寿保险公司有一个专门为全国各地信用卡发行商提供信用卡保险的业务部门，在投保人出现残疾和失业的情况下，该部门会根据信用卡存款向他们支付最低保障补偿金。也就是说，这种产品可以在投保人死亡、残疾、非主动性失业时，按月获得一定的补偿金。

这个业务部门坐落在巴菲特的家乡奥马哈。巴菲特说，他非常喜欢这个机构，也非常喜欢从事这项工作的员工，当然还有一半原因是他喜欢这个公司的所在地——奥马哈。

当中央州际健康与人寿保险公司创始人威廉姆·凯泽尔有意出售该公司的时候，巴菲特表示，他愿意出该公司年盈利额10倍的价格进行收购。威廉姆·凯泽尔一听就说："好，这是个好主意！我们去年赚了1000万美元，所以你出1亿美元来买下它吧。"

威廉姆·凯泽尔当时想，这1亿美元可不是个小数字，连他自己报出这个数字后都感到有些惊讶，料想巴菲特一定会砍价的。可他没想到，巴菲特爽快地说："没问题，就这么定了！"

这时威廉姆·凯泽尔有些贪心不足了，他继续试探性地提出要1.25亿美元，巴菲特说，他已经说了1个亿，已经来不及改了。

就这样，1992年10月20日，伯克希尔公司同意以8200万美元的价格收购中央州际健康与人寿保险公司82%的股权。

这则小故事被威廉姆·凯泽尔发表在1992年10月21日的《奥马哈世界先驱者报》上。他想表达的意思是，巴菲特收购企业时，在谈判方面完全是开诚布公的，而且5分钟就搞定，决不拖泥带水。

那么，巴菲特为什么能如此果敢地做出决定呢？相关人士分析认为，这主要是基于以下三大理由：

首先，巴菲特是伯克希尔公司大股东，拥有该公司1/3左右的股权，说话完全可以算数。更何况，巴菲特投资经验非常丰富，无论在该公司内部，还是在全球投资界，其个人声望如日中天。伯克希尔公司股东把他当神一样看待，他具备一言九鼎的权力，"不需要"与人商量着办。再说了，即使他决策失误，也撼动不了他的控股地位。

所有这些，都是他在股东大会上敢于自我批评，而其他上市公司董事长就不敢这样做的主要原因。

其次，伯克希尔公司最主要的业务是保险，而伯克希尔公司的保险业务并没有公开上市，所以外界非常难搞清伯克希尔公司保险业务的内在价值究竟有多少，谁最清楚？当然只有巴菲特了。巴菲特虽然也没有对伯克希尔公司的保险业务进行过详细测算，但无论如何，他对其内在价值还是非常清楚的。这样，巴菲特就轻而易举地站在了一个知己知彼的位置，而其他人看伯克希尔公司，至多算是知己不知彼。在这种情况下，巴菲特的拍板也就轻而易举得多了。

最后，这要得益于巴菲特的集中投资策略。众所周知，巴菲特投资股票的品种很少，这使得他有足够的时间和精力来研究股票以及去打高尔夫球、玩电脑桥牌。把股票研究透了，胸有成竹，到时候做决策的过程就变短了。反过来，如果巴菲特每年进行几十、几百件并购案，不但会忙得焦头烂额，而且一定会频出昏招，做决策时也一定会犹豫不决。

有人质疑伯克希尔公司在进行交易时5分钟就做决定，好像不太做尽职调查，对此，巴菲特2016年4月30日在伯克希尔公司股东大会上回应说：“我们在并购时曾犯过很多错误，但多数是有关经济评估的错误，这些错误即使做了更多的尽职调查好像也解决不了。世界上没有任何清单可以涵盖所有事项。”从这段话中容易看出，他很善于抓住关键问题的关键方面，而不纠缠于细枝末节，所以他做决策当然就果断多了。

【启示录】

丰富的投资经验、绝对的控股地位、知己知彼的优势条件、如日中天的个人威望、善于抓住主要矛盾等，是巴菲特能够在短时间内一锤定音的先决条件。这些条件对于其他企业领导人来说，不是不具备，就是不完全具备。

股票套利时往往会发现机会

没过多久，我就把短期套利的念头抛开，决定让伯克希尔成为Bill的长期投资者。而受惠于买回股份的消息，成交量扩大，我们得以买进大量部位。在短短一个月内，我们一口气买进通用动力14%的股份，这是在扣除该公司本身买回的股份之后的比例。

——沃伦·巴菲特

【巴菲特是这样炼成的】

伯克希尔公司在并购实践中，回购股票时，发现了许多一揽子买卖的机会。巴菲特喜欢回购股票或回购股票的企业，而这些企业又为他发现并购良机提供了有利条件。

巴菲特在伯克希尔公司1992年年报致股东的一封信中说，1992年伯克希尔公司除了股票分割外一共有4项变动，其中只有通用动力公司这只股票是新增的。

说起并购通用动力公司，还有一则故事。在此以前，巴菲特并没有特别留意过这家公司，直到1992年夏天，该公司宣布回购流通在外的30%的股权，它才引起了巴菲特的注意。巴菲特历来对回购股票的企业另眼相看，所以马上为伯克希尔公司买进通用动力公司的股票，并且预测将来能够从中赚上一笔。伯克希尔公司在过去已经进行过好几次这样的交易，并且使其闲置资金在短期内获得了丰厚的报酬。

正是从这时候起，巴菲特开始研究通用动力公司的股票了。当然，其研究对象必然还包括该公司首席执行官比尔（Bill）的经营策略。他发现，比尔那一套精心设计的策略果然相当有效，而最终业绩也非常优秀。

所以没过多久，巴菲特就抛开从通用动力公司身上进行股票套利的念头，决定让伯克希尔公司成为通用动力公司的长期合作伙伴。后来，由于通用动力公司不断回购股份，成交量扩大，伯克希尔公司便趁机大量买进该公司股份。扣除通用动力公司的回购股份，伯克希尔公司在短短一个月时间里就买入了其14%的股份。

巴菲特在伯克希尔公司1984年年报致股东的一封信中说，有些比较细心的股东会发现，当年年报中政府雇员保险公司特别股股息的金额和分类位次有变动，这主要是数字有所调整，实际上并没有太大的影响。

究其原因在于，自从1983年政府雇员保险公司宣布回购股票以来，伯克希尔公司同意卖给政府雇员保险公司等比例的政府雇员保险公司股票。这表明，伯克希尔公司卖出这些股票后，手中所持政府雇员保险公司股票的比例依然没变。当年伯克希尔公司卖出政府雇员保险公司股票35万股，收到现金2100万美元。经律师事务所确认，这笔交易的性质属于减资，因此伯克希尔公司只需缴纳6.9%的集团之间的股利税就行了。

除了政府雇员保险公司股票这种回购股份外，当年通用食品（General Foods）公司也出现了同样的情况，只不过它是直接从公开市场上回购股票的。伯克希尔公司每天都卖出一点通用食品公司的股票，以维持自己对通用食品公司股票的持股比例不变。当然，这样的交易是根据双方事先所签协议进行的。伯克希尔公司从中收到的现金也是2100万美元，持股比例则一直维持在8.75%。

巴菲特认为，上述做法对没有卖出股份的伯克希尔公司股东同样是有利的。事实上，1984年伯克希尔公司重点投资的几家上市企业，它们的母公司都在回购股票。究其原因在于，这些公司的内在价值大大超过了其股票价格，这种回购股票的做法对母公司来说是有利可图的。

那么，这些母公司回购股票对伯克希尔公司来说又有什么好处呢？巴菲特认为，好处主要表现在以下两点：

第一点好处非常明显，那就是这些母公司回购股票后总股本减少了，这时候伯克希尔公司手中拥有的相应股份，数量虽然没有变化，可是在总股本中的比例就相对提高了。也就是说，同样是这些股数，在母公司回购股票后，它们所代表的内在价值大大提高了，这比投入巨额资金去重新并购新公司要好得多。

第二点好处则不明显，甚至可以说没有什么人知道，从实质上看，也很难去进行衡量。这个好处就是，母公司回购股票的举措，能够对外宣示其管理层是如何重视股东权益的，这比那些拼命扩张企业版图的公司管理层信誓旦旦地表明自己如何重视股东权益的效果要好得多。因为后者不但对股东往往没有最终帮助，甚至会损害股东利益。时间越久，第二点的好处就越明显。

巴菲特说，1984年伯克希尔公司仅仅通过持股比例最大的3家公司——政府雇员保险公司、通用食品公司、《华盛顿邮报》公司回购股份，就从中大赚了一笔。所以他发自内心地说，伯克希尔公司能够为这些非常具有竞争优势，又真正注重股东权益的企业投资，感到相当安心。

巴菲特在伯克希尔公司1992年年报致股东的一封信中说，在伯克希尔公司的所有活动中，最令他和查理・芒格高兴的是，他们找到了那种具有超强产业竞争力以及令他们信任和尊敬的经营管理层的企业。

要知道，要寻找这种企业可不是一件容易的事。他们得从各种蛛丝马迹中寻找和挖掘线索，而那些回购股票的企业就在他们的关注范围内。一旦找到这样的企业，伯克希尔公司就会加大投资比例。

【启示录】

在巴菲特看来，伯克希尔公司寻找合适的并购对象，就像一般人寻找终身伴侣一样，态度要积极、乐观和开放，一点没必要急躁。有了这样的正确态度，伯克希尔公司收购企业喜欢一揽子买卖也就顺理成章了。

20. 投资股票就是投资企业

投资股票和炒股有本质区别，至少对巴菲特来说是这样。投资股票就是投资企业，要注重企业本身的质地；炒股看重的则是短期内的股价涨幅大小。

擦亮眼睛寻找真正伟大的企业

未来我们仍将持续为旗下的保险公司寻找真正优秀的事业，通过证券市场拍卖的价格机制，以比协议买进整家公司更便宜的价钱，取得一小部分股权。这种以划算的价格取得部分所有权（即股票）的计划，虽然不像通过谈判并购整家公司那么有趣，但我们相当清楚，以目前的市场情况，很多公司会因为协议谈判的方式（买下整家公司）而犯明显错误；相较之下，我们以划算的价格买进不少公司的部分所有权，反而赚了不少钱。

——沃伦·巴菲特

【巴菲特是这样炼成的】

巴菲特认为，投资股票就是投资企业，无论是买下整个公司，还是买入部分股权，首先考虑的都是合适的价格机制。这种价格当然是与其内在价值相比而言的。而一家公司或其部分股权内在价值高低，必然与该公司质地密切相关。所以，无论是买下整家企业，还是部分股票，寻找真正伟大的企业是最重要的。

巴菲特在伯克希尔公司1978年年报致股东的一封信中说，投资股票当然要擦亮眼睛，寻找真正伟大的企业，买入好股票，但同时也要注意它的价格是否合理。在这方面，伯克希尔公司是有经验教训的。

举例来说，1971年伯克希尔公司所有股票的投资成本是1070万美元，可是这些股票的市值却只有1170万美元（巴菲特的意思是说，这些股票投资几乎没什么盈利）。1975年年末，伯克希尔公司保险事业所持股票市值为3930万美元，也与投资成本差不多（换句话说，这时候依然没什么投资盈利）。而到了1978年，伯克希尔公司所持有的股票，包括可转换特别股在内，其投资成本一共是1.291亿美元，这时候它们的市场价值则上升到了2.165亿美元，盈利率高达67%，这还不包括这3年（1976—1978年）间已经获得的2470万美元的分红在内。换句话说，这3年间，伯克希尔公司这部分股票的投资回报率高达86%，计1.12亿美元。相比之下，这期间的道琼斯工业指数却从852点下跌到了805点。

为什么会这样呢？巴菲特认为，这是价值型投资者的必然回报。他表示，未来伯克希尔公司仍然会继续为旗下的保险公司寻找真正优秀的项目，通过证券市场买到的股票会比协议买进整家公司更便宜。在这种市场情况下，通过协议谈判买下整家公司，反而在价格上会犯明显错误，还是买下部分股权更容易赚钱。

巴菲特特别指出，虽然这里是以股票价格来论事的，但他宁愿不去关心价格变动。他说，他并不在乎市场是否会对这些价格被严重低估的股票立即做出反应，因为伯克希尔公司通常会不断有资金流入，用来进行股权投资。只要认准那些质地优良的企业，不断地以便宜的价格买入，将来最终会比眼下因股价上扬卖掉股票赚得更多。

他举例说，1978年伊利诺伊国家银行及信托公司的赢利水平达到其平均资产的2.1%，相当于其他大型银行的3倍，而与此同时却能规避其他银行普遍存在的资产风险，这样的企业就非常难得。

他说，伯克希尔公司是在1969年买入伊利诺伊国家银行及信托公司的。当时该公司的营运水平就是一流的，当然，自从其1931年创立以来就一直如此。1968年以来，该公司的银行定期存款金额增长了4倍，净收入增加了3倍，信托部门的收入增加了2倍，而成本控制却相当适当。众所周知，成本控制适当是巴菲特认定一家好公司的必备条件。

那么，巴菲特是怎样寻找这种优秀企业的呢？他在伯克希尔公司2008年年报致股东的一封信中，把上市公司分为三大类型：伟大的公司、优秀的公司、糟糕的公司。

所谓“伟大的公司”是，它们能够支付非常可观的利息，而且这些利息会随着时间的推移不断增加；所谓“优秀的公司”是，只要你不断增加存款，它们的利息就会很有吸引力；所谓“糟糕的公司”是，它们的利息不但令人失望，而且投资者还要不断掏钱来维持这种少得可怜的回报。

在巴菲特心目中，伟大的公司的典型代表是喜斯糖果公司。虽然喜斯糖果公司所在的巧克力行业并不怎么样，甚至可以说非常令人扫兴，但巴菲特是这样看的：伯克希尔公司1972年投资2500万美元收购喜斯糖果公司，后来又投入3200万美元，而当时该公司的税前收入还不到500万美元。30多年过去后，如今该公司的税前收入已经高达13.5亿美元。这些收入除了原来投入的部分外，又源源不断地反馈给伯克希尔公司重新并购企业，成为巴菲特的“提款机”。不要说巴菲特，换了其他任何人，也都会认为这是一家“伟大的公司”。

巴菲特心目中的优秀公司的典型代表是国际飞安公司。1996年伯克希尔公司收购该公司时，它的税前年收入是1.11亿美元，固定资产净投资5.7亿美元；而2007年年末，它的税前年收入是2.70亿美元，资产折旧9.23亿美元，资本支出16.35亿美元。换句话说，虽然在这11年间，伯克希尔公司通过追加投入5.09亿美元，年利润增加了1.59亿美元，但与喜斯糖果公司相比还是差得远了，所以不能称之为“伟大”，只能说是“优秀”。

巴菲特心目中糟糕公司的类型是像航空公司那样发展很快，投入资金很多，利润却少得可怜，根本没有钱可赚的企业。

当然，比糟糕的公司更糟糕的就是亏本买卖了。例如，伯克希尔公司1993年用自身总股本1.6%的比例购买的德克斯特鞋业公司，后来就证明这是一家烂公司。让巴菲特十分痛心的是，这1.6%在当时值4.33亿美元，至2016年9月30日仅值56.74亿美元，他亏大了。

【启示录】

投资股票就是投资这家企业的一部分，所以该股票质地好坏是最重要的。投资者要擦亮眼睛，寻找那些最伟大的公司，只要价格合理，就可以买下。如果买到烂股票，那就会“赔了夫人又折兵”。

公司管理层优秀是必备前提

当我们在评断一家公司的内在价值时，我常常会问自己一个问题：“假设我有足够的资金与人才，我愿不愿意和这家公司竞争？”我宁愿和大灰熊摔跤，也不愿和罗丝·布拉姆金夫人家族竞争。他们采购有一套，经营费用低到其竞争对手想都想不到的程度，然后再将所省下的每一分钱回馈给客人……这是一家建立在为客户创造价值，并将其转化为所有者经济利益的基础上的理想企业。

——沃伦·巴菲特

【巴菲特是这样炼成的】

在巴菲特眼里，投资股票就是投资企业，所以，所投资公司管理层必须优秀就非常重要。因为归根到底，这家企业是交给他们来打理的。他们就好像航行中的掌舵者一样，责任说多大就有多大。

巴菲特在伯克希尔公司1983年年报致股东的一封信中说，他在评判一家企业的内在价值时，常常会问自己这样一个问题：如果拥有足够的资金和人才，自己愿意不愿意和这家公司展开竞争？

巴菲特的意思是说，如果自己有足够的资金和人才，还无法与该公司竞争，就表明这家公司具有很宽的经济护城河，牢不可破。而在这些经济护城河中，必不可少的是该公司管理层之优秀。

他幽默地说，他宁愿与大灰熊去摔跤，也不愿意去和由罗丝·布拉姆金夫人家族经营的内布拉斯加家具店竞争。这家公司的最大特点是，经营管理上有一套，经营费用低到竞争对手想都不敢想的程度；在此基础上，他们还把节省下来的每一分钱通过降低销售价格的办法回馈给顾客，从而实现良性循环。

巴菲特之所以举这个例子，是因为当年伯克希尔公司刚刚并购内布拉斯加家具店，该公司创始人罗丝 · 布拉姆金夫人正是他特别欣赏的公司管理层类型，他几乎在每年的伯克希尔公司年报中都要对她赞赏一番。

罗丝 · 布拉姆金夫人原来是俄国人，23岁时到美国，从来没有读过书，甚至连小学也没有上过，更不懂英文。

刚到美国时，她卖了许多年前的旧衣服，然后在1937年拿出自己仅有的500美元积蓄，开了一家家具店。当时开家具店的她没有任何经验，完全是参照当时美国最大的家具交易中心的经营模式，唯一靠的就是低价竞争。不用说，在后来的经营中，她遇到了各种各样想象不到的困难，因为她既没有经验，又没有任何产品优势、地理优势、资金优势。为了渡过难关，她把家里所有值钱的东西都变卖一空，贴补低价竞争。

为了遏制她的这种低价竞争，奥马哈当地的家具和地毯零售商们联手向供货商施加压力，不准它们供货给罗丝 · 布拉姆金夫人。在这种围追堵截下，罗丝 · 布拉姆金夫人依然拼命降低营运成本、薄利多销，结果被同行以违反公平交易法告到了法庭。

让人没想到的是，这场官司打下来，罗丝 · 布拉姆金夫人不但取得了最后的胜利，而且还因此名声大噪。更有意思的是，罗丝 · 布拉姆金夫人为了证明以这样低的价格销售仍然能取得利润，还专门卖了一条地毯给法官呢。

发展到现在，内布拉斯加家具店已经拥有一家20万平方英尺的店面，年销售额超过1亿美元，整个美国没有任何一家家具零售商比得上它。要知道，它经营的家具、地毯、家电用品比奥马哈地区所有其他同行加起来还要多。所以完全可以说，内布拉斯加家具店在奥马哈及其周边地区的知名度与可口可乐公司是一样的。

巴菲特的意思是说，面对内布拉斯加家具店及其经营者罗丝 · 布拉姆金夫人，即使你拥有再多的资金和人才，也无法与它相抗衡。该公司拥有这样的经营管理层，在以后的发展道路上还会有什么困难可以阻挡它前进的步伐呢？

巴菲特说，罗丝 · 布拉姆金夫人高瞻远瞩，从家族因素考虑，最终决定把公司出售给伯克希尔公司。而实际上，巴菲特对这个家族及其事业已经欣赏了几十年，不用说，并购协议很快便敲定下来了。

而即使到了这时候，90多岁高龄的罗丝 · 布拉姆金夫人也没有想退下来享享清福的意思，而是依然担任公司负责人，并且全年无休地工作在大卖场，照例从事着她最擅长的地毯销售，一个人的销售业绩就可以打败其他所有同行。

巴菲特感叹地说，遗传学家们应该好好研究一下罗丝 · 布拉姆金夫人家族为什么一个个都能成为明星经理人。

罗丝 · 布拉姆金夫人的儿子路易 · 布拉姆金（Louie Blumkin）担任内布拉斯加家具店总裁已有好多年，是业内公认的最精明的家具和家电用品采购商。他说，因为他有一位最好的老师做榜样，这位老师当然就是他的母亲罗丝 · 布拉姆金夫人了；而罗丝 · 布拉姆金夫人对外则说她有一位最好的学生，这位学生当然也就是指她的儿子路易 · 布拉姆金了。

现在，路易 · 布拉姆金和他的3个儿子全部继承了这份事业，他们的优秀管理能力、工作勤奋程度，尤其重要的是他们正直的人格特质，在当地有口皆碑。

从这个角度看，伯克希尔公司能够并购内布拉斯加家具店这样的企业实在是三生有幸，也难怪巴菲特每年要在年报中对罗丝 · 布拉姆金夫人和内布拉斯加家具店赞赏有加了。把自己的投资交给这样的企业，或者说购买这种企业的股票，还有什么不放心的呢?

【启示录】

俗话说，“交友交心”。在巴菲特看来，并购企业或投资股票也是一样的道理。只有把钱交给一个正直可靠、具有高超管理才能、勤奋工作的公司管理层，才可能最终实现价值增值，并且获得大幅度的业绩回报。

企业本身的表现要扎扎实实

糖果店是个很好玩的地方，但对大部分老板来说就不那么有趣了。就我们所知，这几年来，除了喜斯糖果公司赚大钱之外，其他糖果店的经营皆相当惨淡。

所以很明显，喜斯糖果公司搭的并不是顺风车，它的表现是扎扎实实的。

——沃伦·巴菲特

【巴菲特是这样炼成的】

投资股票就是投资企业，公司管理层优秀是必备条件，但也只能是必备条件；在此基础上，还要看公司业绩是否能稳定增长、公司内在价值的增长速度是否高于股票价格。也就是说，企业本身的业务和业绩表现都必须扎扎实实；否则，其股票就充满投机，最好退避三舍。

巴菲特在伯克希尔公司1987年年报致股东的一封信中说，自从16年前伯克希尔公司买下喜斯糖果公司以来，1987年的糖果销售量创下将近2500万磅的新高，并且连续2年单店平均营业额维持不变。读者千万不要以为这没什么了不起，实际上，做到这一点已经相当不容易了，因为在过去的连续6年中，这个数字都是呈下滑趋势的。

巴菲特说，糖果店是个很好玩的地方，可是对于大多数老板来说就不那么有趣了，因为这几年中除了喜斯糖果公司赚大钱以外，其他糖果公司的经营都相当惨淡。这表明，喜斯糖果公司可喜的经营业绩，并没有搭整个行业发展势头良好的顺风车，而是它具有独特的自身因素。

毋庸置疑，一家企业要想取得优良的经营业绩，最主要的是产品和服务。对于喜斯糖果公司来说，产品的优秀绝对不是问题，因为它确实有；相比之下，它那种100%为顾客着想的服务意识十分难得，这种服务意识感染着每位员工和每位顾客。

举个最简单的例子。喜斯糖果公司每年都会增加新口味，淘汰旧口味，从而维持大约100种产品。1987年，该公司淘汰了14种口味，可是其中有两种口味让顾客念念不忘，他们不断地向公司表达对淘汰这两种口味的不满情绪。统计表明，该公司一共收到几百封抱怨信。

在这种情况下，一贯以顾客为上的喜斯糖果公司不但马上恢复了这两种口味，而且对所有顾客来信都进行了认真而诚实的回答，还随信附赠一个特别的小礼物。就这样，喜斯糖果公司的这场风波最后喜剧般地收场。

正是因为有这样的顾客基础，喜斯糖果公司虽然在此后的两三年里微微上调了价格，但最终并没有影响到销售，其市场份额还有所扩大。

巴菲特对扎扎实实经营的企业特别有好感，并购企业时会优先考虑这一点。他在伯克希尔公司2000年年报致股东的一封信中说，2000年7月，本杰明（Benjamin）油漆公司董事鲍勃·芒德海姆（Bob Mundheim）打电话给他，问伯克希尔公司是否有兴趣买下该公司。而巴菲特早就认识鲍勃·芒德海姆，对他这个人很了解，对这家已有117年油漆生产历史的公司也非常了解，所以他立刻对对方说“请继续说”。

2000年8月，巴菲特和查理·芒格与本杰明油漆公司先后两任首席执行官见面，当时就开出10亿美元现金的收购条件，并于12月完成收购。

巴菲特在伯克希尔公司2002年年报致股东的一封信中说，虽然美国股市连续3年下跌大大提高了投资吸引力，但是他仍然认为这样的价格水平很难找到真正引起其投资兴趣的股票。他说，他的要求并不高，只不过是希望获得税前10%的投资回报率，并且获得这一投资回报率的可能性要非常大。因为即使这样，在扣除所得税后的净利润也只有6%~7%。如果连这样的标准也达不到，他宁可袖手旁观，也不会出手。

从巴菲特过去61年的投资生涯看，他基本上能够预期每笔投资的成功。究其原因在于，伯克希尔公司总是倾向于把资金锁定在少数几家财务稳健、具有竞争优势、具有诚实能干的公司管理层的企业上。当这样的企业出现的时候，只要能以合理的价格买入，发生损失的概率非常小。自从1965年巴菲特掌管伯克希尔公司至2002年，如果扣除通用再保险公司和政府雇员保险公司的投资，发生投资亏损的比例大约只有1%。

不过，巴菲特在投资垃圾债券时就没这么幸运了，这主要是因为这些垃圾债券本身通常都有大笔负债，并且其发行企业所属的产业投资回报又非常低，这些公司管理层的素质有时候也存在问题。不过，其他人投资垃圾债券的亏损比例相当高，伯克希尔公司的投资业绩还算不错了。

看到这里，也许有些读者会以为，只要一家企业管理层优秀、业绩增长稳定，投资其股票就一定能赚钱。其实，问题远远没有这么简单，还有一些因素要考虑，而这都是巴菲特语焉不详的，这也是股票投资的魅力所在。

例如，巴菲特在伯克希尔公司1992年股东大会上说：“重要的是，你是否适合经商。”他的意思是说，如果你具有商业头脑，在1919年用每股40美元的价格买入可口可乐公司股份，虽然由于糖价上涨、成本上升，一年后该股票价格下跌到了19.5美元，看起来亏损了一半的本钱；可是，如果你持股不动，并且把每年的股息分红继续投资于该股票，那么1992年这40美元就会变成180万美元。当然，如果放在现在（2016年）来看，这个数字又翻了好几倍。

他说：“虽然这其中经历了经济萧条和战争，可是还有什么能比投资于一个优秀的企业所带来的回报更高的呢？”看看，问题的关键还在于你所投资的这家企业一定要优秀，而且最好是伟大的企业。

【启示录】

股票价格最终必然会围绕其内在价值上下波动。明白了这一道理，就容易理解，投资对象的业绩增长稳定，并且至少领先于整个行业、整个股市的平均水平，对投资者取得超额回报率是多么重要了。

21. 重点关注赢利持续稳定

巴菲特投资企业特别注重考察赢利能力，尤其是从一个相当长的时期来看，这种赢利能力是否持续、稳定。与此同时，还要对这种赢利水平进行复权。

具有可以证明的持续赢利能力

伯克希尔公司的经济目标，是希望获得高于一般美国企业的长期报酬率。我们愿意以合理的价格购买全部或部分具有竞争力的企业，这有助于我们达成上述目标。又一次，我们不具有控制权的股权投资，其市值成长高于其实质经济利益的成长。举例来说，在20800万美元当中，有7900万美元是由于政府雇员保险公司市值的成长。这家公司持续表现优异，我们一再对该公司对经管理念的实践与经营管理层的管理能力感到印象深刻。

——沃伦·巴菲特

【巴菲特是这样炼成的】

巴菲特认为，投资股票必须注重考察其发行企业的赢利能力，并且这种赢利能力应该是可持续发展的；而且，这一结论必须建立在切切实实的基础上，不能任凭主观臆断或自己的一厢情愿。

巴菲特在伯克希尔公司1982年年报致股东的一封信中说，当年伯克希尔公司的内在价值（旗下保险业务所持有的股票，用市场价值扣除没有实现资本利得的潜在税赋后）大约增长了2.08亿美元，与期初余额5.19亿美元相比，增长了40%。自从他掌控伯克希尔公司以来的18年里，公司股票每股账面价值从原来的19.46美元增长到了现在的737.43美元，年复合增长率为22.38%。

他说，伯克希尔公司的经济目标，是希望能获得高于一般美国企业的长期报酬率；而伯克希尔公司以合理的价格购买全部或部分具有竞争力的企业的做法，会有助于上述目标的实现。在这种并购行为中，伯克希尔公司不具备控股权的股权投资，其市值增长是高于其实际经济利益增长的。

例如，在这2.08亿美元的增长量中，就有0.79亿美元是来源于政府雇员保险公司市值增长所得。政府雇员保险公司的持续优异表现，让他对该公司的经营理念和公司管理层的管理能力留下了深刻印象。

在这里，巴菲特以伯克希尔公司及政府雇员保险公司当年的业绩增长为例，具体说明了这两家企业不但内在价值的增长速度超过了股票市值增长速度；而且，从一个相当长的时期（18年）来看，其赢利能力都是持续提高的（伯克希尔公司在此期间的年复合增长率高达22.38%）。换句话说，从长期来看，伯克希尔公司的业绩增长不但高于美国大企业的平均水平，而且非常令人满意。

巴菲特几乎每年都要在伯克希尔公司年报中强调伯克希尔公司收购企业的6大标准，其中第二条就是被收购对象必须具有“持续赢利能力”。他会不厌其烦地解释，这种持续赢利能力必须能够得到某种客观证实，因为他对任何“预测”不感兴趣，对目前业绩表现不好、将来能够“扭转”局面的企业也不感兴趣，他要的是“一如既往”。

巴菲特的这种观念既反映了他的个性，也是确保伯克希尔公司取得实实在在业绩增长的法宝。

美国《商业周刊》曾经有篇文章详细报道了巴菲特，说他所控股的企业遍及各行各业，他给人的印象是一半是实业家，一半是金融家，这是比较符合客观实际的。

伯克希尔公司在收购企业时注重长期营利性，并且动不动就要控股该公司，虽然这种做法和中国散户在股市中购买股票没有什么大的区别（巴菲特自己也这样认为）；但显而易见的是，这种控股手法有助于巴菲特控制该公司管理层，从而确保自己对被收购企业经营管理上的主动权。

可以说，巴菲特在这一点上要比他的老师本杰明 · 格雷厄姆高明得多，至少不用像后者那样辛苦和被动。而巴菲特之所以特别强调这一点，是与他过去在这方面所吸取的教训所分不开的。

巴菲特有限公司1965年控股伯克希尔公司时，把2200万美元的净资产全部投在了纺织业务上。1967年，伯克希尔公司将纺织业务产生的现金流，全部用来收购国家产险公司，从而进入保险业。从此以后，伯克希尔公司的经营范围越来越广，纺织业务在其中所占比重越来越小。到1978年时，纺织业务在伯克希尔公司中已经成为一块真正的鸡肋，但巴菲特依然对它恋恋不舍，期望着它能够东山再起。

当时他是这样描述的：伯克希尔公司的纺织业务在其所处社区中是非常重要的雇主，管理人员在汇报问题时直截了当，在解决问题时劲头十足，劳资双方合作顺利，关系融洽；更重要的是，纺织业务还能产生适量的现金流。只要这些条件依然存在，伯克希尔公司就会放弃比纺织业务更吸引人的投资项目，继续支撑纺织业务。

可事实表明，巴菲特的这种一厢情愿很快就碰壁了。1979年，伯克希尔公司的纺织业务虽然还略有盈余，但已经没有了造血功能；不但如此，它反而还要大量地消耗现金，直到1985年7月，巴菲特不得不狠下决心终结纺织业务。这时候关闭纺织厂的决策虽然是正确的，但显然为时已晚。

痛定思痛，巴菲特由此得到两条结论：一是他忽略了法国哲学家孔德所说的“才智是情感的仆人，而不是情感的奴隶”的忠告，过于主观主义了；二是他认为“一匹能数到10的马是杰出的马，但不能说是杰出的数学家”。后者的意思是说，一家在这个行业中富有效率的纺织厂，至多算是一家杰出的纺织厂，而不可能成为一家杰出的公司。

相比之下，巴菲特对伯克希尔公司重仓持有的可口可乐公司、吉列公司等大公司无与伦比的自信，则依据的是这些公司几十年、上百年来一以贯之的辉煌业绩，并且坚信它们的发展轨迹还会继续下去。

【启示录】

衡量一家企业的赢利能力是否持续稳定，当然需要根据其过去的表现来客观分析，但也不能因此就犯经验主义错误。巴菲特反复强调，如果仅仅凭过去就可以预测未来，那么看书最多的图书管理员就会成为大富翁。

尤其要注重负债率低的高盈利

> 这是个多种多样的业务组合，销售的产品从迪丽酒吧冰淇淋到波音737的部分产权，应有尽有；2005年平均有形资产净值收益率达到令人称奇的22.2%。值得说明的是，这部分业务取得如此之高的收益率，只使用了很小的财务杠杆。显而易见，我们拥有非常卓越的企业，可是，我们是以显著高于其净值的价格收购其中大部分企业的。
>
> ——沃伦·巴菲特

【巴菲特是这样炼成的】

关注投资对象的持续赢利能力是必须的，但同时还必须关注该公司取得这些盈利的负债水平。在巴菲特看来，企业的财务杠杆越低越好，负债率过高就会带来经营风险。不过现代企业经营理念通常认为，企业负债率在10%~50%比较合理，过低过高都是不好的。

巴菲特在伯克希尔公司2005年年报致股东的一封信中说，伯克希尔公司是一个多种多样的业务组合，其销售的产品从迪丽酒吧（Dilly Bars）的冰淇淋到波音737飞机的部分产权，应有尽有；当年该公司有形资产净值收益率达到令人称奇的22.2%。他特别指出，伯克希尔公司在取得如此之高的收益率的同时，只使用了很小的财务杠杆。换句话说，伯克希尔公司的对外负债很少，如果负债率再高收益率还会更高，但这不是巴菲特的投资风格。

巴菲特说这番话的含义是，伯克希尔公司旗下拥有许多非常卓越的公司。要知道，伯克希尔公司当初收购这些企业时，收购价格是明显高于其净值的，这部分收购溢价反映在资产负债表上的“商誉”项目中，需要逐年摊销。如果剔除这一因素，伯克希尔公司的回报率会更好。

可以说，巴菲特从来就不主张高负债率，在这方面他和一位现代企业家的要求相距太远。不过也正因他如此扎实、严谨，甚至保守，才避免了一次又一次企业破产倒闭的风险。他的哲学就是无休止地积累、投资、赚钱、积累，再投资、再赚钱、再积累，而且必须没有风险。好在巴菲特的这种资金积累方式并不像早期资本家那样是建立在别人的痛苦之上的，也不像同期美国华尔街上那些从别人手中攫取巨额资金的资本家，而这就是他的财富帝国如此庞大却始终屹立不倒的秘诀。

这一点，实际上是巴菲特的一种个人特质，已经融化在了他的骨髓里。

例如，1945年，巴菲特15岁时，就用自己业余送报积累起来的1200美元个人积蓄，从父亲手中购买了一片40英亩的农场。在这几年前，巴菲特的父亲就买下了这片农场，可是一直没有耕种过。巴菲特将其从父亲手中原价买下，之后转租给了别人。请注意，巴菲特这里用的完全是自有资金。更重要的是，通过出租，他实现了使这些自有资金自然增值。

巴菲特还是一名在校大学生时，其个人财产就达到了9800美元，当时他年仅20岁。他坚信自己将来能够赚到更多的钱。

从1951年开始，巴菲特就经常写信给他的同学唐·坦利。这时候的唐·坦利在父母去世后继承了6000美元左右的遗产。巴菲特的目的是希望帮助这位老同学把这笔钱尽快实现增值。当然，唐·坦利非常相信巴菲特，认为巴菲特很有经营头脑，并且恪守信用、从来不负债，所以把钱交给他没有什么风险。当然唐·坦利并没想到巴菲特日后会取得如此成就。

其实，对巴菲特感到意外的不仅仅是唐·坦利一人。1997年，当67岁的巴菲特去母校伍德罗·威尔逊中学参加高中毕业50周年的同学聚会时，许多同学都意外地说，当年读书时要是多了解巴菲特就好了。

1961年，唐·坦利下定决心，把自己拥有的2.5万美元全部投入巴菲特有限公司，后来又继续换成伯克希尔公司的股票，并且从来没有卖出去过。他在1997年说，在他持有伯克希尔公司股票的30多年里，他每天都要至少查看一次伯克希尔公司的股票价格，但从来没有卖出哪怕1股。因为他相信，任何时候卖出该股票都是没有意义的（不值得的），伯克希尔公司股票绝对是一只有着持续赢利能力的股票。

1952年4月，巴菲特结婚了。婚后他和妻子一直住在一个租来的破旧公寓里，后来又搬到纽约，住进一个两层楼的公寓，一直住到1954年。1956年春天，巴菲特离开格雷厄姆·纽曼公司，全家搬回家乡奥马哈，住的依然是租住的房屋。

结婚时的巴菲特大约有1万美元现金。按理说，他完全可以像中国的年轻人一样，结婚前就先买婚房，钱不够则分期付款。况且房价再高，他又不是买不起！

可是巴菲特与众不同。他对新婚妻子苏珊·汤普森说，我现在拥有1万美元，有两种选择：一是现在就买一套房产；二是暂时将就几年，让我把这些钱用于股票投资，这样几年后可能会有更多的钱。苏珊选择了后一种方案。结果，1957年，巴菲特掏出3.15万美元自有资金，买了一幢建于1921年的550平方米的三层楼房作为住宅。

当时，这幢房子达到了当地的最高水准，相当于中国人心目中的高档别墅。它位于奥马哈邓迪区，门上赫然写着两个大字“欢迎”。后来，正是在这个楼上的卧室和阳光浴室里，他经营着合伙企业巴菲特有限公司。直到现在，他依然住在那里，从来没搬过。据美国房产经纪人网站2013年的评估，这幢楼房时值70万美元，而巴菲特认为它值50万美元。要知道，这样的增值幅度与伯克希尔公司股价的涨幅相比，回报率也太低了。从这个角度看，巴菲特一贯认为不能负债太多去搞投资，既是他的切身体会，也是有充分依据的。

【启示录】

巴菲特一贯不提倡负债经营，主观上这是由他的个人性格决定的，客观上这也避免了企业经营的大起大落。既要负债率低，又要具有持续的赢利能力，这在伯克希尔公司旗下许多企业身上得到了完美体现。

盈利不一定都反映在报表上

受限的投票权，使得我们仅能以相当简略的方式将中美能源的财务数字列入财务报表，而无法将该公司所有的资产、负债以及营收、损益列入伯克希尔报表。依照会计准则，我们只能按投资比例认列该公司的投资金额及损益。

——沃伦·巴菲特

【巴菲特是这样炼成的】

投资股票需要重点关注该公司的长期赢利能力，可必须注意的是，这种盈利及赢利能力并不一定都反映在财务年报上。对于不具备财务基础的投资者来说，对此可能会感到迷茫和费解。

巴菲特在伯克希尔公司2003年年报致股东的一封信中说，由于受到限制的投票权的关系，伯克希尔公司在财务年报上只能以相当简单的方式反映中美能源公司的财务数据，而无法将其所有资产、负债、营业收入、损益等数据全部包括在内。根据会计准则，伯克希尔公司只能按照投资比例认列该公司的投资金额和损益。

巴菲特在这里所说的“受限”是指什么呢？原来，伯克希尔公司通过中美能源公司拥有许多公用事业80.5%的控股权，其中主要包括：拥有370万用户的英国第三大电力公司约克夏电力公司、北方电力公司；在美国艾奥瓦州拥有68.9万用户的中美能源公司；在美国拥有7.8%天然气运能的肯特河天然气公司、北方天然气公司两条天然气输送管线；其余19.5%的股权则属于伯克希尔公司的3位合作伙伴，其中两位是公司经理人，另一位沃尔特·斯科特（Walter Scott）是当初伯克希尔公司并购中美能源公司的中介人，也是巴菲特的好友。

毫无疑问，80.5%的股权具有绝对控股地位了，可是美国1935年颁布的《公用事业控股公司法》规定，伯克希尔公司在一家公用事业公司中的投票权最高只能是9.9%。这样一来，其他3位个人股东中拥有股权最大的沃尔特·斯科特反倒拥有绝对控股权了。

在这里，伯克希尔公司从原来应该拥有绝对控股权，到根据法律规定不能拥有控股权，反映在财务年报上，就只能把控股公司的很小一部分利润、损益、债权债务反映在母公司报表上。这样，对于不了解会计准则与其内幕的投资者来说，就很容易迷惑和被误导。

应该说，这种情形在上市公司中非常普遍，这就给广大投资者正确阅读财务年报、理解投资对象真实盈利带来了一定程度的不便。所以从这个角度看，投资者懂点财务知识是非常必要的。

巴菲特在伯克希尔公司1982年年报致股东的一封信中说，当年伯克希尔公司的营业利润约为3100万美元，初期股东权益报酬率为9.8%，与1979年的15.2%相比有明显下滑，更不用说与1978年以来的最高水平19.4%相比了。巴菲特分析了该年业绩下滑的3个原因，其中之一就是那几年来伯克希尔公司持续增加了在不具备控股权方面的股权投资。

巴菲特的意思是说，由于这个原因，许多本来应该反映在母公司伯克希尔公司财务年报上的利润，现在只能“隐藏”在那些伯克希尔公司不具备控股权的投资对象的财务年报里。因为根据会计准则的规定，母公司只能把持股比例超过20%的股权投资，按照持股比例把投资对象的利润反映在母公司财务年报上；如果持股比例不到20%，那么这时候就只能把实际收到的现金分红反映在母公司财务年报上。如果该公司推迟分红或者干脆不分红，母公司财务年报上就无法反映真实赢利水平。

例如，巴菲特在伯克希尔公司2012年年报致股东的一封信中就提到，2012年伯克希尔公司按照持股比例在4家最大的非保险企业中实现的盈利总额为39亿美元，可是在年报上反映的数据却只是获得约11亿美元的现金分红。但这绝不表明伯克希尔公司只有11亿美元的投资收益，另外不能计入财务年报的28亿美元收益，也同样理应属于伯克希尔公司。

除此以外，个别持股比例超过20%的股权投资也是这种情形。例如，伯克希尔公司当时拥有政府雇员保险公司35%的持股比例，可是当时伯克希尔公司已经把这部分股权所对应的投票权委托给了别人，所以仍然只能把实际收到的现金分红反映在自己的财务年报中。

而这一结果给伯克希尔公司财务年报带来的扭曲信息是：如果按照伯克希尔公司1982年的实际持股比例，政府雇员保险公司当年应该分给伯克希尔公司2650万美元的利润，而实际上伯克希尔公司只分到了350万美元。那还不如政府雇员保险公司当年分给伯克希尔公司400万美元，反映在伯克希尔公司账面上更好看一些。不用说，这两种情形有着巨大的差别，后者实现的利润只有前者的15%（400/2650），可是反映在账面上却更好看。读者如果不了解这两种财务核算的差别，当然就会产生误解，进而进行误判了。

财务核算如此复杂，是不是要求投资者都具有高超的财务本领呢？显然这不现实。巴菲特认为，投资者阅读年报时一定要注意把在每个投资对象身上所实现的未分配利润全部计算在母公司账面上（无论投资比例大小），这样才能得到完全、真实的信息。不过，要做到这一点依然有难度，因为你根本无法得到某公司所有投资对象的财务数据。例如，伯克希尔公司旗下有70多家公司，你根本不可能得到这些公司的所有财务年报。

这时候怎么办？有一个简单办法可以解决问题，那就是每年公司分红和送股后都会进行股价除权处理，只要对股价进行精确复权，就能计算出投资者应该享受到的所有分红利润。当然，这种精确复权并不需要你去一笔一笔地计算，你可以通过电脑软件很轻易地实现。遗憾的是，目前在中国国内还找不到这样的软件，而其他计算方法都会存在不同程度的误导。

【启示录】

根据会计准则的规定，对各投资企业持股比例不同，各自投资收益反映在母公司报表上的方法也各有不同。一家上市公司往往有几十上百个投资对象，要全面、准确地反映它们的状况非常困难，投资者对此要有一定的思想准备。

22. 从喜斯糖果认识特许权

巴菲特对价值投资理论的最大贡献，就是他发现了经济特许权的存在。这一重大发现，是他从买入喜斯糖果公司开始的，从此他便对此熟门熟路起来。

从喜斯糖果认识经济特许权

查理跟我有太多理由感谢喜斯糖果及其总裁查克，最明显的原因是他们帮我们赚了那么多钱，而且过程是如此令人愉快。还有一点同样重要，那就是，拥有喜斯糖果让我们对强势的特许事业有了更深一层的认识；我们靠着在喜斯身上所学的东西，在别的股票投资上又赚了更多的钱。

——沃伦·巴菲特

【巴菲特是这样炼成的】

巴菲特认为，投资股票必须关注股票发行公司是否具有经济特许权。经济特许权就像一件秘密武器，会使一家公司在竞争中立于不败之地。巴菲特对经济特许权的认识，最早是从买入喜斯糖果公司开始的。

巴菲特在伯克希尔公司1991年年报致股东的一封信中，详细叙述了当年买入喜斯糖果公司的情形。他回忆说，那是1972年1月3日，伯克希尔公司下属公司中有一家叫蓝筹票据的公司，准备并购美国西海岸一家盒装巧克力制造、销售商喜斯糖果公司。

当时喜斯糖果公司报的价是，用税后取得的100%的股权换算成4000万美元。由于当时该公司账上现金有1000万美元，所以伯克希尔公司实际上需要付出的代价应该是3000万美元。

当时巴菲特和查理・芒格对经济特许权的真正价值还没有足够的认识，所以在看过对方账本，发现其账面净值只有700万美元时，他们表示，最高只愿意出2500万美元的买入价；而且一口咬定只愿意出这个价，超过就不要了。凡是了解巴菲特品性的人都知道，他开出的价格从来都是一口价：要么成交，要么拉倒。

如果当时关于这个成交价格谈不拢，也就没有了后来喜斯糖果公司的一系列故事。令巴菲特感到幸运的是，喜斯糖果公司居然接受了2500万美元的报价。如果当时喜斯糖果公司坚持要3000万美元的话，巴菲特事后一定会感到非常痛心。因为当时巴菲特已经很看好喜斯糖果公司的那种定价魔力，以及当时其副总裁查克・哈金斯（Chuck Huggins）的管理才能。

并购案完成后，巴菲特在短短5分钟内就和查克・哈金斯达成合约，由查克・哈金斯出任总经理，并且双方谈妥了具体薪资报酬。

巴菲特的一贯做法是，无所谓签不签书面协议，双方倡导诚信守诺。事实上，直到几十年过去后的现在，他们之间也没有一份书面契约，全靠君子协定走到今天。

20年过后，回过头来看，喜斯糖果公司的年销售额已经从1972年的0.29亿美元增长到了1991年的1.96亿美元；而收购它的蓝筹票据公司的同期票据买卖收入却从1.025亿美元下降到了0.12亿美元。

更令巴菲特喜出望外的是，喜斯糖果公司的利润增长速度大大超过销售增长速度，税前获利从1972年的420万美元一路增长到1991年的4240万美元，税前利润率在1991年达到21.6%的最高纪录。

在这20年间，伯克希尔公司对喜斯糖果公司的投入，除了当初并购时账面上的700万美元外，累计只留下1800万美元的未分配利润。所以，1991年年末伯克希尔公司对喜斯糖果公司的资金投入实际上仍然只有2500万美元。可是20年间喜斯糖果公司的累计利润却高达4.1亿美元。缴纳所得税后，它将此累计利润全部返回给了蓝筹票据公司和伯克希尔公司，用于获利更高的投资项目。

巴菲特说，喜斯糖果公司的经营特点是销售额逐步下降，销售利润逐步上升，并且受经济景气指数影响较大，尤其是每年下半年就更是如此了。例如，1991年，其销售额和上年度基本相当，可是由于年末最后两个月的旺季销售额减少了4%，所以利润只增长了7%。

研究当年喜斯糖果公司销售额减少的原因，是因为当年加利福尼亚州开始对零食征收营业税。喜斯糖果公司80%的销售在加利福尼亚州进行。在加利福尼亚州，每个市镇的营业税征收比例各有不同，但总体来看，营业税的征收比例为7%~8%。

巧克力究竟算不算零食呢？巴菲特笑着说，虽然他是加利福尼亚州公平交易委员会的税务专家，可是他对这个问题也搞不清，甚至不比喜欢吃巧克力的小孩更清楚。因为巧克力在太阳底下一晒就融化了，所以你既可以说它是冰淇淋，也可以说它是糖果棒。这个问题即使是加利福尼亚州公平交易委员会主席也搞不清，所以他一边反对这个法案，一边还要负责监督执行，真是滑稽得可以。

巴菲特说，1972年，在美国股市中，只有少数几只股票能够在保守的会计核算下没有负债，却能像喜斯糖果公司一样，持续达到25%的有形资产净值的税后收益率。

因为没有负债，所以这样高的收益率显然不是靠存货、应收账款、固定资产公允市场价值实现的，实在是无形资产的功劳。

说得更直接一点就是，这种超额获利回报不是由产品的生产成本带来的，其他竞争对手在这一点上也差不多；相反，却是该公司员工、产品、服务给顾客创造了无数次愉快经历，从而在顾客中得到了被普遍认同的良好声誉的结果。

用中国人容易理解的语言来表达就是，喜斯糖果公司的生意好，是因为回头客多；而回头客多，就表现为一种经济特许权。消费者如果认可你这个品牌，你获取超额回报也就是必然的了。

【启示录】

巴菲特认为，正是从并购喜斯糖果公司开始，他对经济特许权有了更深的认识。伯克希尔公司不仅在喜斯糖果公司身上赚了许多钱，而且还由此进行了后来的企业并购，赚了更多的钱。正因如此，巴菲特对喜斯糖果公司一直都是心存感激的。

发现超额利润的生成秘密

一道难以逾越的屏障，比如成为低成本提供者，像政府雇员保险公司或好事多超市，或者拥有像可口可乐公司、吉列公司、美国运通公司这样享誉世界的强大品牌，才是企业获得持续成功的根本。

——沃伦·巴菲特

【巴菲特是这样炼成的】

巴菲特认为，经济特许权是企业持续取得超额利润的秘密。这有点像武林小说中的那些武林高手一样，他们每当面临绝境时总会拿出一两种绝招把对方打败，经济特许权就是这样的“武林绝技”。

巴菲特在伯克希尔公司2007年年报致股东的一封信中说，一家真正伟大的公司必须要有一道“护城河”来确保投资获得很好的回报。这道难以逾越的屏障，可以是政府雇员保险公司或好事多超市那样的低成本提供者，也可以是可口可乐、吉列、美国运通这样享誉全球的著名品牌，这些都是企业获得持续成功的根本。

巴菲特认为，具有经济特许权的企业，其业务是不能经常发生重大变化的。如果一家公司经常发生重大变化，甚至朝令夕改，就可能会出现重大失误。这就好比在一块经常闹地震的土地上不太适合建造高楼大厦，在一块经常动荡不安的经济土地上，同样不太可能建造一座牢不可破的经济特许权城堡。

那么，经济特许权又是怎样形成的呢？巴菲特认为，这主要表现在某项产品或服务具有以下一种或几种特征的情况下：①它是顾客需要或者希望得到的；②顾客认为很难找到与此相似的产品或服务；③没有价格管制。

任何一项产品或服务如果具备以上3种特征之一，该公司就可以随时提高价格以获取更多利润。因为它没有价格管制，所以它提高价格没人能够管得了。原因就在于，这种产品或服务独一无二，顾客没有办法在其他地方找到替代品，从而不得不忍受它的提价。巴菲特说，不仅如此，经济特许权还有一个特别的地方，那就是即使具有经济特许权的公司在管理方面存在缺陷，甚至比较糟糕，至多也只是影响其获利，而不会对其造成致命打击。

相对而言，如果不具备经济特许权，那么一家公司要想获取超额利润就只有以下两种办法（不过要注意的是，公司无论采取哪种办法，都可能会因为管理不善而倒闭关门）：①这种产品或服务供不应求，所以它的价格能保持在一个相对稳定的水平上，甚至有进一步提价的可能。不过一般来看，这种情形维持不了多久。因为任何短缺产品、服务的存在，都会吸引新的资本在相应行业跟风投入。②不断降低运营成本，从而使得获利空间相应扩大。不过即使如此，也会面临竞争对手的猛烈攻击。因为你有本事降低成本，竞争对手也同样可能做到，只不过是时间早晚的问题。

巴菲特认为，正是因为经济特许权的存在，喜斯糖果公司才为股东创造了巨额利润。该公司2007年的糖果销售额为3.83亿美元，税前利润8200万美元，可是运营资金却只有4000万美元。究其原因就在于：一是它的销售都是现金结算，没有欠款；二是其生产和销售周期很短，库存少。

这就是说，自从1972年伯克希尔公司买下喜斯糖果公司后，伯克希尔公司只追加投入了3300万美元，就支撑起了这样惊人的业务增长。而在这35年（1972—2007年）间，喜斯糖果公司创造的税前利润总额高达13.5亿美元。扣除未分配利润3300万美元后，它将其余的利润缴纳所得税后，全部返回给了伯克希尔公司及早期的蓝筹票据公司，用于收购其他更有吸引力的上市企业，结果当然得到了更多的获利回报。这种利滚利的收益究竟有多大，又怎么能轻易算得清呢？

巴菲特说，不需要为喜斯糖果公司追加大量的资金投入，它就能带来滚滚财源，这实在是太棒了。如果有人不认同这一点，可以去问问微软公司或谷歌公司，实际上，它们获取高额回报靠的也不是固定资产投入，而同样是经济特许权。

巴菲特在美国佛罗里达大学演讲时，一位提问者问他怎样确定欲购企业的价格，他举例说，1972年他买喜斯糖果公司时并没有聘请咨询顾问，而是出于以下考虑：

首先，加利福尼亚州的每个人对喜斯糖果都有自己的想法，每个人都是绝对认可这个品牌的。如果你在情人节给女孩送去喜斯品牌的糖果，女孩肯定会高兴地亲亲它。正是基于此，巴菲特感到，即使喜斯糖果的价格再提高一些，也不会失去市场份额；相反，如果你给女孩送喜斯品牌的糖果，她却把它丢在一边，那就糟糕了。

其次，当时喜斯糖果的价格是每磅1.95美元，如果价格上涨到每磅2.25美元，每磅上涨30美分，应该没有问题。而当时的喜斯糖果年销量是1600万磅，价格经过这么一涨，喜斯糖果公司轻而易举就能得到480万美元的额外利润。所以如果能用2500万美元买下这家公司是很划算的。实际上，巴菲特在喜斯糖果公司身上已经意识到经济特许权的存在，只是他没明确指出这一点而已。喜斯糖果公司正是因为具有经济特许权，所以才能稍微涨涨价就能取得额外收益，否则还不把顾客全给吓跑?

所以，巴菲特自从1972年买下喜斯糖果公司后，每年都要在全年最重要的销售节日——圣诞节后的第一天（12月26日）开始涨价。他凭的就是此品牌拥有经济特许权。有了经济特许权，市场份额跑不掉!

【启示录】

经济特许权确实能够创造超额利润，但必须注意的是，并不是说你买了这样的股票后就一定能赚钱。一方面，你购买该类股票的价格一定要合理；另一方面，这里还涉及你对经济特许权内在价值评估的高低问题。

判断经济特许权是否存在的方法

检验这些企业竞争实力的方法是，其竞争对手使用各种手段，甚至以牺牲盈利为代价，可能会对其造成什么样的打击。

——沃伦·巴菲特

【巴菲特是这样炼成的】

巴菲特认为，一家上市公司是否具有经济特许权，并不一定一眼就能看出来，而是需要采取某种方法，从一个较长的时期来加以检验。况且，经济特许权本身还有一个强弱的问题。强大的经济特许权，或许任何人都能一眼看出来，而弱小的经济特许权就很难辨别了。只有经过检验，认定一家公司具有经济特许权，你的判断才相对可靠，才能据此做投资决策。

巴菲特说，检验经济特许权的方法很简单，那就是给你各种各样的资源，要什么给什么，目的只有一个，就是要你去打垮某个竞争对手。如果你能做到，就表明对方没有经济特许权或经济特许权较弱；如果你做不到，就表明对方不仅具有经济特许权，而且十分强大。他举例说，如果给你配备一位杰出的企业管理大师，此人要多杰出就有多杰出，并且给你足够的资金，要多少给多少，然后让你打败某一位竞争对手；或者干脆就以他自己为例吧，如果有人给他10亿美元资金，然后给他配备美国50位最优秀的企业经理人，有了这样的条件，他绝对有把握建立一家非常杰出的企业。可是，如果要让他去打垮《华盛顿邮报》公司，他则会把这10亿美元还给投资者，然后说一声“对不起，我无法完成你交给的任务”。为什么？因为《华盛顿邮报》公司的经济特许权太强了，这是其他企业无法相比的。

巴菲特开玩笑说，如果有人给他这么好的条件，只是要他去削弱奥马哈小镇上某家银行的经营利润或市场份额，他一定会做得很好，而且一定会让对方尝尝他的厉害。即使达不到资金提供者的要求，他也会给这些银行制造一些麻烦。原因就在于，这些银行并不具备经济特许权。

那么，喜斯糖果公司的经济特许权究竟有多强大呢？巴菲特在伯克希尔公司2007年年报致股东的一封信中说，仅仅从盒装巧克力的业务经营看，此公司一点也不会让人感到兴奋。因为在美国，盒装巧克力产品的人均消费量很低，而且多年来一直没有增长。1972年喜斯糖果公司的糖果销售量是1600万磅，2007年的销售量是3100万磅，年增长率只有1.9%。

正是在这种背景下，许多名噪一时的盒装巧克力品牌消失了。在过去的40年中，只有3家公司的经营收益不是象征性的，而在这其中，就有喜斯糖果公司。特别值得一提的是，喜斯糖果公司的销售范围虽然局限于很少的几个州，却占美国同行业销售收入的近一半。

为什么喜斯糖果公司在市场如此低迷的情况下，销售收入能占全行业的一半呢？关键就在于它的经济特许权。

巴菲特兴奋地说：“就像由亚当和夏娃最初喜好的活动带来了60亿人一样，喜斯糖果开启了我们后来的滚滚财源。在美国企业中，像喜斯糖果这样的企业并不多。对于一般公司来说，要将收入从500万美元提升到8200万美元，需要投入4亿美元或更多的资金才能办到。这是因为，成长中的业务，既会因销售额的上升需要更多营运资金，也会需要更多对固定资产的投资。而一家公司对资本的需求是否会大幅增长，正好证明它是否值得投资。”

所以巴菲特认为，当投资者检验到某家上市公司真的具有经济特许权时，他就可以买入它的股票，等待它的额外收益不断上涨，从而从中获利了。

他举例说，同样是盒装巧克力，有的品牌价格是每盒6美元，而喜斯糖果的价格是每盒11美元。要记住，很多买盒装巧克力的顾客不是自己消费的，大多是作为生日和节日礼物馈赠给别人的。对于男性顾客来说，在情人节对此的购买量最大；对于女性顾客来说，在圣诞节前的两三个星期购买量最大。而盒装巧克力作为馈赠礼品，其价格高低不是最重要的，关键是要拿得出手。

巴菲特开玩笑说，你绝对不会看到有哪个男人捧着一盒6美元的巧克力说：“亲爱的，今年我买的是便宜货！”这是绝对不可能发生的。这意味着什么呢？这就意味着，拥有经济特许权的喜斯糖果能够给股东带来更多的回报。

他进一步说，这样的情形同样发生在迪士尼公司身上。迪士尼公司的家庭影像制品在全球的价格是16.95美元或19.95美元，这种价位是其他同类产品所无法企及的。迪士尼公司的影像制品，你可以放心地让孩子在家里看上几个小时。因为你心里有数，这个公司的产品让你放心，而其他品牌就不一定能这样让你放心了。

现在的问题是，你和孩子去购买影像制品时，不可能在店里把十几种片子都看一遍，然后让孩子从中挑选几部买回家吧？因为成年人都知道，如果让孩子坐在那里边看边选，他一部片子会看上20遍，早就忘记回家了，所以你不可能这样做。

在这种情况下，你就只能凭印象购买了，这时候首选的很可能就是迪士尼公司的产品。这时，迪士尼影像制品的经济特许权就起作用了：别人的产品卖16.95美元，它的产品可以卖到17.95美元，而这一点都不会影响到它的销量。当然，这对其他同类商品来说，就不是一个好消息了。

【启示录】

经济特许权也有强弱之分。一家公司具有强大的经济特许权，能使相应行业的新加入者无法与之匹敌，并且一眼就能被看出来。从价值投资角度看，经济特许权的大小等于上市公司的内在价值（或赢利能力）与重置成本之间的差额。

23. 管理层优秀并乐意留任

巴菲特的本事之一，就是能够让各种各样的人为他工作，并且这些人比为自己干活还卖力，他们觉得不这样做，就无法报答巴菲特。所以，巴菲特手下的那些经理人没有一个跳槽的。

以情动人，以事业留人

相比之下，我们的明星经理人们的“记分牌”上显示的成功，不是坐上我的位置，而是他们企业的长期表现。他们的决策是基于“今天在这里，永远在这里”的心态做出的。我想，我们这种罕见和难以复制的管理结构，才是伯克希尔的真正优势。

——沃伦·巴菲特

【巴菲特是这样炼成的】

巴菲特在以情动人、以事业留人方面很有一套，而且他完全是说到做到，不像一些企业家那样，仅仅是唱唱高调而已。伯克希尔公司旗下的那些经理人，包括巴菲特的最佳搭档查理·芒格，几十年来没有一个人主动离开和负气出走。这就从一个侧面说明了巴菲特在用人方面的成功。

巴菲特在伯克希尔公司2007年年报致股东的一封信中说，伯克希尔公司旗下的那些经理人，构成了一个与众不同的团体。他们中的多数人，如果从经济角度看，根本就不需要继续工作了。并且在把企业卖给伯克希尔公司时，他们又都得到了一笔数目庞大的财富。他们之所以还要继续在相应岗位上工作，并且乐此不疲，并不是因为钱的因素。他们坚持工作，虽然也希望能够得到公平、合理的报酬，但主要还是因为能够在工作中体会到成就感。

巴菲特说，这些经理人“记分牌”上所显示的成功，并不是继续升官，爬到他这样一个位置，而是他们企业的长期业绩表现。他们所做出的经营决策，是基于“今天在这里，永远在这里”的心态。如果进一步研究，还可以发现，罕见并且难以复制的管理结构，正是伯克希尔公司的优势所在。

在绝大多数企业里，那些主要经理人只要还不是公司第一把手，就会热衷于攀到权力的金字塔顶端。对于这些人来说，他们手中管理的分支机构或部门，只能算是他们晋升中的一个驿站而已。让他们在同一个职位上待上5年，他们会有深深的失败感。可想而知，这些人会有多少精力和才能用在事业上呢？

但在伯克希尔公司，无论是人生阅历极其丰富的巴菲特，还是公司旗下那些经理人，他们都知道，自己工作的唯一目标就是把事业搞好，而不是为了升迁。这一方面是因为，伯克希尔公司完全控股旗下公司，经理人要在这方面动脑筋根本没戏，只要巴菲特的健康状况良好，任何人都不会有和他平起平坐的机会；另一方面，这些经理人原来就是公司最高层，他们的兴趣主要表现在企业管理上，他们的权力在企业里已经至高无上了，所以并不稀罕拥有更大的权力。

几乎所有与巴菲特打过交道的人，对巴菲特都有这样一个印象，那就是他非常善于激励人。他的最大特点是，每年都要在伯克希尔公司年报中大张旗鼓地表扬一批明星经理人，而且指名道姓，所用字词在外人看来甚至有些肉麻，可是他却毫不吝惜溢美之词。这样，那些被他点到名的经理人便会感到受宠若惊，以后就会更加努力地为伯克希尔公司工作，否则他们就会觉得对不起巴菲特。因为伯克希尔公司年报相当于一种全球性广告，巴菲特既然在年报中提到某人的管理水平如何好、对企业如何忠诚，那么这个人又怎么好意思不“好”、不“忠诚”呢？这样岂不是让自己和巴菲特都下不了台？

而巴菲特批评人的时候却总是泛泛而谈，一带而过，让别人去对号入座。这样，他既不得罪人，又能产生某种警戒作用。这种高超的管理艺术，实在值得全世界的企业领导人学习、借鉴。

为了有效管理这些明星经理人，巴菲特采取了与众不同的管理方式。简单地说就是，他用人不疑，疑人不用，让下属享有充分的自主权。

巴菲特在伯克希尔公司1999年年报致股东的一封信中说，伯克希尔公司和明星经理人之间并没有签订任何合同，所以他们不受合约限制。他们之所以辛勤工作，完全是因为他们热爱自己的事业，而且巴菲特要求他们对这些事业完全负责。他们不需要到伯克希尔公司总部汇报工作，也不需要编制年度预算表送总部核准。在费用开支方面，伯克希尔公司也没有任何繁杂的规定。巴菲特对这些经理人的要求只有简简单单一句话，那就是把其管理的企业当作自己家中祖传百年的事业一样对待。

而实际上，巴菲特又何尝不是这样的呢？他同样早就不需要为金钱而工作了，同样不喜欢向别人汇报工作（平时他的投资决策除了会向合伙人查理·芒格透露外，基本上不会告诉其他任何人）。他之所以热爱这份工作，主要也是追求一种成就感，并且他非常乐意与这些明星经理人一起工作。除此以外，还真的想不出巴菲特努力工作有别的原因。

巴菲特说，他和查理·芒格与这些经理人之间是一种互动模式，简单说就是“试着尽量站在对方的立场为大家设想”。这种将心比心、惺惺相惜的做法，也很容易让这些明星经理人产生共鸣，从而有一种“士为知己者死”的感觉和冲动。有了这样的感情基础和事业基础，巴菲特管理伯克希尔公司旗下70多个企业的那么多经理人就显得很轻松了。

巴菲特在伯克希尔公司1995年年报致股东的一封信中说，当有人问他一个人到底可以应付多少经理人时，他回答，如果这个经理人是酸柠檬，那么管这一个都够呛；相反，要是面对的是伯克希尔公司旗下现在的那帮经理人，这个数目就没有任何限制。

明白了这一点，也就不难看出，伯克希尔公司并购企业时，巴菲特为什么注重考察该公司的管理层了。

【启示录】

巴菲特以情动人、以事业留人的管理技巧，高超而独到，深得日本通用电气公司托尼 · 尼克里、国际飞安公司尤特斯奇、内布拉斯加家具店欧文 · 布拉姆金、斯科特 · 费策公司拉尔夫 · 舒伊等人的高度赞赏。

甘为明星经理人搭建舞台

> 无论从职业角度还是个人立场来讲，你都是《布法罗新闻报》主编的最佳人选。自从 1977 年我来了以后，我就一直觉得很幸运，因为《布法罗新闻报》报社有你的加盟。
>
> ——沃伦 · 巴菲特

【巴菲特是这样炼成的】

巴菲特认为，明星经理人对于一家公司的经营管理至关重要，因此他有时候甚至会不惜一切代价留住优秀的明星经理人。

在巴菲特眼里，《布法罗新闻报》主编墨菲 · 莱特就是一位优秀的明星经理人。1996年，巴菲特在墨菲 · 莱特71岁生日即将到来之际写道："自从1977年我来了以后，我就一直觉得很幸运，因为《布法罗新闻报》报社有你的加盟。"

出于对报业的了解和喜爱，巴菲特很早就想拥有一份主流报纸。可是1971年他却没能成功收购《辛辛那提询问者》报，这多少让他有些不快。1974年，经营了一个世纪的报纸《布法罗新闻报》，其女主人凯特 · 巴特勒去世，报社经营陷入困境，这给巴菲特收购这家媒体创造了机会。

当时的《华盛顿邮报》公司正在考虑收购布法罗市的一家电视台。巴菲特提醒《华盛顿邮报》公司总裁凯瑟琳 · 格雷厄姆，其实《布法罗新闻报》也值得考虑，如果《华盛顿邮报》公司不采取行动，那么他会想办法收购这家报社，因为该公司有着良好的员工队伍和明星经理人。

但凯瑟琳 · 格雷厄姆有她自己的想法。她认为，一方面，《布法罗新闻报》虽然在当地市场占据主导地位，可是面临着竞争对手强大以及缺少周日版等问题；另一方面，当时《华盛顿邮报》公司刚刚平息了一场工人罢工，她也实在不愿意去和报社的工会打交道。

再三考虑之后，凯瑟琳·格雷厄姆决定放弃收购《布法罗新闻报》，即使她后来得知巴菲特真的收购了它，她仍然不后悔自己当初的决定。在《华盛顿邮报》公司和《芝加哥论坛报》公司都不愿意收购《布法罗新闻报》时，巴菲特于1977年4月15日毅然收购了它，收购价为3400万美元。

当时伯克希尔公司出面洽谈收购事宜的是其旗下公司蓝筹票据公司首席执行官查理·芒格。当查理·芒格通过公用电话向巴菲特口述合同内容时，巴菲特说："你自己决定就好，我已经没必要去参观工厂了。"

巴菲特对报纸行业非常熟悉，他通过分析这家报社的财务年报就能完全判断其经营状况，确实也没必要再去看工厂了。

被收购后的《布法罗新闻报》全资并入蓝筹票据公司，合并时其净资产只有2850万美元。这表明，伯克希尔公司在这项收购中蒙受了550万美元的损失。如果把这一金额折算成税前损失，则相当于1100万美元。

那么，巴菲特究竟为什么要做这样一笔"蚀本生意"呢？要知道，收购这家报社后，其亏损虽然在不断减少，但还是连续亏损了好几年。例如，该公司的税前损失1979年是461.7万美元，1980年是280.5万美元，1981年是109.1万美元。

正如查理·芒格在蓝筹票据公司1981年年报致股东的一封信中所说，如果不收购《布法罗新闻报》，当年3400万美元的收购价只要能获得伯克希尔公司其他下属公司的平均投资回报率，那么现在就能增值到7000万美元，年平均收益超过1000万美元。

但是，巴菲特的算盘显然不是这样打的。他认为，无论《布法罗新闻报》经营状况如何，只要这家报纸的发行量和广告收入能够稳步上升，其他所有困难都是暂时的、可以克服的。更何况，这家报社拥有素质良好的员工队伍，它一定能够通过不断向读者提供优质服务而取得最终的成功。

2002年12月28日，在《布法罗新闻报》中，墨菲·莱特回忆说，还在报社被收购前，他就向报社提出准备创建一份名为《津津有味》(*Gusto*)的娱乐周报，结果很快就被当时的发行人否决了。道理很简单：任何想要改变报社运行程序的想法，都会让高层管理者感到不安。

墨菲・莱特第一次遇到巴菲特时，同样向他提出了这一想法，并表示这是自己非常想做的一件事。墨菲・莱特认为，这需要对报纸原来的运营方向做出调整。很显然，当时巴菲特对这家报纸的运营状况还不是很了解，所以他只好回答说："这样吧，我们再探讨一下，但这种探讨必须马上开始。"

《布法罗新闻报》早在1915年就停止发行《星期日报》了，巴菲特认为，如果这时候能够恢复周日版应该算是一个好主意。于是，他就这个问题请教了墨菲・莱特。墨菲・莱特认为这是绝对必要的。因为各项研究表明，恢复周日版不但能大大增加发行量和广告收入，还能弥补报社日常运营的收入损失。实际上，墨菲・莱特认同恢复周日版，也是巴菲特决心并购这家报社的主要原因之一。

1977年6月3日，《津津有味》正式创刊，随后便取得了巨大成功。《星期日报》创刊后也取得了很大的成功，尤其是1982年9月19日它的竞争对手《布法罗通信快报》倒闭后，它在当地取得了完全垄断的地位。

到了1999年，《布法罗新闻报》的税后收入就超过了巴菲特当年3400万美元的收购价。1991年第1期《新闻公司》杂志报道，《布法罗新闻报》报社当时就已经成为一家非常典型的巴菲特企业，资产收益率高达91.2%。还有报道说，该报社很可能会成为美国未来获利最高的报业媒体。

甘为人梯的巴菲特在伯克希尔公司2015年年报致股东的一封信中欣慰地说，2015年伯克希尔公司的收入增长了160亿美元，可是全年没有人加入，也没有人离开。伯克希尔公司雇用了许多杰出的人，他们坚守在公司的工作岗位上。此外，伯克希尔公司也只雇用真正需要的人。这就是人们从来没听说过伯克希尔公司也要进行"重构"的原因。

【启示录】

巴菲特认为，虽然收购《布法罗新闻报》不是一件十分有把握的事，但因为该报社具有素质良好的员工队伍和明星经理人墨菲・莱特，所以完全有可能通过调整其经营策略，来增加发行量和广告收入，从而使其最终取得成功。

把声誉看得比生命更重要

我们已有足够的金钱，能赚更多固然不错，但失去一些也没什么问题。我们不能损失的是声誉，声誉一点也不能有所损失。所以我要求经理们所做的决定不仅要合法，更要以“报章测试”准则来衡量——假如他们知道某个行动将由某个不太友善的记者翌日在当地报章上报道，亲友和邻居们都会读到，读者们会有怎样的感觉？如果能通过这个测试便没问题，不能通过的则应放弃。

——沃伦·巴菲特

【巴菲特是这样炼成的】

巴菲特和伯克希尔公司旗下的那些经理人一样，都“不差钱”。在这种背景下，他认为企业的社会责任、声誉就显得更重要。他用来衡量管理层是否优秀、能否留任的标准，也是从这个角度出发的。换句话说，谁要是砸了伯克希尔公司的声誉，他就会砸谁的饭碗。

巴菲特在他的母校、美国内布拉斯加大学林肯分校演讲时，一位学生问他：“你是怎样向伯克希尔公司的所有人灌输合乎道德的企业文化，或者你怎么知道手下那些经理人所做的决策与你的想法是相符的呢？”巴菲特诚恳地说，伯克希尔公司已有足够的金钱，以后如果能赚到更多固然不错，但是失掉一些也没关系，唯一不能损失的是企业声誉。

平时，巴菲特经常要求手下经理人所做的决策不仅要合法，而且要符合“报章测试”准则。也就是说，一个经理人要经常想一想，如果他当天的某个决策由某个不太友善的记者发表在第二天当地的报纸上，并且这些文章他周围的人都会读到，那么他们会有什么样的想法？如果这些读者认为可行，那么这个决策就是可行的；如果这些读者认为这个决策不可行，或者基本上不可行，那么这样的决策就应当放弃。他的意思是说，伯克希尔公司旗下的经理人所做的任何决策，如果能通过“报章测试”就是“道德”的，就是符合他“内在想法”的。

然后，他话锋一转说，他非常欢迎那些经理人随时打电话向他征求意见。不过说实话，如果他真的接到这样的咨询电话，就表明这些决策多半是有问题的。因为有问题，难以把握，所以经理人们才要向他请教；如果是大是大非、一清二楚的事情，他们完全不用请示就可以自己做主，如果这些事情也向巴菲特请示的话，反而要遭到批评。

许多人认为，伯克希尔公司收购的那些上市公司，它们的管理层似乎都非常优秀，其实不然。任何企业的管理层都有高下之分，对于不理想的公司管理层，巴菲特会运用自己的大股东身份给予调整。

例如，巴菲特非常欣赏的可口可乐公司的明星经理人罗伯特・格伊祖塔去世后，继任者道格拉斯・伊维斯特带领公司经历了两年半的动荡期。这时的可口可乐公司发生了严重的经营亏损，直接导致公司大重组，6000人失业，其国际业务更是大幅度下滑，并且面临着一系列麻烦：饮料口味转变、瓶装车间问题、外国政府抵制、国际反美主义浪潮、卷入美国种族歧视案等。

2000年1月10日，美国《财富》杂志报道，1999年12月1日，可口可乐公司的两位董事——巴菲特和赫伯特・阿伦，在芝加哥的一个飞机库召见了道格拉斯・伊维斯特。他明确表示，已经对道格拉斯・伊维斯特的领导“失去信心”。

道格拉斯・伊维斯特见状，感到大势已去，觉得自己再赖在首席执行官的位置上已经没有意义。这时候如果他想争取留任，就必须召开全体董事会投票表决。而表决结果必然会出现两派意见，导致董事会成员之间产生裂痕。他并不想让公司四分五裂，于是和两位董事道别后走向了自己的专机。

1999年12月6日，道格拉斯・伊维斯特在召开紧急董事会后，马上宣布自己将于2000年4月退休。消息传出后，他在业界本来就不太好的名声更是急转直下。实际上，巴菲特就是想用这种直接撤换经理人的方式来扭转困难局面，修复可口可乐公司及其产品在全球的形象。

巴菲特在伯克希尔公司2015年年报致股东的一封信中提到，他喜欢收购企业，同时他也鼓励下属企业“补强收购”（指收购行为能够很自然地扩大收购方的现有业务范围或推进公司战略实施），但并不能进行恶意收购。他批评说：“一些 CEO 忘记了他们在为哪些股东工作，同时，其他的经理也严重不称职。不论哪种情况，董事都不能无视问题所在或者只是简单地不情愿地对需求做出改变。这时就需要新人了。我们会把这些‘机会’留给其他人。”他的意思是说，这时候就只能撤换公司的这些领导人。

巴菲特认为，伯克希尔公司旗下的那些经理人以实际行动来维护公司声誉是一定的，他们的这种行为模式并不是进入伯克希尔公司后形成的，这也是他并购公司前特别注重考察公司管理层的原因之一。

他在伯克希尔公司1990年年报致股东的一封信中说，他和查理 · 芒格可以很自在地夸耀这支团队，因为这些经理人拥有的优秀品质和管理才能与自己一点关系都没有，用不着“避嫌”。他解释说，这些明星经理人一直以来都是如此，而他的工作，只是在挖掘了这些有才能的经理人之后，为他们提供一个合适的环境，让他们去好好发挥而已。他们通过自己的努力，把现金源源不断地送回伯克希尔公司总部，然后由巴菲特有效地运用它们。

巴菲特举例说，在他4岁小孙女的生日宴会上，他曾经专门请了一位小丑演员为她表演了一段魔术。开心的小孙女在魔术师的引导下，还真的以为自己有多么了不起呢。巴菲特的意思是说，现在的他，就像他的小孙女一样，在这些“魔术师”（明星经理人）的配合下挥洒着浑身的本事。其实他自己心里很清楚，正是因为有了这些明星经理人的共同协作，他和伯克希尔公司才会有如此优秀的业绩表现。

【启示录】

“爱护企业的声誉就像爱护自己的眼珠一样”，这不但是口号，更体现了企业的经营宗旨和发展方向。声誉远播，就是中国人所说的社会效益。

24. 很少负债，股东回报率高

巴菲特说：“如果你是个精明人，你就不必负债。如果你尽冒傻气，将会贻害无穷。”这主要是考虑利率因素，负利率的保险浮存金他还是求之不得的。

越有越算，越算越有

我们对债务的态度基本上就是这样。我们对伯克希尔为了并购或经营而发生任何大量的债务根本不感兴趣。当然，根据传统的商业智慧，我们在财务上显得太过保守；如果我们在资产负债表中加入适当的财务杠杆，无疑能够安全地增加盈利。也许如此吧。

——沃伦·巴菲特

【巴菲特是这样炼成的】

“越有越算”在中国人的语境中可不是什么褒义词，而“越算越有”却截然相反。在巴菲特身上，这两者达到了完美的统一。巴菲特无论在个人家庭消费上还是在企业治理上，都很好地贯彻了这两点。

他在伯克希尔公司2005年年报致股东的一封信中说，从投资风险角度看，如果拥有10种各不相同，并且各不相关的公用事业收入足以支付债务利息，假定两者的比例是2：1，那么这时候这10种公用事业收入与单一来源、支付能力更强的收入相比要安全得多。

巴菲特的意思是说，单一来源的收入与多种来源的收入相比，前者的抵抗债务风险能力要差得多。无论一家单独的公用事业公司的债务政策多么保守，一旦发生一个灾难性的事件，它就可能陷入破产境地。当年美国卡特里娜飓风摧毁了新奥尔良的电力事业，就是一个有力证据。

可是，同样是类似于卡特里娜飓风这样的自然灾难，比如在美国西部发生的地震，却不会给中美能源公司造成毁灭性的打击。即使是查理・芒格这样的小心谨慎者，也不相信这种自然灾害会大幅度减少公司的公用事业收入。归根到底，还是因为中美能源公司的收入来源多元化，完全能够抵抗偿债风险。

巴菲特说，伯克希尔公司对于债务的态度基本上就是这样。如果是为了并购或经营而产生大量债务，巴菲特对其根本不感兴趣。当然从传统商业智慧看，伯克希尔公司的债务政策确实过于保守，如果能够进一步提高负债比例，无疑会安全地增加盈利。

但巴菲特认为，成千上万的投资者购买伯克希尔公司股票，公司经营就应当小心翼翼。只要伯克希尔公司发生一项重大灾难，就意味着投资者也同样面临着一项重大灾难。更不用说，伯克希尔公司拥有大量的保险客户，对于那些已经向伯克希尔公司缴纳了15年，甚至更多年保费的客户来说，很可能会受到永远无法弥补的伤害。因为伯克希尔公司曾经向他们承诺，无论发生什么情况——金融危机、股市关闭、核武器战争、化学和生物武器战争，他们的投资都是绝对安全的。他的意思是说，如果伯克希尔公司因为负债过多倒闭了，这些承诺也就成了一句空话，那将会贻笑天下。

巴菲特的这种投资观念，几乎可以说是与生俱来的。他在31岁时成了百万富翁，而直到这时候，他才为巴菲特有限公司添置了一项“高档办公用品”——一台IBM打字机。

当时这台打字机的推销员威廉・奥康纳，在IBM公司担任推销员已有30年之久，后来成了奥马哈共同基金公司副总裁。他回忆说，当时正是他向巴菲特推销这台打字机的。在此以前，巴菲特总是说他不需要打字机。后来他购买的这台打字机是一台标准型电子打字机，价格295美元。正如你想象的那样，巴菲特并没有选购昂贵的总裁型打字机，虽然这位百万富翁有得是钱，购买一台更高档的打字机，他也完全用得着，但他就是这样节俭。

巴菲特一生中唯一的一次贷款，是1971年他购买一处三室二卫房子时借了7万美元的抵押贷款。这是他的第二处房屋，位于加利福尼亚州海滩，主要是为每年圣诞节去那里度假用的。当时的房价是15万美元，当然现在这处房子已经升值了，而这笔贷款巴菲特也早就已经还清了。后来随着家里人口增多，巴菲特又在这幢房屋边上买了一幢新房。

1991年9月13日，巴菲特与所罗门公司客户交谈时就提到了这件事。他说："站在你们眼前的这个家伙，就曾经负债7万美元购买了位于拉古纳海滩（Laguna Beach）的一幢房屋。当时我之所以买这幢房子，主要原因是当时贷款利率低。现在回想起来，这是很多年来我所欠的'全部债务'。"

1999年9月29日，巴菲特在参加一家商店的开业仪式时说，他从来没有变卖过自己的房子。除了自己的住所以外，他还有4处房屋，他从来就没有卖出过其中任何一幢。

巴菲特在伯克希尔公司2005年年报致股东的一封信中说，大家看到并购后的中美能源公司的报表后，会以为伯克希尔公司对负债经营的容忍度已经有所提高，但这不是事实。伯克希尔公司过去一直不主张负债经营，今后也是如此。只有出现以下3种情况时，我们才可能会考虑举债：

一是需要偶尔利用回购协议作为某种短期投资策略。其中包括购买美国政府及其代理的证券投资，但只限于流动性很强的证券。在过去的几年里，伯克希尔公司进行了好几次这样的投机操作，所幸的是不但没有造成任何亏损，而且还有盈利，最终都全身而退了。

二是有时候会为了投资某种应收账款组合而短期举债。不过伯克希尔公司必定是在非常了解这种应收账款组合风险特征的前提下去投资的。毫无疑问，这时候的投资风险会大大降低。例如，伯克希尔公司2001年就这样操作过。当时为了与莱卡迪亚（Leucadia）公司联合收购破产的Finova公司，伯克希尔公司为56亿美元的银行借款提供了担保。

三是伯克希尔公司旗下的一些公司的债务，会因为报表合并而反映在伯克希尔公司年报上。不过由于双方都属于法人企业，所以伯克希尔公司并不需要为这些债务提供担保。他的意思是说，这些债务虽然出现在伯克希尔公司年报上，可与伯克希尔公司没有任何关系，属于一种“伪债务”。

【启示录】

巴菲特掌控伯克希尔公司，自然就把他那一套不主张负债经营的做法带进了公司，并且一以贯之。正如中国人所说：“冷，冷在风上；穷，穷在债上。”巴菲特非常认同这一点，所以被外界批评过于保守，他也毫不在意。

负债率过高是罪恶的种子

就这方面而言，我们试着事先规划伯克希尔的未来，时时谨记查理常说的一句格言：“希望能够知道自己最后会死在哪里，然后打死都不去那里！”如果我们没办法承担可能发生的后果，不管其可能性有多小，我们都必须避免播下罪恶的种子，这也是我们不大幅举债的原因。同时，虽然霹雳猫业务损失理赔的上限金额看起来很大，但对伯克希尔本身价值的影响极其有限。

——沃伦·巴菲特

【巴菲特是这样炼成的】

在巴菲特看来，企业负债率过高，堪称是一颗罪恶的种子。不管发生严重后果的可能性有多大，只要存在这种可能，就要尽可能加以避免，这就是伯克希尔公司不大肆举债的主要原因。

巴菲特在伯克希尔公司1996年年报致股东的一封信中说，他们在尝试规划伯克希尔公司的未来时，会时时牢记查理·芒格经常说的一句格言，那就是“希望能够知道自己最后会死在哪里，然后打死都不去那里”。巴菲特的意思是说，如果知道自己最后会死在哪里，那么永远不去那里，也就不会死了。

他说，如果伯克希尔公司没办法承担负债过多可能造成的后果，那么无论这种负债率有多小，都要尽可能避免。至于伯克希尔公司开展的巨灾保险霹雳猫业务，虽然一旦发生巨灾，伯克希尔公司需要理赔的金额非常大，可是对其本身价值的影响却非常有限。（它在伯克希尔公司净资产中所占的比重很小，不会对公司构成什么威胁。）

2008年5月，巴菲特在接受全球最大的财经资讯公司美国彭博电视台采访时透露，正是出于对巨额债务和资金筹措的考虑，他错过了在这次全球金融危机中收购美国第五大投资银行贝尔斯登公司的机会。

他说，2008年3月，美国联邦储备委员会安排美国第二大商业银行摩根大通银行以24亿美元的价格收购贝尔斯登公司，这一举措非常恰当。因为如果这步棋没走好，导致贝尔斯登公司倒闭，那么第二天很可能一系列公司会跟着倒闭，从而形成非常混乱的局面。

其实，在摩根大通银行收购贝尔斯登公司之前，有一位负责这件事的人已经找到巴菲特，和他在电话里交谈了半个小时。巴菲特没有透露这个人的身份，但明确表示，这个人不是来自美国联邦储备委员会或美国财政部。事后，巴菲特表示，考虑到贝尔斯登公司的庞大债务，并且如果确定收购该公司，伯克希尔公司就必须在几天内拿出650亿美元，他没法在规定的时间内想出一条妙计来（即解决贝尔斯登公司的债务问题，为其提供巨额资金），所以他放弃了这个并购项目。

容易看出，巴菲特虽然通常可以在5分钟内做出是否并购的决定，并且动不动就是大手笔；但毫无疑问，在考虑到债务，尤其是巨额债务时，他还是非常谨慎的。

巴菲特认为，企业负债过高主要是公司管理层造成的。具体地说，负债过高的罪恶种子是公司管理层埋下的，是公司董事失职造成的。

他在伯克希尔公司2002年年报致股东的一封信中说，早在1993年，他就指出公司董事有一项重要的职责，那就是当公司管理层过于贪心时，必须适时出手对其加以制止，并给予警告。然而，虽然公司管理层为了个人利益和一时业绩竭泽而渔，掏空股东的口袋，却从来没有看到公司董事出面制止。究其原因，还是由“董事会习性”造成的。

举个简单的例子，董事会上通常洋溢着一种和谐的气氛，董事们根本不可能去质疑首席执行官所进行的有关并购、举债的事务。尤其是当在座的各位以及外部顾问一致认为首席执行官的决策如何英明时，董事会就更不可能讨论有关是否应该撤换首席执行官这样严肃的话题了。否则，这些董事早就被开除了。他们更关心的是自己的薪水报酬是否得到了提高，而不是公司经营业绩和债务风险。即使有董事会成员提出什么保留意见，也会被人看作是像在宴会上打嗝一样失礼。

既然公司内部董事对此无能为力，那么那些独立董事又能否解决这个问题呢?巴菲特的回答也是“不能”，而且他个人在这方面非常具有发言权。在过去的40多年里，他除了担任伯克希尔公司的职务外，还先后担任过19家上市公司的独立董事，至少和250位以上的独立董事打过交道，对此内幕非常清楚。

巴菲特认为，独立董事必须具备3项必备的条件：一是有丰富的商业经历，二是有积极的工作态度，三是以股东利益为导向。然而在他所接触的那些独立董事中，虽然他们的身份基本上都符合条件，可是绝大多数人会至少缺乏他所提到的3项特质中的1项。这样的结果是什么呢？那就是他们对于公司股东利益的贡献微乎其微，甚至还会经常损害股东利益。

总体上看，这些独立董事虽然彬彬有礼，而且学识渊博，可是对所在产业的了解却非常有限，更不会站在股东立场上去质疑公司管理层的经营决策、公司的不合理酬薪制度、公司的负债经营风险。

巴菲特幽默地说，当他作为首席执行官，在遇到这些问题时往往做得也不够好，他通常是选择沉默以对，用和谐感战胜独立性。

巴菲特认为，公司董事会及各位董事的职责虽然很多，可是在实际运作中通常有两项是最重要的：一是物色最优秀的首席执行官；二是协调争取最低的管理费，其中当然包括对外负债规模了。

【启示录】

巴菲特认为，企业负债率过高，就好比埋下了一颗罪恶的种子。这种责任当然主要是首席执行官的，但公司董事监督不力也是主要原因。公司管理层如果处处为股东利益着想，就不会把公司推到危险的边缘。

负债少的企业，股东回报率高

查理曾跟我公开表示，如果符合以下两个条件，则股市并未被高估：①利率维持不变或继续下滑；②美国企业继续维持现有的高股东权益报酬率。现在看起来利率确实又在继续下滑，这一点算是符合条件；另一点，股东权益报酬率仍旧维持在高档。换句话说，若这种情况继续维持下去，同时利率也能够维持现状，则一般来说，没有理由认为现在的股市被过于高估。

——沃伦·巴菲特

【巴菲特是这样炼成的】

在巴菲特看来，只要企业股东回报率维持在一个高位，并且银行利率水平维持不变，甚至下滑，这时候再高的股票价格也是合理的。而研究发现，负债率低的企业，股东回报率往往高，而且走得稳。

想想也是，企业负债率低，税前利润用于抵偿利息支出的部分就小，挤占利润的部分就小，股东回报率当然就高了。虽然企业负债在这方面能够起到一定的杠杆作用，但财务杠杆是一把双刃剑。

巴菲特在伯克希尔公司1997年年报致股东的一封信中说，他虽然从来不去预测股市走向，但仍然会大致评估某股价是否处于一个合理的位置。他说，1997年举行伯克希尔公司股东大会时，道琼斯工业指数大约为7071点，长期国债利率为6.89%。当时他和查理·芒格公开表示，只要符合以下两个条件，股票价格就没有被高估：一是银行利率维持不变，或者还在继续下滑；二是美国企业能够继续维持比较高的股东权益报酬率。

巴菲特说，一年过后，回过头来看，这两个条件都符合，所以这时候的美国股市就不能算是被高估了。不过从比较保守的角度看，股东权益报酬率很难一直维持在高位。他的意思是说，一方面，负债较少的企业更容易形成较高的股东回报率，从这一点上看不能负债太多；另一方面，负债较少虽然比较容易做到，可是如果要长期维持比较高的股东权益报酬率，却是不容易做到的。

他举例说，1979年夏天的美国股市，到处都是便宜的股票，到处弥漫着悲观情绪。为此，他在《福布斯》杂志上发表文章称，“在股票市场上，想让大家有乐观的共识是要付出相当大的代价的”。意思是说，悲观情绪会使许多股价相当吸引人，可是却不会影响它们较高的投资回报率，投资者应当感到高兴。这一年过后，回头看，美国上市企业获得的利润大大增加了，利率又在下跌，这就使企业所赚取的每一美元利润比过去更珍贵了。

从会计准则方面来考察巴菲特的投资行为，他并不是很关心某一年的经营业绩，而是更侧重于看公司四五年来的平均业绩水平，具体有以下几点：

一、看股东投资回报率，而不是每股利润或每股收益。

例如，大多数上市公司都会从上年度的盈利中拿出一部分来增加权益资本，所以，这时候的每股收益就不值得大惊小怪了。如果该公司每股收益增长10%，与此同时，权益资本也增长10%，这时每股收益的增长就没有任何意义。所以，投资者这时候应当用投入成本，而不是股票价格来衡量股东权益，并且关键要考察经营利润，另外就是负债要少。如果只有通过提高财务杠杆，才能提高权益资本收益率，那么一旦遇到经济增长放缓或经济衰退，这种权益资本收益率就很脆弱，很可能会掉头向下。

20世纪70年代，可口可乐公司在经营战略中提出，不再对停滞不前的业务感兴趣，之后便卖掉了葡萄酒公司，股东权益资本收益率保持在20%以上，1988年甚至达到了31.8%。正是在此背景下，伯克希尔公司开始大举买入可口可乐公司股票。

二、股东收益。

股东收益是巴菲特自己创立的指标，指：公司利润 + 折旧 + 摊销 - 资本性支出 - 其他需要增加的营运资本。

虽然这个指标不能为价值分析提供精确的数据，但是巴菲特认为“宁可接受模糊的真理，也不要精确的错误”（著名经济学家约翰·凯恩斯的话）。这一指标在分析通货膨胀时非常有用。例如经他计算，1973年可口可乐公司的股东收益为1.52亿美元；1980年为2.62亿美元，复合增长率为8.1%；1988年为8.28亿美元，复合增长率更是高达15.5%。

三、致力寻求经营利润高的投资对象。

经营利润高，当然就表明该公司的获利能力强。在这方面，巴菲特特别看重一家公司能否大刀阔斧地降低成本，他认为这才是问题的关键。

例如，1980年，可口可乐公司的税前利润率不到12%，并且连续5年下跌，远远低于1973年的18%。当该公司经营利润率超过前期高点，达到19%时，巴菲特果断开始买入可口可乐公司的股票。

在压缩成本方面，伯克希尔公司本身就很具有典型性。伯克希尔公司的费用开支只有其经营利润的1%，而具有同样获利能力的公司，则在10%左右。

四、公司产生的每1美元留存收益，要能至少产生1美元的市场价值。

这就是说，股票市值的增量不能低于留存收益。

以《华盛顿邮报》公司为例，该公司1973—1992年一共为股东创造了17.55亿美元的利润，其中分配给股东2.99亿美元，公司留存14.56亿美元。该公司的市值1973年为0.8亿美元，1992年达到27.1亿美元，增加了26.3亿美元。从这19年的收益来看，该公司1美元的留存收益，为股东创造了1.81美元（26.3/14.56）的市场价值，大大超过了巴菲特的水准，难怪他每年为《华盛顿邮报》公司唱赞歌了。

【启示录】

投资者在考察股票投资价值时，应当把股东投资回报率高低看作重要参考标准，它比每股收益更有用。要注意的是，只有在没有负债或负债很少的情况下，高回报率才是真实可靠、经得起经济衰退考验的。

25. 业务简单，不属于高科技

巴菲特认为，一个人的能力大小并不重要，重要的是一定要在自己的能力范围内做投资。需要注意的是，投资者在了解和评价自己的能力范围时，要有自知之明。

产品变化小，竞争优势明显

Acme的规模稍大，22座工厂每年生产10亿多块砖，大约占全美砖块总产出的11.7%。砖块产业有其区域性限制，Acme在其经营的区域享有独霸地位。当得州佬被问到知名砖块的品牌时，75%的人会想到Acme，远远超越想到第二位的人数比例。这种品牌认同度不仅仅归功于Acme的产品品质，更深刻地反映出该公司几十年来深耕地方服务的成果。

——沃伦·巴菲特

【巴菲特是这样炼成的】

伯克希尔公司收购企业时，特别偏爱那些产品单一、变化小，又具有明显竞争优势的企业。巴菲特认为，自己对这类企业未来的发展更有把握，更有安全感。

他在伯克希尔公司2000年年报致股东的一封信中说，当年7月，伯克希尔公司并购了西式靴领导厂商贾斯汀（Justin）公司。该公司拥有5大品牌，其中之一居然是专门生产砖块的跃马（Acme）砖块公司。

当时的故事很有趣。2000年5月4日，伯克希尔公司收到一份陌生传真，建议它参与并购一家知名度不高的企业。巴菲特回复说，除非情况特殊，可以予以考虑，因为伯克希尔公司很少与别人一起投资。不过，如果对方愿意把资料提供给伯克希尔公司参考，将来伯克希尔公司并购成功后可以考虑支付一笔介绍费。结果对方回复说，这家神秘的公司就是贾斯汀公司。于是，巴菲特便和该公司创始人兼大股东、董事长约翰 · 罗奇（John Roach）见面。当巴菲特听说约翰 · 罗奇非常热爱该公司，只是因为健康状况才不得不对外出售公司，感到很满意，最终动用5.7亿美元现金买下了该公司。果然，约翰 · 罗奇于第二年就去世了。

跃马砖块公司是贾斯汀公司旗下的一家独立的企业法人，业务非常单一和简单，就是专门生产砖块，但在美国得克萨斯州和附近的5个州范围内非常有名。该公司拥有22家工厂，年产砖量超过10亿块，大约占整个美国砖块总产量的11.7%。要知道，砖块产业有着明显的区域性限制，不适合长途运输。而在上述地区，跃马砖块公司的产品占据着垄断地位。如果你在得克萨斯州问别人砖块的知名品牌是什么，75%的人会马上告诉你是跃马砖块，而位居第二名的生产企业，其市场占有率只有16%。

巴菲特说，遗憾的是，此前他根本就不知道有这个品牌，不但如此，而且他还说不出任何砖块品牌的名称。说到跃马砖块公司，它之所以著名，不仅是因为它的产品品质好，更与它几十年来开拓、服务当地市场有关。

巴菲特说，伯克希尔公司很高兴在2000年收购了跃马砖块公司，因为它是一家踏踏实实的企业。他敢保证，这项收购举措将会使美国硅谷的那帮高科技工作者感到汗颜。

他的意思是说，这种简单的产品拥有如此之强的市场竞争力，是其他从事高科技产业的人绝对想不到的。其实，不必非投资高科技企业，投资很简单的企业同样能得到很高的回报率。

巴菲特经常说的一句话是“我们喜欢简单的企业”。确实是这样，伯克希尔公司投资的股票，通常是那些产品变化不大、竞争优势明显的上市公司。可以为此做证的是，伯克希尔公司旗下那么多公司中，没有哪一家是从事研究和开发工作的。

说到这里，许多读者会抬杠说，巴菲特回避网络科技股，是因为他对该行业不熟悉。要说熟悉，巴菲特最熟悉的行业莫过于纺织业了，要知道，伯克希尔公司最早就是一家纺织厂。然而伯克希尔公司早就退出了纺织业，这又是为什么呢？

许多人认为，巴菲特强调自己喜欢投资业务简单的行业，而不喜欢投资他看不懂的高科技网络企业，让他们上过当。他们抱怨说，全球投资界的人们因为听信了巴菲特的这句话，以为每个人只要专注于投资某个自己熟悉的行业就可以了，结果把自己的投资行为活生生地变成了投机行为——在那些已经成为明日黄花的产业中，相当一部分投资者就是因为认为自己熟悉这个行业从而投入其中，结果投资不成便只好做波段，最终沉入了水底。

这样来理解巴菲特只投资业务简单、自己熟悉的行业，实在是一种误解。巴菲特确实这样说过，但同时他也强调所投资股票要有明显的竞争优势。如果只具备前者而不具备后者，这种投资的风险当然是很大的。

概括起来说就是，投资者在进入股市时，在自己熟悉的行业和不熟悉的行业中，要尽量选择自己熟悉的行业；而在自己熟悉的行业中，又应该选择竞争优势明显的企业。

这里的“熟悉”就意味着业务简单。对于同一项业务来说，如果投资者 A 对它很熟悉，就会认为它是“简单”的；相反，如果投资者 B 对它不熟悉，就会认为它很“复杂”。这就是俗话所说的“会者不难，难者不会”，以及“隔行如隔山”。举个不很恰当的例子来说，对于专业人员来说，组装电脑是很容易的；而对于电脑盲来说，你叫他开、关一下电脑，他也不一定搞得清按哪个键。

伯克希尔公司涉足的投资领域非常多，巴菲特对相应企业是如何运作的，总体上都很清楚，包括盈利、费用、现金流、劳工关系、价格灵活性、资本需求、资金分配和运用状况等。这些投资领域的业务，对巴菲特来说都是“简单”的，因为他有一帮明星经理人在为他服务，帮他打理；而对于其他投资者来说，这些业务很可能极为复杂，他们甚至连听都没听说过。

【启示录】

投资不是玩游戏，不必追求刺激。越是业务简单、产品单一、发展稳定的企业，未来令人胆战心惊的不可控状况越少。俗话说“平凡中见伟大”，许多超乎寻常的投资业绩都是在普通行业、普通股票上实现的。

听得懂才买，听不懂不买

结果 Rich 前后只花了 15 分钟时间，就说服我买下了 1/4（也就是每年 200 小时）的霍克 1000 型飞机所有权。我的家族在经过 900 飞行小时、300 次旅程的亲身体验后，渐渐了解了这种服务为客人所带来的亲切感、方便与安全性，毫无疑问地都爱上了它。

——沃伦·巴菲特

【巴菲特是这样炼成的】

每位投资者的能力有大小，有各自相对来说熟悉的行业和领域。巴菲特在并购企业时，通常会与对方公司管理层中的一位主要人员面对面谈一谈，一方面是进行价值摸底、判断，另一方面也是在听对方介绍业务。只有一家公司的业务他能真正听得懂，并且认为其价值落在他认可的价格范围内，他才可能买下来。如果对方公司业务复杂，他根本就听不懂；或者对方故弄玄虚，根本不想让他听懂，他就会果断放弃它。

巴菲特在伯克希尔公司1998年年报致股东的一封信中说，当年伯克希尔公司并购企业主管飞行公司的案例，就能说明这一点。

他说，他是在4年前第一次听到有企业主管飞行公司这样一家企业的，当时是伯克希尔公司旗下的布朗鞋业公司经理人弗兰克·鲁尼向他介绍的。弗兰克·鲁尼本人经常使用该公司提供的服务，并且觉得相当满意，所以他建议巴菲特和企业主管飞行公司首席执行官李奇·斯坦图利（Rich Stantulli）见个面，看是不是有并购的可能。

结果，李奇·斯坦图利只用15分钟时间就说服巴菲特购买了一架霍克1000型飞机1/4的所有权（折算一下，即每年可以飞行200个小时）。巴菲特之所以决定购买，是因为在这短短15分钟内，他不但听懂了对方介绍的业务，而且觉得这种业务非常棒，未来一定有很好的发展前景。当然，除此以外，他对李奇·斯坦图利的业务能力赞赏有加也是一个重要原因。

巴菲特购买霍克1000型飞机1/4的所有权后，他的家人坐这架飞机累计飞行了900个小时，进行了300次旅行，他们对该公司的服务有了亲身感受和彻底了解，并且感到非常满意。接下来，巴菲特就婉转地告诉李奇·斯坦图利，如果他将来有意出售这家公司，可以随时打电话给他。

李奇·斯坦图利真的在1998年5月打电话给巴菲特，双方很快就达成并购协议：伯克希尔公司投资7.25亿美元并购企业主管飞行公司，其中现金和股票各占一半。

那么，关于企业主管飞行公司和李奇·斯坦图利，巴菲特究竟了解了些什么呢？原来，飞行员出身的李奇·斯坦图利于1986年创造性地开辟了该公司的业务模式。10年过去后，该公司成为全球整个行业中规模最大的企业，拥有1000多位客户、163架飞机，其中23架飞机是公司本身拥有或租来的核心飞机。拥有这样的实力，该公司在业务旺季依然能提供最优质的服务。

毫无疑问，对于空中飞行来说，最重要的当然是安全了。企业主管飞行公司一共拥有650位飞行员，他们每年至少两次到伯克希尔公司旗下的全球最大的飞行员培训公司国际飞安公司接受训练，目的就是为了确保飞行安全。并购企业主管飞行公司后，巴菲特就卖掉专用飞机，把飞行服务完全交给了企业主管飞行公司。

对于企业主管飞行公司的所有客户来说，他们都受益匪浅。因为企业主管飞行公司的网点遍布美国各地，能够提供其他同行无法提供的服务。该公司在美国国内有指定的5500个机场，客户只要提前5小时通知需要用飞机，该公司就会及时为其安排，这种方便程度与打电话叫出租车一样。

当然，该公司不仅仅是服务网点多，它还是全球领导品牌，规模庞大，可以为客户提供各种各样的飞机型号，从波音、湾流、猎鹰、塞斯纳到雷神，可谓应有尽有。巴菲特把它比喻成一位医生，可以为病人量身定制治疗方案，提供个性化处方，而不是从头到脚只能提供同一副狗皮膏药。

所有这些优势，除了可以满足客户需要外，更可以大幅度降低飞机的待机时间。相比之下，其他两家同行因为是飞机制造商，只能向客户提供自己生产的飞机型号，就不具备上述优势了。

事实正是如此。企业主管飞行公司的许多客户都会同时选择不同的飞机型号，用来满足不同场合的飞行需要。例如，一个客户如果购买了3种飞机各1/16的所有权，就相当于购买了每年各50个小时的飞行时间，也就意味着他只是花了一笔数目不大的钱，便享受了拥有飞机群一样的飞行待遇。

正因如此，企业主管飞行公司的客户不但有个人、小型企业，还有不少大型企业。这些大企业深深知道，虽然自己已经拥有单独的飞机群，可是在业务繁忙时仍然可能会感到紧张。而他们购买了企业主管飞行公司的业务后，就弥补了业务繁忙时机队调度不过来的不足，并且还节省了一大笔费用开支。

巴菲特介绍说，1997年企业主管飞行公司的市场份额是31%，它的业务发展潜力很大。一旦有更多企业和个人意识到只要花费一部分钱就能拥有一架飞机的几分之一（实际上大多数人并不需要，也没有能力购买一整架飞机，他们需要的充其量只是一架飞机的几分之一），那么该公司的业务就会以爆炸式速度增长。

从中容易看出，对于大多数人来说，企业主管飞行公司的业务比较陌生，仅仅听业务名称恐怕并不知道它究竟是干什么的；但巴菲特听了介绍后，觉得该公司的商业模式其实非常简单，关键问题是开展这样的业务资金投入巨大，而这对伯克希尔公司来说并不是问题。

【启示录】

虽然任何事情都是从知之不多到知之较多，但如果你怎么也听不懂某种商业模式，还要为其投资，其中蕴藏的风险就可想而知了。巴菲特投资股票强调要“听得懂”，实际上这就是说，你只有能够理解，才可能做出正确判断。

遇到复杂的业务就知难而退

我们的失败再度突显了一项原则的重要性，那就是别把事情搞得太复杂，要尽量让事情简单化。这项原则，被广泛运用于我们的投资以及事业经营之上。如果某项决策只有1项变量，而这项变量有九成的成功概率，那么很显然你就会有九成的胜算；但如果你必须克服10项变量才能达到目标，那么，最后成功的概率将只有35%。

——沃伦·巴菲特

【巴菲特是这样炼成的】

巴菲特购买企业，强调业务要简单，他要能够听得懂，但显而易见，并不是什么业务他都懂。遇到他不懂的业务和复杂的业务时怎么办呢？他通常采用的办法是敬而远之。

巴菲特在伯克希尔公司2004年年报致股东的一封信中说，2004年伯克希尔公司旗下的中美能源公司取消了一项重大投资案，原因就在于被并购对象的业务过于复杂，潜伏着风险，他只好知难而退。

他说，这项并购案被取消，突出反映了一项原则的重要性，那就是不要把事情搞得太复杂，要尽量让事情简单化。

这项原则被广泛运用在伯克希尔公司的投资和事业经营上。举例来说，如果某项决策只有1个变量，而这个变量有九成的成功把握，那么毫无疑问这个项目的成功把握就有九成；可是，如果这里的变量不是1个而是10个，虽然每个变量的成功把握仍然有九成，可是如果你要克服这10项变量达到最后的成功，这时候的成功把握却只剩下35%了。

所以，从这个角度看，当事情变得很复杂时，即使单独看每个项目的成功把握都很大，依然要防止最终失败。具体到投资项目来看，如果这个项目的业务很复杂（对巴菲特来说，网络、高科技企业就是其中的典型），这样的投资项目还是放弃为好。

那么，巴菲特这里所说的“复杂业务”究竟指什么呢？原来，中美能源公司从1998年开始就着手并购一家企业了，当时预想如果顺利的话，可以在2002年正式运营。该企业的主要业务是锌金属回收。在地热发电过程中产生的卤水中含有大量的锌，所以，如果能把这些锌金属回收上来，应该是有利可图的。但论证结果表明，这种回收从商业角度看是可行的，可是从冶炼这个行业看，它就像石油勘探一样，充满变数。每当一个问题解决了，马上又会出现另一个问题等着你去解决，没完没了。而在这一系列问题中，只要有一个问题无法解决，最后就可能要“吃不了兜着走”。考虑到种种因素，中美能源公司一直拖到2004年9月才彻底失去信心，最终取消了这个并购项目。

据此，巴菲特告诫投资者（不仅仅是伯克希尔公司股东）说，千万不要买入有许多问题没有处理完的公司的股票，即使公司仅仅是花样太多（业务复杂），也要躲避三尺。

一个非常简单的道理是，“厨房中的蟑螂一定不止一只”。他的意思是，如果在厨房里你发现了一只蟑螂，那绝对不会只有这一只。引申开来是指，如果一家公司的股票有问题，也绝对不会只有一个问题，一个问题的背后，一定还潜伏着许多没有暴露出来的问题让你防不胜防，这时候你能做的最好就是逃之夭夭。

巴菲特介绍了一个小技巧，如果某家上市公司的财务年报中有太多的附注说明，往往就表明该公司存在着许多只“蟑螂”；尤其是当这些附注说明的内容模棱两可、似是而非时，那就更能证实该公司拥有许多“不可告人的秘密”。这时候投资者该怎么做，答案就很明确了。

除此以外，如果上市公司对将来的盈利预期过于乐观，这其中也通常潜藏着某种不可告人的目的。虽然有些情况确实能够证明该公司将来的业绩表现良好，但巴菲特认为，市场瞬息万变，各种各样的预期都不可信。他说，他连下个季度的情况如何都不清楚，预测一年后的利润就更不是他的专长了！

巴菲特不喜欢复杂的业务，这种特点表现在许多方面。在伯克希尔公司并购企业时，巴菲特总是让对方出价，如果他觉得价格合适就买下来；如果企业很好，可是价格太高，他也会一票否决。巴菲特的这种一口价交易方式很少有例外，这就反映了他爽快、干脆的风格。

他在伯克希尔公司2007年年报致股东的一封信中说，在伯克希尔公司控股87.4%的中美能源公司旗下，有太多不同种类的公用事业企业。1999年，伯克希尔公司以每股35.05美元的价格买下该公司，当年它的每股收益是2.59美元，这是一个例外。

在巴菲特看来，对于伯克希尔公司来说，该公司的价值只能是每股35美元。投资银行家向伯克希尔公司反复推荐中美能源公司，因为他们看出巴菲特对该公司很是心动。巴菲特从来都是一口价，唯有这次收购，坚持到最后，他做出了一些让步。他同意每股提高0.05美元，以便让他们回去好交账，说他们已经竭尽全力了，已经榨干了巴菲特的“最后一枚镍币”。

巴菲特笑着说，这就是中美能源公司每股价格35.05美元的来历。从中依然可以看到巴菲特那种崇尚简单的风格，不仅仅是业务，还包括价格。

【启示录】

知难而退，虽然缺乏迎难而上的精神，但显而易见，这是不可多得的人生智慧。“与天斗，与地斗，与人斗，与股票斗”，即使有时“其乐无穷”，偶尔也难逃鸡蛋碰石头的命运，何况这里损失的还是钱！

26. 收购企业价格一定要合理

伯克希尔公司收购企业时非常注重价格合理。除了收购价格的绝对合理和相对合理外，面对对企业控股权有限制的收购对象时，伯克希尔公司考虑的就更多了。

企业收购价格的绝对合理

如果投资连与投资额相当的回报都得不到，那还算什么投资？故意以高于股票内在价值的价格买入，希望很快以更高的价格出手，那只能叫投机。

——沃伦·巴菲特

【巴菲特是这样炼成的】

伯克希尔公司并购企业的前提之一是价格合理。这种价格合理可以有几种不同的理解，分别是收购价格的绝对合理、相对合理，以及在《公用事业控股公司法》限制条件下考虑到投票权需要确定的合适价格。毫无疑问，无论哪种价格都必须是“值得”的，虽然每个人对“值得”“不值得”的理解可能会有根本性的不同。

在巴菲特看来，并购企业价格的绝对合理，应该是与其内在价值相比而言。当并购一家企业的价格大大低于其内在价值时，就会产生安全边际。当安全边际越来越大时，投资者就必须当机立断，重拳出击，把该公司或股票收入囊中。

在财经记者罗杰·海文斯坦笔下，巴菲特做每一项投资决策之前，都会首先阅读该公司的财务年报，然后在心里问自己这样一句哈姆雷特式的话："值得还是不值得？"

巴菲特经常说，如果投资连与投资额相当的应有回报都得不到，那还算是什么投资呢？如果投资者故意以比其内在价值高的价格买入股票，然后希望以更高的价格出手，那只能叫投机。

由此看来，巴菲特购买企业，衡量价格高低的唯一标准是其内在价值，而不是参照昨天、上个月、去年以及历史上的股价走势。这看起来似乎有些不太好理解，但从价值投资、长期投资者角度看很正常。因为此类投资者买入股票后并不会在短期内抛出，而是要长久持有，他又何必在乎价格的一时涨跌呢？

巴菲特这种老套、略带神秘主义色彩的投资价值理论，不但不符合中国股民的想法，同样也不符合美国华尔街上那些专业投资者的胃口。

要知道，美国华尔街上流行的理论是"有效市场"，最走红的就是那些图表专家和技术分析专家们。所以，你经常能从他们嘴里听到诸如"技术指标严重超买（卖）""10日均线和30日均线在 × 点附近形成金叉"此类的话。其实，在今天的中国股市上又何尝不是如此呢？这样的话语依然不绝于耳。在这些人眼里，股票价格及其涨跌永远是正确的——"既然开（收）盘在这个价格，那就必定有它的道理！"他们全然不顾它与其内在价值相比是高了还是低了！

著名经济学家保罗·萨缪尔森更是认为，那些投资基金所能得到的投资收益，跟市场上利用诸如投掷飞镖、骰子等办法随意挑选的股票一样，不可能偏离太多。说得简单一点就是，随着股市信息越来越公开和透明，有越来越多的投资者只能得到市场平均水平的投资收益。

既然如此，那他们又怎么来看巴菲特连续几十年的投资收益率超过市场平均水平呢？保罗·萨缪尔森用了一个最简单的词：天才。他的意思是说，巴菲特是这方面的天才，是先知，所以他的连续超额业绩根本与他的那套所谓内在价值理论无关，其他人想学也学不来。

而美国加利福尼亚大学经济学家阿尔齐安则持另外一种观点，认为巴菲特的成功不是靠天才，而是靠运气。所谓"靠运气"，当然也就是随机的啦。最终阿尔齐安的观点仍然归结到那句话：不可学习，不可复制。

美国斯坦福大学教授夏普则说得更有趣。他说巴菲特“只是一个3Σ 事件”，即统计学上的极小概率事件，几乎可以忽略不计。

看到这里，读者也许就明白为什么这些著名经济学家无法成为“巴菲特”了。具有讽刺意义的是，保罗 · 萨缪尔森和阿尔齐安一生中唯一购买的股票便是伯克希尔公司股票，试图以此来作为和自己主张的随机理论相对冲的套头交易。面对别人要求解释购买理由，保罗 · 萨缪尔森拒绝作答。

而巴菲特呢，对他们的这些有效市场理论根本不屑一顾，并嗤之以鼻。他用他一贯的语言风格说，如果所有美国人每天掷一次硬币，字朝上的人被淘汰，那么20天后整个美国也就只剩下215个掷币人了。这一结论遭到了这些教授们的反驳：如果用同样多的长臂猿来掷硬币，结果也一样。巴菲特抨击说，如果最后那些剩下来的长臂猿多是从同一家动物园里出来的，譬如是从奥马哈“巴菲特内在价值动物园”里出来的，你们会不会怀疑它们与动物饲养员有什么关系呢?

巴菲特的意思是说，只要坚持内在价值理论，并且在并购企业和买入股票时，坚持在内在价值以下相当幅度的安全区域内投资，最终就会成为那些脱颖而出的“长臂猿”。

巴菲特自己正是利用这一理论取得了成功。例如，他在1973年投资《华盛顿邮报》公司时，当时该公司的股票市值为0.8亿美元。而根据他的计算，该公司的内在价值至少有1.5亿美元，也可能是1.96亿美元，如果放宽一点还可能达到4.85亿美元。即使从最保守的估计出发，这时候巴菲特如果把该公司全部买下来，也意味着只投入0.8亿美元，便拥有了1.5亿美元的内在价值，投资赢利空间差不多有1倍。

而在巴菲特看来，他觉得他这笔投资的赢利空间很可能会达到3倍，即买入价格只相当于企业内在价值的1/4。有了这样巨大的安全边际做保证，就既能避免该公司股票价格猛跌所造成的风险，又能在价格回归价值过程中带来额外的投资盈利。

不难看出，收购企业时，这种强调价格与其内在价值的比例必须绝对合理的做法，是伴随巴菲特一生的成功法宝。

【启示录】

强调买入价格要合理，实际上反映了一条朴素的真理：物有所值。不考虑价值而买入股票，这是上帝也不同意的事。巴菲特说："市场就像上帝……但与上帝不同的是，市场不会宽恕那些不清楚自己在干什么的人。"

企业收购价格的相对合理

考量目前市场的情况与公司的资金规模，我们现在决定将"非常吸引人的价格"改成"吸引人的价格"。或许你又会问，那么到底应该如何把握价格够不够吸引人呢？在回答这个问题时，大部分分析师通常都会选择两种看起来对立的方法，"价值法"与"成长法"。事实上，有许多投资专家会将这两种方法交替运用，就像是轮流换穿衣物一样。

——沃伦·巴菲特

【巴菲特是这样炼成的】

并购企业的价格如果绝对合理，这时候适合的投资方法是一次性买入；而当并购价格不是绝对合理，而是相对合理时，这时候适合的投资方式就是分批买入或酌情买入。不用多说，这里的价格相对合理，仍然是与企业内在价值相比而言的。

巴菲特在伯克希尔公司1992年年报致股东的一封信中说，伯克希尔公司的股权投资策略和1977年年报中所说的那一套并没有多大变化，如果一定要说有什么变化的话，那就是原来提到的必备条件之一是"非常吸引人的价格"，现在改成了"吸引人的价格"。究其原因在于，目前（1992年）美国股市现状和伯克希尔公司的资金规模决定了伯克希尔公司必须这么做。

那么，究竟什么是"吸引人的价格"，或者说究竟什么样的买入价格才称得上"吸引人"呢？巴菲特解释说，大多数股票分析师这时候通常都会选择两种看起来对立的方法，即"价值法"和"成长法"，或者像轮流穿衣服那样交替运用这两种方法。不过在巴菲特看来，这两种方法都是似是而非的，虽然多年前他自己也是这样操作的。归根到底，这两种方法应该合二为一。

例如，就成长性而言，在计算一只股票的内在价值时，“成长”当然是很重要的；可是“成长”不一定总是好事，它可能是正面的，也可能是负面的。企业业绩在不断成长当然是一件好事，可说句不好听的话，人身上的肿瘤不断成长也会是好事吗？

再说价值法。说股票投资要追寻价值，这本身就是一句废话——如果你购买股票不是为了追求相应的价值，那还怎么叫投资呢？如果你根本不在乎买入成本高低，以及是否具有相应的价值，而是只希望能够在短期内以更高的价格卖出，这根本就是投机。虽然投机不违法，也不违反道德，但在巴菲特看来，这是一种与玩吹气球游戏差不多的无聊行为。

巴菲特认为，投资股票应当强调买入价格要低，如果做不到绝对的低（绝对合理），也要做到相对的低（相对合理）。

他说，价值投资的最基本含义，就是看该股票在未来的生存寿命期限内所能产生的现金流量折现。从中选择那种价格最低的投资，而不要过于关注它的赢利水平高不高，销售有没有增长，以及与现在的赢利水平、账面价值相比是大是小。相对合理的投资价位，就是在该公司股价变动过程中最有吸引力的价位。如果这种价位没有吸引力或者吸引力不够，就应暂时放弃，重新等待有吸引力的价位到来时再买。

伯克希尔公司投资可口可乐公司的案例，就能很好地说明巴菲特是如何在企业收购价格相对合理时伺机出击的。

20世纪80年代初，可口可乐公司新任首席执行官罗伯特·格伊祖塔、唐纳德·考夫上任后开展了一系列的切实措施，使得可口可乐公司的股票价格得到逐步回升。一直看好可口可乐公司股票的巴菲特，这时候完全可以出击了，但他认为还存在一个严重的问题，那就是价格不合理，所以他选择了耐心等待的做法。

1988年6月，可口可乐公司的股价在每股10美元左右。当时美国华尔街的投资者纷纷认为，从各种技术指标，如股票市盈率、股票价格与账面价值的比例、股票价格与现金流的比例看，可口可乐公司的股票价格都处于一个相对高位，这时候谁要投资该股票简直是疯了。

可是巴菲特却不这么看。据他测算，当时可口可乐公司的内在价值少说也有207亿美元，完全有可能达到324亿美元，甚至483亿美元。而这时候该股票的市场价值却只有100多亿美元，完全在一个相对合理的价位上，完全可以买入，而且非常值得买入。

于是，巴菲特主动出击，在之后的10个月内共投资10.23亿美元，买入9340万股可口可乐公司股票，平均股价10.96美元。而在1988年、1989年这两年中，可口可乐公司的平均市场价值是151亿美元，对于巴菲特一贯强调的安全边际，至少有27%或者50%，甚至可以达到70%。

在完成了这一系列动作后，时间已经到了1989年年末。这时候伯克希尔公司突然宣布，自己拥有的可口可乐公司股票已经占可口可乐公司总股本的6.3%，占伯克希尔公司普通股投资组合的35%，这让外界大吃一惊。

从中不难看出，所谓“合理价格”也是相对而言的，并且不同人的评估标准不同，所认定的合理价格也有天壤之别。只有采取恰当的方式，参照股票内在价值，才能做出准确判断。而对巴菲特来说，采取相对合理的价格这种谨慎的做事习惯，可以说从年轻时就养成了。

当年巴菲特从哥伦比亚大学研究生毕业后，向老师本杰明·格雷厄姆提出，希望能到他开办的格雷厄姆·纽曼公司工作，表示哪怕零工资也心甘情愿。可是本杰明·格雷厄姆以他的员工都是犹太人，而巴菲特不是犹太人为由，拒绝了这位得意门生。巴菲特认为，如果自己能在本杰明·格雷厄姆手下工作，即使暂时没有报酬也非常合算。这难道不是他的另一种价格合理的相对论吗？

【启示录】

购买股票的价格是否合理，有一个怎么看的问题。如果是绝对合理（绝对低点），当然是好事，但大多数时候可能只会是相对合理（相对低点）。这里既牵涉到合适的评判标准，又需要有耐心，善于抓住时机，缺一不可。

统筹考虑投资与控股权关系

并购电力能源事业，由于牵涉到包含美国1935年颁布的《公用事业控股公司法》在内的各种行政法规，而显得有些复杂。因此我们必须设计一个交易，以避免伯克希尔取得多数的控制权。我们最后决定，由我们出资购买11%固定收益的证券，加上部分普通股与可转换特别股的特殊组合，把伯克希尔对中美能源公司的表决权压在10%以下；同时，伯克希尔公司又能持有该公司76%的权益，全部加起来的投资金额总计超过20亿美元。

——沃伦·巴菲特

【巴菲特是这样炼成的】

如果说，对于普通投资者来说，购买股票的价格是否合理，能仅从价格的绝对合理和相对合理上判断的话；那么，对于伯克希尔公司这样以收购企业为主的公司，还有一个如何统筹兼顾投资者、控股权、税赋负担、守法经营的问题。巴菲特在这方面可谓深谋远虑，做得滴水不漏。

他在伯克希尔公司1999年年报致股东的一封信中说，当年伯克希尔公司并购中美能源公司，就必须考虑上述各种复杂因素。

他说，这件并购案当初是由他的老朋友、伯克希尔公司董事沃尔特·斯科特牵线搭桥的。沃尔特·斯科特认识的人很多，尤其是他在中美能源公司拥有相当多的股份，并且又在该公司担任董事。就这样，当他们两人1999年9月一起在美国加利福尼亚州参加研讨会时，沃尔特·斯科特不经意间问巴菲特是否有兴趣购买中美能源公司。当时的巴菲特凭直觉认为这是一个很好的生意，所以回去后就立刻翻阅中美能源公司的相关资料，并且和沃尔特·斯科特以及中美能源公司首席执行官戴维·索科尔（David Sokol）见了两次面。巴菲特当即表示，只要价格合适，这桩并购案成功的可能性很大。

巴菲特对这桩并购案抱有极大兴趣，而对方又有意出售该公司，那么巴菲特只要把收购价格抬高一些，抬高到对对方来说具有足够的吸引力就行了。可问题的关键偏偏在这里，对于具有高超的谈判技巧的巴菲特来说，我虽然对你的企业很感兴趣，但你还是要给我一个合理（能够让我非常心动）的价格。这样，他就又把球一脚踢给了对方，让对方看着办。

中美能源公司在美国属于公共事业类控股公司，所以购买该公司必然要牵涉到《公用事业控股公司法》以及其他相关法律。虽然《公用事业控股公司法》是1935年制定的，时间已经过去这么多年，但既然这个法律依然有效，那么这桩并购案就必须完全遵守。

为了做到这一点，双方进行了各种各样的方案设计。根据该法律规定，作为收购方的伯克希尔公司，投票权最多只能达到9.9%。而现在伯克希尔公司收购该企业的总金额超过20亿美元，控股比例高达76%（后来又提高到87.4%），不变通一下绝对不行。（由此可见，“善于变通”并不是中国人的专利，而是所有企业家的必修课。）

最后设计的方案是：伯克希尔公司出资购买中美能源公司11%的固定收益证券，另外的资金用来购买普通股和可转换特别股的特殊组合。这样，既可以把伯克希尔公司对中美能源公司的表决权控制在不超过10%，符合法律规定；又同时能持有该公司76%的股权。

沃尔特·斯科特积极配合伯克希尔公司的这项决策。因为根据这项决策，他和他的家族需要投入大笔资金，买入更多的中美能源公司股份，累计投资金额要超过2.8亿美元，从而使他成为中美能源公司的控股大股东。他作为这个人选是最理想的了，因为他原来就是伯克希尔公司和中美能源公司的董事，对双方都了解，又深得双方信赖。

巴菲特在伯克希尔公司1977年年报致股东的一封信中说，过去的历史表明，买下一家好公司部分所有权的价格，往往会比通过协议谈判买下整家公司的价格便宜得多。因此，伯克希尔公司的策略是，在想拥有一家价廉物美的公司的所有权时，往往通过间接拥有控股权方式来达到目的，而不是直接并购。可以说，伯克希尔公司通过曲线救国的方式控股中美能源公司，非常符合这一设想。

巴菲特说，当伯克希尔公司大量持有某些价格合理的公司股票时，其目的并不是为了控股，也不是为了现在买入、将来卖出，归根到底还是希望该企业有比较好的业绩表现，从而使伯克希尔公司获得理想的业绩回报。具体地说，伯克希尔公司就是通过这种投资方式获得长期的股票价值和丰厚的股利收入的。

他说，伯克希尔公司通过各种方式投资企业，一开始对自身经营业绩帮助或许并不大，但是久而久之就能看出非常丰厚的投资业绩了。

例如，伯克希尔公司在1977年投资1090万美元在资本城通讯公司上，当年反映在伯克希尔公司年报上的股利收入只有可怜的4万美元；而实际上呢，伯克希尔公司按照持股比例，当年应能分到股利收入130万美元。

巴菲特的意思是说，伯克希尔公司在并购企业时会考虑许多方面，既要考虑在法律规定的范围内取得控股权，又要看怎样才能对伯克希尔公司更有利；既要看伯克希尔公司财务年报上有多少盈利，又不仅仅局限于这些盈利——因为归根到底，那些不能在伯克希尔公司年报上反映的盈利，依然是属于伯克希尔公司的，这只是核算角度的问题。

【启示录】

对于并购企业这样的大事来说，由于一些企业涉及国计民生、百姓生活，政府对其限制就会很多，这是很好理解的。这时候的收购价格，就要和其他一系列问题，尤其是控股权结合起来一起考虑，统筹兼顾。

27. 以股换股，尽可能推迟纳税

伯克希尔公司收购企业时，以股换股和现金交易两种方式交替使用。采用哪种方式，主要看哪种方式的价格更合理，同时也会考虑尽可能推迟纳税时间。

前期不大喜欢发行新股

我们公司发行新股遵循一项原则，那就是：我们不轻易发行新股，除非我们所换得的内在价值与我们付出的一样多。这种原则看似理所当然，也许你会问，哪有人会笨到以1美元去交换50美分呢？但不幸的是，有许多企业的经理人恰恰愿意如此做。

——沃伦·巴菲特

【巴菲特是这样炼成的】

伯克希尔公司收购企业时，究竟喜欢支付现金还是以股换股，在它的不同发展阶段曾经有过变化，这是巴菲特根据时局做出的必要调整。

总体来看，伯克希尔公司早期是严格控制发行新股的，收购企业喜欢以股换股；而到了后期，则倾向于用现金收购股份。

巴菲特在伯克希尔公司1982年年报致股东的一封信中说，当时伯克希尔公司正在考虑与蓝筹票据公司合并，首选的就是股权交换，而不是发行新股。

他介绍说，伯克希尔公司发行新股有一项原则，那就是不轻易发行新股；如果真的要发行新股，必须做到所得与付出一样多。这看起来是理所当然的，"一分价钱一分货"，谁也不会笨到用1美元去换50美分；但不幸的是，在企业兼并过程中，有许多经理人在进行这种笨蛋式操作。

举个例子来说，这些企业在并购时，第一选择是用现金或银行借款支付。虽说这种方式也没错，可是要知道，许多企业更在乎规模扩张，而不是对股东权益的维护，一旦用负债经营方式扩大规模"上了瘾"，就往往容易失控。而负债经营是巴菲特最担心也最痛恨的。

洞悉人性的巴菲特说，股市上有许多企业的市场价格低于其内在价值。如果一家上市公司的股东大会愿意通过协议方式出售该公司，那么目的通常是为了获得相当于企业内在价值的回报。这时候，如果收购方支付的是现金，该公司当然求之不得了，企业值多少钱一清二楚，而且是现金；相反，如果该公司收到的是股权，而不是现金，虽然从表面上看能得到多少回报（这些股权的市场价值）也是显而易见的，但由于这些股权内在价值与市场价值不一致，其实际价值有多少是很难搞清楚的。

总体来说，卖出方用来交换的股权，如果其内在价值大大低于市场价值，甚至只有市场价值的一半，那买方吃的亏就大了；相反，如果这些股权的内在价值高于市场价值，那买方就占了大便宜，不过这不太可能。

举例说，如果你卖出1万元商品得到的是现金，那就是名副其实的"1万元"；可是，如果对方给你的不是现金，而是处理商品，那你就可能要吃亏。虽然这些处理商品的价格也是1万元，甚至会超出一些，可是由于这标价1万元的商品实际上并不值1万元，或者对方的进价并没有1万元，所以你得到的商品实际上是不值这个价的。这还没有考虑这些商品并非你所需，对其进行削价处理，变卖成现金所造成的损失在内。

巴菲特的意思是说，企业兼并时，如果出让方得到的是股权，而不是现金，这时候出让方往往要吃亏；相反，如果购买方付出的是股权，而不是现金，这时候购买方往往会占便宜。道理就这么简单。

然而精明的人，无论自己是买方还是卖方，都会调整策略。例如，如果是他出让企业，他会特别强调现金交易；如果是股权交换，他则会通过谈判取得至少不低于内在价值的股权比例。相反，如果是他来购买企业，他则会想方设法不付现金；

而真的到了股权交换的那一刻，他又会争取从这种股权交换中得到另一份好处。

看到这里，读者明白了吧？巴菲特其实就是这种精明人。无论他强调以股换股，还是发行少量新股，都有着充分的考虑。在这种情况下，本来一桩表面上看起来是以合理价格进行的、不错的并购案，到最后却变成了一方非常划算，而另一方很不划算的买卖。

巴菲特说，要克服这种遗憾，办法之一就是遏制住单纯扩张规模的冲动。如果公司管理层渴求规模扩张，并且还有积极行动，那么即使股东权益受到侵害，公司内在价值受到摧毁，当事人也总有理由进行自我辩护。这些理由最主要的有两点：

一是我们现在买下的这家企业潜力无穷。巴菲特认为，既然这家企业“现在不行”了，当然就只好把希望寄托在“将来”。这是很好理解的，却又是非常容易迷惑人的。

二是我们的企业要发展，规模就必须上台阶。巴菲特认为，实际上，对股东来说，最重要的不是企业规模，而是内在价值。企业规模扩大后，原有股东的利益反而有可能受损。他举例说，如果你原来拥有120亩农场，而邻居有60亩农场，你们两家农场现在合并经营，并且约定权益各半。这时候虽然你的农场面积扩大到了180亩，可是你的收益却只相当于原来90亩的收益，永远减少25%。他讽刺说，那些想通过牺牲老板权益扩大个人版图的经理人，最好去政府机关做事。

那么，巴菲特又是如何避免伯克希尔公司原有股东的利益不受侵蚀的呢？他介绍了3条经验：一是强调双方的内在价值都要公平合理。虽然这有难度，但能保证双方都不吃亏。二是在股票市场价格高于内在价值时，通过发行股票来增加原有股东的权益。三是以股换股，然后通过股票市场买进与换购出去的股票数量相同的股票。这样，原来的以股换股交易实际上就变成了现金换股交易，“将功折罪”了。

【启示录】

并购企业究竟是支付现金还是以股换股，一般人都会认为这没有什么大的区别。然而巴菲特认为，股票市场价格与其内在价值往往不一致，所以完全可以巧妙地利用这一差异，做出对公司原有股东有利的决策来。

后期喜欢用现金购买股份

我之所以会一再强调倾向于利用现金而非伯克希尔股票进行并购的原因在于：记录显示，我们所有利用股票并购的合并案（扣除早期的多元零售与蓝筹票据两个案子不算），大家会发现，所得到的结果可能比不并购还差。虽然这样讲对我很伤，不过我还是必须承认，每当我发行股票，就等于是让股东们亏钱。

——沃伦·巴菲特

【巴菲特是这样炼成的】

巴菲特在伯克希尔公司早期偏爱以股换股，并且陶醉于从中获得双份收获。一方面，他以自己认为“合理”的价格（在考虑安全边际后，实际上是很低的价格）买下企业；另一方面，他又能通过以股换股维护原有股东权益，并且还不稀释股份。然而到了伯克希尔公司后期，巴菲特却一反常态，喜欢用现金收购企业了。这是为什么呢?

巴菲特在伯克希尔公司1997年年报致股东的一封信中“自我检讨”说，过去他一直强调以股换股，而现在则一再强调用现金而不是伯克希尔公司股票进行并购。原因就在于，公司的业绩记录显示，在所有伯克希尔公司以股换股并购案中，除了早期的多元零售和蓝筹票据两桩收购案外，其他的，最终结果几乎都没有现金收购来得好。

虽然这一结论很不给巴菲特面子，不过他还是勇敢而坦率地承认，伯克希尔公司每当用以股换股方式收购企业时，实际上都相当于让公司原有股东亏钱了。

巴菲特的意思是说，虽然他过去强调，收购企业时以股换股有助于维护原有股东权益，但现在看来并不是这样，所以要赶快改弦易辙。

他解释说，这种事与愿违，并不是由企业并购时遭到卖方误导或并购后公司管理层不用心经营造成的；恰恰相反，根本原因在于，伯克希尔公司旗下的那些公司都非常优秀，无论用什么新的东西来交换，都很难保证物有所值。换句话说，伯克希尔公司通过以股换股收购企业，虽然得到的是一块“宝玉”，可自己换出去的也是一块“宝玉”，不单纯是有些舍不得，而且弄不好他们还会因小失大——间接减少伯克希尔公司原本拥有的那些绝佳企业的股权比例。他举例说，可口可乐公司、吉列公司、美国运通公司等，都是这些“宝玉”中的杰出代表。

以棒球队来举例，如果你能得到一位打击率高达35%的选手，肯定是一件令人欣喜的事；但如果前提条件是你必须用一个打击率高达38%的球员去交换，就不是一件什么好事了。对于伯克希尔公司来说，目前旗下公司中充满了这种“打击率高达38%的球员”。所以除非能挖到更优秀的高手，否则它宁愿用现金去收购，或者干脆就放弃收购。

巴菲特举例说，伯克希尔公司自从1967年收购国家产险公司后，接着收购了喜斯糖果公司、《布法罗日报》公司、斯科特·费策公司、政府雇员保险公司等。伯克希尔公司当初收购这些企业时采用的都是现金。事实证明，它们后来的业绩表现都非常令人满意，并且大大超过预期。

巴菲特的意思是说，如果伯克希尔公司收购这些企业时付出的不是现金，而是以股换股，说不定现在就会因为“鱼和熊掌不可兼得”而感到非常惋惜。

他开玩笑说，格韦纳维亚（Guenevere）曾经说，自己这辈子一定可以找到一位非常理想的伴侣，因为这个世界上的所有人条件都比他好，他随便找一个就是一位理想的伴侣；而现在（1997年）对于伯克希尔公司来说，恰恰相反，要找到理想的伴侣实在困难。

巴菲特的意思是说，现在（1997年）值得伯克希尔公司用以股换股方式收购的企业实在太少了。所以，在可预见的将来，除非是遇到特殊情况，否则他和查理·芒格再也不愿意用以股换股方式收购企业了。即使对方非要伯克希尔公司以股换股，他也会婉言拒绝，或者用一个非常优惠的现金收购价格让对方感到满意，从而改变初衷。

他介绍说，今后伯克希尔公司并购企业时，会从以下两个方面严格把关：一是相对于对方的股价来说，伯克希尔公司的股价被高估；二是两家公司合并后所得到的业绩要高于两家公司独立运营时的业绩。

不过从过去的经验看，伯克希尔公司的股价很少被高估，所以前一种情况应该很少见；至于后面的这种情况，也很不切合实际——伯克希尔公司并购的企业能做到在兼并后保持原有业绩就很不错了（要知道这些企业原来都很优秀），要想做到

1＋1＞2实在困难。

巴菲特承认，确实有一些企业并购案具备1＋1＞2的综合效应；但通常情况是，买方所付出的代价过高。要知道，无论卖方的企业经营成本有多高，预期效益有多不理想，只要买方有强烈的购买意愿，其他人就会做出一份貌似合理的评估结果来迎合他，从而促使这种不合理的并购案得以完成。

巴菲特在伯克希尔公司2000年年报致股东的一封信中证实，当年伯克希尔公司一口气完成了8桩并购案，总金额高达80亿美元。需要指出的是，收购这些企业的资金全都是用伯克希尔公司的自有资金来支付的，没有一分钱借款。其中97%支付的是现金，以股换股比例只有区区3%。这表明，收购这些企业后，伯克希尔公司流通在外的股份仅仅增加了3个百分点。而即使这样，这时候伯克希尔公司依然拥有充足的现金流，随时可以购买规模更大的企业。

【启示录】

注重考察企业内在价值的巴菲特，当然是个实用主义者。他在伯克希尔公司早期主张以股换股，看中的是这种操作方式有利可图；而到后期以股换股不合算时，他当然又会反过来主张用现金支付并购费用。

为了避税，一步分作两步走

所幸，我们以企业形态运作的模式所受到的租税惩罚，因为我们采取长期投资策略而稍稍减轻。虽然就算是证交所得免税，查理跟我还是会坚持遵照买进并持有的策略。这是我们认为最好的投资方式，同时也最符合我们的个人特质。当然，第三个好处就是，这样做可以使我们只有在实现资本利得时才需要缴税。

——沃伦·巴菲特

【巴菲特是这样炼成的】

无论是以股换股还是现金收购，尽可能推迟纳税期限，是巴菲特重点考虑的一个方面。尤其是对伯克希尔公司这样规模庞大的企业来说，尽可能推迟纳税期限的到来，其避税、节税效果非常可观。

巴菲特在伯克希尔公司1993年年报致股东的一封信中说，伯克希尔公司的组织形态是合伙企业或美国人所称的“S型企业”，这是许多美国企业最常见的形态。它的最大好处是，可以大大减轻税收负担。

而伯克希尔公司的特点是，在此基础上，会因为其采取长期投资策略而更进一步减轻租税负担。当然，哪怕证券交易所得是免税的，他和查理·芒格也会坚持长期投资策略，因为这种长期投资策略最符合他们的个人特质。

除此以外，长期投资策略还有第三个好处，那就是它可以使伯克希尔公司只有在实现资本利得时才纳税，从而有更多的现金被伯克希尔公司用来进行资本运作，让雪球越滚越大。

巴菲特在伯克希尔公司1998年年报致股东的一封信中说，对于他和查理·芒格来说，如果要签后面带有一大串“0”的大额纳税支票，他们一点都不会感到困扰。事实上，1998年仅仅伯克希尔公司和通用再保险公司给美国联邦政府所缴纳的税金就有27亿美元之多，足够美国联邦政府支付半天以上的一切费用开销。

应该说，巴菲特从小就持有这样的观点。

早在巴菲特初出茅庐时，他在拜访其他投资者时就经常随身带着他的个人所得税纳税申报单，一半是炫耀、一半是诱惑地对他们说：“怎么样？难道你们不想像我这样缴这么多的税吗？”当然，当时他的这一举措主要是为了募集资金。

不过，纳税和避税并不矛盾，前者是应尽职责，后者是企业本能。伯克希尔公司的避税方法主要是尽可能推迟纳税，而不是偷税逃税。

巴菲特在伯克希尔公司1998年年报致股东的一封信中说，伯克希尔公司的税务负担常常会引起外界误解，这主要体现在两个方面：

一是伯克希尔公司作为一家企业，无论取得投资收益，还是其他正常营业利润，都必须支付35%的所得税。这与美国个人股票投资只需缴纳20%的个人所得税相比，纳税负担要高出75%，这是外界不一定了解的。

二是其他大部分美国企业都把70%的股票投资收入列为免税收入，所以外界以为伯克希尔公司也是这样的。而实际情况是，这种优惠政策只适用于伯克希尔公司旗下非保险业务所持有的股票。可要知道，伯克希尔公司旗下保险业务所持有的股票比重更大，高达59.5%。这实际上就表明，伯克希尔公司的税赋负担比一般人想象的要高得多。即使是这样，伯克希尔公司依然创造出了每年19.2%的复合回报率。

美国的税收制度鼓励资本投资，允许企业对发电厂、铁路设施等资产折旧进行特殊处理，允许企业先把盈利挂账，及至资产贬值后再纳税。根据这一点，巴菲特尽量采取“拖”字诀，以便能有更多的资金用于再投资。

据香港《明报》2015年3月报道，截至2014年年末，伯克希尔公司延迟缴纳的税款高达619亿美元（约合3878亿元人民币），相当于年应纳税额的7.8倍，是2005年延迟纳税额的5倍以上。巴菲特把2014年来自风力发电的税负减免2.58亿美元，2012年和2013年因为开设太阳能发电站获得的税负减免9.13亿美元，称为“政府免息贷款”。

据测算，2012—2014年伯克希尔公司的实际税负在28.2%~31.1%，超过同期全球市值最高的苹果公司的25.2%~26.2%。究其原因在于，伯克希尔公司有85%的收入来自美国本土，所以无法像其他跨国企业那样在税负较低的国家报税。2014年伯克希尔公司的纳税额为79亿美元，实际上缴49亿美元，差额30亿美元当然就是延迟缴纳额了。[1]

“为了避税，一步分作两步走”的并购方案让伯克希尔公司受益匪浅。

这方面最典型的例子是宝洁公司并购吉列公司案。这起发生在2005年1月28日的并购案，交易金额高达570亿美元，是宝洁公司历史上规模最大的一次并购，时间先后经历了2年。合并前，其中宝洁公司拥有年销售额10亿美元以上的品牌16个，吉列公司拥有5个，合并后的新公司在2/3的业务范围内雄居全球市场霸主地位。

按照美国法律，如果这次并购案采用现金交易，伯克希尔公司就应该对出售吉列公司所得的利润进行纳税，数额在15亿美元以上。而如果把这笔资金连本带利继

1　港报：股神巴菲特欠税619亿美元，“省钱”做投资．参考消息网[2015-3-6].

续投入新的企业中去，就暂时不需要纳税，而是可以等到这笔投资将来有回报时，政府再从中收取所得税。对于收购方宝洁公司来说，也是如此。

伯克希尔公司虽然已经从1989年就开始持有的9600万股吉列公司股票中赚到了43亿美元，但依然果断地采取了“两步走”策略，把出售企业所得全部投入新企业中去，巧妙地规避了眼下就要缴纳的大额税款，这就是“两步走”策略中的第一步。

而接下来的第二步呢，由于收购方宝洁公司通过以股换股方式稀释了原有的股东权益和每股收益，所以作为整个收购计划的一部分，宝洁公司随即宣布，在未来12~18个月里，将出资180亿~220亿美元回购与吉列公司的兑换股票。而它这样做的结果，与60%股票加上40%现金的一揽子收购计划，最终效果是一样的。

那么，宝洁公司为什么不一开始就采用一揽子收购计划呢？这同样是因为考虑到避免使吉列公司的股东们缴纳大量的税费，巴菲特在这方面可谓是“吃一堑，长一智”。

原来，1996年伯克希尔公司旗下的资本城/美国广播公司被沃特·迪士尼公司以22亿美元的价格收购时，其中就收取了一半的现金。而仅仅是这一半现金的交易，伯克希尔公司就为此缴纳了4亿美元税金。

而现在，通过这种“两步走”方式，就能有效解决这个问题——吉列公司的原有股东们先持有股票，如果他们需要使用现金了，就在公开市场上抛售股票；与此同时，宝洁公司还承诺出资上百亿美元回购这些股票，这样就可以有效避免因为吉列公司股东大量抛售股票可能会造成的股价下跌，这实在是一条妙计。

伯克希尔公司1989年以6亿美元的价格买入的吉列公司可转换优先股，不包括股息分红在内，一下子就为巴菲特节税44亿美元以上。截至2014年年末，这部分股份市值已经高达470亿美元。如果巴菲特按照这个数字将其全部卖出，需要按照35%的公司所得税税率，为这笔25年来累计40亿美元的资本盈利，缴纳10多亿美元的税额。

巴菲特对税法可谓是烂熟于心，他在2014年11月宣布将于2015年下半年完成的金霸王电池公司收购案，同样是一起合法避税的经典案例。

巴菲特利用宝洁公司需要减少非核心资产的动机，要求宝洁公司用其拥有的股票以股换股，并购金霸王电池公司，同时还要为金霸王电池公司注入19亿美元的现金。由于这是用宝洁公司的股票换取宝洁公司的资产和现金，所以按照税法规定完全免税，这种交易被称为“现金充裕剥离”。更因为金霸王电池公司的售价低于当初买入的70亿美元成本，所以，宝洁公司还可以在账上记录交易损失，用于税前扣除。

巴菲特坦率地承认，虽然金霸王电池公司所在的电池行业在美国市场的份额有所下降，但是从全球来看，仍然具有成长空间。更重要的是，这笔交易无论是宝洁公司，还是伯克希尔公司，都能在交易上获得税务优势。

当然，类似的例子还有不少，并且会越来越多。

例如，2014年上半年，巴菲特用价值16亿美元的菲利普斯66（Phillips 66）公司的股票，换取下属一家管道润滑油公司及其账上的4.5亿美元；2014年7月，用市值10.9亿美元的原《华盛顿邮报》公司股权，向其母公司格雷厄姆控股公司（Graham Holdings Company）[1]换取一家迈哈密电视台及其3.3亿美元的现金，还有格雷厄姆控股公司拥有的价值4亿美元的伯克希尔公司保险业务的股票，等等。这些都是巴菲特合法避税的经典例子。[2]

【启示录】

巴菲特深深知道，延缓纳税时间对伯克希尔公司积累财富具有非常大的帮助。所以，几乎在每年的伯克希尔公司年报中，他都要提到延缓缴纳常规税金给企业带来的巨大收益。实际上，他也正是这样做的。

1　2013年8月5日，《华盛顿邮报》公司宣布将旗下《华盛顿邮报》等报纸业务以2.5亿美元出售给亚马逊公司杰夫・贝佐斯，从而结束了格雷厄姆家族四代人对该报业的掌管。同年11月18日，《华盛顿邮报》公司改名为“格雷厄姆控股公司”。

2　周佳．“50年主持人”巴菲特．第一财经网[2015-5-3].

28. 挖掘并加宽经济护城河

巴菲特收购企业，强调该企业必须具备长期竞争力，认为这比其眼前的短期获利更重要。在他看来，这是确保企业及其股东得到稳定回报的经济护城河。

经济护城河是竞争力的代名词

每一天，通过无数种方式，我们下属每一家企业的竞争地位要么变得更强，要么变得更弱。如果我们能让客户更加愉悦，消除不必要的成本支出，改善我们的产品和服务，我们的竞争力就会更强；但如果我们对待客户时冷淡，或者容忍不必要的费用，成本不断上升，我们的竞争力就会萎缩。就每一天而言，我们行为的影响难以察觉，但天长日久所累积的影响后果之巨大难以估计。

——沃伦·巴菲特

【巴菲特是这样炼成的】

伯克希尔公司的成功秘诀之一，就是只投资有经济护城河的股票。这些股票不但原来就有一条较宽的经济护城河，而且还善于不断挖掘并拓宽经济护城河。尤其是伯克希尔公司后期收购的企业，这一特征非常明显。

巴菲特在伯克希尔公司2005年年报致股东的一封信中说，伯克希尔公司旗下的企业，每天都在通过不同方式改变其竞争地位，要么变得更加强大，要么变得更加脆弱——如果企业能让客户更加愉快，不断降低不必要的成本支出，不断改善产品和服务，企业竞争力就会越来越强；相反，如果企业对客户的服务态度冷淡，或者无法控制不必要的费用上升，企业竞争力就会越来越弱。从某一天来看这样的变化难以察觉，可是久而久之这种累积变化之后果就难以估量了。

他说，如果变化趋势能够使企业长期竞争地位得到改善，这种现象就可以称之为“加宽经济护城河”。这对于想要10年甚至20年以后依然能够屹立于企业之林的公司来说至关重要。

毫无疑问，每家企业都希望能够在短期内赚到尽可能多的钱。可是，如果这种赢利目标与企业拓宽经济护城河的长期目标相冲突，就应当优先考虑后者。公司管理层如果因为要实现短期赢利目标，而置成本、客户满意度、品牌吸引力于不顾，从而做出糟糕的决策，那么以后再出色的努力也难以弥补由此给企业造成的严重后果。看一看美国汽车行业和航空公司，新的经理人上任后总要处理前任留下的一大堆问题，并且经常处于进退两难的局面，就知道什么是前车之鉴了。

巴菲特的意思是说，任何一家企业要想获得稳定、持久的发展，都必须非常注重不断拓宽经济护城河，这比眼前能赚多少钱更重要。这个道理颇像中国俗话所说的“留得青山在，不怕没柴烧”。

有一个非常有趣的现象：中国的工商企业开张，过去总喜欢选择在每个月的逢“8”日子，好像更希冀追求短期内的生意兴隆；而现在，则多选择在每个月的逢“9”日子，好像更注重长期竞争力的培养。这虽然有些牵强附会，但多少也能说明企业经营者的竞争意识发生了变化。

在巴菲特看来，经济护城河就是企业竞争力的代名词。企业有没有竞争力，这种竞争力究竟有多强，关键就看它有没有一条经济护城河，这条经济护城河有多宽。同样的道理，企业竞争力是不是领先于同行，有没有继续扩大，也可以从该企业的经济护城河有没有拓宽上看出来。

他在伯克希尔公司2005年年报致股东的一封信中，对伯克希尔公司旗下的那些经理人在拓宽经济护城河方面所做的努力赞赏有加。

巴菲特说，这些经理人非常专注于拓宽经济护城河，并且在这方面表现得才华横溢。他们这样做，原因非常简单，因为他们对企业充满热忱。而这时候，他要做的事情就非常简单了：既然这些经理人在企业被伯克希尔公司收购以前就已经管理了这家企业很长一段时间了，那么巴菲特只需为他们服务，使他们专心致志地继续朝着原来的方向前进。

巴菲特在伯克希尔公司2007年年报致股东的一封信中就提到，他是如何为这些经理人提供服务的。他说，伯克希尔公司旗下有家在以色列的艾斯卡（ISCAI）公司，专门生产小型碳化合金切割工具，这种工具能够使庞大而昂贵的机床大大提高工作效率。然而要知道，该公司的碳化物原料（钨）却一直是在中国开采的。在过去的几十年中，艾斯卡公司首先要把原料钨从中国运到以色列，然后在那里将其加工成产品。2007年年末，艾斯卡公司在巴菲特支持下在中国大连开办了一家大型工厂，这就相当于把好多聪明的大脑从以色列搬到了中国产钨的地方。结果不言自明，艾斯卡公司的成本下降了，经济护城河变宽了。

作为企业竞争力的代名词，经济护城河的表现形式多种多样，有些甚至是除了特定企业，其他企业很难学习和模仿的。例如，上篇提到的“一步分作两步走”的避税法，实际上也可以看作是一种经济护城河，因为它能通过推迟纳税，让企业拥有更多可以实际运作的流动资金。

看到这里，有些读者可能会这样想了：既然伯克希尔公司本身就是一家拥有经济护城河的企业，并且由巴菲特掌舵，那么闭着眼睛购买伯克希尔公司的股票不就行了？可这不但是巴菲特不主张的，事实上也是有很大风险的。因为伯克希尔公司在不断拓宽经济护城河，这种好处并不一定能最终被所有投资者分享。

举例说，伯克希尔公司作为企业法人，纳税负担高达35%，比个人投资股票20%的纳税比例要高得多，所以巴菲特尽量减少股票买卖，以此推迟纳税时间的到来。无论伯克希尔公司的股价多高，它只要不卖出股票，就没有什么风险，拥有伯克希尔公司股票最多的巴菲特也就没什么投资风险，因为他不需要马上缴纳高额的税金。

说得更简单一点就是，对于频繁买卖股票的个人投资者来说，如果不能在高位卖出伯克希尔公司股票，伯克希尔公司损失的仅仅是65%的差价利润，而个人投资者损失的却是80%的差价利润。

【启示录】

经济护城河是企业竞争力的代名词。企业有没有竞争力，这种竞争力未来到底有多强，关键就看它有没有一条经济护城河，这条经济护城河有多宽。不少经济护城河是某个企业独有的，这是更应该重视的地方。

伟大的股票必须有经济护城河

一家真正伟大的公司，必须要有一道护城河来确保投资获得很好的回报。但资本主义的“动力学”使得任何能赚取高额回报的生意“城堡”，都会受到竞争者重复不断的攻击。

——沃伦·巴菲特

【巴菲特是这样炼成的】

既然经济护城河是企业竞争力的代名词，那么在巴菲特眼里，一家伟大的公司必然拥有经济护城河，就很好理解了。

巴菲特在伯克希尔公司2007年年报致股东的一封信中说，一家真正伟大的公司必须要有一道经济护城河，来确保投资能够获得很好的回报。可是，资本主义社会那种唯利是图的赚钱“动力学”，使得任何能够赚取高额回报的生意“城堡”，都会受到竞争者不断重复的攻击、模仿。

所以从这个角度看，拥有一条其他企业无法逾越的经济护城河，是任何一家企业获取成功的根本。经济护城河的形式多种多样，像政府雇员保险公司、好事多超市这样的低成本企业，以及可口可乐公司、吉列公司、美国运通公司这样享誉全球的强大品牌，都有各自的经济护城河。

巴菲特认为，企业持续挖掘、拓宽经济护城河，才能显示出其强大的生命力来，否则在市场竞争非常激烈的背景下很可能会被对手超越。而伯克希尔公司考察欲购企业这种“持续性”的评判标准，就是其业务发展的一贯“确定性”。这也是巴菲特投资股票时，排除那些他看不懂、处于快速发展中的行业的原因所在。

巴菲特认为，对于快速发展行业中的企业，其未来如何发展他难以把握。即使该类企业过去确实拥有其他企业难以逾越的经济护城河，可是由于行业发展过快而遭到竞争对手“创造性破坏”，这种经济护城河需要不断重复开挖。实际上，这就等于没有经济护城河。

除了因行业发展变化迅速而不好控制的企业外，巴菲特还排除了那些只能依靠某个明星经理人才能生存下去的企业。

他承认，明星经理人对任何一家企业来说都是一笔巨大的无形资产，他也一直强调明星经理人不可替代的作用；但是他同时指出，一家企业也不能在“一棵树上吊死”。

换句话说，如果一家企业的经济护城河，就是拥有某位明星经理人，那么该企业一旦失去了他，也就失去了唯一的竞争力。在巴菲特看来，这样的企业虽然现在拥有一条经济护城河，但实际上非常危险。

他说，伯克希尔公司的投资对象，就是那些在稳定行业中具有长期竞争优势的企业。如果此类企业的成长速度迅速，当然更理想；但即使它们没有很快的成长速度，只要这种长期竞争优势岿然不动，对它们进行长期投资同样也是值得的。

巴菲特认为，真正伟大的投资，不但能够从有形资产中获得巨大的回报，而且在整个持续期内，都能做到不用从收益中拿出很大一部分进行再投资，也能维持其高回报率。

巴菲特经常要求伯克希尔公司旗下的那些经理人把自己的企业想象成一座城堡，想一想这座城堡四周有没有一条护城河在保护它。他还说，城堡周围不但要有这样一条护城河，而且越深越好；最好在里面养几条凶恶的鳄鱼，以提高安全系数。有了这重重保障，你的企业才能安全、稳健地发展下去，并且获得良好收益。

巴菲特曾经总结道，他的成功经验就是避开风险。他的原话是：“我们不一定要杀死恶龙。只需躲它远一点，我们就可以做得很好。”这句话同样证明了经济护城河的重要性。

不过，并不是所有人都赞同巴菲特的这种观点。例如，职业投资人布鲁斯·杰克逊（Bruce Jackson）认为，巴菲特的成功经验就是注重价值投资，而不是价格投资。因为巴菲特从来不根据股票市场价格的涨跌来买卖股票，他感兴趣的投资项目都是那些具有长期经济愿景，并且具有很强竞争优势的企业。

当初巴菲特投资可口可乐公司时，很多人都觉得该公司的股票价格太高，没有投资价值，可巴菲特看重的是该公司在饮料领域中的霸主地位。后来的事实证明，他的选择是对的。到如今，伯克希尔公司拥有一系列具有这种特征的企业，最典型的是可口可乐公司、康菲石油公司、吉列公司等。

那么，巴菲特的价值投资策略和经济护城河策略又有什么不一样呢？其实，这两者有共通之处，那就是一家企业的内在价值可以通过经济护城河得到提高和保护，而具有经济护城河的企业，其内在价值通常会更高。

也正是因为这一点，伯克希尔公司在2007年爆发的美国次贷危机、2008年以来发生的全球金融危机中才基本上安然无恙。总体来看，当初，在伯克希尔公司旗下的70多家企业中，除了政府雇员保险公司的赢利水平下降得厉害外，其他企业的运营均无大碍。与美国华尔街那些四面楚歌的投资人相比，巴菲特完全无愧于“最伟大投资人”的称号。

【启示录】

巴菲特认为，一家真正伟大的公司（一只真正伟大的股票），必然要有一条经济护城河来确保自己的竞争地位不受侵犯，确保自己及股东能够得到合理的投资回报；并且这条经济护城河还必须在不断被拓宽、巩固。

经济护城河可以是多种多样的

我给那些公司经理人的要求就是，让城墙更厚些，保护好它，拒竞争者于墙外。你可以通过服务、产品质量、价格、成本、专利、地理位置来达到目的。我寻找的就是这样的企业。那么，这样的企业又都在做什么生意呢？我要找到它们，就要从最简单的产品里找到那些（杰出的企业）。因为我没法预料到10年以后甲骨文、莲花或微软会发展成什么样。

——沃伦·巴菲特

【巴菲特是这样炼成的】

企业当然需要有一条经济护城河来保护自己，但它并非实际生活中看到的那种单一河流，它的形式可以是多种多样的。总的来说，只要是有助于企业提高长期竞争力的措施，就都属于经济护城河范畴。

巴菲特在美国佛罗里达大学演讲时说，他所喜欢投资的企业类型，是那种他能够看得懂的生意。用这个标准来衡量，他至少可以排除90%的企业。在剩下的10%他能够“看得懂”的生意里，他并不希望投资那些竞争者很容易进入的企业。换句话说，他喜欢投资的那些企业，共同特点是外面都有堵城墙（巴菲特有时候会把经济护城河比喻成经济城墙）。由于有坚固的城墙保护，居于城墙中间的城堡才可能是价值不菲的；同时，管理这个城堡的人又一定是精明、能干、负责任的。这样就基本上符合巴菲特的收购条件了。

他解释说，他需要的这种经济城墙可以是多种多样的，例如汽车保险行业中的政府雇员保险公司就是以低成本作为它的经济城墙的。每辆汽车都会购买汽车保险，而购买汽车保险就必须考虑保险公司所能提供的服务。在消费者眼里，每家保险公司的服务差不多，这时候保险公司要想赢利，就必须从降低成本入手。根据这一特点，巴菲特投资保险公司，首先会从成本最低的企业入手，他认为低成本运营就是保险公司的经济城墙。

在各种各样的经济城墙中，巴菲特喜欢那些城墙变得越来越厚的企业，因为这表明它们的竞争力在不断提高。他经常要求伯克希尔公司旗下的那些经理人，想尽办法让企业的经济城墙变得更厚一些，并且好好保护它，把竞争者拒之墙外。这种加固城墙的着手点包括产品服务、质量、价格、成本、专利、地理位置等。

虽然不断加厚经济城墙的措施多种多样，但巴菲特还是喜欢那些简单、自己能够看得懂的。他说，他会从那些最简单的产品入手，找到这样的企业。对于甲骨文公司、莲花公司、微软公司等高科技企业，他就很难预料它们未来10年的发展状况。所以，无论这样的企业在其他投资者眼里多么好，巴菲特都会因为无法判断这些企业的经济城墙是变宽了还是变窄了，从而放弃对它们的投资。

巴菲特更喜欢那种经济城墙牢不可破、一成不变的企业。他举例说，可口可乐公司的产品和服务，从1886年公司创立开始就没什么变化，他能轻而易举地判断出该公司未来的经济城墙有多么牢固，他就喜欢这样的企业。

他特别提醒说，不要以为经济城墙一成不变的企业没什么了不起，恰恰相反，这些企业所经营的都是一些非常不容易的业务。举例说，30年前柯达公司的经济城墙就和可口可乐公司一样难以逾越，可是现在呢，柯达公司的经济城墙已经变得很薄了，越来越接近于富士公司。

巴菲特说，如果放在30年前，无论个人消费者还是专业摄影师，拍照片首先会考虑购买柯达公司的胶卷。举个例子来说，如果你想给只有6个月大的孩子拍张照片，希望在20年或者50年后照片仍然不褪色，这时候你首先会想到用柯达胶卷。因为柯达公司一再向你保证，它能做到20年或50年后你看到的这张照片依然是那么栩栩如生，而这一点对消费者来说是最重要的。

可是，富士胶卷随着成为奥林匹克运动会赞助商，再加上其他一系列有效措施，有力地冲击了在人们心目中一直占据有利地位的柯达胶卷。柯达公司的经济城墙开始变薄了，富士公司的经济城墙开始增厚了，两者之间的差距越来越小，慢慢地变得平起平坐起来。

与柯达公司的经济城墙变得越来越薄相比，这个时期可口可乐公司的经济城墙则变得越来越厚了。当然，你用肉眼不可能看到它们的经济城墙在短时间内发生了哪些变化；但是，当你每次看到可口可乐公司扩张到一个目前还不能赢利，但是20年后一定会赢利的国家，你就理所当然地会想到，该公司的经济城墙正在变得越来越厚。

所以巴菲特说，以10年为期，你就能看到某个企业的经济城墙是在变薄，还是在变厚，以此作为自己的投资依据。对于巴菲特来说，只有当他能够判断10年以后该公司的经济城墙能够变得越来越厚，他才会购买这家企业的股票；否则，他就不会出手。

从这一点看，读者就非常容易理解为什么巴菲特经常说“即使纽约证券交易所从明天起关门5年，我也不会感到担心”。因为他购买的企业，都是以10年为期限来考察的。在其他散户眼里非常漫长的5年，对于巴菲特来说，只是一瞬间，就相当于过去了一个双休日，这又有什么可担心的呢？

他还进一步举例说，就好比是他买下一家农场[1]，只要农场运转正常，即使在5年内他根本不知道这家农场值多少钱，他都会感到安心。或者说，他买下了一片公寓群，如果这片公寓群的出租状况很好，他就根本不用去关心出售这片公寓群能得到多少回报。

【启示录】

巴菲特着眼于长远，来考虑企业的经济护城河究竟是变宽了还是变窄了，依据的实际上仍然是他的老师本杰明·格雷厄姆的一个著名观点：你购买的股票实际上是企业的一部分。巴菲特认为，这才是投资的真正精髓。

1　巴菲特早期确实从他父亲手里买过一个农场，他自己也买过一个农场出租给他儿子，所以他举这个例子是信手拈来，是有实际依据的。

29. 不熟不做

谁都有自己不熟悉的领域，但真正能坦然承认自己不懂的人并不多。巴菲特正因非常了解自己的能力圈范围有多大，并且不熟不做，所以才能趋利避害。

小心谨慎自然有它的道理

不过我必须强调，不懂高科技一点都不会让我感到沮丧。在这个世界上，本来就有很多产业是查理跟我自认为是没有什么特殊经验的。举例来说，对专利权评估、工厂制程与预测地区发展前景等我们就一窍不通，所以我们从来不会在这些领域妄下评论。

——沃伦·巴菲特

【巴菲特是这样炼成的】

巴菲特在伯克希尔公司收购企业时坚持不熟不做的原则，认为既然是投资，那么小心谨慎一些自然有它的道理。如果贸然进入自己不懂的领域，那才叫有风险呢。

巴菲特在伯克希尔公司1999年年报致股东的一封信中说，伯克希尔公司之所以从来不买高科技股票，原因就在于自己没有能力分辨出在这些高科技企业中到底哪家公司拥有长远的竞争优势。

他说，不懂高科技股票一点都不会让他感到沮丧。因为在这个世界上，有很多产业是他和查理·芒格缺乏经验的，例如在专利权评估、工厂生产过程、预测地区发展前景等方面他们就一窍不通，所以他们从来不会在这些方面妄做评论。

回顾伯克希尔公司的成功，如果一定要说有什么经验的话，巴菲特觉得还是他能够在有竞争优势的范围内把事情尽量做好，了解自己的能力圈范围究竟有多大。对于一些发展变化快的行业和企业，如果要他去评判其长期经营远景，就明显超出了他的能力范围。至于别人宣称有能力进行这样的预测，他一点也不会羡慕，更不会学习。

他说，如果伯克希尔公司坚持只投资自己所了解的领域，即使将来偏离了轨道也是不小心造成的，不必非得找到一种合理的解释。更不用说，仅仅是寻找能力范围内可以做的项目，就已经让伯克希尔公司应接不暇了。

巴菲特的这种自知之明深深融进了他的个人性格。巴菲特这种小心、谨慎、保守甚至固执的个性，使伯克希尔公司避免了许多投资陷阱以及毁灭性打击。当然，伯克希尔公司也因此失去了一些非常好的投资机会。但巴菲特认为，没有谁能把所有良好的投资机会都牢牢抓在手中。

巴菲特的这种性格可以从以下事情中看出来：他每天从家里出发，不到5分钟就会到达简陋的办公室；如果再往前走5分钟，就可以到达奥马哈市中心了。他的观点是，家离办公室近一点，不仅能缩短走路时间，更能远离麻烦。

他常说，如果附近的饭店就有汉堡包和自己喜欢吃的牛排，那为什么要四处去寻找另一家饭店呢？

美国华尔街金融家马歇尔·温柏格有一次和巴菲特共进晚餐，他们去了纽约一家老鲁宾三明治熟食店，巴菲特要了一块很特殊的夹火腿干酪三明治。几天后，两人又一块儿出去吃饭了，巴菲特说，我们还是去那家饭店吧。马歇尔·温柏格说："咦，我们前几天不是刚刚在那里吃过吗？"巴菲特回答说："是呀，既然这样，那我们为什么还要到另外一个地方去冒险呢？我们不是都非常清楚我们想吃什么吗？"马歇尔·温柏格摇了摇头说："如果按照你这样的逻辑，那我们不是每次吃饭都要去那家饭店吗？"巴菲特毫不客气地说："是呀，为什么不呢？"

有意思的是，纽约市有家熟食店干脆就把一种三明治以巴菲特命名，菜单上写着"奥马哈圣贤"。这种三明治就是巴菲特最喜欢吃的——面包中间夹一块煎鸡蛋，上面放一块烤牛肉，然后再涂一层蛋黄酱。

巴菲特在美国佛罗里达大学演讲时说，投资上他最大的失误不是做了什么，而是没有做什么。因为小心谨慎和犹豫不决，他从来不去碰那些自己不懂的生意，而是只关注那些自己能够理解的生意，从而错过了许多能够赚取几十亿美元的投资机会。这方面比较典型的是，伯克希尔公司错过了从微软公司身上赚大钱的机会，但巴菲特觉得这没什么可遗憾的，因为他一开始就不懂微软公司的业务。

他认为，每个人可能都有失败的经历，如果总是沉溺于对过去的回忆中，既改变不了现实，又毫无意义，因为每个人只能活在现在。也许你确实可以从你过去所犯的错误中吸取教训，但归根到底，你还是应该坚持小心翼翼地只做你自己懂的生意，避免在自己的能力圈范围外投资。

那么，怎样才能做到小心翼翼呢？巴菲特介绍说，当你在做出投资决策的时候，不妨对着镜子问问自己：我以每股 ×× 美元的价格买入 ×× 股票的理由是什么？这种买入理由必须充分，否则就不买，这才能证明你的投资行为是理性的。如果你只是在聚会时听到别人提起过这只股票如何好，这样的理由就远远不充分；也不能仅仅根据一些技术指标去加以判断，包括股票指数、成交量、市盈率、每股收益或其他方面。

应该说，巴菲特的这种投资策略与普通散户投资股票的策略还是有所不同，与其他私募基金公司的投资策略也有所不同。

例如，私募基金的投资策略通常是，首先针对那些经营业绩不佳的企业买断股权；然后，通过高额奖励措施激励派驻在该公司的经营团队，使其充满热情和冲劲；再次，希望通过短短的几年（通常是2~6年）营运走上轨道；最终，转手卖出，从中获利。

而伯克希尔公司收购企业的目的是长期持有，有时候转手卖出，属于一种“财务投资”——主要是为短期资金寻找出路，不能算是真正的“事业投资”。明白了这一点，读者就容易理解巴菲特为什么要“不熟不做”了，因为这里不允许有任何赌博行为。

【启示录】

只做自己熟悉的事，理由很简单，那就是你的成功率会更高。但偏偏这样一个简单的道理，许多投资者就是记不住或做不到。仅仅因为道听途说，他们就会把资金砸向自己完全不了解的股票，这无疑是赌博了。

只在自己擅长的区域内击球

前几天，我在有线电视上看到了泰德·威廉姆斯的节目。他提到一本讲授击球的教材，我后来也读了这本书。他在访谈节目中提到一幅击球空间的图片，他把整个击球区上部的空间划分成很多小的立方体，在他最擅长的位置上，标着“0.400”。这表明，只要他在这个空间内挥棒击球，成功概率可以达到0.400；但是在击球区内，如果垂直高度低于上述空间或水平面超过该空间投影面，击中球的概率就会下降到0.260。

——沃伦·巴菲特

【巴菲特是这样炼成的】

巴菲特认为，投资股票首先得弄清楚这家公司是干什么的；如果连这一点也做不到，这样的股票就不能去碰。这就像打棒球一样，只有当球出现在自己最擅长的区域内，挥棒击球的成功率才最高。

1997年，微软公司高级执行官杰夫·雷克斯发了一封电子邮件给巴菲特，请他考虑一下是否愿意投资微软公司的软件产业。

当时的巴菲特并不怎么用电脑，有时候一个星期才上网查看一次电子邮箱，所以过了许久他才看到这封邮件并回了信。在信中，他用内布拉斯加一支橄榄球队做比喻，详细阐述了自己的投资理念。

他说，爱斯基摩人橄榄球队虽然实力雄厚，可是却问题缠身。在场上比赛时，如果教练不在那里大声叫喊，比赛的队员们就根本不知道教练在干什么。像这样的情况，怎么希望它能发生奇迹呢?

巴菲特的意思是说，伯克希尔公司之所以不投资微软公司，不是钱的问题。按理说，微软公司在通信领域拥有这么多特权，除了能想到它的结果是增长以外，几乎想不出还有其他任何答案。事实上，当初微软的投资者投入的点点滴滴都已经得到了回报，并且创造出了巨大的财富，如同涓涓细流汇入亚马孙河一样；可与此同时，他们也不得不考虑，如何才能保持目前的股票价格一直往上走。

巴菲特在这封邮件中说，1996年12月公司年会之后，他已经给比尔·盖茨写了一封信，专门讨论过这个问题。实际上，贝尔公司也不可能没有比尔·盖茨这样的想法，让其他公司负责通信基础设施建设，而自己坐享其成。同样的垄断优势也体现在可口可乐饮料市场上，他相信只要将来人们没有发现可口可乐存在致癌物质，他敢100%地肯定可口可乐饮料市场的发展前景。

巴菲特承认，微软公司的市场地位比上面两大公司要更加稳固，但是他仍然无法预知它的未来发展，而这正是他投资股票的一个重要方面。相比而言，他更愿意投资未来发展前景确定的上市公司。

他举例说，前几天他在电视上看了一个节目，里面谈到了一本讨论击球的书，他后来也认真地读了这本书。这本书中，把整个击球区上部空间划分为很多很多的小立方体，作者在他最擅长的位置上标注着“0.400”，表明如果他在这个空间内挥棒击球，成功率可达40.0%；而如果离开这个他擅长的区域挥棒击球，成功率就要低得多，甚至根本没有击中的可能。

在这里，巴菲特的意思已经说得很明确了，那就是他只有在自己最擅长的领域内投资，才能确保取得合理的回报率。而微软公司这只股票显然不在他最擅长的区域范围内。

巴菲特有一次在接受《福布斯》杂志记者采访时说：“比尔·盖茨是我一个很好的朋友，我认为，他是我所见过的人当中最精明的一个。但是，我搞不懂那些小东西（电脑）是干什么的。”言外之意是说，这就是他不投资微软公司这种高科技企业股票的原因。

而比尔·盖茨也同样非常欣赏巴菲特，认为他很有头脑，不拘泥于传统，堪称是自己最喜欢的首席执行官。比尔·盖茨的这一观点发表在1992年12月29日的《财富》杂志上。

巴菲特解释说，他们是“两个非同寻常的人”，但是他没有资格去判断比尔·盖茨的技术能力，只能说他的商业头脑非同一般。他说，如果让比尔·盖茨经营一家卖热狗的摊位，他照样会成为“世界热狗之王”。可是他做的电脑这一行，自己无论如何都搞不懂，所以伯克希尔公司从来不投资电脑行业股票，他个人也只是象征性地买了100股微软公司股票。

他说，每当他从电脑旁边经过时，总担心会不会被电脑咬一口。他1995年在伯克希尔公司股东大会上说，有一次他去比尔·盖茨那里取财务年报，比尔·盖茨为了让他搞清楚电脑是怎么回事，特地花9个小时向他介绍微软公司的经营情况。巴菲特说，他为此深受感动，所以在比尔·盖茨领着他参观完整个微软公司后，他礼节性地掏钱买了100股微软公司股票。他特别强调，这是他个人而不是伯克希尔公司的投资。

巴菲特的意思是说，电脑行业等高科技行业不是他最擅长的投资区域，所以他不会用伯克希尔公司的钱去冒险投资这些行业，包括微软公司。而这里购买的100股微软公司股票既然属于他的个人投资，其投资风险理所当然就由他个人来承担，与伯克希尔公司无关。所以，这并不意味着伯克希尔公司将来会投资微软公司，或者与微软公司有什么业务来往。

后来，巴菲特学会了使用电脑，并且经常熟练地利用电脑上网、收发电子邮件、查看公司报表。但他最喜欢的，还是在网上和比尔·盖茨一起玩桥牌，有时一玩就是几个小时，却并不会投资微软公司。

比尔·盖茨坦言，他在写一本名为《未来之路》的书时，就是把对电脑技术几乎一窍不通的巴菲特想象成读者对象的。

【启示录】

巴菲特认为，要想提高投资成功率，就必须只投资自己熟悉的领域和股票。这就像打棒球一样，不在自己有把握的击球区域内挥棒，就很难保证成功率。巴菲特坦言他看不懂高科技行业，所以不肯投资微软公司。

大刀阔斧整合金融衍生产品

我们在2002年年初开始变现通用再保险公司持有的有价证券，当时总共有23218份未结算合约，涉及884个交易对手（有些名字我根本读不出来，不过按照我的估计，绝大多数的信用等级都不高）。从此以后，部门经理们在对待这些未结算合约的时候更谨慎，也更巧妙。但是在接近两年之后，公司仍然有7580份未结算合约，涉及453个交易对手。

——沃伦·巴菲特

【巴菲特是这样炼成的】

巴菲特认为，投资股票应该限定在自己熟悉的范围内，不熟不做。关于这一点，可以通过伯克希尔公司收购通用再保险公司后，大刀阔斧地整合金融衍生产品看出来。道理很简单，一方面，巴菲特对这些业务项目并不熟悉；另一方面，这些保险业务已经给通用再保险公司造成巨大损失，亟待清理、整合。

巴菲特在伯克希尔公司2003年年报致股东的一封信中说，伯克希尔公司在2002年年初开始变现通用再保险公司持有的有价证券，当时总共有23218份未结算合约，涉及884个交易对手。经过接近两年时间的努力，通用再保险公司仍然有7580份未结算合约，涉及453个交易对手，但显而易见比原来好多了。

巴菲特实施这一举措的背景是什么呢？原来，1998年伯克希尔公司以160亿美元的代价收购了通用再保险公司，巴菲特曾经为这一收购行为感到十分兴奋。他说，这桩收购案所发生的协同效应，将会使伯克希尔公司和通用再保险公司在全球范围内进一步拓展业务，而这是两家公司独立经营根本不可能达到的效果。

所以，巴菲特在以6300万美元的现金支付了通用再保险公司原来实行的股票期权计划后，结束过去、开辟未来地对以前那些管理人员说，以前你们关心的是通用再保险公司的股价，因为这直接和你们的个人利益有关；而从现在开始，你们的收入将完全取决于自己的工作业绩啦。

巴菲特原以为，通用再保险公司接下来的经营业绩将会如他所愿，而实际上，情况根本没他想象的那么乐观。

在收购通用再保险公司的前一年，即1997年，该公司年销售额还有10亿美元左右，可是在并入伯克希尔公司后的1998—2002年，却发生了70亿美元的保险亏损。从通用再保险公司广泛的保险业务范围来分析，这些亏损额主要发生在全球范围内的承保船只和飞机险业务方面。更让巴菲特感到难堪的是，通用再保险公司1999年收入的下跌，直接导致伯克希尔公司股票市值低于面值。

巴菲特对此有些生气。2000年1月31日的《布里奇新闻》报道说，巴菲特认为这种情形再也不能继续下去了。他的意思是说，那些他不熟悉的公司金融衍生产品部门，通通都要剥离出去。

从具体数据看，通用再保险公司的金融衍生产品部门，2000年亏损0.63亿美元，2001年赢利0.11亿美元，2002年税前亏损1.73亿美元，2003年税前亏损0.99亿美元，这个部门因此成为巴菲特眼里的讨厌鬼。2000年2月22日，通用再保险公司正式对外宣布，它正在从战略角度对公司金融产品业务进行权衡，以决定哪些部门和业务需要被剥离出去。

2001年，通用再保险公司终于迈出了实质性的一步，决定把金融产品业务中可以控制的风险部分出售给摩根士丹利公司两位前高级管理人员，一位是皮特·汉考克，另一位是罗伯特·门多萨。

毫无疑问，通用再保险公司这样做的目的是要转嫁大部分交易风险，自己只承担其中一部分很小的经营风险，把自己经营得不好的业务部分转交给懂行、有能力的部门或公司经营管理。

巴菲特的教子[1]、通用再保险证券交易公司的马克·巴恩在一次讲话中说，对于通用再保险证券交易公司来说，这是一个非常重要的步骤。把这些业务出售给皮特·汉考克和罗伯特·门多萨，他们所带来的资源能够使通用再保险证券交易公司在尽可能短的时间里继续拓展业务，有助于实现通用再保险公司的经营目标。

巴菲特也认为，把业务出售给皮特·汉考克和罗伯特·门多萨最好不过了，他对此充满信心。因为在他眼里，皮特·汉考克和罗伯特·门多萨正是他认为的那种理想对象，他希望他们能够成为永久性股东。

1 天主教临洗圣事时，受洗者需要找一个与自己性别相同、平时在教会里与自己关系较好的长辈做代父或代母，充当见证人角色，称为教父与教子、教母与教女的关系。巴菲特信仰基督教，天主教是基督教的一个分支。

然而令巴菲特感到遗憾的是，在接下来的2002年年初，双方并没有就这个问题达成协议。所以，巴菲特最终不得不取消金融衍生产品部门，彻底放弃这项业务。

摩根士丹利公司2003年10月20日公布的研究报告显示，当时的伯克希尔公司通过通用再保险公司证券部经营的金融衍生产品大约有1.4万种。这项业务在2002年就已经出现了税前亏损1.73亿美元，而且并不能保证未来不会继续亏损。测算表明，截至2002年年末，如果所有交易对手都出现违约的话，通用再保险公司的损失将会达到50亿美元左右，这可是一个骇人听闻的数字。

所以从这一点上看，巴菲特及时终止没有赢利把握、不熟悉的业务部门，把风险控制在合理、有效的范围内，实在是一项明智之举。

【启示录】

巴菲特认为，并购通用再保险公司后，一连出现大幅度亏损，主要原因在于金融衍生产品业务不容易把握，所以要对其进行大刀阔斧的整合。这对于普通投资者来说，同样可以理解为做自己熟悉的事，不熟不做。

30. 别人恐慌时买入，别人乐观时卖出

股票投资无疑应当依据其内在价值，但内在价值很难确定。巴菲特认为，投资者如果能逆势操作，在别人恐慌时买入，在别人乐观时卖出，就很接近这个要求了。

价值投资是要有耐心的

投资人必须谨记，过度兴奋与过高的交易成本是大敌。如果大家一定要投资股票，我认为正确的心态应该是：当别人贪婪时要感到害怕，当别人害怕时要感到贪婪。

——沃伦·巴菲特

【巴菲特是这样炼成的】

众所周知，巴菲特崇尚价值投资。而价值投资的应有之义，就是要有耐心，不要企图一蹴而就，更不要像有些中国散户那样期盼——自己手中拥有的股票最好是天天拉涨停板，自己准备买入的股票最好是天天摔跌停板，这种想法实在天真得可以。

巴菲特在伯克希尔公司2004年年报致股东的一封信中说，当年美国股市的表现确实不错，从过去35年看，美国上市企业拿出了优异的成绩单。按理说，在这种情况下，投资者应该可以从中分到一杯羹了——因为大家只要以分散并且低成本的方

式搭“顺风车”，或者投资指数型基金，就能得到一份丰厚的回报；可实际上，大多数投资者的业绩表现惨不忍睹。

巴菲特认为，究其原因主要有3条：一是股票买卖过于频繁，交易成本太高；二是股票买卖决策往往是根据小道消息而不是理性、量化的企业评价做出的，难免不切实际；三是浅尝辄止的投资方法、错误的介入时点，导致投资良机丧失。最典型的是，在多头发力，将股价抬高到一个相对高点时你才介入，或者在经历了一阵子盘底走势后，你又在股价低位时退出，那你怎么会不亏损呢？

巴菲特由此总结说，投资者必须谨记，过度兴奋和过高的交易成本是投资的大敌。如果大家一定要投资股票的话，正确的心态是：当别人贪婪的时候要感到害怕，当别人害怕的时候要感到贪婪。

他的意思是说，投资者在股票买卖中，大体上可以记住这样一条简单的原则：在别人恐慌的时候买入股票，在别人乐观的时候卖出股票。

虽然价值投资是股市里唯一可以说得通的东西——因为只有它才符合逻辑，而不像其他的所谓“规律”那样让人完全摸不着头脑，所谓“规律”其实根本就没规律；可是，要真正坚持价值投资却不是一件容易的事。

例如，基金公司就曾经高举过价值投资的大旗，然而只要股市下跌20%，这些基金公司抛售手中捏着的蓝筹股比倒垃圾还快。这并不是因为价值投资出了什么问题，也不是他们的价值投资理念有什么问题；而是他们的投资业绩要按照季度考核，如果考核通不过，业绩低于市场平均水平，下个季度他们就要被淘汰出局了，哪里还有心思为了价值投资理念去长期投资呢？所以，非常具有讽刺意味的是，最信奉价值投资理念的基金公司，实际上根本没有按照这个理念去操作股票。

那为什么巴菲特能做到这一点呢？除了刚才提到的价值投资理念外，很重要的一点是，巴菲特是大股东，有权根据自己的投资理念制订交易原则；并且，他手中始终握有大量现金，能够在股市下跌时大举建仓，不像基金公司那样，关键时候来临时，却突然没有了“子弹”。

巴菲特之所以强调价值投资要有耐心，归根到底是认为股票投资对象（股票）只是一种价值符号，它实质上代表着上市公司每股净资产的多少。股票的每股净资产虽然可以从账面上计算出来，但这和巴菲特所说的内在价值还不是一回事。

投资者对企业内在价值进行正确估算非常困难，比较方便而粗糙的办法是看市盈率高低。市盈率高低变动必然会导致股价涨跌，所以，投资者有必要耐心等待市盈率下降（随之而来的结果是股价下跌）到一个合适的水平（内在价值以下）买入股票；反之就卖出股票。这样就能有效跳出有关企业内在价值评估的第一个陷阱了。

市盈率在这里所起的作用之一是，市盈率高，说明股票的相对价格高，投资风险相对较大；市盈率低，说明股票的相对价格低，投资风险相对较小。它是评价股票内在价值的一个方面，可又不是绝对的。

因为对企业内在价值的评估非常主观，信息不对称，更不用说还有对各种信息的故意干扰。普通投资者很难得到真实、客观的内在价值评估结果，只能以市盈率作为某种参考。

但显而易见的是，计算市盈率的依据是股票价格，而不是该股票的内在价值。虽然价格会围绕价值上下波动，但归根到底，股票价格还是特定时点股市对企业内在价值评价的主观反映。它会随着市场预期上升而加速上升，随着市场预期下降而加速下降，价值投资的第二个陷阱就在这里。

那么，怎样才能避开这第二个陷阱呢？答案依然是假以时日抹平陷阱，而不是被这种陷阱所套牢。

巴菲特认为，投资者一定要对所投资股票进行价值研究。只要认定所投资股票的内在价值依然处于值得投资的区域内，就坚决持股；如果股价下跌，还应当增加持仓量。这就是人们通常所说的价值投机——当股票价格大大低于内在价值时大量买进，在股票价格大大高于内在价值迅速出手，从而从中发现价值投机的利润来源。

而这个“节拍”，与巴菲特所说的“当别人贪婪时害怕，当别人害怕时贪婪”基本吻合。而在这整个过程中，需要付出足够的耐心，千万急躁不得。

一个典型案例是，伯克希尔公司由于没有参与高科技股炒作，它的股价从每股8.4万美元下跌到4万美元。但即使这样，巴菲特依然在不慌不忙地研究旗下各家公司的内在价值。众所周知，几年过去后，伯克希尔公司的股价就不但超过了前期最高点8.4万美元，而且继续上涨1.58倍，直至2016年9月30日的每股216220美元。这也可以说是巴菲特耐心等待的结果。

正因如此，有人认为，巴菲特的投资秘诀，并不是金融界人士通常理解的嗅觉灵敏、善于投机、活得长久，而恰恰在于价值投资，即投资风格。

2013年，著名资产管理公司AQR Capital发表文章，详尽地分析了巴菲特高收益投资的根源所在。文章认为，巴菲特的成功，最主要是得益于风格溢价（风险溢价），即通过一些固定的投资风格来获取额外收益，控制市场风险。

这种投资风格因人而异，没有一定之规，但最主要有以下4种：一是价值风格，即当价格低于实际价值时买入，价格高于实际价值时卖出；二是势头风格，即买入价格上扬的资产，卖出价格下跌的资产；三是附带风格，即买入收益率高的资产，卖出收益率低的资产；四是防守风格，即买进风险低的资产，卖出风险高的资产。当这4种投资风格中有2种同时进行时，就会在市场波动时不至于顾此失彼，而是能够较好地确保收益。[1]

【启示录】

当别人贪婪时害怕，当别人害怕时贪婪，这既是一种投资风格，也是一种投资心态，暗合股票价格必然围绕其内在价值上下波动的原理。配合这种操作策略，投资者应当对所投资股票基本面进行扎扎实实的研究。

有惊无险的10亿美元奖金

> 如果一定要支付赔偿金的话，我们肯定不会做这笔交易。但是，我们的原则是，在经过合理判断的基础上，不放过任何一个获利机会。这就是我们所做的一切，几乎不会有人愿意做这样的交易。
>
> ——沃伦·巴菲特

【巴菲特是这样炼成的】

巴菲特认为，无论是投资股票，还是承接保险业务，都应当在别人恐慌时买入，在别人乐观时卖出，这是他的一大法宝。关于这一点，还可以从他承保10亿美元彩

1 股神巴菲特投资取胜秘籍：其实并不神秘．中国证券网[2015-9-18].

票活动这一举措上体现出来。

2000年秋天，在阿杰特·杰恩的策划下，伯克希尔公司下属国家产险公司为一家互联网彩票抽奖网站承保10亿美元的彩票抽奖收入。

根据法律规定，在纽约，任何抽奖形式的比赛都必须参加保险。该网站的抽奖规则是，首先在所有抽奖者中抽出获奖者，每人奖金100万美元；在这些中奖者中，如果有人全部猜中1~77个数字中的7位数，由保险公司负责向中奖者支付10亿美元的奖金。该抽奖网站提出愿意支付700万美元的保费，由保险公司负责向中奖者支付10亿美元奖金。

国家产险公司认为，如果所有抽奖者都参加这项活动，抽奖网站支付100万美元的概率应该是1‰。根据规则，参加这一活动的对象包括美国所有13岁以上的居民以及英国所有18岁以上的居民。而在获得100万美元的获奖者中，能够全部猜中1~77个数字中的7位数，也就是说能够最终得到10亿美元奖金的概率，在全部参加者中占二十四亿分之一。这表明，承包这项业务的风险其实微乎其微。

更何况，美国法律规定，如果真的有人中了10亿美元的大奖，奖金支付手段可以有两种：一种是马上支付1.75亿美元现金。另一种是按照40年期限，以分期付款形式支付这笔奖金。具体方法是，在前20年中每年获得500万美元，在接下来的10年中每年获得1000万美元，在接下来的9年中每年获得2000万美元，在最后1年一次性获得6.2亿美元。无论采用哪种方式，对伯克希尔公司延迟支付期限来说都是有利的。

有了这样的测算依据，伯克希尔公司认为，只要保费收入能够超过根据概率计算得到的标准，就没什么投资风险；而如果真的要在某个年度支付10亿美元的赔偿金，从概率计算看，也不过相当于伯克希尔公司每年为自然灾害损失支付赔偿金的1%，比例小得很。

有了这样的估算，伯克希尔公司不仅承保了这次彩票网站的业务，而且还在2003年继续为类似的彩票抽奖承保了10亿美元。

这后者的抽奖规则是：参加者在网上输入密码后，就能看到一些百事可乐提供的可选产品。经过初步筛选，他们中会产生1000名参加一场晚会活动，从而有机会获得100万美元的奖金；然后，在100万美元获得者中，产生10亿美元奖金的中奖者。

这次伯克希尔公司得到的保费收入究竟是多少虽然没有对外公布，但一般认为得有几百万美元。

10亿美元的巨额奖金是怎样产生的呢？根据规则，首先由百事可乐公司和伯克希尔公司共同确定一只大猩猩，由这只大猩猩随机拨弄出一个六位数来。如果它弄出的这个六位数，正好与哪位参与者报出的数字相同，就表明此人获胜了。结果，并没有人赢得这10亿美元奖金，但还是有人获得了几千美元的小奖。

巴菲特说，如果没有充分把握，而是肯定要支付10亿美元的赔偿金，他肯定不会做这笔交易。不过类似这样的投资在别人眼里无疑是赌博，而且是一种豪赌，风险是明摆着的。如果其他人也像巴菲特这样去赌一把，一旦输了，祖宗三代也赔不起。所不同的是，伯克希尔公司强大的财务实力在那里明摆着，不至于会到时候无法兑现承诺。

从巴菲特的语言风格看，他经常会冒出令人捉摸不透的结论来。举个例子说，目前全球投资界受巴菲特的影响很深，纷纷开始重视对上市公司的调查研究，尤其是对公司管理层能力和诚信方面的考察。可实事求是地说，绝大多数人进行考察都不得要领。其实，这也与巴菲特"知而不言"给投资界造成的一些误导有关。

试想，如果其他人为了了解某公司管理层的能力和诚信，仅仅像巴菲特这样阅读该公司的财务年报，无论如何是很难做到的。因为有许多上市公司的财务年报不但非常简单，而且经过了精心的伪装，外人根本看不到真实情况；而如果对该类上市公司进行实地考察，又很容易先入为主。

比如说，你和该公司的董事会成员或高级管理层见过一面，发觉双方很谈得来（许多上市公司都有专门的公关部门对此类事务进行精心策划，在这方面驾轻就熟），就贸然去投资，这种投资风险是很大的。

因为有时候一家特别优秀的上市公司，很可能它的管理层是很难说话的，如果你遇到这种情况就会受到蒙蔽。

最典型的是，当年的石油大王约翰·洛克菲勒就几乎被人公认为是贪婪的恶魔，可是他的标准石油公司却是全球第一。所以从这个角度看，你如果不见约翰·洛克菲勒还好，见了面反而可能会影响你的投资决策。

相反，如果你投资了标准石油公司，也很可能会说约翰·洛克菲勒是一个非常有能力，并且非常讲诚信的企业管理者，但后者绝不是你决定投资标准石油公司的主要原因，而只能作为一种参考。

也许，这就是巴菲特的讲话容易使人感觉云里雾里的地方。

【启示录】

普通投资者所遇到的恐慌和乐观，与巴菲特这样的战略投资家面临的情形会有很大不同。所以，学习巴菲特的投资精髓，不能仅仅从他讲话的字面意思上去加以理解，而要设身处地，从他所处的角度对其所讲的话加以细细揣摩。

逆势操作是最佳投资之道

如长期持有，投资股票堪称不错的理财选择。投资人最可能出错的两件事是：买错股票，或在错误时间买进或脱手股票。就如同我经常所说的，当众人担惊受怕时就是大胆加码的时刻，反之亦然。唯有逆势操作，才是投资必胜的王道。

——沃伦·巴菲特

【巴菲特是这样炼成的】

股市投资中的逆势操作非常重要，但真正能做到的人很少。巴菲特认为，逆势操作是最佳投资之道，这一原则非常符合他所说的“当别人贪婪时害怕，当别人害怕时贪婪”。

巴菲特每年大约会提供15次机会，邀请商学院学生到伯克希尔公司总部，安排他们参观一两项公司业务，然后亲自出面为他们安排两个小时的“答学生问”。在2008年4月初的那次见面会上，他向美国宾夕法尼亚大学沃顿商学院的150位学生，介绍了金融危机发生后他对贝尔斯登公司、信贷危机、美国经济发展前景、美国股市投资等的看法。

他说，虽然美国爆发了金融危机，可是投资者不该让各种各样的悲观新闻影响自己的投资决策。投资者的投资策略，应当包括两大要素：一是就算你知道未来的经济走势，也不一定知道股市上会如何反映；二是投资者在选择股票时，很难选择到优于平均表现的个股。

巴菲特说，投资者最可能出错的事情有两件：一是买错了股票；二是在错误的时间买入或者卖出股票。大家有必要记住他曾经说过的这样一句话：当别人都感到担惊受怕时，就是你大胆加码买入股票的时刻；反之亦然。这种逆势操作，是股票投资必胜的王道。

他说，虽然美国出现了严重的金融危机，可是美国资本市场的发展还是非常值得称赞的；即使出了些差错，也会因此更加迷人。

他的意思是说，没有人愿意看到资本运作市场100%正确，因为无论在什么样的背景下，总会有人做傻事，过去是这样，将来也还会这样，任何法律要约束人是很难的。

巴菲特的上述观点有很多例子可以证明，他在几次大牛市中的表现，就能说明这一点。

巴菲特第一次碰到大牛市是在1968年，当时他做出的决定是完全退出股市。当时的美国股市很疯狂，日平均成交量达1300万股，比1967年的最高纪录还要高出30%。1968年年末，美国道琼斯工业指数攀升到990点，随后又在1969年上升到1000点以上。在这种情况下，巴菲特不像绝大多数投资者那样飞蛾扑火，积极投入其中，而是牢牢守住已有胜利果实。他于1969年5月宣布解散巴菲特有限公司，选择彻底退出股市。他表示自己不再参与这种不能理解的游戏，避免自己过去像样的业绩受到损害。

巴菲特进行这种逆势操作，马上就尝到了甜头。仅仅一年过去后的1970年5月，纽约证券交易所的股票平均价格比1969年年初下降了50%。

巴菲特第二次碰到的大牛市发生在1972年，当时他做出的决定是抛掉手中的大部分股票。当时的美国股市十分高涨，几乎所有基金公司都把资金集中投资在市值规模大、声名显赫的成长股上，如施乐公司、柯达公司、宝丽来公司、雅芳公司、得克萨斯仪器公司等，它们被称为“漂亮50股”，平均市盈率高达80多倍。

看到这种情形，巴菲特醉心于逆势操作。当时伯克希尔公司证券组合中有1亿多美元的股票和债券。他大量地抛出股票，买进债券，到最后投在股票上的资金只占16%，而购买债券的资金却高达84%。

到了1973年，道琼斯工业指数就开始大幅度回落，“漂亮50股”大幅度下跌。1974年10月，道琼斯工业指数从原来的1000点狂跌到580点，几乎所有股票的价格都是个位数，市场笼罩着悲观的气氛。可就在这时候，巴菲特在接受记者采访时说：“我觉得我就像一个非常好色的小伙子来到了女儿国，投资的时候到了。”毫无疑问，大家都知道他下一步采取的措施是什么了。

巴菲特第三次碰到的大牛市发生在1999年，当时他做出的决定是避开最热门的网络科技股。当时的背景是，美国股市上的高科技股和网络股非常疯狂，1999年标准普尔500指数上涨21%，1995年以来该指数已经累计上涨150%。巴菲特因为不懂高科技股和网络股业务，所以坚决拒绝投资这类股票，因此其当年的投资业绩只有0.5%，落后于大盘20.5%，从而此年成为1965年以来40多年间投资业绩最差的一年。

在这种全民疯狂炒作高科技股和网络股的背景下，巴菲特依然逆势操作。他不但没有追涨高科技股和网络股，而且死死守住可口可乐公司、美国运通公司、吉列公司等传统行业股票。

他在伯克希尔公司1999年年报致股东的一封信中说，当年公司的股票投资组合几乎没有任何变动。虽然当年伯克希尔公司重仓持有的几只股票，业绩表现十分令人失望，但他依然认为这些企业拥有十分出众的竞争优势，并且这种优势能够长期得到保持，最终必定能取得良好的投资业绩。

果然不出巴菲特所料。在接下来高科技股和网络股的泡沫退去后，巴菲特拥有的这些股票的优良质地逐渐显现出来——2000—2002年这3年间，美国股市分别大跌9.1%、11.9%、22.1%，累计跌幅高达37.6%；可是同期伯克希尔公司的投资业绩反而上升了9.9%，一进一出超过美国股市47.5个百分点。

【启示录】

逆势操作是一个简单的道理，可是要做到这一点却非常不容易。正如巴菲特所说，没有什么比参与一场大牛市更令人振奋的了。但不幸的是，股价不可能无期限超出公司本身的内在价值，保持头脑清醒非常有必要。

31. 长线投资，长期持有

伯克希尔公司严格挑选符合6大投资原则的股票后长期持股不动，这是该公司投资业绩大大领先于同行的秘诀之一。与此同时，政府的税收也成倍增加。

他向菲利普・费雪学长期投资

我们对于一些公司总是希望自己的股票保持高周转率感到疑惑不解，感觉这些公司好像希望原有股东赶快厌倦而琵琶别抱、另结新欢，以使得新的股东能够抱着新希望、新幻想赶快加入。相反地，我们希望原有股东一直喜欢我们的服务、我们的菜单，而且常常来光顾，我们很难找到比原来的股东更好的新股东来加入我们的行列。

——沃伦・巴菲特

【巴菲特是这样炼成的】

长期投资是巴菲特的主要投资策略之一，而他采用该投资策略，主要是向菲利普・费雪学来的。他曾经表示，从精神层面来讲，他自己有85%像他的老师本杰明・格雷厄姆，有15%像菲利普・费雪。

巴菲特在伯克希尔公司1979年年报致股东的一封信中说，菲利普・费雪是一位令人尊敬的投资专家和作家，他曾经说一家公司吸引股东的方式，和餐厅招揽客户的方法一样。餐厅的特色可以是便利的快餐、优雅的西餐和特别的东方食物等，却不能一会儿是法国美食，一会儿又是外带比萨饼，否则就无法吸引到同一群客户。而上市公司也是这样，不可能同时迎合所有投资者的口味。所以，伯克希尔公司总会对有些公司希望自己的股票保持高周转率而感到疑惑不解，这就好像它们希望原有股东赶快移情别恋一样。相反，伯克希尔公司希望长期拥有同一群股东，因为这表明这些股东了解并认同伯克希尔公司的经营方向，对公司未来经营业绩充满期待。因此，伯克希尔公司的股票成交量就必然会很小。

巴菲特在伯克希尔公司2012年年报致股东的一封信中说："在严肃认真投资者必读的、有史以来最佳投资书籍排行榜上，（本杰明·格雷厄姆的）《聪明的投资者》排名第一，（本杰明·格雷厄姆、戴维·多德的）1940年版的《证券分析》[1]排名第二，这本书（菲利普·费雪的《怎样选择成长股》）排名第三。"

他说，菲利普·费雪在《怎样选择成长股》一书第7章中讲得非常精彩：你可以成功地经营一家专卖汉堡包的餐馆，或者是一家以中国菜为特色的餐馆，却不能在两家菜式不同的餐馆之间变来变去、反复无常，还想同时留住两家餐馆口味完全不同的老顾客。

正因为巴菲特从中受到启发，所以他规定伯克希尔公司不实行现金分红。他觉得，一旦实行现金分红，就必须实行清晰的、一致的、理性的分红政策，否则便会让股东感到困惑不安，从而赶走一些本来有意愿加入的投资者。

的确，正如巴菲特所说，菲利普·费雪是美国最有影响力的投资专家、经济学家、数学家、经济计量学家，深受美国华尔街的推崇和敬重。他从1928年开始从事证券分析职业，1931年创立投资顾问公司，被视为"现代投资人的开路先锋"之一。他的投资理念主要集中在《非常潜力股》一书中，1958年该书一出版，就成为全球投资者的必读材料。

巴菲特认真读过此书后深受鼓舞，在随后他的投资生涯中，此书发挥了巨大的

---

1 《证券分析》一书迄今出过6个版本，但巴菲特只认可1934年出的第一版和1940年出的第二版，认为这两个版本最能体现本杰明·格雷厄姆的投资思想。其中，第二版是两位原作者最后一次修订后推出的，也是巴菲特当年上课时所用的教材。巴菲特本人只向别人推荐该书第二版。

关于这部书的起源，最早是哥伦比亚大学邀请本杰明·格雷厄姆讲投资课，他同意了，但提出必须有人对授课内容进行全程记录。年轻的戴维·多德自愿担任这一角色，几乎一字不漏地记下了本杰明·格雷厄姆所讲的内容。最后，本杰明·格雷厄姆在此基础上完成了书稿。虽然这是他的独立创作，但他仍然坚持要求将戴维·多德作为合著者。

影响力。他说，当时他看完这本书后就去找菲利普·费雪，当面请教。他对菲利普·费雪的投资理念佩服之至，随后就运用书中介绍的投资技巧进行操作，他发现这非常有助于他做出聪明的投资决定。

那么，巴菲特这里所说的“投资决定”是指什么呢？实际上，它就是指看准股票的质地，然后长期持有。

从考察股票质地方面看，有这样一个例子很能说明问题。《非常潜力股》一书出版后，美国华尔街那些专业投资机构都在纷纷学习这本书，不过都是坐而论道，只有巴菲特更侧重于实际应用。

当时美国印第安纳州有一只高速公路债券，价格是70多美元；而与该债券几乎一模一样的伊利诺伊州高速公路债券，价格却高达90多美元。很多人认为，前者价格之所以低，主要原因在于该高速公路的维护金额不够。而巴菲特呢，这时候专门开着汽车在印第安纳高速公路上转了一圈，然后专程到印第安纳波利斯去查阅高速公路部门的维护报告，看该高速公路维护金额是不是真的“不够”。

一番实地调查后，他得出结论，实际上这条公路不是维护金额不够，而是不需要太多的维护金额，所以他毫不犹豫地就买了这只债券。没过多久，该债券的价格就上升到90多美元，上涨了30%。

从长期持股方面看，以下这个案例也很能说明问题。

1955年，菲利普·费雪购买了摩托罗拉公司的股票。要知道，当时的所谓移动通信设施，只不过是在警车上装个收音机系统。他在1961年给美国斯坦福大学商学院学生上投资课时，把摩托罗拉公司称为“最伟大的成长性公司”，而当时摩托罗拉公司的资本总额不过才3亿美元。菲利普·费雪直到2004年97岁高龄去世时，依然拥有这只股票。不用说，这只股票在他手里已经43年，由此可见，他的长期投资真可谓是“白头偕老”“至死不渝”了。

对照一下伯克希尔公司的投资项目，巴菲特也曾经表示有几只股票是伯克希尔公司永远不卖的，这颇有点像菲利普·费雪的投资风格。

他曾经在伯克希尔公司年报致股东的一封信中说，当年钱德勒家族花2000美元购买可口可乐公司后，就什么事情都不用做了。事情的关键是无为而治，而不是盲动，即使在1919年，钱德勒家族也没有理由非卖掉可口可乐公司不可。遗憾的是，钱德勒家族当年真的卖掉了该公司，他们怎么会知道它会发展成现在这般规模呢？如果知道的话，他们一定后悔死了。

所以巴菲特建议说，投资者的最好出路就是买到一只好股票，然后持之以恒，从此远离股市，并且尽最大可能延长持股时间，直到你的梦想变成现实。如果你整天泡在股市里，5分钟叫一次价，你想做到长期持股、不为心动是很困难的。

巴菲特提醒说，证券公司需要依靠不断买进卖出来赚钱；而投资者则相反，需要尽可能减少买进卖出来赚钱。这是一对矛盾，也是一个非常浅显的道理。如果一屋子人，每天都在互相买进卖出他们所拥有的股票，到最后每个人都会破产，因为他们的佣金都进了证券公司的腰包。相反，如果他们每个人都持股50年岿然不动，到最后破产的只能是证券公司，而他们必定会赚得不亦乐乎。

另外一个例子也能说明问题：医生需要通过不断给你变更药品来赚钱。如果一种药能包治百病，那么他一生只能开一次处方、做一次交易，他的赚头也就到此为止了。如果他每天都能开处方，他就会想方设法给你换药，那么最终你的健康状况不会变好，而只会越来越糟。

【启示录】

巴菲特认为，要想长线投资，就必须离开那些会促使你做出仓促决定的环境。具体到中国，这个环境就是证券公司交易大厅和电脑手机屏幕。他说，他之所以把伯克希尔公司总部放在远离华尔街的奥马哈，原因就在这里。

他投资的股票都适合长期投资

每当查理跟我为伯克希尔公司旗下的保险公司买进股票时，我们采取的态度，就好像是我们买下的是一家私人企业一样。我们着重于考虑这家公司的经济前景、经营阶层以及我们支付的价格。我们从来就没有考虑再把这些股份卖出；相反地，只要能够预期这家公司的价值能够稳定地增加，我们愿意无期限地持有这些股份。

——沃伦·巴菲特

【巴菲特是这样炼成的】

伯克希尔公司在并购企业时就抱定一种长期持有的心态，明白了这一点，对于该公司长线投资、长期持股行为就很容易理解了。

巴菲特在伯克希尔公司1987年年报致股东的一封信中说，每当他和查理·芒格为伯克希尔公司旗下的保险公司买进股票（指纯粹买卖股票，股票套利不包括在内）时，他们采取的态度就好像是买下一家私营企业一样。也就是说，他们着重考察的是这家企业的经济发展前景、公司管理层的诚信和能力，以及他们所要支付的价格。伯克希尔公司购买这些股票，从来就没有考虑过把它们再卖出去；相反，只要预期所购股票公司的内在价值能够得到稳定增长，它就会无期限地持有这些股份。

从这一点上看，巴菲特和证券市场上那些股票分析师、宏观经济分析师、证券大师完全不同。如果一定要说他和他们有什么相似的话，他认为自己更像是一位“企业分析师”——说穿了，就是专门分析企业内在价值、发展前景的评估师。

巴菲特不无兴奋地说，这种评估企业内在价值高低的做法，在买卖热门股票时相当有用。股市上三天两头会突然出现令人垂涎三尺的投资机会，可是长期投资者对这些投资机会却不屑一顾。

因为在长期投资者眼里，股票交易价格的一时涨跌并不是太重要，即使你手中拥有的股票停止交易很长一段时间，你也不必担心。就像伯克希尔公司旗下的《世界百科全书》公司或费切海默兄弟公司，它们并不是每天都有成交量，道理是一样的。归根到底，投资者购买股票所能获得的投资收益，主要取决于股票发行公司本身的经济价值，无论你是100%拥有该公司，还是只持有该公司的一部分股票，都一样。

巴菲特的意思是说，只要你购买的股票本身业绩很不错，你就不用为该股票短期内的价格涨跌感到担心。容易看出，伯克希尔公司旗下的那些公司大多具有这种特质。

巴菲特在伯克希尔公司1996年年报致股东的一封信中说，当年该公司的投资组合依然没有多大的变动。他开玩笑说，他每天打盹时赚的钱比醒着时赚的要多。在长期投资原则下，按兵不动是一项明智选择。伯克希尔公司绝不会因为外面谣传美国联邦储备委员会可能会调整利率，或者美国华尔街那些投资家大幅度改变了对股市发展前景的预期，就把旗下那些业绩表现优异的企业买来卖去。

道理很简单，因为这些企业都具备绝佳的竞争优势和德才兼备的公司管理层，当初买入它们的价格也合理。所以，大家真正应该关心的，是这些企业质地方面有没有发生改变，而不是眼下的价格有什么起伏。他深有感触地说，只要这种长期投资策略使用得当，那么投资者到最后会发现，这些能够持续拥有竞争优势10年、20年以上的传统产业，要比那些来也匆匆、去也匆匆，无法提供稳定性的明星股所获得的投资收益好得多。

他坦率地说，作为公民的一分子，他和查理·芒格非常欢迎改变，因为任何新观念、新产品、新方法都可能会提升人民生活水准，这显然对他们也有好处。不过，如果是作为投资者，把资金投入热门产业、流行行业，那么就有点像太空探险一样惊险了。对于这种勇猛的动作，伯克希尔公司可以给予喝彩，但不会参与。因为这既不是伯克希尔公司的投资风格，也不是当初购买这些公司的初衷。

哲学告诉我们，运动是绝对的，静止是相对的。那么，怎样来看待巴菲特这里所说的“变”与“不变”呢？

他以喜斯糖果公司为例说，喜斯糖果公司今天（1996年）的经营方式就和1972年买下它时有很大的不同，生产设备和销售渠道也大不相同，产品品种更多了。毕竟20多年过去了，社会在发展，企业经营方式也必然会与时俱进。如果说有什么没变的话，那就是顾客对其的忠诚度。原因就在于它越来越能满足消费者的需求了。

要知道，该公司自从20世纪20年代由喜太太家族创立以来就一直是这样，可以预见在今后的20年，甚至50年它还会继续这样。

巴菲特说，这时候（1996年）他正在研读可口可乐公司1896年的年报。虽然这份年报是整整100年以前的，但现在看并不晚，因为正是在这份年报中，可口可乐公司规划好了未来100年的经营方针。

要知道，当时的可口可乐公司虽然已经成为全球冷饮市场的领导者，但公司创立后只过了十来年时间，年销售额只有14.8万美元。难能可贵的是，该公司那时候的首席执行官就敢向全球宣誓：“我们从没有放弃告诉全世界，可口可乐是能够提升人类健康与快乐、最卓越超凡的一件东西。”回头看该公司这100年的发展历史，它始终不渝地为了实现当初的这一愿景而努力着。试想，这样的股票还有什么理由不适合长期投资呢？反过来，长期投资又怎么能不选择这样的股票呢？

【启示录】

巴菲特为什么要把可口可乐公司和吉列公司作为伯克希尔公司“永恒的持股”，通过上面的分析不是一清二楚了吗？长期投资的题中之义，就是当初在购买股票时，选择质地优良、适合长期投资的公司类型。

长期持股的理由之一是避税

> 就经济实质而言，这种所得税负债就好像是美国国库借给我们的无息贷款，且到期日由我们自己来决定（当然，除非国会把课税时点提早到未实现时）。这种贷款还有一个很奇怪的特点，它只能被用来购买某些特定涨价的股票，而且额度会随市场价格变动，有时也会因为税率变动而改变。事实上，这种递延所得税有点类似于资产转移时所要缴纳的交易税。
>
> ——沃伦·巴菲特

【巴菲特是这样炼成的】

作为一家规模庞大的投资公司，伯克希尔公司与个人投资者不同的是，它的税率不但要比个人高出75%，而且绝对值非常大，所以必须考虑怎样通过长期投资来推迟纳税时间。尤其是对于巴菲特这样善于运作资金的人来说，这一点显得尤其重要。

巴菲特在伯克希尔公司1989年年报致股东的一封信中说，从经济本质上来说，伯克希尔公司由于长期投资所延迟缴纳的所得税实际上是一种负债，这种所得税负债，就像是美国国库借给伯克希尔公司暂时使用的无息贷款。除非美国国会修改税法，把纳税时间提前到利润尚未实现时（巴菲特在这里是开玩笑，实际上这是不可能的）；否则，这种所得税负债的还款日期是由伯克希尔公司自己决定的（什么时候获得了利润，什么时候才需要缴纳所得税）。

除此以外，这种所得税负债还有一个非常奇怪的特点，那就是它的额度会随着股价变动发生改变，有时候也会因为税率调整发生改变。从这一点来看，这种递延所得税实际上很像资产转移时所要缴纳的资产交易税。

巴菲特的意思是说，伯克希尔公司通过长期持股，不但可以延缓缴纳所得税；而且纳税时间根据自身情况，想延缓到什么时候就延缓到什么时候，完全取决于其所持股票的变现时间。

读者如果了解了这个奥秘，就容易理解巴菲特为什么这样喜欢长期投资了。他在伯克希尔公司1992年年报致股东的一封信中说，他非常喜欢买股票，可是要卖股票又是另外一回事了。

这就像一位旅行家在只有一个小旅馆的小镇上过夜，房间里连个电视机都没有。百无聊赖中，他发现桌子上有一本名叫《在本小镇可以做的事》的书，于是就连忙急匆匆地翻开看。可是当他翻开书以后却发现，里面只有短短的一句话："那就是你现在在做的这件事。"

巴菲特的意思是说，由于坚持长期投资策略，伯克希尔公司买入股票后就几乎没什么事情可做了，唯一能做的就是"现在在做的这件事"——持股不动。

10多年过去后，他在伯克希尔公司2005年年报致股东的一封信中强调，与其他同行不同的是，伯克希尔公司买入股票后"根本没有退出策略"，买入股票"只是为了长期持有"。

当然，伯克希尔公司没有退出策略，并非就没有进入策略。不但有，而且它的进入策略要求还非常高，那就是整个美国和全球范围内的企业，要想被其收购，必须符合其收购企业的6大标准。巴菲特幽默地说，如果谁有这种合适的并购对象就给他打电话，他会像一个对爱情充满憧憬的小女孩一样，在电话机旁等候梦中情人的电话。

事实上，无论是谁，只要坚持长期投资策略，对买入股票时机和股票价格的要求都会特别高。就好像找对象一样，如果你想和对方白头偕老、婚姻持久，就必定会擦亮眼睛，仔细挑选符合你要求的伴侣。如果你随随便便找一个，就很难保证这样的婚姻能维持多久。不用说，许多人结婚不久就匆匆离婚，就是因为当初找对象时过于草率。长期投资策略也是这个道理。

那么，长期持股的避税作用究竟有多大呢？巴菲特举例说，由于1989年伯克希尔公司的股票投资变动很小，当年账面上只出现了2.24亿美元的投资业绩，所以只向美国政府缴纳了0.76亿美元的税金。

他说，这种持股不动的投资策略，与短线炒作相比好处多多。这从以下这个例子中可以看得一清二楚：

如果伯克希尔公司的投资只有1美元，并且它有每年上升1倍的投资收益；那么每年年末都把该股票抛出，投资所得在扣除34%的税金后，剩余的部分继续用于追加投资。用这样的方式重复19年，在忙进忙出40次后，伯克希尔公司在这20年间一共可以得到的投资业绩是税后25250美元，累计向国库缴纳税金13000美元。

初看起来，这样的投资业绩还不错；可是，如果你知道下面这种结果就会明白究竟孰是孰非了：如果这1美元投资依然是每年获得1倍的投资利润，但这时候并不是每年年末都抛掉该股票，而是什么也不做，就把它压在箱底看也不看。如此一来，20年过去后，它的金额会迅速增长到1048576美元，在缴纳34%的所得税（即356516美元）后，实际收益是692060美元。看看，这就是长期投资的避税效果。

有趣的是，这种避税不但对投资者有利，而且对政府也有利，用中国话来说是真正的双赢。这时候，投资者的获利是前一种情况的27.4倍，政府收到的税金也同样扩大这么多倍。不同的只是，政府的税金并不是每年都到账，而是必须在20年后一下子得到这么多。

【启示录】

上面提到的这种避税计算法，巴菲特在20岁时就烂熟于心了，这也是伯克希尔公司几十年来坚持持股不动原则的重要理论基础。巴菲特在为伯克希尔公司创造丰厚利润的同时，实际上也为美国政府上缴了更多的税金。

32. 把管理费用降到最低

巴菲特有着与众不同的身份，既是首席执行官，又是公司大股东，所以他比其他首席执行官更有动力去追求管理费用的降低，虽然这不一定是最关键的。

费用低早就成为公司传统

查理跟我这么多年观察下来的结果是，企业总部的高成本与企业的绩效改善之间，可以说完全没有关系。事实上我们认为，组织越简单、成本越低的公司，运作起来会比那些拥有庞大官僚组织的公司有效率得多。就这点而言，我们相当佩服 Wal－Mart、Nucor、Dover、GEICO 与 Golden West 等公司。

——沃伦·巴菲特

【巴菲特是这样炼成的】

巴菲特认为，把管理费用降到最低程度，是每个企业理所应当做到的。这不仅仅是出于对经济原因的考虑，还出于对效率问题的考虑。

他在伯克希尔公司1992年年报致股东的一封信中说，查理·芒格和他这么多年观察下来，得到的结果是，企业总部的高成本运作和该企业的绩效改善之间，可以说完全没有关系。不但如此，事实上他们还认为，组织越简单、成本越低的企业，比那些拥有庞大官僚组织的企业有效率得多。从这一点上来说，巴菲特非常佩服沃尔玛（Wal－Mart）公司、纽柯（Nucor）公司、多佛尔（Dover）公司、政府雇员保险公司（GEICO）与金西（Golden West）公司等。

由此可知，为什么伯克希尔公司要把管理费用降低到最低程度，以及为什么其并购企业也都具备这样的低成本运作特征，低成本运作企业为什么更愿意被其收购了。说到底，这是一种企业文化，一种企业之间的惺惺相惜。

巴菲特在伯克希尔公司2006年年报致股东的一封信中说，当年伯克希尔公司给美国联邦政府缴纳的所得税金额高达44亿美元，向美国政府申报的文件页数多达9386页，可是公司总部却一共只有19位工作人员。公司总部的所有支出，包括员工福利、两个办公场所费用在内，也只有353.1978万美元，可见公司在费用开支方面是如何的节省。

他说，企业界许多重要人物对政府开销颇有意见，指责这些官僚体系不把纳税人的钱当钱看待；可与此同时，这些高层管理人员在公司财务上也因为各种支出不用从自己的口袋里掏，而表现出同样的陋习。

他说，他在担任所罗门投资银行董事时看到的一则小故事，就能说明这一点。20世纪80年代，该银行专门聘请了一位理发师，每个星期上门为高层管理人员服务一次；同时，还雇用了一位专门修指甲的人。后来银行为了压缩费用开支，提出接受这两项服务的人员必须自掏腰包。其中，就有一位高层主管，立即要求该理发师从原来的每星期给他修一次面改成三个星期修一次了。

巴菲特非常了解个中关系，所以在伯克希尔公司压缩费用开支方面，很早就制定了一系列制度。其中，很重要的一点就是，他以身作则，不但一切费用从简，而且几乎所有项目都自费。这样，其他所有高层主管人员也纷纷效仿，至少是不好意思随便报销费用了。

他介绍说，除了伯克希尔公司及其关联企业外，他还在19个企业中担任董事职务。他说，有意思的是，其中只有一家公司让他担任酬薪委员会委员，其他18家公司别说不敢让他担任这一职务了，甚至把他看作伤寒病菌，躲之唯恐不及。

而即使他担任酬薪委员会委员的这家公司，在制订公司首席执行官薪水标准等关键问题上，他的意见一提出也会立刻遭到否决。为什么？就是因为他这位独立董事“过于独立”了。那些希望提高自己酬薪水平的首席执行官及其他董事们，既要经验丰富的他在公司费用开支方面把关，又要避免他在涉及他们利益时进行阻挠。

不用说，这真可谓是另一个版本的“叶公好龙”了。

而巴菲特在伯克希尔公司则完全不同。由于伯克希尔公司特定的组织关系，他在公司管理和费用决定中拥有一言九鼎的权力和威望。当然，巴菲特自己在这方面首先非常自觉，不会以公肥私，这就不会让其他高层管理人员抓住话柄。

一个很简单的例子是，伯克希尔公司的酬薪委员会只有一位成员，那就是巴菲特。换句话说，伯克希尔公司旗下40多家最重要企业的所有首席执行官，其酬薪高低和奖励方案都由他一个人说了算。这要占用巴菲特多少工作时间呢？他的回答是“几乎没有”。

那么，这些酬薪方案又是不是公平、合理的呢？他说，这可以从过去42年来伯克希尔公司旗下的那些首席执行官没有一个想跳槽中得到证明。巴菲特说，伯克希尔公司的奖励非常丰厚，可是方案设计却非常简单，同时兼顾公平，并且力求避免出现投机心态。

当然，巴菲特的这种观点和做法很容易遭到他人反对。2004年6月20日，全球第一CEO、美国通用电气公司前董事长兼首席执行官杰克·韦尔奇在澳大利亚演讲时反驳说：“想通过立法来限制CEO的酬薪简直荒唐可笑。限制这个，又限制那个，为什么不干脆限制创新呢？”“限制CEO的酬薪，就像告诉皇家马德里俱乐部应该付给贝克汉姆多少钱一样荒谬。”这显然就是冲着巴菲特的观点来的。

可是，巴菲特固执己见，不甘示弱。杰克·韦尔奇与巴菲特的立场、观点之所以截然对立，究其原因在于他们代表的是美国两大实力阶层：前者是掌握着知识和管理经验的公司管理层，后者是作为资本所有者的公司股东。从巴菲特和广大中小投资者的角度看，巴菲特的观点和做法无可厚非，也是广大中小投资者所赞赏的。

那么，巴菲特究竟是如何处理伯克希尔公司旗下62家企业高管酬薪水平的呢？除了巴菲特和查理·芒格两人象征性地每年领取10万美元的报酬外，巴菲特给其他高管人员制订的酬薪水平实际上并不低，只是具体方案不便对外透露而已。

他说，伯克希尔公司当然会按照美国证券交易监督委员会的要求披露酬薪计划，但该计划完全透明化，对公司股东有害无益。原因是，如果每个人都知道他周围的人的酬薪水平，必然会相互攀比，从而影响工作。

他举例说，华尔街著名投资银行所罗门公司每个人的收入都很高，但到后来每个人都不满，因为周围总有人能比他拿到更高的工资。他艺术地说，伯克希尔公司的高管人员都对得起他们所领的那份酬薪。

【启示录】

公司最高决策层对包括自己酬薪水平在内的费用开支的态度，在一定程度上决定着日后公司管理费用水平的高低。对于股东和广大投资者来说，这方面的费用当然是越低越好，并且最好能形成一种企业文化。

总部行政费用只有同行的 1%

> 在纳税之后，公司总部的费用总额占公司净资产还不到 2 个基点（万分之二）。尽管如此，查理还是认为费用支出的比例太高，责怪我使用伯克希尔公司的飞机——“不可原谅者”号（后来改为“不可或缺者”号，现在则叫“总裁飞机”号）……我们的税后运营成本已经降至资本金的 0.5 个基点。与此形成鲜明对比的是，很多共同基金的运营成本都是 125 个基点，这意味着它们的费用比例（费用 / 资本金）是我们公司的 250 倍。
>
> ——沃伦·巴菲特

【巴菲特是这样炼成的】

巴菲特认为，投资一家上市公司的股票，一定要看它的成本费用有没有压缩到最低程度。道理很简单，销售收入创造的不都是利润，而费用成本所侵占的一定是利润，而且是纯利润。

关于这一点，巴菲特在考察投资对象时格外注意，他掌管的伯克希尔公司更是严格践行压缩成本原则——公司总部的费用只有同行的1% 左右。

巴菲特在伯克希尔公司1996年年报致股东的一封信中说，纳税后公司总部的费用总额占公司净资产比例还不到2个基点（1个基点是万分之一）。他在1998年伯克希尔公司股东大会上又提到，伯克希尔公司的税后运营成本已经降到资本金的0.5个基点，而许多同行的费用比例高达125个基点，相当于伯克希尔公司的250倍。

与此相应的是，伯克希尔公司的大量工作都是在总部完成的。巴菲特在伯克希尔公司2000年年报致股东的一封信中说，这个小小的团队创造出了许多奇迹：当年他们处理了与8项企业收购活动有关的全部细节，实施了广泛的监督，编制了大量的纳税申报表（多达4896页），顺利举办了一场门票数量为2.5万张的股东年会，并且把资料准确送达股东指定的3660家慈善机构，完成了拥有400亿美元销售收入、30多万名股东这样的一家大公司要做的一切日常工作。

那么，巴菲特及伯克希尔公司是如何做到这一点的呢？

巴菲特始终坚持一条原则，那就是把管理费用降到最低。1956年巴菲特有限公司成立时，除了他自己经常到城里劝说别人加入合伙公司所发生的少量差旅费外，公司几乎没有其他费用。公司的办公地点就在他家楼上，这当然是要付房租的，但房租费用是很正常的一项开支。

公司成立时，为了把更多的钱投入企业运作，巴菲特只花0.49美元买了一本账簿，唯一的奢侈品是一台手动打字机。巴菲特非常清楚，投资获利越多，他个人从中分得的也越多。正如1963年他在写给父母的信中所说的那样，金钱的增长带给了他很多快乐。

资料表明，1962年伯克希尔公司将办公地点搬到基威特大厦后，1969年公司解散前，伯克希尔公司每年的房租从3947美元增加到5823美元，因应缴税款和债券认购书等产生的费用从900美元增加到994美元。巴菲特在1969年1月22日的企业备忘录中高兴地写道:“至少费用增长还没有完全失去控制。”

在这里，巴菲特说得太谦虚了，岂止是“没有完全失去控制”？实际上，是控制得太好了。要知道，1969年该公司的资产总额已经超过1亿美元，而上述费用加起来还不到1万美元，也就是说还不到万分之一！

当2002年伯克希尔公司成为傲视全球的投资帝国时，公司总部工作人员也才只有15.8人。除了总裁巴菲特、副总裁查理·芒格外，另有3名行政助理、1名财务总监、1名会计主管、1名税务主管、1名国际审计主管、1名助理会计主管、1名金融资产主管、0.8名税务部会计（因为每星期只工作4天，所以算作0.8人）、1名财务分析员、1名工资会计、1名助理出纳员、1名接待员。

这家美国第五大企业集团全球总部工作人员，1994年也才只有11人，1995年增加到12人，1998年12.8人，2000年13.8人，2001年14.8人，2002年15.8人……2011—2016年都是24人。

位于奥马哈基威特大厦第14层的伯克希尔公司总部，只有一间小会议室，以及几间可供10多人使用的办公室。此外，在其他地方还有一些办公场所，如专门供会计师小组负责监督保险业务以及承担大量数据处理工作的地方。但无论如何，公司的业务运作之简单都超过任何人想象。

伯克希尔公司没有公司招牌，没有公司标志，甚至没有任何标志性的东西，也很少开会。有一次，巴菲特在接待一位来访者时说，如果有必要，董事会会议室就可以改成储藏室。即使在召开董事会期间，他也会要求关掉空调，让大家在出汗中尽快结束会议。

巴菲特2002年11月14日给美国乔治顿大学MBA学生演讲时说："我们不仅没有战略部，而且没有战略。伯克希尔从来没有聘用过经济学家，即使我们收购一家聘用经济学家的企业，他们也会离开的。"

巴菲特没有随身秘书，也没有配备打字员。公司总部的电话每天总是响个不停，基本上都是索取公司年报，或要求拜访、采访巴菲特，或向他索要照片，或要求他捐赠的。电话由专门的接待员接听，如果确有必要才会转到巴菲特那里。无论是什么样的电话，也无论遇到什么问题，巴菲特处理起来都非常简单、干脆：行就是行，不行就是不行，决不扯皮推诿。而在所有要求拜访巴菲特的人中，最终如愿以偿的比例不到1‰。即使是巴菲特喜欢喝的可口可乐，也是他自己亲自去采购的。当然，每次他都要买许多，然后从家里搬到办公室。

试想，全球500强企业中，这样的首席执行官也算是绝无仅有的了吧？

【启示录】

巴菲特认为，公司管理层只有把所有精力都集中在资本配置上，提高办事效率，摒弃一切官僚主义、形式主义、炫耀、奢侈、浪费，才能真正把成本和费用降到最低程度，才能给投资者以最大限度的获利回报。

最讨厌把时间浪费在喧闹上

另外还有一条1956年的基本原则，现在看来倒还适用，那就是“我个人不敢保证绩效”。不过，查理跟我可以向各位保证，在持有Berkshire股票期间各位所得到的效益，绝对会与我们的相同。我们不会靠领取奖金或股票选择权等方式，使得我们所得到的利益优于各位。

——沃伦·巴菲特

【巴菲特是这样炼成的】

企业管理费用高低与公司管理层的务实作风密切相关。公司管理层如果热衷于夸夸其谈、交际、务虚，管理费用就必然会居高不下；相反，公司管理层如果踏踏实实、埋头苦干、不图虚名，则可以省下许多费用。

巴菲特在伯克希尔公司2001年年报致股东的一封信中说，1956年创办巴菲特有限公司时有一条基本原则现在看来倒还适用，那就是巴菲特虽然不敢保证每一位投资者的投资业绩，却可以和查理·芒格一起保证：各位投资者在持有伯克希尔公司股票期间所得到的投资收益，绝对会和他们的相同。换句话说，作为公司最高管理层的他和查理·芒格，不会通过提高酬金、奖金或股票选择权等方式中饱私囊，打捞额外好处。

巴菲特的意思是说，由于他和伯克希尔公司所有投资者一样，都要依靠公司分红得到获利回报，所以他会真正把伯克希尔公司当作自己的企业一样来对待，节省每一个铜板，努力提高业绩。可以看出，这也是巴菲特平时踏踏实实工作，把管理费用降到最低的动力之一，虽然他早已不需要靠工作来谋生了。

事实上，巴菲特个人99%以上的财产都在伯克希尔公司里，他和妻子过去从来就没有出售过任何伯克希尔公司股票，以后也没有这样的打算。巴菲特夫妇手中的股票颇有点像中国上市公司高层手中拥有的限售股，只不过其限售期限是“永远”罢了。不用说，如果哪家上市公司高层手中的股票也“永远”不出售，并且他们没有超越一般员工收入的任何额外收入，他们也同样有动力把管理费用降到最低。

所以巴菲特说，他和查理·芒格看到有那么多上市企业的公司管理层即使把企业搞得负债累累、亏损连连，个人收入依然旱涝保收，并且非常丰厚，企业破产了则拍拍屁股走人，相当无耻。

这些公司管理层在公开场合鼓励投资者高价买进他们的股票，然而自己却在暗中抛售自己拥有的股份，或者干脆参与高抛低吸。在这些可耻的管理层眼里，投资者简直是他们的禁脔，而不是合作伙伴。在这背后，他们一个个被填得肠肥脑满。

巴菲特说，伯克希尔公司特别强调成本意识。他在伯克希尔公司2002年年报致股东的一封信中说，该公司在压缩管理费用方面的榜样，是一位刊登丈夫死讯的寡妇。这位寡妇去报社刊登讣文时，报社告诉她，这种广告是要按照字数多少收费的，于是她要求只简简单单刊登“Fred 死了”。报社提醒她说，最少计费字数是7个字，她一听马上把内容改为——“Fred 死了，售高球证”。

巴菲特的意思是说，这位寡妇在节省广告费用方面做到了极致，非常值得所有公司管理层学习。当她得知最少计费字数是7个字时，干脆在本来很哀伤的讣告中，增加了转让丈夫生前使用的高尔夫球会员证的信息，达到既没有额外增加费用又能盘活资产、开辟财源的目的。

巴菲特的这种压缩成本费用的风格是从小形成的，并且作为生活在美国这样一个自由社会的公民，他能够在这方面“为所欲为”。反之，他如果生活在中国这样一个重视人情交往的社会，就未必能任性而为。他不但会被所有人看作是怪物，而且必将处处碰壁。但说实话，这种务实作风却是企业发展所必需的。如果巴菲特成天把自己的精力都用在接受各级领导接见、接受新闻媒体采访、与工商税务物价等部门打交道上，热闹的背后必定是交际费用大增，最终也必然会损害全体股东的权益。

平时，巴菲特的工作和生活时间极有规律，每天早上8点半到下午5点，用在打电话上的时间大约是1个半小时，其余时间就是用来阅读来信、各种文件资料，然后会在办公室里来回踱步、喝可乐。

巴菲特非常喜欢阅读来信，这和中国企业家喜欢听汇报或从各种会议上获得信息截然相反。他经常是当助手还没来得及把信件转交给他时，自己就先去取了。如果他出差在外，助手每天晚上都要向他报告当天有哪些新来的信件。巴菲特阅读信件非常认真，而且经常会用风趣、简短的语言进行回复。

走进伯克希尔公司总部，到处像图书馆那样安静。巴菲特办公室门外挂着一块牌子，上面写着“未经许可，不得入内”。事实上，也确实很少有人能径直走进巴菲特的办公室，包括伯克希尔公司的那些高级管理人员。巴菲特对自己的要求是每星期只约见很少的几个人，所以他很少接待来访。

美国《货币》杂志记者加里·贝尔斯基曾经有一次打电话想要采访巴菲特，就遭到了拒绝。他不甘心，专门坐了飞机来到伯克希尔公司总部楼下大厅，然后打电话联系巴菲特，没想到得到的答复和以前一样。

这时候，一位门卫在旁边听见了他打电话的内容，称赞他的这种方式比其他人要高明得多——与其到了楼上进不了门，还不如在楼下先打个电话试试看。于是他问门卫，贸然前来拜访巴菲特的人多不多？门卫说，大概每天会有一个；他又问，你认为像我这种情况，他们会让我上楼吗？门卫说，肯定不会。回去后，加里·贝尔斯基用4页篇幅报道了自己的亲身经历，文章题目是《巴菲特无视货币》。当然，这里的“货币”是指该杂志。

【启示录】

企业最高决策者需要始终保持清醒头脑，为此巴菲特拒绝一切不必要的迎来送往和废话闲谈。他的这一做法，在大大降低一切不必要的管理费用的同时，也有效避免了受无效信息的干扰，与其他同行形成了鲜明的对照。

33. 从常识中嗅出投资风险

任何投资行为都有风险，重要的不是祈求风险不发生，而是及早进行观察、研究，提前做好准备，特别是保持财务稳健，面对突发事件加以妥善处理。

未雨绸缪才能防患于未然

当产物意外险公司以浮存金成本来判定公司好坏时，很少有公司的成绩可以令人感到满意。而有趣的是，不像一些产业普遍存在的现象，规模或品牌并非保险公司获利的关键。事实上，许多最大、最有名的保险公司，其成绩表现大多平平。这个行业最要紧的是承保的纪律原则，真正成功的公司必须坚守以下3项重要原则。

——沃伦·巴菲特

【巴菲特是这样炼成的】

巴菲特一生的投资态度是小心、谨慎。俗话说“小心驶得万年船”，可以说这也是伯克希尔公司成功的秘诀之一。道理很简单，做任何事情，只有未雨绸缪，才能防患于未然，以钱为代表的投资就更是如此了。

巴菲特在伯克希尔公司2001年年报致股东的一封信中说，当用浮存金成本高低来判断财产保险公司的好坏时，很少有保险公司的业绩表现能令人感到满意。一个非常有趣的现象是，在其他产业中，规模和品牌是获利的关键因素，可是在保险行业中却并非如此。并且，事实证明，许多最大、最有名的保险公司，其业绩表现大多平平。所以，投资者千万要记住，这个行业中最重要的是要遵守承保纪律。真正成功的保险公司，都必须要记住3项重要原则。

究竟是怎样的3项原则呢？巴菲特说：一是保险公司只能在自己的能力范围内接受投保，不要追求市场占有率。二是要严格限制保险业务内容，确保企业不会因为发生单一的意外及连带事件而面临破产倒闭的风险。三是如果保险业务涉及道德风险，不管这样的业务赢利前景多么诱人，都不能接。事实证明，与任何有道德问题的人打交道，成本和风险都要比想象中的高得多。

应该说，从保险公司这个特定角度看，如果能做到上述3项，确实能从最大程度上保证企业经营的无风险。

巴菲特检讨说，2001年“9·11”恐怖袭击事件发生后，就可以看出通用再保险公司在上述第一条、第二条原则方面执行得相当差，不是忽略了就是低估了大规模恐怖事件发生的可能性，在设定费率和评估累积可能造成的风险方面存在问题。而实际上，严格限制保险业务内容是一项非常重要的承保因素。遗憾的是，通用再保险公司过去并没有对此给予应有的重视。

举例来说，保险公司的财产保险业务在制订价格时，通常会根据过去的经验，只预期可能发生的飓风、火灾、爆炸、地震等自然灾害，谁也不会想到会发生“9·11”这样的大规模恐怖袭击事件。这说明什么呢？这实际上就说明，所有保险公司从业人员都犯了一个最基本的错误，那就是在注重过去经验的同时，并没有考虑到真正暴露的风险。在面对这样一个大规模恐怖袭击事件时，保险公司并没有为此收到任何一分钱保费。

一方面，过去的经验对保险公司的绝大多数业务来说，可能会是最有用的出发点。例如，保险公司在承保某一地方的地震风险时，就绝对必须了解过去100年来当地发生的规模在一定级别以上的地震次数。虽然这种信息并不能确切告诉你明年此地发生地震的概率大小，但显而易见参考作用还是有的。尤其是在面对大范围地震灾害保险时，就更是如此。

另一方面，有时候这种“经验主义”不但没有帮助，反而会让保险公司身受其害。例如，对于某企业投保董事及经理人责任保险，如果保险公司参考其过去几年中的股市表现，要是前几年股市高涨，保险公司就会发现这种责任保险发生重大损失的比例非常低；可要知道，伴随着股市高涨，企业做假账的舞弊行为通常也较多。在这种情况下，保险公司一旦需要对董事及经理人责任保险做出赔偿，连被告都很难找得到，因为你不知道要告谁。

那么保险公司究竟能不能从中发现蛛丝马迹呢？巴菲特认为完全可以。例如，当股市高涨的时候，保险公司就应该特别关注有没有保险客户离谱地公开稀释股份，或者进行业绩操纵、连环信式的股票拉抬或其他一些无聊举措。发现这些并不很困难，通常这时候会有大量这种行为出笼。一旦将来股价暴跌，所有这些行为的罪恶结果都会暴露无遗。而到了那时候需要保险公司理赔时，高达几千亿美元的赔偿额会让保险公司一败涂地。这些损失究竟由小额投资者承担还是由大型保险公司承担，陪审团的观点通常会不利于保险公司。所以，只要出现一个这样的大案，保险公司就会吃不了兜着走。而如果保险公司未雨绸缪，提前做好功课，当初在承接业务时就提高费率，即使造成损失，也可以通过有力的证据最终转败为胜，避免发生理赔损失。

正是由于巴菲特善于从常识中嗅出投资风险，所以在2001年以前，伯克希尔公司的净资产收益率从来就没有出现过负值。2001年“9・11”恐怖袭击事件发生后，伯克希尔公司持有的可口可乐公司和美国运通公司的股票出现了前所未有的亏损，伯克希尔公司的年收益率下跌到了7%左右，账面价值下跌了6.2%，但仍然好于标准普尔500指数11.9%的下跌幅度。伯克希尔公司亏损的局面到第二年就有了巨大的变化。2002年，其股票的账面价值增长了10%，而同年标准普尔500指数的下跌幅度高达22.1%，两者可谓形成了鲜明的对比。

在这方面，巴菲特的最大经验是，投资股票时一定要选择一家非常优秀的企业。他在伯克希尔公司1985年年报致股东的一封信中说，他根据个人的经验和观察得到的结论是，“你划的是一条怎样的船，更胜于你怎样去划”，说的就是这个道理。在他看来，一家优秀的企业及其明星经理人一定会全方位地规避任何可能发生的风险，做到防患于未然。

【启示录】

“小心驶得万年船”“宁可慢些，也要稳些”，这样的话投资者听得多了。可是在面对剧烈波动的股市时，他们往往就会将此忘得一干二净，不但看不到风险，而且还会“勇敢”地参与其中去“搏傻”。不用说，这正是投资大忌。

平时就保持稳健的财务状况

在这件事情上，我是彻头彻尾地错了。通用再保险公司已经在文化和实务上出现了巨大的变化，而且这种变化根本不为管理层所知——我对此，更是一无所知：整个公司对业务产品的定价完全是不恰当的。一旦恐怖分子对美国发起大规模核武器攻击，通用再保险公司所积累起来的风险足以让它万劫不复。当然，这种灾难几乎是不可能的。但是，保险公司有责任把自己所承受的风险控制在一定的范围内，即便是在风险不可能变成现实的情况下，依然能保持稳健的财务状况。而事实却是，通用再保险根本就是不可靠的，仅仅世界贸易中心的袭击事件就险些让它崩溃。

——沃伦·巴菲特

【巴菲特是这样炼成的】

巴菲特从事保险业务几十年的经验表明，保险业务中存在着某些不可动摇的规律，所以他认为投资保险业一定要保守。就通用再保险公司而言，当初收购该公司时，他还没有发现其业务质量出现下滑的迹象，而一碰到“9·11”恐怖袭击事件，它就差点崩溃了。

巴菲特在伯克希尔公司2002年年报致股东的一封信中说，伯克希尔公司收购通用再保险公司3年来，整个公司对业务产品的定价完全是不恰当的。2001年爆发了“9·11”恐怖袭击事件，如果哪一天再发生大规模核武器攻击的话，对于通用再保险公司来说，那简直是一桩万劫不复的事。所以，通用再保险公司一定要从常识中嗅出投资风险，把各种风险消灭在萌芽状态。

那么，巴菲特是如何考虑并做到这一点的呢？在伯克希尔公司收购通用再保险公司后，巴菲特得以有机会深入考察通用再保险公司，很快发现了它的一些问题，于是立即着手开始加以解决。

例如，通用再保险公司通过提供4亿美元的贷款，进入了人寿保险业务市场，而这些人寿保单远远超过其拥有的现金价值。也就是说，这些投保人中大多数生命日数已经屈指可数，或者说不再需要投保了，这势必会导致公司经营业务的风险性。

通用再保险公司的业务部门之一——伦敦通用斯塔尔国际保险公司，由于受大通曼哈顿银行的欺骗诱导，为11部影片提供了风险极高的保险，并且为票房收入和几部动画片融资提供担保，造成了巨额损失。

伯克希尔公司收购通用再保险公司的最初几年，累计亏损高达80亿美元，这让巴菲特震怒。他曾经公开宣称，他对通用再保险公司管理层的工作感到失望，并且完全失去信心。一般来说，巴菲特的脾气特好，并且非常尊重明星经理人，他的这种表态过去从来都没有过。

早在伯克希尔公司收购通用再保险公司后进行的机构重组中，巴菲特就提议让乔·布兰登担任通用再保险公司北美分公司及其他两个重要的全球性业务机构的首席执行官。实际上，这是为了将来让他接通用再保险公司董事长兼首席执行官隆·福格森的班，隆·福格森也深知这一点。

隆·福格森说，通用再保险公司在伯克希尔公司旗下运作3年，保险业务一直低迷不振，对此他个人应当承担完全责任。但有一点他不同意巴菲特的观点，那就是他认为通用再保险公司有一个非常有天赋的管理团队，这个团队完全有能力带领公司继续前进，巴菲特不应对此感到失望。事实最终证明，隆·福格森的判断是正确的。

2001年，隆·福格森退休。针对2001年3月4日《金融》杂志发表的题为《巴菲特：这一次的选择正确吗》一文，巴菲特于2001年3月25日在《商业周刊》上撰文指出，他的回答是肯定的，即伯克希尔公司收购通用再保险公司的决策完全正确。

3年整顿期过去后，通用再保险公司终于在2002年第一季度获得了少量的利润，又可以给伯克希尔公司提供浮存金了。虽然总体上看，通用再保险公司2002年仍然亏损了8800万美元，财务年报上还有13亿美元的累计亏损；可是，巴菲特仍然掩饰不住内心的兴奋，在当年年末举行的晚会上，一反常态地直接宣布“我们又回来了”！

他说，2001年“9·11”恐怖袭击事件发生后，他最初预测该事件将会给伯克希尔公司造成22.75亿美元的税前保险损失，其中通用再保险公司可能会为此承担17亿美元保险损失，伯克希尔公司的再保险公司可能要为此承担5.75亿美元保险损失。当然，由于这一事件影响巨大，并且考虑到事故保险理赔的延后性，最终精确的损失数额要经过若干年才能显示出来。

巴菲特由此总结说，这种大型灾难性事件的发生其实并不奇怪，以后还会有类似事件发生，并且规模也可能会比这次大得多。现在的问题是，作为保险公司，应当及早考虑到这种人为灾难的损失和代价，否则就是很不明智的。说实话，整个保险行业以前从来就没有想到会出现这样的恐怖袭击，并且需要以这种方式承担保险责任，“这是一个非常严重的错误”。

所以，他为此提出3项基本原则：一是只接受自己能力范围内能够加以合理评价的交易风险，即只做自己能力范围内的事；二是把业务范围限制在可以接受的区域内，即无论发生什么事件，都不能影响企业资金的正当流动；三是避免有可能涉及道德风险的交易，即不与道德有问题的人打交道。

不难看出，巴菲特在这里提出的这3项基本原则，完全符合他的一贯做法和投资风格。只要切切实实地贯彻执行巴菲特的这3项原则，就能有效避免经营风险。

【启示录】

巴菲特认为，无论遇到怎样的重大事件，都要确保财务稳健，这是避免经营、投资风险的应有之义。为此，企业一定要未雨绸缪，做好各种最坏的打算。在这方面，一条最简单的经验是：只做自己熟悉的、有把握的事。

一旦发生突发事件要妥善处理

我们从事的巨灾保险业务本身属于保险业中变动最大的一种险种。从事这类业务，我们将保单卖给其他保险公司与再保公司，以分散其面临超大型意外灾害时所可能承担的风险。事实上，伯克希尔是有经验的业者最喜爱往来的对象。因为他们深深知道，当有大事真正发生时，所有巨灾保险的承保业者都会面临对财务实力的严峻挑战，而伯克希尔无疑是同业之最。

——沃伦·巴菲特

【巴菲特是这样炼成的】

没有谁希望发生意外灾害，但一旦发生了，就要正确面对，加以妥善处理。换句话说，巴菲特虽然善于从常识中嗅出投资风险来，能避免一部分投资风险的发生，却不能完全避开一些突发事件。而这时候的危机公关是很重要的：做得好能够化险为夷，否则只会雪上加霜。

巴菲特在伯克希尔公司1997年年报致股东的一封信中说，谈到巨灾保险，伯克希尔公司的浮存金成本是有可能突然大幅度上升的。究其原因在于，伯克希尔公司所从事的巨灾保险本身就是一种不确定性较大的保险业务。

伯克希尔公司从事这类业务，具体是把保单卖给其他保险公司与再保险公司，以便在它们面临超大型意外灾害时，能够帮助它们分散一部分风险。事实上，伯克希尔公司是这些保险公司最喜欢的投保对象。因为它们深深地知道，如果真的发生了什么大事（巨大的意外灾害），同行中财务实力最强的伯克希尔公司是它们最理想的救援对象。

毫无疑问，真正重大的自然灾害并不是每年都发生的，当然也不是永远不会发生的。如果每年都发生，这种自然灾害也就够不上“重大”了；如果永远不会发生，当然也就用不着投保了。巨额灾害是一定会发生的，只不过不知道究竟在什么时候发生。明白了这一点就容易看到，伯克希尔公司的巨灾保险业务通常会在连续几年中赚大钱，然后在突发事件发生时突然发生重大损失。也就是说，开展这项业务究竟能不能赚钱，这项业务吸引力有多大，通常要在好几年后才能看出来。

所有投资项目中都有巨灾发生的可能，只是不知道它究竟在什么时候发生。这种巨灾发生后，如果能得到妥善处理，就会把坏事变成好事；如果做不到这一点，就会雪上加霜，使企业和投资全军覆没。毫无疑问，巴菲特在从事巨额保险业务方面是一位名副其实的行家里手。

1991年8月16日，一条新闻在全球范围内传播开来："标准普尔公司把所罗门公司的信用等级降为负值。"受此消息影响，所罗门公司的股票和债券狂跌不止，真正到了破产的边缘。

这场丑闻发生的真实原因是，大型证券商所罗门公司的几位高级管理人员存在着违法交易，并且没有上报。丑闻曝光后，该公司高级管理层不得不做出集体辞职的决定。这时候他们认为，能够出面收拾这个烂摊子的唯一人选是巴菲特，虽然这时候外界对巴菲特的了解还很少。

1991年8月16日早晨，他们用电话把巴菲特叫醒，请他立刻出任临时首席执行官。而拥有所罗门公司7亿美元股票的巴菲特，听到这个消息后，不得不马上坐专用飞机，从奥马哈直接飞向位于新泽西州的所罗门公司总部。面对一大堆错综复杂的问题，以及公司员工和客户的背叛，巴菲特立刻召开董事会，要求大家以公司声誉为重——如果公司没有了声誉，那么一切就真的都完了。

巴菲特从两方面着手：一方面，提名一位新的首席运营官，以实施更加严格的内部控制，同时专门负责处理即将到来的罚款、诉讼以及一系列事务性工作。另一方面，他亲自去华盛顿，努力说服美国财政部长禁止公司继续从事高利润政府债券交易的规定，否则所罗门公司真的就没有多少选择余地了。经过巴菲特的这番努力，财政部长最终撤销了这项禁令中的主要内容。

面对社会各界和新媒体的关注，巴菲特公开表示："如果我们仅仅撤掉几个人的职务，大家一定会认为我们是在敷衍了事。为此，我可以明确地告诉大家，我们将留守在这里，直到大家满意为止！"

巴菲特真的是说到做到。他向全球各地所罗门公司办事处的销售人员训话，一方面给他们鼓劲，另一方面要求他们不要"在边界线附近玩球，你们只要在球场中部打球，都可以做得很好……如果你们因为决策不当导致公司亏损，我会非常理解；如果你们损害公司声誉，我将会毫不留情"。

美国政府和社会公众把巴菲特的一举一动都看在眼里，记在心里，并且给予了应有的理解和信任。经过这场严峻考验后，所罗门公司的股票价格在下跌了1/3后，终于止跌回稳了。

对于尽可能防止意外事件发生，巴菲特的一大秘诀是，只在自己的能力圈范围内做事，并且在收购企业时特别注重口口相传（熟人介绍），他觉得这样会自动剔除90% 以上的意外风险。

巴菲特在伯克希尔公司1999年年报致股东的一封信中说，当年公司的并购活动，无论是政府雇员保险公司，还是企业主管飞行公司，新客户的主要来源依然是老客户介绍。事实上，企业主管飞行公司专机部分所有权计划的新客户中，65% 以上是对业务感到非常满意的老客户推荐而来的。这种做法的好处是，公司不但没有推销成本，而且因为有人担保，所以风险小。

【启示录】

谁都不愿意看到意外事件发生，但一旦发生了，就应当正确面对，及时进行危机公关，采取措施挽回不良影响。巴菲特对所罗门公司事件的处理，投资者能从中一窥他高超的处理突发事件的艺术。

34. 查理·芒格的鼎力相助

巴菲特的投资理念受查理·芒格影响很大。查理·芒格与巴菲特珠联璧合，是巴菲特名副其实的黄金搭档，有“幕后智囊”“最后的秘密武器”之称。

巴菲特的化身和黄金搭档

查理把我推向了一个不像格雷厄姆那样只购买便宜货的方向，这是他真正对我的影响。他把我从格雷厄姆观点的局限中拉了出来，这是他思想的力量，他拓展了我的视野。

——沃伦·巴菲特

【巴菲特是这样炼成的】

查理·芒格既是一位造诣颇深的投资大师，又是巴菲特的合作伙伴和多年好友，现任伯克希尔公司副董事长和韦斯科金融公司董事长。可以说，巴菲特的成功和查理·芒格是密不可分的。

查理·芒格被美国《财富》杂志称为“巴菲特的化身”。巴菲特经常说，是查理·芒格把他推向了不像本杰明·格雷厄姆那样只购买廉价股的方向，这是查理·芒格对他的最大影响，也是查理·芒格思想的力量。换句话说，是查理·芒格拓展了他的视野。

巴菲特的儿子霍华德·格雷厄姆·巴菲特与查理·芒格朝夕相处，他的评价极具参考价值。他说："我爸爸是我认识的人中第二个最聪明的——查理·芒格才是首席。"

查理·芒格的智慧源于他博览群书、知识渊博。他在日常谈话中经常引经据典，不免晦涩难懂，所以中国国内有关他的介绍很少。而实际上，怎么形容查理·芒格对巴菲特的作用都不为过。

巴菲特和查理·芒格最初是经人介绍认识的。

巴菲特有限公司刚刚成立时，急需扩大资金规模，所以巴菲特经常会带着申税报表炫耀似的四处拜访投资者，向他们展示自己的投资业绩。

那时候，纽约有一位投资顾问名叫阿瑟·威森伯格。他知道巴菲特在募资，于是打电话给帮他看过病的奥马哈当地一位著名的泌尿外科医生埃德温·戴维斯，说你有钱找不到投资渠道，不妨找你们当地的巴菲特试试看。富裕的埃德温·戴维斯实际上就住在巴菲特附近，可是他根本不认识巴菲特，当听说对方还是个27岁的毛头小伙子时就更不放心了。

1957年夏天的一个周日晚上，他还是准备打电话约巴菲特到自己家里来聊聊。他的这笔巨款对巴菲特来说意义重大，并且求之不得。巴菲特如果能得到这笔钱，就意味着巴菲特有限公司从家族走向了公众，也意味着巴菲特从个人理财顾问跨入了职业投资者行列。

但巴菲特依然个性鲜明。他一边介绍自己是如何投资的，承诺会严格按照本杰明·格雷厄姆的做法运作资金；一边又强调，无论是谁投给他钱，之后钱怎么用必须由他全权处理，不许有任何干涉，并且每年只有一天即12月31日可以获得一份年度总结，同时决定撤回资金或追加投资。如果有盈利，埃德温·戴维斯可以从中得到4%，剩余部分双方按3∶1分成（即巴菲特拿25%）；如果发生了亏损，巴菲特分文不得，包括工资和佣金。

应该说，这样的条件很苛刻，一点不像是有求于人的样子。可是埃德温·戴维斯却认为，这个年轻人语气平和，思路清晰，不拐弯抹角，尤其是能把双方利益捆在一起。所以，末了他站起来对巴菲特说："我信得过你，给你10万美元做投资，因为你让我想起了一个人——查理·芒格。"

当时的巴菲特根本就不知道查理·芒格是谁，但他就这样牢牢记住了这个名字。

两年后的1959年，通过埃德温·戴维斯医生介绍，巴菲特和查理·芒格终于在午餐会上认识了。实际上，这时候的查理·芒格对巴菲特同样了解很少，并且他有着几乎对所有人都不感兴趣的习惯。

查理·芒格当时的观点是，期望越小，失望越少。因为过去很少有人能够让他“看得上眼”，所以他对这次见面也根本没抱任何希望。可是没想到，两人一见如故、相见恨晚，从此便开始了日后60多年的密切交往，至今从来没有间断过。他们不但无话不谈，而且彼此有心灵感应，不用对方开口，就知道对方想说什么、在想些什么。

2007年，查理·芒格在美国南加州大学法学院毕业典礼上演讲时举了这样一个例子：马克思·普朗克获得诺贝尔奖之后，经常去德国各地做演讲，但每次讲的内容大同小异，都是关于新量子物理理论的。时间一长，就连他的司机都把这些内容记住了。有一次司机对他说：“这次讲座我来讲，你戴着我的帽子坐在前排，怎么样？”马克思·普朗克同意了。

司机在台上洋洋洒洒地发表了一通关于量子物理的长篇演讲后，一位物理学教授站起来提了一个非常复杂的问题，司机对此又怎么可能解释得了呢！于是他灵机一动说：“哇，真没想到，我会在慕尼黑这么先进的城市遇到这么简单的问题。下面，我想请我的司机来回答。”就这样，他顺利地把皮球又踢给了马克思·普朗克。

在这里，查理·芒格并不是要表扬这位司机机灵，而是认为，所有知识都可以分为两种：一种是普朗克知识，另一种是司机知识。前者是真正掌握了知识，而后者只会鹦鹉学舌，声音再好听也是假的。他的言外之意是，巴菲特在他眼里有真本事，不是那些“司机”们冒充得了的，无论他们是多么善于要小聪明。

他接着说：“我非常喜欢勤奋的人，我这辈子遇到的合伙人都极其勤奋。我想我之所以能够和他们合伙，部分原因在于我努力做到配得起他们，部分原因在于我很精明地选择了他们，还有部分原因是我运气好。”

他以巴菲特为例说：“你们如果拿着计时器观察他，会发现他醒着的时候有一半时间是在看书。剩下的时间他大部分用来跟一些非常有才干的人进行一对一的交谈，有时候是打电话，有时候是面谈，那些都是他信任且信任他的人。仔细观察的话，沃伦很像个学究，虽然他在世俗生活中非常成功。”[1]

巴菲特在认识查理・芒格之前，整天忙着进行雪茄烟蒂式投资。两人成为好友后，查理・芒格不断告诫他不能光图股票价格便宜，更要注重投资质量。久而久之，巴菲特慢慢摆脱了本杰明・格雷厄姆投资观念的局限性，坚定地走向了价值投资。

从履历表看，查理・芒格1924年1月1日出生于美国内布拉斯加州奥马哈，与巴菲特是同乡。他在1948年以优异成绩毕业于哈佛大学法学院，然后从事律师职业，并开始投资证券和从事商业活动，从房地产上赚到了人生中的第一个百万美元，成为标准的百万富翁。

查理・芒格和本杰明・格雷厄姆一样，都以18世纪美国最优秀的作家、投资家、科学家、外交家、商人本杰明・富兰克林为偶像，并且都从本杰明・富兰克林身上学到了这样一种观点：“自己一定要变得富有，这样才能为人类做贡献”。归根到底，本杰明・富兰克林之所以能有所作为，就在于他有资金上的自由。关于这一点，无论从后来的巴菲特还是比尔・盖茨身上都能看得很清楚。

要使自己变得真正富有，就必须建立自己的企业。正是这一信念，决定了查理・芒格的人生轨迹。他和巴菲特共同缔造了伯克希尔公司，两人构成了非同寻常的智慧组合，创造了有史以来最优秀的投资纪录。

两人的合作始于1968年。当时，巴菲特决定放弃伯克希尔・哈撒韦公司，于是想把公司卖给查理・芒格和桑迪・戈特斯曼。当时，查理・芒格和桑迪・戈特斯曼还专门去伯克希尔公司总部考察了3天，可最终两人谁也不想要，这才迫使巴菲特硬着头皮继续干下去。并且，既然公司卖不出去，巴菲特就只好继续买进它的股票，不断提高持股比例。

就在这时候，巴菲特和查理・芒格有了一个共同的发现，那就是觉得蓝筹票据公司很不错，于是两人开始不断买进它的股票。

当时的背景是，美国加利福尼亚州有几十家小型零售商联合状告蓝筹票据公司垄断市场，美国司法部最终做出了令其在公开市场上出售55%股份的判决。这时候，查理・芒格力主巴菲特买下来。结果，伯克希尔公司收购了蓝筹票据公司45%的股

1　查理・芒格．我所知道最有用的道理和态度．和讯网[2014-10-14].

份；查理·芒格的合伙公司收购了其8%的股份，然后把它注入了伯克希尔公司。随着持股比例不断增加，伯克希尔公司最终持有蓝筹票据公司80%的股份，巴菲特因此成功进入该公司董事会。

两人收购这些股份时一共投入了4000万美元，而仅仅3年过去后，这些股份就升值到了10亿美元，年复合回报率高达292%。巴菲特从中洞察到了查理·芒格非同寻常的市场判断力和决断力，于是多次邀请他加入伯克希尔公司。

1978年，查理·芒格正式出任巴菲特的副手，直到现在。而蓝筹票据公司收购案，则成为两人合作的第一件“战利品”。利用这一身份，查理·芒格在“为人类做贡献”这一理念的指导下，取得了一系列鲜为人知的重要成就。

例如，堕胎在美国合法化的运动最初就是由查理·芒格发起的，并且最终取得完全胜利。1989年，他给美国储蓄机构团体写信，抗议该组织不支持关于储蓄和信贷业务的各项改革，并于当年退出该团体。他的这一举措在当时曾经引起巨大反响，美国的储蓄和信贷业随后爆发的危机，也成为美国历史上最大的金融丑闻之一。

查理·芒格的个人生活曾经非常艰难，用“非常凄惨”来形容也不为过，可以说他几乎经历了其他人所有的苦难和不幸。例如，他年轻时的草率婚姻使得他成为两个孩子的父亲；刚刚离婚不久，儿子就身患白血病不幸夭折，他被巨额医疗费用、失去亲人的悲痛深深折磨；他管理的合伙企业在1973—1974年的美国股市暴跌中损失过半；1978年他因白内障手术并发症，左眼完全失明……

可敬的是，查理·芒格并没有被这些接踵而来的苦难和不幸打倒，表现出了积极乐观、正直诚实、坚韧不拔的英雄品质，而这些优秀品质无疑又对巴菲特和伯克希尔公司产生了深远的、潜移默化的影响。

【启示录】

查理·芒格说：“从某种意义上说，伯克希尔是一个教导型企业，它教会人们一种正确的思维体系。其最关键的课程是，一些大道理真的在起作用。我想我们的这种渗透已经起到非常好的作用——因为它们是如此简单。”

韦斯科金融公司掌门人

伯克希尔大概不会大规模派发你所说的多余资本，但一旦我们不能使保留的每1美元的价值体现在市值上，我们将会考虑派现。倒是韦斯科应该认真考虑一下了。韦斯科拥有许多资本，资本利得处于历史最低水平，我们也没有像伯克希尔那样的期望值，但你们狂热地推高股价，以至于超越了其内在价值，这一切又使得（派现）变得毫无意义。

——查理 · 芒格

【巴菲特是这样炼成的】

伯克希尔公司拥有韦斯科金融公司的股份，是通过蓝筹票据公司实现的。具体地说，伯克希尔公司和巴菲特个人完全控股蓝筹票据公司，而蓝筹票据公司则拥有其他许多公司的股份，除了韦斯科金融公司外，还有伯克希尔公司著名的两棵摇钱树——喜斯糖果公司和《布法罗新闻报》公司。1983年，当伯克希尔公司拥有蓝筹票据公司59.6%的股份时，巴菲特和查理 · 芒格甚至一度考虑要不要把它改名为“巴菲特和芒格公司”。

韦斯科金融公司虽然只有7名员工，可是却在1990年4月17日被《华尔街日报》称为“像伯克希尔公司一样的投资典范”。确实，这两家企业有着惊人的相似之处。也难怪，它们本来就有血缘关系。至于巴菲特，他虽然从来不在韦斯科金融公司办公，却一直担任着该公司董事。

查理 · 芒格在韦斯科金融公司2007年股东大会上说，伯克希尔公司大概不会大规模地派发“多余的资本”，只有在每1美元留存资本无法创造出大于1美元的市场价值时才有这种可能，倒是韦斯科金融公司应该认真考虑一下这个问题了。韦斯科金融公司拥有许多资本，资本利得又处于历史最低水平，投资回报率目标也没有伯克希尔公司那么高。遗憾的是，股民们狂热推高股价，使得其内在价值大大低于股票价格，这时候派现反而变得毫无意义了。

在这里，查理 · 芒格用调侃的语气，阐述了伯克希尔公司和韦斯科金融公司对投资者的高回报率以及今后的努力方向。

许多读者对韦斯科金融公司并不是十分了解，它是一家集钢铁、金融、家具租赁于一体的企业集团，伯克希尔公司拥有它80%的股份。从各方面来看，它完全可以称得上是“小伯克希尔公司”，只是并不像伯克希尔公司那样有名罢了。

韦斯科金融公司有很多投资项目与伯克希尔公司相同，主要投资对象有美国运通公司、可口可乐公司、吉列公司、富国银行等。巴菲特经常提到的霹雳猫业务，也是韦斯科金融公司的一项主业，它在这方面的实力甚至要超过英国的劳埃德公司。韦斯科金融公司还专门成立了一家韦斯科金融保险公司来开展这项业务。

1976年，查理·芒格出任蓝筹票据公司首席执行官，蓝筹票据公司则从1972年就开始买入韦斯科金融公司股票。1983年，蓝筹票据公司完全并入伯克希尔公司。

韦斯科金融公司原来是准备在1973年进行合并的，可是巴菲特和查理·芒格感觉售价太低，才取消了这个念头。他们在拜访了该公司首席执行官路易斯·文森特和公司创始人的女儿、最大的股东伊丽莎白·彼得斯后，正式做出了这一决定，没料到股价由此出现大跌。这时候，巴菲特和查理·芒格本可以趁价格下跌捞些便宜，可他们认为自己应该对股价下跌负责，所以并没有趁火打劫，而是以蓝筹票据公司的名义出面，一连6个星期以每股17美元的价格买入，占韦斯科金融公司总股本的17.7%。

这触发了美国证券交易监督委员会长达两年的调查，并于1976年正式起诉蓝筹票据公司，认为该公司持续以高于市场交易的股价买入韦斯科金融公司股票有抬高价格之嫌，属于暗箱操作。最后，蓝筹票据公司不得不赔偿韦斯科金融公司股东11.5万美元了结此事。

当然，接下来韦斯科金融公司和蓝筹票据公司合并，同时属于伯克希尔公司，它们的股权结构就变得相对简单了。

查理·芒格不无兴奋地说，韦斯科金融公司放弃高度管制的储蓄和贷款业，加入伯克希尔公司从事再保险业务，将来的利润会更丰厚。

查理·芒格在韦斯科金融公司1993年年报致股东的一封信中说，由于韦斯科金融保险公司的标准普尔信用等级高达AAA级，所以它的法定准备金率只需1%，而行业平均水平则高达13%。这就意味着，它有更多的浮存金交给伯克希尔公司用于证券投资，以获取丰厚的投资利润。

读者基本上可以这样认为，韦斯科金融公司在经营方面和伯克希尔公司具有同样的安全性、稳定性以及在货币市场上的可靠收益能力。查理・芒格坚持认为，只有高质量的业务和股票才经得起时间的考验；而巴菲特则说，查理・芒格根据业务质量是否优异而不是价格是否便宜进行投资的理念，对他的影响是最大的。

美国《华尔街日报》曾经报道韦斯科金融公司的业务质量不如伯克希尔公司，而查理・芒格也多次提出类似观点。他多次表示："如果我们在1972年购买其他高质量的股票，而不是韦斯科金融公司就好了。"但即使如此，也不得不承认，巴菲特已经感到非常自豪了。因为1972年伯克希尔公司买入韦斯科金融公司时，其股价只有6美元，而2003年出售该股票时，其股价已经超过300美元，年复合回报率高达13.45%。

查理・芒格认为，韦斯科金融公司不能完全看作是伯克希尔公司的克隆。他在伯克希尔公司1998年股东大会上说："从每股账面价值看，韦斯科金融公司绝对不是伯克希尔公司的克隆，这只不过是历史的巧合而已。虽然我们会为韦斯科的将来努力，但显然伯克希尔的发展机会更多。"

【启示录】

在韦斯科金融公司存续期间，查理・芒格每年都会像巴菲特那样给股东写一封亲笔信，不用一句陈词滥调。遗憾的是，该公司由于一直没有找到合适的收购机会，所以没有进行过任何合理收购，增长速度一直不快。

向巴菲特推荐哈里・鲍托

这时，我的一位朋友向我推荐了哈里・鲍托，他没对哈里・鲍托大加褒奖，只是告诉我也许他能帮我解决问题……毫无疑问，哈里・鲍托绝对是那一年的风云人物。他实现了我们制订的每一项目标，所有惊奇无不让我们感到欢欣鼓舞。一件又一件看似不可能的事情在他的手里变为现实，而且在困难面前他从来没有退缩过，他似乎是一个为迎接挑战而生的人。

——沃伦・巴菲特

【巴菲特是这样炼成的】

巴菲特认为，查理·芒格对他的帮助，最早应该从推荐哈里·鲍托说起。

许多人认为，在巴菲特有限公司1956年的并购活动中，对戴姆斯特制造公司的投资是很普通的一项。其实不然，因为该公司拥有良好的传统，并且有着巨大的发展潜力。巴菲特投资该公司时，其股价为16美元，可是其账面价值却高达72美元。显然，巴菲特投资了一家被他称为“雪茄烟蒂式”的公司。

巴菲特原来的设想是，投资该股票所需资金只有其账面价值的1/4，如果将来能以与其面值差不多的价格卖掉大部分该股票，就可以用这部分资金投资其他项目了。有了这样的如意算盘，巴菲特在5年时间里不断地零星买入该股票。到1961年中期，该股票买入价格为每股30.25美元，而这时候他已经拥有该公司70%以上的股份，完全控股了该公司。

可是结果巴菲特的如意算盘落空了。控股该公司后，巴菲特最初采用的传统投资管理方式，如提高资本利用率、改善营业利润、降低管理费用等，根本不起任何作用。

这时，还是一家变压器工程公司董事的查理·芒格向他推荐了曾经在该公司任职，后来从事困难救济咨询工作的哈里·鲍托。

1962年4月17日，巴菲特会见哈里·鲍托，承诺只要能实现目标，报酬绝对不是问题。哈里·鲍托第二次世界大战时在部队当过军医，后来获得了大学会计文凭，并且在多家公司任过职。有一点是肯定的，他这辈子做梦都不会想到自己有朝一日会掌管农用设备公司（即戴姆斯特制造公司）。

就这样，4月23日，哈里·鲍托走马上任，正式成为戴姆斯特制造公司首席执行官。他和巴菲特都认为，要改变现状，首先就要降低成本。所以，公司很快就裁减了100名员工，这在当地引起了轰动。要知道，该公司所在的那个小镇，总人口也不过只有1.2万人。

有人说，裁减人员不会影响当地经济的发展吗？哈里·鲍托的说辞是，戴姆斯特制造公司扭亏为盈，就是对地方经济的大力支持。这条理由说服了当地市长，并且得到了政府的支持。后来，该公司被出售给当地投资者继续经营，果然在地方经济发展中发挥了重大作用，当然这是后话。

哈里·鲍托上任后浑身充满活力，每天总是忘我地工作，对制定的规章制度总会不折不扣地执行下去。他不但对工作精益求精，而且直言不讳，从来不做表面文章，很受巴菲特欣赏，两人很快就成了好朋友。

哈里·鲍托采用的方法既原始又简单，却非常有效。为了达到巴菲特提出的存货周转率指标，在存货数量已经很低的情况下，他找来一名油漆工，在一间最大的仓库四周墙壁10英尺高的地方画了6条白线，然后告诉工厂主管，如果货箱在规定期限内不能降到白线以下，除运输工以外的所有人员都必须辞退。从此以后，他不断降低白线高度，一直达到满意的存货周转率为止。

哈里·鲍托非常清楚，该公司的问题很多，不采取强硬措施根本不行。但非常可贵的是，这个人特别自信。他坚信“有志者，事竟成”，只要下决心，一切问题都会迎刃而解。

尽管有些目标事后看来高不可攀，但他通过出售积压产品、呆滞商品、残余原材料，削减甚至取消所有部门的费用开支，提高产品销售利润率，重新调整市场营销部门等措施，终于实现了巴菲特提出的目标。

当然，在这过程中，无论巴菲特、查理·芒格，还是其他人，都一直在帮他出谋划策，这让他在工作中如鱼得水。例如，在调查销售价格结构时，需要通过所有完工产品的合计数来计算备用品及维修部件的价值，这时候巴菲特和查理·芒格就帮他出主意，教他如何把所有部件进行简单的分类。结果，原来估价30万美元的存货，居然卖到了200万美元的价格。

显然，这是一种高定价策略。然而让哈里·鲍托欣慰的是，巴菲特并没有对此提出任何质疑，并且在以后的高价销售过程中也没有给他制造任何阻力，充分显示了巴菲特“用人不疑”的原则。

正因如此，他又一鼓作气对其他产品价格进行了调整，并为继续提高价格寻找依据。在此基础上，他建立了一整套成本数据系统。

巴菲特兴奋地说：“对于巴菲特有限公司来说，真正有意义的是我们得到了一位最有价值的合作伙伴。在未来的控股公司中，他将会给我们带来更多的惊喜、更多的收获。聘用哈里，也许是我一生中做出的最重要的管理决策。在前两任经理任期里，戴姆斯特简直一塌糊涂，而且在银行看来几乎到了破产的边缘。如果戴姆斯特不能翻身，我的人生和财富都不可能有今天。”从中容易看出，哈里·鲍托对巴菲特有多重要了。

事实上，在哈里·鲍托的职业生涯中，他先后成功地扭转了25家公司的经营颓势，被人们称为“不良业务的医生”，而他自己也经常这样自称。唯一让他遗憾的是，他过早地抛售了伯克希尔公司的股票。

【启示录】

巴菲特认为，起用哈里·鲍托，是他创业早期甚至一生中的重要决策。但显而易见，这要特别感谢查理·芒格的推荐。否则，哪怕哈里·鲍托本事再大，巴菲特又到哪里去找这个人才呢？一个好汉三个帮，就是这个道理。

35. 把股东大会办成投资课堂

一位伯克希尔迷仿照本杰明·格雷厄姆的句式提出两条原则:“第一条原则:千万不要抛售你的伯克希尔股票;第二条原则:千万不要忘记第一条。”

从默默无闻到家喻户晓

之后其他大专院校的学生也开始陆续造访,这一学年将会有来自芝加哥、Dartmouth、Delaware、佛罗里达、印第安纳、艾奥瓦、马里兰、内布拉斯加、宾夕法尼亚、斯坦福、田纳西、得克萨斯、多伦多、犹他州等地的学生。人数从30人到100人不等,大部分是MBA学生。我对于他们的素质印象深刻,他们对于商业与投资深感兴趣。但从所提问题看得出,他们不只是想赚钱而已,我总是很喜欢跟他们见面。

——沃伦·巴菲特

【巴菲特是这样炼成的】

“股东大会”这个话题,听上去很严肃,但2016年4月30日,86周岁的巴菲特和92周岁的查理·芒格却把它搞得像一场娱乐脱口秀。两位“大神”无论回答股市问题还是人生话题,既有严肃、专业的解疑释惑,又不乏诙谐、调侃的从容应对。

当天,5万多人从全球各地聚集到美国的小城奥马哈,为的就是能当面聆听巴菲特和查理·芒格在伯克希尔公司股东大会上的讲话。

奥马哈位于美国中部内布拉斯加州，目前人口约45万。突然在几天之内就多出10%的人口，这在当地是一件非常轰动的事。

从历史上看，该股东大会最早是从1956年开始的，第一年参加者只有12人。直到20世纪80年代，每年也只有几千人参加，在外界并没有什么影响。1993年，巴菲特登上全球首富宝座，这一活动开始为外界所关注。90年代中后期，尤其是美国股市进入牛市，大量新股东纷纷加入伯克希尔公司，前来参加股东大会的人数也剧烈增加。最近10年来，该股东大会每年的参会人数更是超过4万人，其中包括2000名左右来自中国的投资者。2015年该股东大会配备了中文同声翻译，2016年更是同步网上直播，与巴菲特投资王国一样，缔造出一个个传奇。[1]

当然，这些参与者也并不都是伯克希尔公司股东。作为这样一场年度盛会，伯克希尔公司旗下62家企业的高层领导，以及行业竞争对手、合作伙伴，还有全球各家基金公司经理、体育明星、媒体记者、学者和学生等，也会悉数而来。

要知道，仅仅是伯克希尔公司旗下的那些公司，如果独立出来的话，用巴菲特的话说，2015年年末就有10.25家（其中伯克希尔公司拥有27%的卡夫亨氏股份算是那0.25）可以进入世界500强名单。也就是说，至少有10家世界500强企业的领导人会参与这次股东大会。更不用说，从净资产规模来看，2015年伯克希尔公司在美国已经排名第五，仅次于美国在线·时代华纳公司、花旗集团、埃克森美孚石油公司、维亚康姆公司。

伯克希尔公司股东大会过去默默无闻，可以从当时美国华尔街没有多少人把伯克希尔公司股票放在眼里，也几乎没有哪一位证券分析师跟踪该股票，更少有哪家媒体把它当作绩优股来宣传报道上看出来。1993年，巴菲特登上全球首富宝座后，依然有许多人四处打听他，因为他们并不知道巴菲特是谁。

巴菲特和伯克希尔公司的这种默默无闻，从某个角度看，是巴菲特刻意经营的结果，因为他基本上不主张提高伯克希尔公司的知名度，也从来不向公众推荐该股票。即使在每年的伯克希尔公司年报中，也从来没有一张他的照片，甚至没有一张曲线图、直方图。与此同时，他还总是对股东说“下一年度的公司收益可能会不如

---

1 陈凯丰．什么样的人去参加巴菲特的年会．华尔街见闻网[2016-4-15].

上一年”诸如此类的话，目的就是希望大家降低期望值，而他自己则少夸海口、多做实事。

不难看出，如今的巴菲特和伯克希尔公司早已名扬全球，想躲躲藏藏、低调行事已经不可能了。根据这种形势，巴菲特将计就计、顺势而为，主动向外界灌输自己和伯克希尔公司的投资理念，并且在全球31个大学讲课；同时，他还特地把伯克希尔公司每年致股东的一封信和伯克希尔公司股东大会，办成全球投资者的盛宴。

巴菲特在伯克希尔公司2004年年报致股东的一封信中说，每年都有一群群学生像公司股东一样，前来参加伯克希尔公司股东大会，给奥马哈市和伯克希尔公司留下了深刻的印象；并且从此之后，其他大专院校的学生也陆续开始造访伯克希尔公司总部。

巴菲特介绍说，2005年就有来自芝加哥、达特茅斯（Dartmouth）、特拉华（Delaware）、佛罗里达、印第安纳、艾奥瓦、马里兰、内布拉斯加、宾夕法尼亚、斯坦福、田纳西、得克萨斯、多伦多、犹他州等地的学生前来造访，人数从30人到100人不等，其中大部分是MBA学生。和这些学生接触，巴菲特说，他自己又像是回到了学生时代，并且对这些学生的素质留下了深刻印象。因为他们不仅对商业和投资深感兴趣，而且从他们所提的问题来看，他们并不是仅仅只想赚钱，而是还有更高的理想。基于这一点，巴菲特总是愿意和这些学生见面。

巴菲特从来不说假话。容易看出，他为他和伯克希尔公司的投资理念能得到这么多人推崇而感到由衷的高兴，甚至他登上全球首富宝座所带来的成就感，都不能与此相比。

不用说，在这样的传经布道中，伯克希尔公司也能获得有用信息，促使一些具有良好条件的并购案顺利实现。

例如，巴菲特在伯克希尔公司2002年年报致股东的一封信中说，在过去的5年中，美国田纳西大学财经系的学生，在老师吕·奥克谢尔（Al Auxier）博士的带领下，每年都来拜访伯克希尔公司总部，并且参观内布拉斯加家具店和波仙珠宝公司，到戈瑞特（Gorat）牛排屋去吃牛排，然后去伯克希尔公司总部基威特大厦与巴菲特见面，人数通常在40人左右。

按照礼尚往来的礼仪，这些学生到来时，都会向巴菲特赠送一份纪念品，如足球明星签名的足球、田纳西州著名女子篮球队的篮球等。而2002年2月他们送给巴菲特的是一本书，一本克莱顿预制房屋公司创始人吉姆·克莱顿刚刚出版的自传。

巴菲特在很久以前就知道，克莱顿预制房屋公司是美国活动房屋建筑业的一块金字招牌，因为他曾经投资过另一家同类企业奥克伍德（Oakwood）房屋公司的垃圾债券，留下了惨痛的记忆。巴菲特刚买进该债券时，还不十分清楚这个行业内的市场竞争是如此惨烈。当不久之后奥克伍德房屋公司破产倒闭时，巴菲特后悔也来不及了。

但巴菲特也了解到，虽然奥克伍德房屋公司发行的债券是垃圾债券，可这并不能否认活动房屋建筑的优势。事实上，在过去的几十年里，活动房屋建筑在美国市场上还占有15%的比例，并且品种在不断增加，质量也在不断提升。

基于上述了解，巴菲特得到这本书后，马上对在场的学生们表示，自己相当崇拜吉姆·克莱顿。而这些学生听巴菲特这么一说也非常高兴，马上就把这个信息带回去。吕·奥克谢尔博士更是建议巴菲特打个电话给吉姆·克莱顿的儿子、克莱顿预制房屋公司现任首席执行官凯文·克莱顿，直接建立联系。巴菲特在和凯文·克莱顿通过一番电话后，结合在这本自传中所得到的信息，马上就产生了买下这家公司的想法。

而实际上呢，由于整个活动房屋建筑行业混乱不堪，克莱顿预制房屋公司深深知道自己未来很难取得企业发展所需的大笔资金，而现在伯克希尔公司抛来橄榄枝，正是一个好机会，所以双方一拍即合。

巴菲特说，伯克希尔公司收购该企业后，将使其业务有一个突飞猛进的发展；而对于伯克希尔公司来说，不仅能捞回投资奥克伍德房屋公司垃圾债券时的损失，而且还能“小赚一笔”。

【启示录】

俗话说“人怕出名猪怕壮”，其实，这个问题要看你从哪个方面看，顺势而为，扬长避短，就能把坏事变成好事。巴菲特和伯克希尔公司从原来的刻意低调，到后来的不得不高调，实际上就各有利弊。

公司年报成为最好的教科书

在伯克希尔，所谓翔实的报告，代表着今天如果角色互换，我希望各位能够提供所有我们想要知道的信息，包含目前经营的重大讯息以及 CEO 对于公司长远发展的真正看法。当然，要解释这些讯息必须辅以相关的财务资料。

——沃伦·巴菲特

【巴菲特是这样炼成的】

伯克希尔公司的财务年报在全球所有上市公司中别具一格，堪称全球投资者最好的投资教科书。60多年来，巴菲特每年都要亲自撰写巴菲特有限公司及伯克希尔公司年报致股东的一封信，设身处地从公司股东的角度出发来考虑问题，尽可能用客观、翔实的财务报告满足股东的需求。

巴菲特在伯克希尔公司2000年年报致股东的一封信中说，在伯克希尔公司，所谓翔实的财务年报，意味着今天如果他和其他管理高层角色互换，他希望他们能够提供所有他想要知道的信息。在这其中，包括目前公司经营的重大信息，以及公司首席执行官对于公司长远发展的真正看法。毫无疑问，在这个过程中，必须辅之以相关的财务资料加以说明，而不是没有依据地空口说白话。

巴菲特介绍他和查理·芒格阅读财务年报的经验时说，他们对于对公司人员、工厂、产品的介绍没什么兴趣，而对有关扣除折旧、摊销、税赋、利息前盈利的介绍，会感到胆战心惊。要知道，公司管理层并不是凭嘴说说就能得到盈利的。对于那些模糊不清的会计准则，巴菲特一向持怀疑态度，因为它们总是被别有用心的人所利用，比如公司管理层通常会通过它们来掩盖一些事实。除此以外，他也不愿意阅读那些由公关部门和财务策划写出来的资料，而是希望公司首席执行官能够自己出面来解释一些事实。

巴菲特的意思是说，在阅读财务年报时，一定要关注事实层面的东西，而不是其中一些花里胡哨的解说；尤其不能相信经过伪装的年报，那样很容易上当受骗。与此同时，也很有必要亲耳聆听首席执行官的解释，听听他对公司未来的看法，与公司以后的发展轨迹相对照，看此看法是否具有前瞻性。

容易看出，伯克希尔公司每年的财务年报是符合上述要求的，否则巴菲特也不会这样要求其他同行，并且告诉投资者应该怎样读财务年报了。

他认为，伯克希尔公司客观、翔实的财务年报，保证了伯克希尔公司30万名股东能够同时得到相同的信息。伯克希尔公司每季度的季报和每年的年报，通常都会在星期五股市收盘后通过网络统一对外发布。这样做的好处是，无论是伯克希尔公司股东，还是其他所有关心伯克希尔公司的读者，都可以在同一时间得到最重要的信息。经过周末两天时间的阅读、研究，他们可以在下星期一股市开盘前吸收、消化相关信息。

读者从这些细微之处能感受到，伯克希尔公司是真心实意为股东及其他读者考虑的，实事求是，没有半点遮掩。不用说，投资这样的股票会让人感到更放心。

巴菲特作为公司董事长，每年要花许多时间和精力写"致股东的一封信"，附在公司年报后面。巴菲特说，许多东西他都是年复一年地重复讲，虽然大多数人觉得太啰唆，但他宁愿多啰唆几句，也不愿意有哪位股东，尤其是哪位新股东不理解他的投资理念。他的目的只有一个，就是让股东知道他是怎么做的，觉得把钱交给他是放心的；如果觉得不放心，那就不必给他投资了。

每年的这封信容量都相当大，而且是越来越大，巴菲特把它当作与股东沟通的最主要渠道，有点像政府一年一度的政府工作报告。要知道，伯克希尔公司旗下有62家企业，许多项目在全球范围内都是数一数二的，覆盖各个领域。巴菲特要把这些主要企业一个个说给股东听，而且还要抓住重点，从股东的角度告诉他们想要了解的内容，还必须说真话、说实话，同时接受股东质询，这绝不是一件容易的事。

所以，任何人读巴菲特致股东的一封信都会有一种亲切感，这封信不但语言流畅通俗，一点也不会让人感到枯燥乏味，而且里面还经常穿插着许多小故事和小幽默。许多上市公司的董事长也有"写给股东的一封信"，但多是官样文章，掖了毛边说光边，与巴菲特有天壤之别。

比尔·盖茨曾经这样评价说："很多企业领导人都写股东信，但沃伦因为股东信而成名。部分是因为他天生的幽默感，部分是因为人们认为读他的信有助于自己更好地做投资（他们是对的）。但这也是因为他一直都说话坦率，愿意批评股票期权和金融衍生品之类的东西。他不害怕有立场，比如支持加大对富人征税，尽管这也会影响他本人的利益。”

不但如此，比尔·盖茨还不无感激地说：“沃伦启发了我开始写我自己在基金会工作的年度公开信。在这以前，我也有过类似写信的好法子。写信能让我每年一次坐下来，解释我们所经历的好事和坏事。”[1]

具体地说，这样一封致股东的信是怎么出台的呢？一般地，每到一年年底，巴菲特就集中精力亲自写稿，写完后再交给一位高手润笔。但这种润笔只限于编辑，而不是修改。当然，能够有资格给这封信润笔的，必定是写作高手中的高手，她就是美国《财富》杂志女记者卡罗尔·卢米斯（Carol Loomis）。

巴菲特和卡罗尔·卢米斯1969年第一次认识后，发现两人有许多共同点，巴菲特称“卡罗尔很快就成为除了芒格之外我最好的朋友”。1998年年初，《财富》杂志总编辑要求卡罗尔·卢米斯完整地写一篇有关巴菲特的人物专访，这对卡罗尔·卢米斯来说简直是再容易不过了。她一气呵成，写了一篇最准确、最可靠，也最有深度的报道；然后在2012年年末出了一本图书，名叫《跳着踢踏舞去上班》，台湾译本叫《巴菲特的神谕》。[2]

在伯克希尔公司年报中，巴菲特会旗帜鲜明地摆明自己的观点，这也使得他的致股东的一封信颇有看头，并成为全球各大媒体关注的焦点。

巴菲特对美国证券交易监督委员会主席阿瑟·列维特（Arthur Levitt）近年来大力打击选择性披露财务信息的做法大声喝彩。他说，近年来美国许多上市企业习惯于引导证券分析师和大股东的盈余恰好符合公司预期，有时候最多只相差一点点，这种做法几乎已经成为一种常态。他说，这种选择性披露财务信息，会让投资机构比普通投资者得到更多的内幕信息，这实在是一种堕落行为。遗憾的是，这种堕落行为正在像癌细胞一样扩散开来，到应该痛下决心的时候了。

巴菲特认为，公司首席行政官预估企业未来的成长率是多少，这种做法相当危险。虽然他们通常是按照证券分析师和公关部门的要求这样做的，但预期的“高成长率”通常最终无法兑现。

举个最简单的例子，许多美国企业预期自己未来的成长率会超过15%，甚至能

1　比尔·盖茨．我从巴菲特身上学到这三件事．虎嗅网[2013-6-14].

2　刘建位．巴菲特成功背后的五个女人．大河网[2015-5-7].

达到30%，可是究竟有多少家企业能如愿以偿呢？你只要看看过去的历史记录，看看整个20世纪70年代和80年代美国盈利最高的200家上市公司中，有多少家达到15%的年盈利增长率，就一清二楚了。巴菲特甚至可以和你打赌，2000年美国获利最高的200家公司，在接下来的20年里，年盈利增长率达到15%的公司绝对不会超过10家。

巴菲特的意思是说，投资者在阅读财务年报中关于企业未来发展预期的时候，一定要看一看宏观背景下该企业将来能否兑现承诺，而不要被其所画的海市蜃楼迷惑了。投资者与其相信一家企业画的饼，还不如实实在在看一看它的业务经营状况以及在同行中的竞争优势，以便更好地确定它的内在价值是多少。要知道，过于相信一家公司所做的预测，将来它一旦达不到这样的数据，最轻松的应付办法就是在年报上弄虚作假。这样很容易形成恶性循环，年年这样造假下去，投资者哪一年都看不到真实情况。

所以巴菲特对那些习惯于以绚丽的盈余预估来吸引投资者的财务年报，总会抱有一种怀疑的态度。虽然这种预估也有人能做到，但毕竟是极少数，大多数人是过于乐观了，也有一部分完全是骗子。遗憾的是，投资者实在很难分辨出他们究竟谁真谁假。

而伯克希尔公司的财务年报，不但叙述得明明白白，唯恐不能做到让每个人都看得懂；而且巴菲特几乎不进行什么预测，如果有预测，他也总会提醒投资者对未来不要抱过高期望。所有这些，恰恰与其他人做法相反。

容易看出，巴菲特是把伯克希尔公司年报当作该公司与社会公众进行交流的唯一方式来看待的，所以他不但每年都亲自执笔，而且60多年来风格一直没变。无论股东还是社会公众，只要认真读一读该公司年报，就会对其业绩和策略有非常清楚的了解。这就是巴菲特高明而自信的地方，而其他上市公司几乎没有哪一家敢这样做。

【启示录】

美国作家亚当·史密斯评论说："一位投资者阅读了过去20多年来巴菲特致股东的信，就相当于阅读了一本教科书。而这本教科书，也许是目前能够找到的唯一的，也是最好的关于股票市场、财务、投资的教科书。”

股东年会成为最好的投资课堂

> 早晨8点半，将会上映一部新的伯克希尔电影。一个小时后会有问答环节（有午餐休息时间，Century Link 中会提供午餐），问答环节将持续到下午3点半。在短暂的休息后，查理与我将会在3点45分召开年度会议。业务环节大概会持续半小时。为了安全起见，那些想要来个“最后一分钟购物”的人可以跳过这个环节……4月30日，来奥马哈——这里是资本主义的摇篮——和我的这些小伙伴碰面吧，他们是最棒的。
>
> ——沃伦·巴菲特

【巴菲特是这样炼成的】

伯克希尔公司独特的财务年报加上独特的股东大会，已经形成一道独特的风景——该公司每年4月末、5月初那个星期六召开的股东大会，都会吸引来自全球各地的数万名投资者，不是赶集胜似赶集。

巴菲特每年都要在伯克希尔公司年报致股东的一封信中，预告当年召开股东大会的准备工作。例如，他在伯克希尔公司2015年年报致股东的一封信中说，当年的股东大会预计在2016年4月30日举行，“早晨8点半，将会上映一部新的伯克希尔电影。一个小时后会有问答环节（有午餐休息时间，世纪互联大楼里有午餐供应），问答环节将持续到下午3点半。在短暂的休息后，查理与我将会在3点45分召开年度会议。”

接下来，他会观照一系列有关股东大会上需要投票的相关资料，以及各项业务、交通、购物安排，俨然是准备召开一场大型商品交易会。看得出，巴菲特在这里同样非常具有商业头脑（可别忘了他本身就是一位顶级的成功商人）——要知道，分拆股票之前能够前来参加伯克希尔公司股东大会的投资者怎么说至少也是百万富翁，可想而知他们的购买力会多么强！1996年5月8日，伯克希尔公司股票分拆成B类股票，目的之一正是为了满足那些连1股A类股票也买不起，却又想参加伯克希尔公司股东大会的投资者的愿望。

2016年4月30日，参加本次伯克希尔公司股东大会的人数虽然超过5万人，可是却没有任何组织出面，全都是个人自动自发而来。其中有2000多人来自中国，他们绝大多数和金融完全不沾边，只不过是借着这次大会，报名参加了各种商务考察活动。每人的费用在6万~16万元人民币，只要出钱就能参加，一边游山玩水，一边凑个热闹。而这些中国人很少有人会坐在会场里认真聆听，大多数都在场外忙拍照。基本上可以说，他们来的主要目的就是凑个热闹，然后拍个照、留个纪念。[1]

他们是怎么进入会场的呢？要知道，根据规定，只有伯克希尔公司股东才能参加会议。具体而言，他们有3条途径进入会场：一是至少持有1股伯克希尔公司A类股票，如果按每股22万美元（约合人民币145万元）计算，绝大多数中国人都高攀不起。二是至少持有1股B类股票，按A类股票的1/1500（即147美元）计算，约合人民币960元。每个股东最多可以拿到4张入场券，这样便会有部分余券在网上被倒卖。2016年，此入场券在网上的最低转让价是每张16~40美元（约合人民币105~260元），再加上60美元的国际快递费，两张一买，最低价为每张人民币324元。这便是获取入场券的第三种方法。如果从上海出发，往返奥马哈的机票最低价格为人民币9200元。这样，加上食宿费用等，从中国出发去参加该股东大会的最低费用为每人1万多元人民币。[2]

有意思的是，真正的股东大会时间只有5~10分钟，然后巴菲特就会戛然而止，宣布“会议结束”，然后问股东们“有什么要问的吗”。当然，从全球各地慕名而来的股东们，绝不会放弃这样的提问机会，他们会争先恐后地向巴菲特和查理·芒格提出各种各样的问题，巴菲特和查理·芒格会在台上认真解答。这样的交流，通常要持续6个小时才会真正结束。

这不禁令人想起公元前1400年前的学术辩论中心——特尔斐城，那里有一位圣贤能够为希腊人解答各种各样的问题，从战争到农活无所不包；而现在，巴菲特也被人们看作这样一位圣贤。股东们提出的问题包罗万象，而巴菲特也非常乐意在商业投资领域和其他领域对他们知无不言、言无不尽，因此他被美国《财富》杂志称

---

1 李小晓．巴菲特股东会：各取所需的真人秀．财新网[2016-5-1].

2 孙宇婷，黄修眉．巴菲特股东大会诱惑．每日经济新闻，2016-4-30.

为“无所不知的哲人”。

在每年的这场盛大活动中，巴菲特都会用丰富的人生经历和充满魅力的人格，以及通俗易懂的语言，来解释他的投资策略和哲学，让听众一个个乐开了怀。许多投资者花20多万美元持有1股伯克希尔公司A类股票，或者几十年持股不动，就是为了等待每年这一天的到来。届时，他们就像圣徒朝圣一般，从四面八方乃至全球各地潮水般地涌向奥马哈。

对此，查理 · 芒格在伯克希尔公司股东大会上评论说：“人们低估了那些非常简单却非常有效的思想的重要性。而且我认为，如果说伯克希尔公司是一家传授正确思考方式的学校的话，那么它所开设的主要课程，就是教授少数几个非常重要的思想。我觉得我们选择出来的这些思想非常简单，却非常有效。”

年复一年的股东大会，现场有四五万人聚精会神地聆听着两位90岁左右的老头讲投资原则和做人哲学。虽然其中有些内容股东们已经听了几遍、十几遍、几十遍，可是看上去他们依然百听不厌。究其原因在于，不但伯克希尔公司股东大会算是全球最好玩、气氛最轻松的；而且，虽然巴菲特的观点几十年不变，但他绝不是一个与世隔绝的糟老头。

例如，他在2015年伯克希尔公司股东大会上说，虽然他每年花在飞机上的费用高达100万美元，但是“如果让我在飞机和互联网两者中选一个，虽然两者都是我不想放弃的娱乐项目，但我会选择放弃飞机”，“让我惊奇不已的是，在过去20~25年中，互联网对人们的生活造成了如此大的变化，而且这一现象仍未结束。现在，想要组织3个人在大雪天玩桥牌可方便多了”。在2016年的股东大会上，巴菲特更是引进了全球网络直播这一新形式，幽默地说“我们也进入21世纪了”。

伯克希尔公司股东大会所倡导的价值投资理念，深深影响了公司股东，反过来又促进了伯克希尔公司的稳健经营。

追根溯源，价值投资理论最早是由本杰明 · 格雷厄姆提出的，巴菲特则是其中最重要的领军人物。价值投资理论概括起来只有4句话，其中前三句是本杰明 · 格雷厄姆总结出来的，第四句是巴菲特的独特贡献。

这4句话是：一、购买股票就是购买公司的部分所有权，应该学会从中分享经营成果。二、股市是提供给你买卖股票的场所，但不会告诉你股票的真正价值是多少，你能看到的只是价格。三、投资的本质是对未来进行预测，预测不可能十分精确，所以一定要留有余地，即安全边际。只有当股票价格大大低于内在价值时，这样的投资才是相对安全的。四、投资者要在自己狭小的能力圈范围内做决策，清晰地知道自己的能力边界在哪里，明白自己在做什么，有所为，有所不为。

巴菲特在伯克希尔公司2014年年报致股东的一封信中透露，他在2014年伯克希尔公司股东大会举行期间收到一份提案，说公司所拥有的现金已经超过实际需要，公司股东又不都像巴菲特那样是亿万富翁，所以要求董事会考虑派发红利。由于这一提案没有在股东大会上提交，所以没能列入讨论议题；但巴菲特依然主张对此进行投票表决，想看看大家的真实想法。

表决结果是：A类股票股东中反对分红与赞成分红的比例为89∶1，B类股票股东中这一比例为47∶1，即合计约有98%的股东反对分红，希望能将所有利润留在伯克希尔公司进行再投资。

巴菲特对此极为赞赏，认为伯克希尔公司股东的投资理念就是不同。他说："我们的大小股东能够如此认同我们的管理哲学，真是令人又感叹又欣慰。如果我不向他们致以敬意，那就是失职。"

【启示录】

巴菲特最擅长把那些伟大而简单的投资真理，用每个人都能听得懂的语言，通俗地表达出来。而投资者从中受到的教益，超过上任何一所商学院。而其实呢，也只有巴菲特的投资理念，在道理上可以说讲得通。

36. 明确而坚定的伯克希尔文化

巴菲特与伯克希尔公司已经合二为一。他曾经对美国作家亚当·史密斯说："只要我还在世，我就会亲自掌管伯克希尔公司，并对公司董事会施加影响。"

巴菲特和伯克希尔合二为一

在伯克希尔，我们按法律做事，而且做的所有事情都能在登上报纸头版后不会让我们觉得愧疚。永远不要因为别人这样做，就认为我们也可以这样做。

——沃伦·巴菲特

【巴菲特是这样炼成的】

伯克希尔公司文化的最大特点是，伯克希尔公司与巴菲特合二为一，即巴菲特不但是伯克希尔公司的化身，而且还是"新伯克希尔之父"（这里的"新伯克希尔"是与巴菲特接管前的伯克希尔和哈撒韦两家公司相对而言的）。

正是因为这种合二为一，所以巴菲特才会把伯克希尔公司当作自己的心肝宝贝一样呵护着，希望它不受半点污染和伤害。

他在伯克希尔公司2009年年报致股东的一封信中开门见山地指出："对于我和我的长期合作伙伴——查理·芒格而言，所有的股东都了解公司的业务、目标、局限性和文化，具有重要意义。因此，我们在每次的年报中都会重申指导我们的经济原则……我强烈要求你们所有人，尤其是新股东阅读这些原则。伯克希尔数十年来都在坚持这些原则，在我不在之后的长时间内还会继续坚持。”

2006年9月，惠普公司“电话门”丑闻[1]曝光后，巴菲特专门写了一份备忘录，提醒伯克希尔公司各级管理层一定要抵制诱惑，即使这种诱惑属于行规、“潜规则”，也是如此。他说，我们在伯克希尔公司只是按照法律做事，而且要求做到做过的所有事情登在报纸头版头条上，我们都不会感到愧疚。永远不要因为别人这么做，就认为我们也可以这样做。他说，“最危险的5个字就是‘别人也这样’”。

实际上，这已经不是巴菲特第一次提醒公司管理层注意商业道德了。巴菲特的助理德比尔·波萨涅克（Debbie Bosanek）说，巴菲特最长每两年就会如此这般地提醒伯克希尔公司经理们一次，警钟长鸣。对于读者来说，这样的提醒可以经常在伯克希尔公司年报致股东的一封信中看到。尤其近几年来，他对期权激励、管理层补偿、对冲基金费用等公司治理方面的问题关注甚多，认为企业最不能丢失的就是责任。

在“利润至上”的资本主义世界，一个标标准准的资本家有着如此之高的境界实在令人钦佩。其实呢，巴菲特也不是圣人，他也是在吸取过去的教训基础上做到这一点的。

2000年，伯克希尔公司与美国国际集团的交易引起巨大争议，伯克希尔公司旗下通用再保险公司的4位高层管理人员被控欺诈。巴菲特对此解释说，要让伯克希尔公司20万名员工都不犯错误是很难的，但“我们可以通过马上改正哪怕是极小的错误，来最大限度地降低这种错误带来的不良影响”。从中不难看出，他对伯克希尔公司的声誉极度爱惜。

由于巴菲特持有大量伯克希尔公司的股票，所以他能从某个角度代表伯克希尔公司。他把伯克希尔公司比喻成画布，他自己则是一名画家。

据1985年10月10日《女装日报》报道，巴菲特在回忆他的工作情景时说：“我对我的工作非常满意。每天早晨上班时，我好像是前往西斯廷教堂去作画。”他说，

1　2006年1月29日—2006年2月2日，有人假冒惠普公司董事会成员托马斯·帕金斯的名义创建了一个在线账户，从AT&T公司调取住宅电话通话记录。随后惠普公司展开调查，在5月18日召开的董事会上认为“内鬼”是董事会成员乔治·凯沃斯，并责令其辞职。托马斯·帕金斯本人对此极为愤慨，当场宣布辞职。之后引发该公司最高层一系列人物下台。美国国会把这次“电话门”事件与1974年的“水门”事件相提并论。

什么东西更有意思呢？类似一幅没有画完的油画作品就是。“如果我想在画布上涂抹蓝色或红色颜料，我就完全可以做到，没有人能对此指手画脚、说三道四。也许别人不喜欢油画，但是我喜欢。”

面对庞杂的伯克希尔公司组织，巴菲特自有一套属于他自己的管理艺术和技巧。他在伯克希尔公司2006年年报致股东的一封信中说，他非常认同美国前总统罗纳德·里根（Ronald Reagan）说过的这句话：“繁重的工作也许压不死人，但何苦冒这个险呢？”所以他完全放手，让伯克希尔公司的各位优秀经理人自由表演，他的任务只是支持、塑造、强化企业文化以及做资本分配决策。而伯克希尔公司的所有经理人，也都在以认真的态度和实际的工作成果，来回报巴菲特对他们的信任。

不用说，企业管理做到这个份儿上，是皆大欢喜并且十分成功的了。

在许多人眼里，巴菲特作为伯克希尔公司的化身，许多重大问题都是他一个人说了算。既然这样，那么他去世后伯克希尔公司的走向会是怎样的呢？自然，这也是巴菲特晚年经常考虑的重要问题。

他在伯克希尔公司2005年年报致股东的一封信中说，各位股东放心，伯克希尔公司旗下的绝大多数企业，都拥有强大的市场地位、强劲的发展动力、非常杰出的经理人；并且，伯克希尔公司独特的企业文化已经深深植根于下属每一家企业中。所以，即使他当晚去世，这些公司的业务经营也不会出半点差错。更不用说，他已经在伯克希尔公司选定了3位相当年轻，并且完全可以胜任首席执行官的经理人了。

他形容说，这3位经理人中的任何一位，在某一方面都要超过他；只是他们3个人中的任何一位，都不具备他那种独特的交叉性经验。

他请大家放心，伯克希尔公司董事会已经充分讨论过这3位首席执行官候选人中的任何一位了，并且就接替他的最终人选达成一致决议。他的意思是说，即使他百年之后，伯克希尔公司也不会停止发展，更不会发生混乱。

保证全球瞩目的伯克希尔公司文化不因巴菲特的去世而有任何改变，实在是一件至关重要的事，容不得半点马虎。2016年4月30日，巴菲特在伯克希尔公司股东大会上重申，今后将会由他的儿子霍华德·格雷厄姆·巴菲特继承伯克希尔公司董事会主席职位，负责撤换首席执行官。

巴菲特作为全球超级富豪，2016年在《福布斯》杂志全球富豪排行榜中排名第三，个人财富高达608亿美元，可是他的个人生活却一向俭朴。

他住的房屋还是1957年购置的二手房，私家车是普通的美国车，用了10年后交给秘书继续使用。他不会进行任何奢侈性消费；更不会像那些小富即安的人那样买几艘游艇显摆显摆；就连每天的伙食也多是快餐店的汉堡包和可乐，与中国读者经常看到的快餐盒饭没有多大的区别，他不会像有些小老板那样以每天下馆子为荣。

巴菲特曾经开玩笑说，他有足够的钱雇用1万名艺术家在他的有生之年每天给他画像，当然，他不可能这样炫富。他不但不会这样做，而且还在2006年做出了一项重大决策——在有生之年，把自己所有资产的85%通过5个基金会捐赠出去，回报社会。并且，他的这种捐献是完全彻底的，既不准把自己的名字贴在所捐建医院的墙壁上，也不会在慈善聚会上坐最显眼的位子。他觉得，这些做法很无聊，不符合“雷锋精神”。

回过头来看，巴菲特的消费理念和举措，与伯克希尔公司的经营和投资原则高度一致，这也是一种处理赚钱与花钱关系的高超艺术。

【启示录】

巴菲特关于接班人的问题已经考虑了许多年，方案、人数、人选也变更了好多次，但始终不肯说出谜底。这既给外界一种神秘感，又能考验候选人。要保证伯克希尔公司文化不变，他在这方面可不敢大意。

多栽花，少栽刺，和为贵

各位还记得去年我说过，如果你有儿子或孙子出生，一定要帮他取名为“东尼”吧？但伯克希尔公司董事唐·考夫（Don Keough）最近有了更好的想法，在审阅政府雇员保险公司2006年的表现后他写信给我说：“甭提出生了，告诉股东们赶快把小孩的名字都改成‘东尼’或‘安东尼’（Antoinette）吧！”而他在信后面（捷足先登）已经署名为“东尼”了。

——沃伦·巴菲特

【巴菲特是这样炼成的】

众所周知，巴菲特是一个非常和善的人，喜欢“多栽花，少栽刺”，强调“和为贵”。这方面最突出的表现是，他经常在表扬人的时候指名道姓，让被表扬人心里热乎乎、暖洋洋的，这样也就真正达到了表扬的目的；而当他批评人的时候，却是泛泛而谈，单指某一类，点到为止。

这种高超的说话艺术，实际上反映了巴菲特和伯克希尔公司文化的某个方面。并且，他讲话非常风趣、幽默，往往让人捉摸不透真假。但无论真假，他讲的话都会显得那样真实，贴近生活，令人难忘。

巴菲特在伯克希尔公司2006年年报致股东的一封信中说，现任政府雇员保险公司首席执行官东尼·奈斯利（Tony Nicely）1992年走马上任后，公司业务得到了突飞猛进的发展，2003—2006年的保单数量从570万张增长到810万张，增长了42%；与此同时，公司员工数量却减少了3.5%。这样的低成本竞争，使得政府雇员保险公司即使在广告支出没有大幅度增加的情况下，仍然可以在同行业中保持绝对领先地位。

巴菲特对东尼·奈斯利和政府雇员保险公司这些年来的业绩表现感到非常满意。

说到这里，他用自己特有的巴氏语言说，大家还记得去年他曾经说过，如果他们有儿子或孙子出生，一定要帮他取名为“东尼”吧？现在有人已经等不及了，例如伯克希尔公司董事唐·考夫，最近在审阅政府雇员保险公司2006年的表现后就写信给他说，不要等儿子或孙子们出生了，赶快告诉股东们，把他们的小孩名字全都改成“东尼”或“安东尼”吧！而他自己呢，干脆在这封信的后面捷足先登，已经署名为“东尼”了。

是不是真有这样的事，外人不得而知，但这并不妨碍巴菲特表达他的欣喜之情。巴菲特高超的说话艺术，还表现在面对中国记者的庆典晚宴上，演讲之前试话筒效果时，他为了迎合中国人求财心切的心理，特地用了这样几个词，“一百万”“两百万”“三百万”，令在场的所有人忍俊不禁。

巴菲特这种和善的性格，既表现在与伟人的接触上，也表现在与普通人的交往中。他与比尔·盖茨从原来的互不相识，到后来成为忘年交，就是前者的典型案例。

1986年9月29日，美国《财富》杂志发表了一篇对巴菲特的访谈。巴菲特在访谈中说："留给你孩子的钱，要足以使他们能做自己想做的事，但也不至于使他们无所事事。"这一观点在当时的美国可谓非常超前，直到今天，中国的父母如果不把钱全部留给孩子，在别人看来他们就好像外星人。而比尔·盖茨看了这篇文章后深有感触，这也为后来两人联合在全球发起富人捐赠公益事业、巴菲特把自己的捐赠全部交给比尔及梅琳达·盖茨基金会打理埋下了伏笔。[1]

但直到这时候，巴菲特和比尔·盖茨依然没有交集。1991年7月，比尔·盖茨的母亲在西雅图组织了一个社交活动，打电话问他去不去，并且特地告诉他巴菲特也会去。

比尔·盖茨这时候对巴菲特并不怎么感兴趣，他想，"我干吗要见这个炒股的家伙？"在他的概念中，炒股票的人无非就是在股市上根据各种信息买进卖出股票，从中赚点差价。可是没想到，接下来母亲又告诉他，《华盛顿邮报》公司的凯瑟琳·格雷厄姆也会去，这时急于见到凯瑟琳·格雷厄姆的比尔·盖茨终于答应了。

巴菲特见到比尔·盖茨后，根本没有提任何股票价格、曲线图之类的问题，而是向他请教起一些诸如未来公司基本面这样的宏大问题来，如对国际商用机器公司（IBM）所面临的变化和挑战有什么看法，等等。而比尔·盖茨正渴望着有人来问他这样的问题，所以两人愉快地一谈就是几个小时，内容涉及政治、工业、社会、运动等方面。比尔·盖茨猛然觉得，巴菲特思考商业的方式远远要超出他的意料。

就这样，两位全球巨富的第一次会面虽然没有进行任何商业交易，却促成了一段友谊的开始。巴菲特说，比尔·盖茨并没有卖给我一台计算机，我也没有卖给他什么喜斯糖果，这实在是妙极了。这样的说法，也许读者无法理解，可是大家应该想到，几乎所有亿万富翁都是非常孤独的，他们很难找到真正的友谊。

会面结束时，巴菲特要比尔·盖茨推荐2只科技股，比尔·盖茨向他推荐了微软公司和英特尔公司。几天后，巴菲特自掏腰包买了这两只股票各100股，既表示没食言，又起到跟踪作用，这些股票至今仍然在他手里。

现在，两人的友谊日益牢固，既是桥牌牌友，又是生活习性完全相同的两个人。

1 孙涤.从巴菲特身上我们能再学到点什么.上海证券报，2010-1-13.

巴菲特特别指出，他们两个人都不喜欢吃早饭，午餐和晚餐通常喜欢吃汉堡包，都不在乎自己的穿着仪表，也从来不摆亿万富翁的架子。这些相同之处，是两个相差25岁的人成为忘年交的原因之一。

有一次，巴菲特和比尔·盖茨在麦当劳餐厅就餐，对面走来一位陌生人，对巴菲特说:“这个家伙我好像认识？”巴菲特回答说:“啊，有可能，我们对你来说，还真有一点面熟。”这时候，比尔·盖茨正在一旁咀嚼着汉堡包，不方便说话，就点头赞同巴菲特的观点。

在中国，有企业中层干部在背后议论了上司几句，第二天就遭到解雇；有中学教师因为眼睛近视，没有与对面走来的村长打招呼，就被对方活活打死。这样的事例看多了，你就会对巴菲特和比尔·盖茨作为全球富豪而毫无架子更加肃然起敬。

应该说，巴菲特这种“多栽花，少栽刺，和为贵”的人生态度，在企业管理中收到了良好的效果；否则，你很难想象伯克希尔公司这样一个庞大的组织机构，该采用什么样的方式来进行管理。美国《财富》杂志2015年7月22日公布的数据显示，伯克希尔公司2014年营业收入高达1946.73亿美元，利润198.72亿美元，净资产5261.86亿美元，员工人数31.6万人，规模位居世界500强企业第14位。

巴菲特早在伯克希尔公司2006年年报致股东的一封信中就说，这样庞大规模的事业体，并不是他原来的设想；过大的组织规模，必定会造成决策牛步化，公司管理层不思进取，甚至自以为是。幸亏他完全放手，让伯克希尔公司的那些优秀经理人自我表现，才在他乐得轻松的同时，公司也取得了42年来的优秀业绩。他和查理·芒格感谢这些经理人的努力。

【启示录】

俗话说，“人心都是肉长的”。你敬别人一尺，别人敬你一丈。从这个角度看，巴菲特每年都要在伯克希尔公司年报中大张旗鼓地表扬一批明星经理人，唯恐他们的事迹天下不知，这样的赏识用人艺术意味深长。

懂得适可而止，所以活得开心

活着快乐最重要，亿万财富不会给人能力和成长，反而会消磨你的激情和理想。从一定意义上讲，金钱只是一串数字；只有乐观、自信、勇敢、勤于思考的性格，才能收获快乐而丰富的人生。因此可以说，我已经把我最珍贵的财富都赠送给了我的孩子们。

——沃伦·巴菲特

【巴菲特是这样炼成的】

作为全球巨富，巴菲特的财富观非常值得所有人学习。2006年6月26日，巴菲特宣布向5家慈善基金会捐出他个人财富的85%，约合375亿美元，创造了美国历史上慈善捐款数额的最高纪录。具体方式是，他把自己的1000万股伯克希尔公司B类股票捐赠给比尔与梅琳达·盖茨基金会，每年实施5%；与此同时，给以亡妻、孩子名义设立的4家基金会各捐赠135万股伯克希尔公司B类股票。

巴菲特在回答《纽约时报》记者采访时说，在他的孩子们还小的时候，他对他们并没有过多的要求，只是一味地让他们做自己喜欢的事，玩泥巴、侍弄花草、听音乐、唱歌、看摄影作品、在田野里疯跑……总之一句话，就是尽量让孩子们快乐，并让他们有更多的选择。

因为他认为，一个人活在世上，快乐是最重要的。亿万财富并不会给人能力和成长，反而可能会消磨人的激情和理想。从某个角度看，金钱只是一串数字；只有乐观、自信、勇敢、勤于思考的性格才属于自己，才能因此得到快乐而丰富的人生。所以，他早就把自己最珍贵的财富给了孩子们。其实，巴菲特的这个捐赠计划已经考虑了50年。他1986年9月就在美国《财富》杂志上发表题为《你应该把所有财富都留给孩子们吗》的文章，表达了自己想把所有财富捐献给慈善事业的愿望。

那么，为什么直到这时候该愿望才付诸实施呢？究其原因有二：一是巴菲特总认为先别忙着捐款，把财富放在自己手里的增长速度，会比交给慈善基金更快。与此同时，他个人也不擅长慈善基金会的运作，一直在寻找运作有效、值得信赖的慈善基金会，现在找到了，就是比尔·盖茨夫妻于2000年创建，已经透明并高效地运作了6年的慈善基金会。二是巴菲特原来估计妻子的寿命会比他长（妻子比他小2岁，并且一般来说女性的寿命更长，所以这种考虑完全合乎情理），他想把这些捐赠事项完全交给乐善好施的妻子来办理。没想到，妻子苏珊·汤普森已经在2004年先他而去，他不得不自己考虑捐赠计划了。

他幽默地说，他要捐赠“99.9%。重要的是这笔钱在什么地方会起到最好的作用，这只是一堆对我来说再也没有用的东西，然而对别人可能会有用”。细细研究会发现，巴菲特的捐款技巧完全可以和其投资技巧相媲美。

他之所以捐赠股票而不是现金，目的是不至于引发伯克希尔公司股价动荡（如果他抛售股票，必定引发股价下跌），以便能最大限度保证原有股东利益；如果今后股价上涨，还能保障这些捐赠出去的股票升值。

巴菲特捐赠出去的这些B类股票，是从A类股票转换而来的。巴菲特之所以这样做，是因为B类股票的投票权只有A类股票的1/200，捐出这些股票后他依然能高度集中股权比例，确保完全控股伯克希尔公司。

巴菲特之所以将捐赠事务委托给比尔·盖茨夫妇的慈善基金会，而不是自己另起炉灶，除了最大限度地利用比尔·盖茨夫妇的慈善热情和专业精神，还在于该基金会有足够的实力，可以不抛售这些伯克希尔公司股票，就能确保每年有总额5%的善款可以使用（法律规定）。相反，如果自己另起炉灶，每年至少要花费15亿美元的善款，这可不是一件轻松的事。更何况，巴菲特完全相信比尔·盖茨夫妇的为人，把捐款交给他们完全放心。

巴菲特并不想给子女留下巨额遗产，但其家庭教育理念使得他的三个孩子长大后都很快乐。大儿子霍华德·格雷厄姆·巴菲特是名摄影师；小儿子彼得·巴菲特是名音乐家；女儿苏茜·巴菲特虽是家庭主妇，但也不是什么事情都不会做、不肯做的阔太太，同样有自己的兴趣爱好。他们都读过大学，但没有一个读到毕业，却个个富有才智和创意。

巴菲特这种“开心就好”的理念，始终贯彻在对伯克希尔公司的运营中，使它在承担“为社会创造价值，为股东创造利润，为雇员创造就业机会”这些最基本的社会责任方面表现得尤为突出。

正因如此，巴菲特的财富雪球才一连滚了60年，因为他不觉得累。相反，另一位投资大师彼得·林奇的业绩甚至超过巴菲特，可是却因为活得太累，无法一直坚持下去。1977—1990年，彼得·林奇掌管美国规模最大的麦哲伦基金。这13年间，其年复合收益率31.9%，超过同期巴菲特的29.55%。然而，彼得·林奇却因为13年如一日，每天"累得像条狗"，不得不在1990年5月事业如日中天时急流勇退。他每天早上6点就要乘车去办公室，晚上7点多回家，一路上都在阅读，每天要看的材料有3英尺（0.91米）高；他每天要听取200位经纪人的意见，要接几十个经纪人的电话，通常会在10个电话中回复1个，但一般只说90秒钟；他每个月要电话访问2000家公司，即使每个电话只打5分钟，每个星期也要通话40个小时；他每年要亲自拜访200家企业，并亲自阅读700份企业年报。他说："尽管我乐于从事这份工作，但我同时也失去了待在家里看着孩子们成长的机会。"[1]

1989年，彼得·林奇专程拜访巴菲特，想看看这家规模比他掌管的企业更大的世界500强企业是怎么做投资的。结果让他没想到的是，管理着上千亿美元资金的伯克希尔公司总部，不但所处位置相当于中国的一个小县城；而且巴菲特的办公室只有20多平方米，公司总部只有11名员工，这些人居然连台电脑都没有，更不关心任何股市行情。[2]有理由相信，这次拜访巴菲特，是促使彼得·林奇第二年就急流勇退的导火线，至少是因素之一。

巴菲特当然非常勤奋，但他不像彼得·林奇那样劳累，甚至劳累过度。他与其他企业家一样，也有痛苦和烦恼，而且可能还不少，只是他都能以适当的方式加以排遣。1991年，巴菲特在临时掌管所罗门公司时，就经常用打桥牌的方式来摆脱烦心事。比尔·盖茨也是这样。他们认为，经常打桥牌，会在娱乐的同时，有助于集中精神。巴菲特以前总喜欢邀请比尔·盖茨在家里打桥牌，一个星期四五次，共计6小时。他自从认识了富国银行负责开发网上业务的女高管奥斯博格（桥牌教练，曾经得过世界桥牌冠军）后，在她的劝说和指导下，花6个月时间学会了在电脑上玩桥牌。至今，巴菲特与奥斯博格一起打桥牌的历史已经超过20年，他说："我热爱网络，它使我的生活发生了巨变。如果让我在飞机和互联网两者中选一个，虽然两者都是我不想放弃的娱乐项目，但是我会选择放弃飞机。"在这里，他说的"网络"主

1　徐翔和巴菲特之间隔着10个西蒙斯．腾讯网[2015-11-17].

2　震惊：股神巴菲特自曝叱咤股坛的选股秘籍，惊呆了．搜狐网[2016-3-3].

要就是指在网上打桥牌，而不是投资互联网股票。

巴菲特不但善于自己寻找快乐，而且乐意把快乐带给其他人。伯克希尔公司每年四五月间召开的股东大会办得有声有色，一点不输于我们看到的商品交易会或博览会，其中就包含巴菲特的这种用意在内。关于这一点，巴菲特在伯克希尔公司2005年年报致股东的一封信中坦称："这使得那些想要参加正式会议的股东可以如愿参加，没有兴趣的股东也可以自由地去购物。"实实在在，一点也不矫揉造作。

巴菲特经常说，他之所以会如此知足常乐，是因为自己出生在美国；有杰出的父母抚育他，使他接受了良好的教育；能够享受到幸福的家庭生活；拥有非常健康的身体；上天又赋予了他一种"商业"基因，从而使他取得了大大超过别人的投资成就。基于这些，他理所应当回报这个社会。如果他早出生几千年，就必然难逃成为其他动物一顿午餐的命运，因为他既跑不快也跳不高；即使出生在其他国家，也不会像现在这样"每天都跳着踢踏舞工作"。（他的意思是说，他每天都快乐无比。）

还记得1995年10月，巴菲特与比尔·盖茨第一次来中国进行家庭旅行时，他在神农溪乘船，看到河边有10位光着膀子的纤夫拉着他坐的船，不无感慨地说："那些拉船的纤夫中可能就有另一个比尔·盖茨，但他出生在这儿，注定一辈子要这样辛苦地拉船，没有出人头地的机会。我们有机会获得这样的财富成功，纯粹是运气。"

不过，当2010年巴菲特第三次访问中国时，中央电视台《对话》栏目组专门请来了当年其中的一位纤夫余拱让到现场与巴菲特见面。当巴菲特听说他现在已经不再拉纤了，全家搬到了县城，住进了楼房，很为他感到高兴，并感慨中国经济发展之快。而余拱让则拍着巴菲特的西装表袋说，15年前就知道你有钱，只是不知道"原来你这么有钱啊！"[1]

【启示录】

巴菲特的财富观，暗合中国人"钱是身外之物"的观念。与之不同的只是：别人多是嘴上说说而已，只有巴菲特实实在在做到了，践行着"最富裕的人最难得，也最应承担社会责任"，从中折射出另一种伯克希尔公司文化。

1　巴菲特访华18年级别走高：从三峡纤夫到国家副总理．华人网[2013-5-14].

沃伦·巴菲特投资年谱

1930年8月30日　出生在美国内布拉斯加州奥马哈城，早产5个星期。

父亲所在的联合州立银行倒闭，全家失去生活来源。

1935年　入学奥马哈市哥伦比亚幼儿园，直到1936年。

1936年　从爷爷的杂货铺里，用每箱25美分的价格买进可口可乐拆箱零售，毛利（加成）率20%。从此，开始了毕生追求20%复利率的投资生涯。就读奥马哈市玫瑰岗小学，直到1943年。

1937年　经常把其他孩子喝完汽水后扔掉的瓶盖分门别类地加以整理，看哪种牌子的汽水卖得快，以此寻找商业机会。

1938年　开始阅读股票投资书籍，能把他最喜欢的《赚1000美金的1000种方法》一书滚瓜烂熟地背下来。

1939年　平时与同学打篮球间隙，会抓紧阅读《华尔街时报》。与其他孩子不同的是，这时候他就认定自己将来要吃证券投资这碗饭。

1940年　开始兜售百事可乐。百事可乐和可口可乐的价格一样，可是容量却要增加1倍，这表明它们的“内在价值”也相差1倍。

1941年　开始在父亲创办的证券经纪公司打工，主要负责抄写、绘制股票价格升降图表。一有空就读本杰明·格雷厄姆和戴维·多德合著的《证券分析》一书。

1942年4月　开始人生第一次炒股，用个人积蓄买了3股城市服务股，每股38

美元，股价下跌后回升到40美元时抛出，净赚5美元。父亲在国会议员竞选中胜出，一共出任4届国会众议员。

1943年　运用数学原理开发赌马时选赢家系统，编成小册子《马童选集》出售，每本售价0.25美元，因无照经营被查封。全家搬至首都华盛顿。就读于华盛顿市艾丽丝・迪尔中学（初中），直到1945年。

1944年　投入个人积蓄1200美元，从父亲手里买下一直荒废在那里的40英亩农场，然后对外出租。

1945年　在父亲创办的股票经纪公司黑板上誊写股价，投递《华盛顿邮报》，月收入175美元，超过老师，个人积蓄达到2000美元。就读华盛顿市伍德罗・威尔逊中学（高中），直到1947年。

1946年　组织小伙伴们在高尔夫球场旁的小河和池塘里打捞被打飞了的高尔夫球，一共搜集到220打，卖了1200美元。

1947年　以全校第16名（共350人）的成绩高中毕业。和同学唐・坦利合伙购买旧弹子球游戏机放在理发店出租。就读宾夕法尼亚大学沃顿商学院财务和商业管理专业（大一和大二），直到1949年。

1948年　和唐・坦利合伙投资350美元买了一辆劳斯莱斯报废汽车，整旧如新后对外出租，日租金35美元（投资回报率真高啊）。

1949年　因为家庭困难，大三时转学到学费低廉的内布拉斯加大学林肯分校商学院，直到1950年。这时他的个人积蓄已达9800美元。

1950年　本科毕业，获理学学士学位。申请就读哈佛大学商学院研究生遭拒。猛然发现《聪明的投资者》一书的作者本杰明・格雷厄姆在哥伦比亚大学商学院教书，于是写信给戴维・多德自荐，在招生日期已过，且没有面试的情况下被意外录取，导师本杰明・格雷厄姆。专程乘火车去政府雇员保险公司华盛顿总部拜访。

1951年　从哥伦比亚大学商学院毕业，获经济学硕士学位，获最高学业成绩A+。毕业后在华尔街找工作，遭到父亲和本杰明・格雷厄姆劝阻，随后回老家在父亲开的证券经纪公司里担任股票经纪人，直到1954年。开始和苏珊・汤普森约会。买了一家加油站做投资。业余时间学习戴尔・卡耐基公共演讲课程。在内布拉斯加大学夜校讲授《投资原理》，学生的平均年龄是他的2倍多。

1952年4月　与苏珊·汤普森结婚。租了一套公寓做婚房，月租金65美元。当年有了第一个孩子，取名苏茜。

1954年　在格雷厄姆·纽曼公司担任证券分析师（学徒），初始年薪1.2万美元（当年该公司共有3位合伙人、4位学徒），直到1956年公司解散。当年有了第二个孩子，取名霍华德。

1955年　伯克希尔公司和哈撒韦公司合并成伯克希尔·哈撒韦公司（此时该公司尚未被巴菲特购买、掌控）。

1956年　本杰明·格雷厄姆退休，格雷厄姆·纽曼公司歇业。巴菲特回老家自主创业，5月5日成立巴菲特有限公司（共有7名合伙人——4位家人、3位好友），注册资本10.51万美元，他象征性地投入100美元；年末又成立了另外2家合伙公司，直到1969年解散。个人积蓄达14万美元。正是从这一年起，他每年都要写一封致股东的信，并且每年召开一次股东大会，至今从未间断。

1957年　又成立2家合伙公司，至此他一共管理着5家合伙公司。1956年成立的3家公司在1957年取得了良好的经营业绩，当年道琼斯工业指数实际下跌8.4%，而这3家公司的净资产增长率分别高达6.2%、7.8%和25%。当年有了第三个孩子，取名为彼得。购买一处建于1921年的5卧室二手房并进行装修，总投入3.15万美元，从此一直住到现在，目前房龄已近百年。

1958年　最早的合伙企业已发展到第三年，回报率增长1倍。认真阅读菲利普·费雪当年出版的《非常潜力股》一书，并深受鼓舞。

1959年　通过朋友介绍，第一次见到查理·芒格，两人很快成为好友；后者1978年出任伯克希尔公司副董事长，成为巴菲特最佳拍档直到现在。

1960年　通过合伙人中的一位博士，邀请另外10位博士，各自投资1万美元加入合伙企业，这样合伙人队伍中就有了11位博士。

1961年　重仓持有并控股农机制造商登普斯特尔机械制造厂（5年来连续增资，至今持股70%）。

1962年　巴菲特有限公司市值720万美元，巴菲特夫妇持有资产各自超过100万美元。1月1日，所有合伙企业并入巴菲特有限公司，并迁至基威特大厦，雇佣5名员工。开始购入伯克希尔·哈撒韦公司股份，股价7.6~14.86美元，年末净资产每股

19.46美元。

1963年　巴菲特有限公司成为伯克希尔·哈撒韦公司的最大股东。

1964年　美国快递公司由于发生欺诈丑闻，股价跌至35美元，开始买进全部股票。父亲去世，留下遗产56.33万美元，其中33.47万美元在巴菲特有限公司。

1965年　开始买入迪士尼公司股票，投资400万美元购入5%股权。部分卖出美国快递公司股票，净赚1倍。5月10日控股伯克希尔·哈撒韦公司，时值约1800万美元。

1966年　第一次以谈判方式整体买下巴尔的摩一家百货公司HK，但很快发现便宜没好货（巴菲特称之为“雪茄烟蒂式”投资，3年后以保本价脱手）。写信给家人报喜，报告控股伯克希尔公司第一年后取得的好成绩（当年道琼斯工业指数下跌15.6%，而伯克希尔公司的收益率为20.3%）。个人净资产达685万美元。

1967年　巴菲特有限公司市值超过6500万美元，第一次也是唯一一次分红，每股0.1美元。以860万美元收购英国国民保险公司。美国快递公司股价暴涨至180美元，投资获利2000万美元。

1968年　获得历史上次高的投资回报率，全年增长58.8%（同期道琼斯工业指数增长7.7%）。巴菲特有限公司市值1.04亿美元，其中当年获利4003万美元，属于巴菲特个人的约有2500万美元，巴菲特称“这种结果完全是变态的”。

1969年　在股市最疯狂时毅然解散巴菲特有限公司，成功逃顶。

1970年　伯克希尔公司主业从纺织转向保险、银行、投资，巴菲特个人占股29%。担任伯克希尔公司董事长和首席执行官，直至现在。

1971年　在妻子苏珊·汤普森的要求下，投资15万美元在拉古纳海滩买了一套海景房用于夏天度假。

1972年　投资2500万美元收购喜斯糖果公司。

1973年　由于股价下跌，伯克希尔公司以8%的年息票据借钱。开始买入《华盛顿邮报》公司股票，成为该公司董事长的好朋友。

1974年　股价暴跌，伯克希尔公司及个人净资产缩水超过50%。

1975年　查理·芒格担任蓝筹票据公司首席执行官。

1976年　伯克希尔公司投资3250万美元间接买入《布法罗新闻报》。和妻子苏珊·汤普森开始异地分居。

1977年　妻子苏珊·汤普森与他分居后，主动安排艾丝翠·孟克斯（Astrid Menks）照顾其日常生活；两人开始同居，2006年结婚。

1978年　伯克希尔公司开始买入资本城/美国广播公司股票，每股成交价290美元。个人净资产1.4亿美元，年薪5万美元。

1979年　伯克希尔公司纺织业务虽然还能赢利，但已经失去造血功能。

1980年　年薪涨到10万美元，没有股票期权和奖金分红，相当于美国硅谷一名普通软件工程师的收入，直到现在一直未变。

1981年　在查理·芒格建议下，开始实施伯克希尔公司慈善基金指定捐赠计划，公司因此可减免部分所得税。

1982年　伯克希尔公司当年盈利额2.08亿美元，获利率高达40%。

1983年　投资6000万美元买入内布拉斯加家具店。伯克希尔公司股票组合13亿美元。个人净资产6.2亿美元。第一次进入《福布斯》杂志世界400强企业排行榜。

1984年　由于内在价值大大超过股票价格，伯克希尔公司旗下几家上市企业纷纷回购股票，从中狠狠地赚了一笔。

1985年　伯克希尔纺织厂关闭。投资3.15亿美元收购斯科特·费策公司，产品包括真空吸尘器和《世界百科全书》等。根据法律规定的回避要求，离开《华盛顿邮报》公司董事会。

1986年　以4600多万美元买下费切海默兄弟公司84%的股权。在《财富》杂志上发表《你应该把所有财富都留给孩子们吗》一文。

1887年　股市暴跌，导致伯克希尔股价从4230美元跌到3170美元。

1988年　开始买入可口可乐公司股票，最终购得总股本7%的股份，价值10.2亿美元，投资可口可乐公司成为伯克希尔公司最有利可图的项目。11月29日，伯克希尔公司股票正式在纽约证券交易所挂牌上市。

1989年　伯克希尔公司股票价格从4800美元上涨到8000美元，个人净资产由此增长到38亿美元。

1990年　喜斯糖果公司阿尔布开克分店发生经营危机，房东不愿意续签租约，263名客户打电话或写信到喜斯糖果公司总部声援。

1991年　收购布朗鞋业公司。与比尔·盖茨在聚会上相遇，相见恨晚。

1992年　伯克希尔公司成为美国最大的再保险公司。收购洛威尔鞋业公司。受安德鲁飓风袭击，被迫支付1.25亿美元赔偿金。

1993年　首次登上全球首富宝座。收购德克斯特鞋业公司。

1994年　正式开始100%收购政府雇员保险公司的谈判。

1995年　伯克希尔公司投入23亿美元收购政府雇员保险公司余下的股份。承保拳王麦克·泰森生命险，为中国2颗人造卫星承保。10月，与比尔·盖茨第一次来中国进行为时17天的家庭旅行。

1996年　投资15亿美元收购全球最大的飞行员训练公司国际飞安公司，收购堪萨斯银行家保险公司。发行伯克希尔公司B类股。《上海证券报》发表题为《证券投资巨擘——华伦·布费》的文章，标志着巴菲特投资理念被正式引进中国。

1997年　购买近1.3亿盎司白银做投资，当时的价格是每盎司6美元，在2006年年报中披露已卖掉这些贵金属。

1998年　投资160亿美元收购通用再保险公司。收购英国劳埃德保险公司所属最大保险商之一DF曼恩公司。

1999年　收购中美能源公司。国际飞安公司和企业主管飞行公司的规模和实力位居全球同行最前列。

2000年　和赫伯特·阿伦一起勒令可口可乐公司董事长道格拉斯·伊维斯特辞职。自2000年起，通过拍卖共进午餐方式，为格来得基金会募款。

2001年　因“9·11”恐怖袭击，30多个保险部门遭受22.75亿美元的承保损失，浮存金成本高达12.8%，但股价并无下跌。

2002年　开始进军外汇市场。投资110亿美元兑换其他货币远期合同，至2006年4月，从中获利超过20亿美元。

2003年　被美国《财富》杂志评为“美国最强大的首席执行官”。伯克希尔慈善基金指定捐赠计划终止。自2003年起，共进午餐采用网上拍卖方式。

2004年　原配苏珊·汤普森因心脏病于7月29日去世，享年72岁。某项重大投资案因业务过于复杂，被伯克希尔公司放弃收购。

2005年　宝洁公司并购吉列公司，交易额570亿美元。收购医疗保护保险公司、森林之河公司。卡特里娜飓风使伯克希尔公司发生巨大承保损失。

2006年　6月25日签署捐款意向书，承诺把个人资产的85%，计375亿美元捐给5家慈善基金会（一般认为这相当于他第二次解散合伙企业，暗示美国股市接下来会有几年大熊市，结果2007年果然爆发了次贷危机）。76周岁生日那天，与同居28年的艾丝翠·孟克斯结婚。宣布将约1000万股伯克希尔B类股捐给比尔与梅琳达·盖茨基金会，这也是美国有史以来最大的一笔慈善捐款。

2007年　伯克希尔公司旗下的以色列艾斯卡公司在中国大连开设工厂。为劳埃德公司投下历史上最大的一份保单，保费高达71亿美元。第二次访问中国，出席大连工厂开业典礼。

2008年　重登全球首富宝座。投资80亿美元收购伯灵顿北方圣太菲铁路公司。中美能源公司成为美国公用事业组织中最大的风能公司。受美国次贷危机影响，伯克希尔公司出现44年来的第二次亏损，本年也是其历史上业绩最差的一年，但是依然好于市场平均水平。

2009年　大规模调整投资组合，减持石油股，增持医药股，收购伯灵顿北方圣太菲铁路公司的总投资增至260亿美元（约合1775亿元人民币）。

2010年　再次向5家慈善机构捐赠股票（市值约19.3亿美元），这是他2006年捐出85%资产以来金额第三高的捐款。9月第三次来中国，并与比尔·盖茨一起邀请50位中国富豪参加慈善晚宴。

2011年　收购路博润化学公司。收购《奥马哈世界先驱者报》。宣布儿子霍华德·格雷厄姆·巴菲特在伯克希尔公司中担任继承人角色。

2012年　旗下5家最大的非保险企业，税前利润均创下历史最好成绩，合计101亿美元。投入23亿美元收购26家企业，规模创历史新高。

2013年　以财务合伙人的身份投资80亿美元，购买亨氏食品公司年息至少9%的优先股，同时投资42.5亿美元购买其50%的股份。投资180亿美元收购内华达能源公司。5月第四次来中国，受到国务院副总理汪洋的接见。

2014年　收购拥有78家经销商的美国第五大汽车经销商范图尔公司，更名为伯克希尔汽车公司；中美能源公司更名为伯克希尔能源公司。开始把伯克希尔品牌授权给欧洲和亚洲的房产中介使用，开启一条把投资公司品牌转型为消费者品牌之路。

2015年　投资58亿美元改善铁路运营，伯灵顿北方圣太菲铁路公司税前利润从上年的6.06亿美元猛增至68亿美元。投入372亿美元收购航空零部件顶级供应商美国精密铸件公司，这也是伯克希尔公司历史上最大的一笔投资。捐赠140亿美元个人财富给比尔和梅琳达·盖茨基金会。亨氏食品和卡夫食品合并成为全球第五大食品饮料公司——卡夫亨氏公司。第一次为参加股东大会的中国投资者提供中文同声传译。

2016年　发行历史上规模最大的一笔90亿美元债券用于归还银行贷款。连续抄底能源股菲利普斯66公司，使其一跃成为第六大非保险股。股东大会首推全球网络直播，现场参与者达到创纪录的5万多人。打破常规开始投资高科技股，年末持有苹果公司股票市值71亿美元，为伯克希尔公司第五大重仓股（巴菲特解释说，不是他懂高科技股了，而是出现了当初投资可口可乐公司时同样的优势）。

2017年　出售21世纪福克斯股份，出售500万股德尔塔股份；大举增持苹果公司股票，3月末所持市值高达192亿美元，升至伯克希尔公司第二大重仓股。10月，收购美国和加拿大最大的卡车服务站连锁运营商Pilot Flying J公司38.6%的股权，并将在2023年扩大到80%。2008年10月认购的比亚迪10%的股份至今一直未动，为伯克希尔公司唯一持有的中国股票，年复合回报率已达23%。

2018年　88周岁的巴菲特以个人财富840亿美元在2018年《福布斯》全球富豪排行榜中排名第三。1月10日，55岁的格利高里·阿贝尔、66岁的阿吉特·杰恩分别出任伯克希尔公司非保险业务副董事长、保险业务副董事长，这两人也因此被认为是巴菲特的接班人。1月30日，与亚马逊、摩根大通联合成立了一家“不受利润激励和约束”的独立医疗公司，“以合理的成本提供高质量、透明的医疗服务”，消息传出后震动美国医疗界。